D1746307

ANNO 2

Geschichte Gymnasium Sachsen

Reiterstandbild Karls des Großen, 9. Jahrhundert

Herausgegeben von
Prof. Dr. Ulrich Baumgärtner

Erarbeitet von
Prof. Dr. Ulrich Baumgärtner, Prof. Dr. Thomas Martin Buck,
Gregor Meilchen, Christian Raps, Dr. Herbert Rogger, Prof. Dr. Klaus Scherberich,
Hubertus Schrapps, Dr. Frank Skorsetz, Hildegard Wacker, Dr. Wolf Weigand

Mit Beiträgen von
Klaus Fieberg, Jochen Pahl, Ulrike Roos,
Dr. Frank Schweppenstette, Sabine Steinig, Dr. Wolfgang Woelk

westermann

Eine kommentierte Linkliste finden Sie unter:
www.westermann.de/geschichte-linkliste

© 2013 Bildungshaus Schulbuchverlage
Westermann Schroedel Diesterweg Schöningh Winklers GmbH, Braunschweig
www.westermann.de

Das Werk und seine Teile sind urheberrechtlich geschützt. Jede Nutzung in anderen als den gesetzlich zugelassenen Fällen bedarf der vorherigen schriftlichen Einwilligung des Verlages. Hinweis zu § 52a UrhG: Weder das Werk noch seine Teile dürfen ohne eine solche Einwilligung gescannt und in ein Netzwerk eingestellt werden. Das gilt auch für Intranets von Schulen und sonstigen Bildungseinrichtungen. Auf verschiedenen Seiten dieses Buches befinden sich Verweise (Links) auf Internet-Adressen. Haftungshinweis: Trotz sorgfältiger inhaltlicher Kontrolle wird die Haftung für die Inhalte der externen Seiten ausgeschlossen. Für den Inhalt dieser externen Seiten sind ausschließlich deren Betreiber verantwortlich. Sollten Sie bei dem angegebenen Inhalt des Anbieters dieser Seite auf kostenpflichtige, illegale oder anstößige Inhalte treffen, so bedauern wir dies ausdrücklich und bitten Sie, uns umgehend per E-Mail davon in Kenntnis zu setzen, damit beim Nachdruck der Verweis gelöscht wird.

Druck A[1] / Jahr 2013
Alle Drucke der Serie A sind inhaltlich unverändert.

Redaktion: Thorsten Schimming, Christoph Meyer, Dorle Bennöhr
Herstellung: Udo Sauter
Typografie: Thomas Schröder
Satz: Ottomedien, Hanhofen
Druck und Bindung: westermann druck GmbH, Braunschweig

ISBN 978-3-14-**11 1676**-2

Inhalt

1. Römisches Reich 6

"Rom wurde nicht an einem Tag erbaut" 8
Vom Dorf zur Weltmacht 12
Wer regierte Rom zur Zeit der Republik? 18
Das Ende der römischen Republik 22
Das Zeitalter des Augustus 26
Methode: Umgang mit gegenständlichen Quellen 30
Das Leben im Römischen Reich 32
Zwischen Barbarei und Menschlichkeit 38
Das Leben in den Provinzen 40
Das Christentum wird Staatsreligion 44
Römer und Germanen 48
Quellen aus dem Römischen Reich 54
Das Römische Reich geht unter 58
Das Oströmische Reich besteht fort 62
Zusammenfassung 66
Seiten zur Selbsteinschätzung 68

2. Herrschaft und Glaube im Mittelalter 70

Das Frankenreich entsteht 72
Die Ausbreitung des Christentums 76
Methode: Umgang mit Darstellungen im Schulbuch 80
Das Reich Karls des Großen 82
Der Zerfall des Karolingerreiches 86
Methode: Umgang mit Geschichtskarten 88
Die Grundherrschaft 90
Das Lehnswesen 94
Quellen aus dem Mittelalter 96
Königsherrschaft im Mittelalter 100
Kampf zwischen Kaiser und Papst: Investiturstreit 104
Die Zeit der Staufer 110
Das Heilige Römische Reich im Spätmittelalter 116
Zusammenfassung 120
Seiten zur Selbsteinschätzung 122

Inhalt

3. Mittelalterliche Lebenswelten 124

Klöster und Mönchtum 126
Gottesfurcht, Höllenangst und Volksfrömmigkeit 130
Bauern im Mittelalter 134
Adel im Mittelalter 138
Leben auf der Burg 142
Ritterfeste und höfische Kultur 146
Die Stadtbevölkerung 148
Die Hanse 152
Die deutsche Ostsiedlung 156
Zusammenfassung 160
Seiten zur Selbsteinschätzung 162

Regionalgeschichte: Sachsen im Mittelalter

Die Besiedlung Sachsens 164
Die Wettiner und der Weg zum Kurfürstentum 168
Projekt zur Regionalgeschichte Sachsens 172
Georgius Agricola – Ein sächsischer Universalgelehrter 174

4. Religionen und Kulturen im Mit- und Gegeneinander 178

Der Islam – Eine Weltreligion entsteht 180
Die Ausbreitung des Islam 184
Gegen- und Nebeneinander – Die Kreuzzüge 188
Methode: Umgang mit schriftlichen Quellen 192
Begegnung der Kulturen 194
Zusammenleben von Juden und Christen 198
Zusammenfassung 204
Seiten zur Selbsteinschätzung 206

Längsschnitt: Kindheit und Erziehung 208

Kindheit im antiken Griechenland 210
Erziehung und Schule im Römischen Reich 214
Kindheit und Erziehung im Mittelalter 216

Inhalt

Minilexikon 218

Register 222

Bildnachweis 224

Methodenseiten im Überblick:

Umgang mit gegenständlichen Quellen 30
Umgang mit Darstellungen im Schulbuch 80
Umgang mit mit Geschichtskarten 88
Umgang mit schriftlichen Quellen 192

Quellenkunde:

Römisches Reich 54
Mittelalter 96

1. Römisches Reich

Colosseum in Rom

800 v. Chr. 700 600 500 400 300 200 100 0 100 200 n. Chr.

Römisches Kriegsschiff, Relief aus dem 1. Jahrhundert v. Chr.

Archäologisches Experiment, 2008

Kapitolinische Wölfin

Heutiger Gully-Deckel in Rom

Gladiator im Kampf, Mosaik aus dem 4. Jahrhundert n. Chr.

Römisches Reich

Italien um 480 v. Chr.
- Etrusker
- Griechen
- Karthager
- Rom

M 1

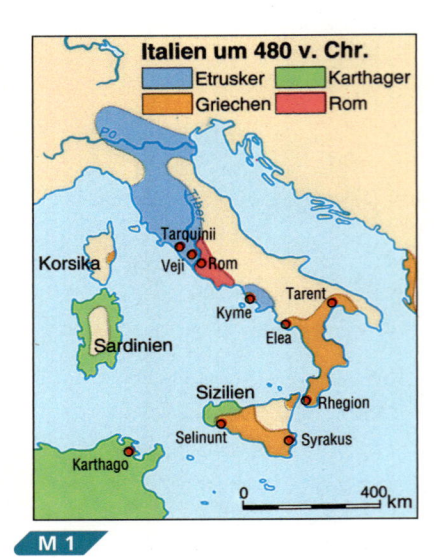

M 2 Die kapitolinische Wölfin
Bronzeplastik von etwa 500 v. Chr., die Zwillinge wurden erst 1471 hinzugefügt

„Rom wurde nicht an einem Tag erbaut"

Sprüche wie „Alle Wege führen nach Rom" oder „Rom wurde nicht an einem Tag erbaut" zeigen, dass das antike Rom auch heute noch Teil unseres Denkens und unseres Sprachgebrauchs ist.

Die Anfänge Roms liegen wie die der griechischen Stadtstaaten im Dunkeln – wir sind bei der Erforschung auf spätere Quellen einerseits und archäologische Befunde andererseits angewiesen. Die Römer selbst hatten das Bedürfnis, die Ursprünge ihrer Stadt bedeutend erscheinen zu lassen: Sie versuchten, eine Verbindung zu griechischen Heldensagen und zur griechischen Götterwelt herzustellen. Verschiedene römische Historiker und Schriftsteller geben das Jahr 753 v. Chr. als das Gründungsjahr Roms an. Dies wurde manchmal auch für die Zeitrechnung verwendet; man zählte dann „ab urbe condita" – seit Gründung der Stadt.

Die Gründungssage

Von der Entstehung der Stadt Rom erzählt eine Sage: Aeneas, ein Flüchtling aus dem zerstörten Troja, Sohn des Anchises und der Göttin Aphrodite, landete nach langer Irrfahrt in Latium. Er hatte seinen Vater, seinen Sohn und die Götterbilder seiner Geburtsstadt gerettet und brachte sie mit nach Italien. Eine Königstochter aus seiner Nachkommenschaft zeugte zusammen mit dem Kriegsgott Mars die Zwillinge Romulus und Remus. Da die Brüder Anspruch auf die Herrschaft hatten, ließ sie ihr Onkel im Fluss aussetzen. Sie wurden von einer Wölfin gesäugt und von einem Specht gefüttert, dann fand sie ein Hirte und zog sie auf. Als junge Männer gründeten sie die Stadt Rom, wobei es zu einem Streit unter den Brüdern kam. Romulus erschlug Remus, als dieser über die Ackerfurche sprang, die den Verlauf der künftigen Stadtmauer bezeichnen sollte.

Durch diese Sage erklärten sich die Römer ihre Herkunft und stellten sich in eine ruhmreiche Tradition, die bis zum heldenhaften Kampf um Troja zurückreichte. Die respektvolle Haltung gegenüber seinem alten Vater und den Göttern seiner Heimat ließ Aeneas vor allem als Verkörperung der römischen Tugend der „pietas", der Ehrfurcht, erscheinen.

Wissenschaftliche Erkenntnisse

Die Archäologen vermuten, dass die erste Ansiedlung auf dem Palatin, einem der sieben Hügel Roms, lag (vgl. M 6). Hier befand sich der letzte Flussübergang vor der Mündung des Tibers ins Mittelmeer, und bis hierhin war der Fluss auch schiffbar. Auf dem Esquilin und dem Quirinal, zwei anderen der sieben Hügel Roms, konnten Bodenfunde aus der frühen Eisenzeit (10.–9. Jahrhundert v. Chr.) ausgegraben werden. Die Siedlungen auf den Hügeln, so die Vermutung, stellten keine getrennten Herrschaftsbezirke dar, sondern hatten den steilen Kapitolshügel als gemeinsamen religiösen Mittelpunkt. Zentrum des politischen und gesellschaftlichen Lebens wurde der Markt, das Forum Romanum.

Rom war nur eine kleine Ansiedlung der Latiner. Das waren Hirten und Bauern, die sich im Gebiet der heute als Latium bezeichneten Landschaft auf der italischen Halbinsel niedergelassen hatten.

Rom und Umgebung
— Wichtige Straßen, teilweise später bezeugt

M 3

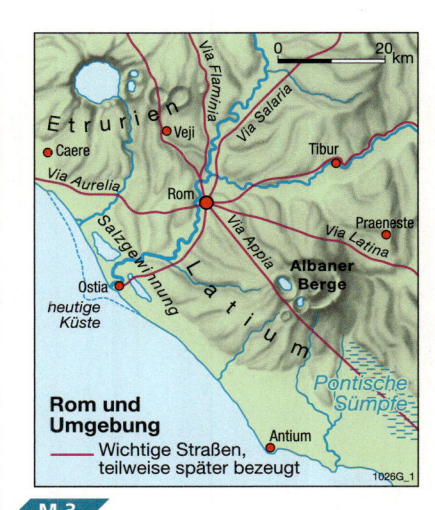

- Im Nordosten, Osten und Südosten lebten Volksgruppen, deren Sprachen dem Lateinischen glichen. Besonders bedeutend unter diesen waren die Samniten, die auf befestigten Höfen lebten. Sie bauten Getreide, Oliven und Wein an und züchteten Schweine, Schafe und Ziegen.
- Im Süden Italiens und auf Sizilien lagen Kolonien griechischer Städte. Sie besaßen eine ähnliche Gesellschaftsform und Kultur wie ihre Mutterstädte und stellten Teilnehmer bei griechischen Wettkämpfen, etwa in Olympia.
- Im Norden lebten die Etrusker, deren Gebiet ursprünglich in etwa die heutige Toskana umfasste. Ihre Stadtstaaten dehnten sich im 7. Jahrhundert v. Chr. nach Norditalien aus.

Der Einfluss der Etrusker auf die römische Kultur war von höchster Bedeutung. Die Römer übernahmen viele ihrer religiösen Gebräuche, wie die Deutung des Willens der Götter aus dem Vogelflug und aus der Eingeweideschau. Die Hauptgötter Roms (Jupiter, Juno und Minerva) sind ebenso etruskischen Ursprungs wie die Gladiatorenspiele. Auch den Triumphzug zur Feier militärischer Siege und das Rutenbündel mit Beil – die sogenannten fasces – als Symbol der Strafgewalt verdanken die Römer ihren Nachbarn. Im Städtebau und bei der Konstruktion von Kanalisationsanlagen waren die Etrusker den Römern weit überlegen. Man vermutet, dass sogar der Name Rom auf den etruskischen Geschlechternamen „ruma" zurückgeht.

Vor diesem Hintergrund ist der Aufstieg Roms erstaunlich. Es gab sowohl größere Städte in besserer Lage als auch stärkere Volksstämme als die Latiner. Eigentlich wäre zu erwarten gewesen, dass das kleine Volk von seinen Gegnern erdrückt würde.

M 4 **Das frühe Rom**
Rekonstruktion eines frühgeschichtlichen Dorfes auf dem Palatin nach archäologischen Funden

Römisches Reich

Die Gründung Roms – Mit Texten und Karten arbeiten

M 5

Rom vom 8.- 6. Jahrhundert v. Chr.

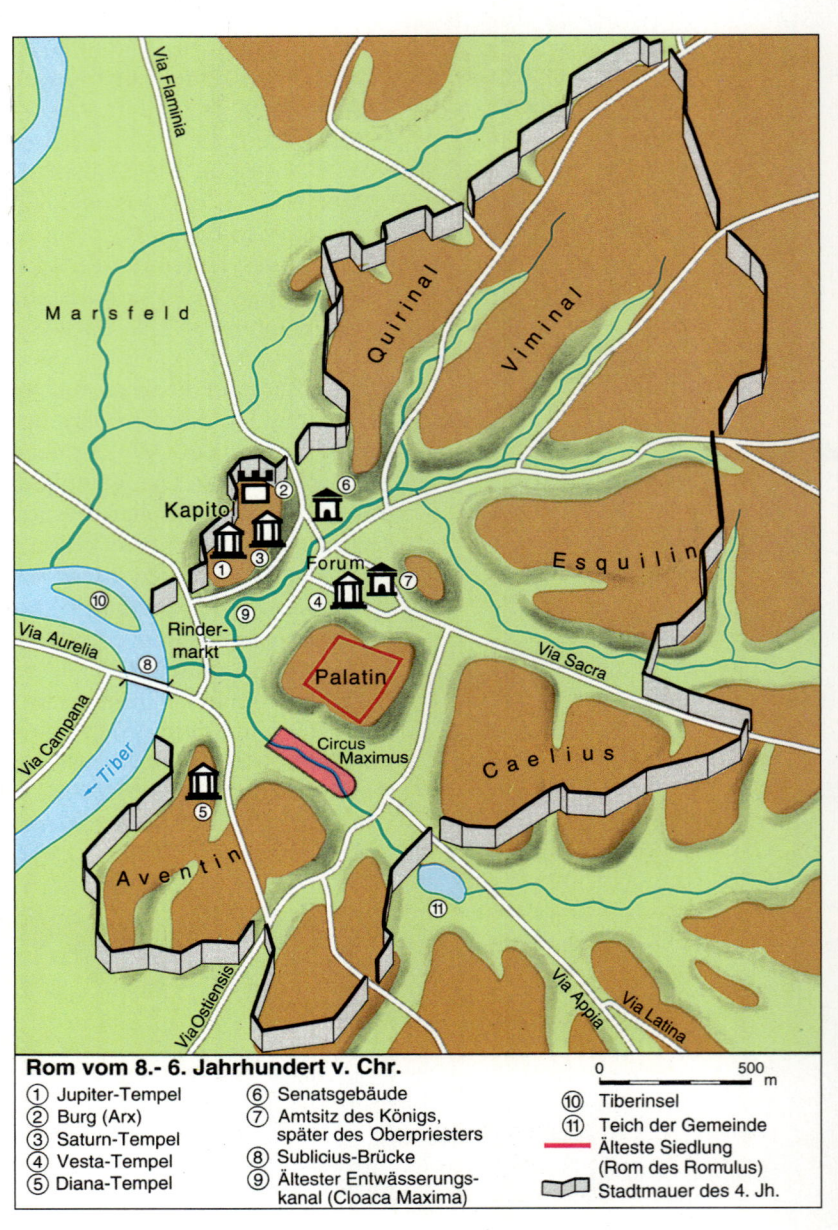

① Jupiter-Tempel
② Burg (Arx)
③ Saturn-Tempel
④ Vesta-Tempel
⑤ Diana-Tempel
⑥ Senatsgebäude
⑦ Amtssitz des Königs, später des Oberpriesters
⑧ Sublicius-Brücke
⑨ Ältester Entwässerungskanal (Cloaca Maxima)
⑩ Tiberinsel
⑪ Teich der Gemeinde
— Älteste Siedlung (Rom des Romulus)
⌐⌐ Stadtmauer des 4. Jh.

M 6 Zwei Reiseführer im Vergleich

a) In einem Reiseführer steht zur Gründung Roms Folgendes (1977):

Die Anfänge Roms sind in Dunkel gehüllt, so auch die Herkunft seines Namens, der wahrscheinlich etruskisch zu erklären ist (vom Geschlechternamen Ruma her oder vom Flussnamen Rumon für den
5 Tiber). Die angebliche Stadtgründung vom Jahre 753 v. Chr. samt der Sage von Romulus und Remus ist legendär. Wahrscheinlich gehen diese Erzählungen auf Vorgänge viel älterer Zeit zurück. Die berühmten sieben Hügel sind, ausgehend von der ursprünglichen latinischen Hirtensiedlung auf dem 10 Palatin (früheste Spuren weisen in das 9. Jh. v. Chr. zurück), nach und nach besiedelt und nach mancherlei Konflikten der verschiedenstämmigen Hügelbewohner (Latiner, Sabiner, Etrusker) zu einer Großgemeinde verbunden worden [...]. Politisch 15 und kulturell führende Schicht wurden die Etrusker,

| 800 v. Chr. | 700 | 600 | 500 | 400 | 300 | 200 | 100 | 0 | 100 | 200 n. Chr |

die an sich weiter nördlich ansässig waren (Etrurien), ursprünglich aber von Kleinasien über das Meer nach Mittelitalien gekommen sein müssen. Im 6. vorchristlichen Jahrhundert herrschten in Rom etruskische Könige, deren einer – Servius Tullius – bereits eine Mauer um die Stadt gebaut haben soll. Der letzte dieser Könige, Tarquinius Superbus, wurde um 510 v. Chr. vertrieben. Die Römer gründeten nun ein republikanisches Staatswesen […].

Grieben-Reiseführer, Rom, München, 1977, S. 11ff.

b) Ein anderer Reiseführer berichtet (1984):

Rom entstand als Räuberstaat aus dem Zusammenlauf von allerlei Gesindel und räuberischen Hirten, und die Überlieferung weiß genau, wann diese sich entschlossen, eine Stadt zu gründen, und darum stritten, wer König sein solle: Es war am 21. April 753 vor Christi Geburt. An diesem Tag setzen sich zwei Anführer, die Brüder Romulus und Remus, auf den zwei gegenüberliegenden Hügeln Aventin und Palatin fest. Sie wenden sich an die etruskischen Priester, deren magische Wissenschaft entscheiden soll, wer König wird und wo die Stadt gebaut werden soll. Die Priester lesen in den Eingeweiden der Opfertiere und im Flug der Vögel. Winzige Details geben Aufschluss über die Qualität des Wassers, der Pflanzen, über die Lebensbedingungen der Umwelt. Wie bei Karl May kann ein gebrochener Zweig, eine fallende Feder über Leben und Tod entscheiden. Zwischen den Brüdern, auf dem Gelände des Circus Maximus, liegt ein Sumpf. Remus sieht als erster sechs Vögel, dann Romulus zwölf. Wie auch später bei den Römern siegt die Quantität. Da gibt es nicht viel zu interpretieren, meint Romulus und erschlägt den Remus, der ihn verspottet.

Anders Reisen, Rom, Hamburg, 1984, S. 30ff.

M 7 Ein römischer Bericht

Titus Livius (59 v. Chr. – 17 n. Chr.) verfasste eine römische Geschichte, die von der Gründung der Stadt 753 v. Chr. bis in seine Gegenwart reichte und mit dem Jahr 9 n. Chr. abschloss. Sein Werk wurde vom Publikum sehr geschätzt. Er stützte sich bei seiner Arbeit im Wesentlichen auf literarische Vorlagen und leicht zugängliche Annalen („Jahrbücher", kurze Aufzeichnungen wichtiger Ereignisse):

Was über die Zeit vor der Gründung der Stadt und über die Umstände der Gründung überliefert ist, mehr in Form dichterisch ausgeschmückter Sagen als in unverdorbenen geschichtlichen Zeugnissen, das beabsichtige ich weder zu bestätigen noch zu widerlegen. Wenn überhaupt einem Volk gestattet ist, seine Anfänge religiös zu verklären und auf göttliche Stifter zurückzuführen, so besitzt das römische Volk solchen Kriegsruhm, dass alle Völker, wenn es gerade den Kriegsgott Mars als seinen und seines Stifters Vater ausgibt, dies ebenso ruhigen Gemüts gelten lassen, wie sie seine Herrschaft dulden.

Livius, Römische Geschichte, Bd.1, hrsg. von J. Feix u.a., München 1974.

Aufgaben

1. Die Gründung Roms – Mit Texten arbeiten
   a) Lege Unterschiede und Gemeinsamkeiten über die Entstehung Roms in den beiden Reiseführern dar.
   b) Erkläre die unterschiedliche Schwerpunktsetzung der beiden Verfasser. Bedenke dabei mögliche Adressaten der Reiseführer.
   c) Wähle die Darstellung aus, die dich mehr anspricht. Begründe deine Entscheidung.
   d) Vergleiche die Darstellung des Livius mit den beiden anderen Texten.
   e) Arbeite mit eigenen Worten das von Livius beschriebene Selbstbild der Römer heraus.
   → M6, M7

2. Die Gründung Roms – Mit Karten arbeiten
   a) Stelle mithilfe des Lehrbuchtextes Aussagen zur Entstehungsgeschichte Roms zusammen.
   b) Vergleiche die Aussagen mit der Rekonstruktion des frühgeschichtlichen Dorfes auf dem Palatin.
   c) Untersuche die Vorteile der Lage Roms für eine Ansiedlung.
   d) Vergleiche die Karte des alten Roms mit einem modernen Stadtplan. Benenne die Gebäude, die heute noch existieren.
   → Text, M1, M3, M4, M5, Stadtplan von Rom (z. B. www.google.de – Suchbegriff: Stadtplan Rom)

Römisches Reich

Vom Dorf zur Weltmacht

Rom herrscht über Italien

Rom wuchs im Laufe mehrerer Jahrhunderte von einer kleinen Siedlung zu einer Weltmacht heran, die die Politik und Kultur immenser Gebiete bestimmte. Die Nachwirkungen des Römischen Reiches sind heute noch zu spüren.

Im 5. Jahrhundert v. Chr. beschränkte sich der Machtbereich Roms noch auf die nächste Umgebung. Die Stadt war mit Abwehrkämpfen gegen ihre Nachbarn beschäftigt, wobei man auch schwere Niederlagen hinnehmen musste, wie Sagen aus der altrömischen Heldenzeit berichten.

Die Eroberung der etruskischen Stadt Veji um 400 v. Chr. stellte dann den ersten bedeutenden Erfolg Roms dar. Die Römer zerstörten Veji und bauten es nie wieder auf – wahrscheinlich wollten sie Rache dafür nehmen, dass die Stadt den Aufstieg Roms so lange verhindert hatte. Kurz darauf fielen die Gallier, die ursprünglich aus dem Gebiet des heutigen Frankreich stammten und sich in Norditalien niedergelassen hatten, in Latium ein und plünderten Rom (387 v. Chr.).

Die Niederschlagung eines Aufstandes der latinischen Städte bildete dann den Beginn einer neuen Phase der Ausdehnung Roms: Die Friedensbedingungen für die Unterlegenen waren maßvoll, und viele Städte wurden in die römische Bürgerschaft aufgenommen – die Bewohner erhielten also das Bürgerrecht, zumeist aber ohne Wahlrecht. Diese Art der Ausdehnung des römischen Gebietes führte dazu,

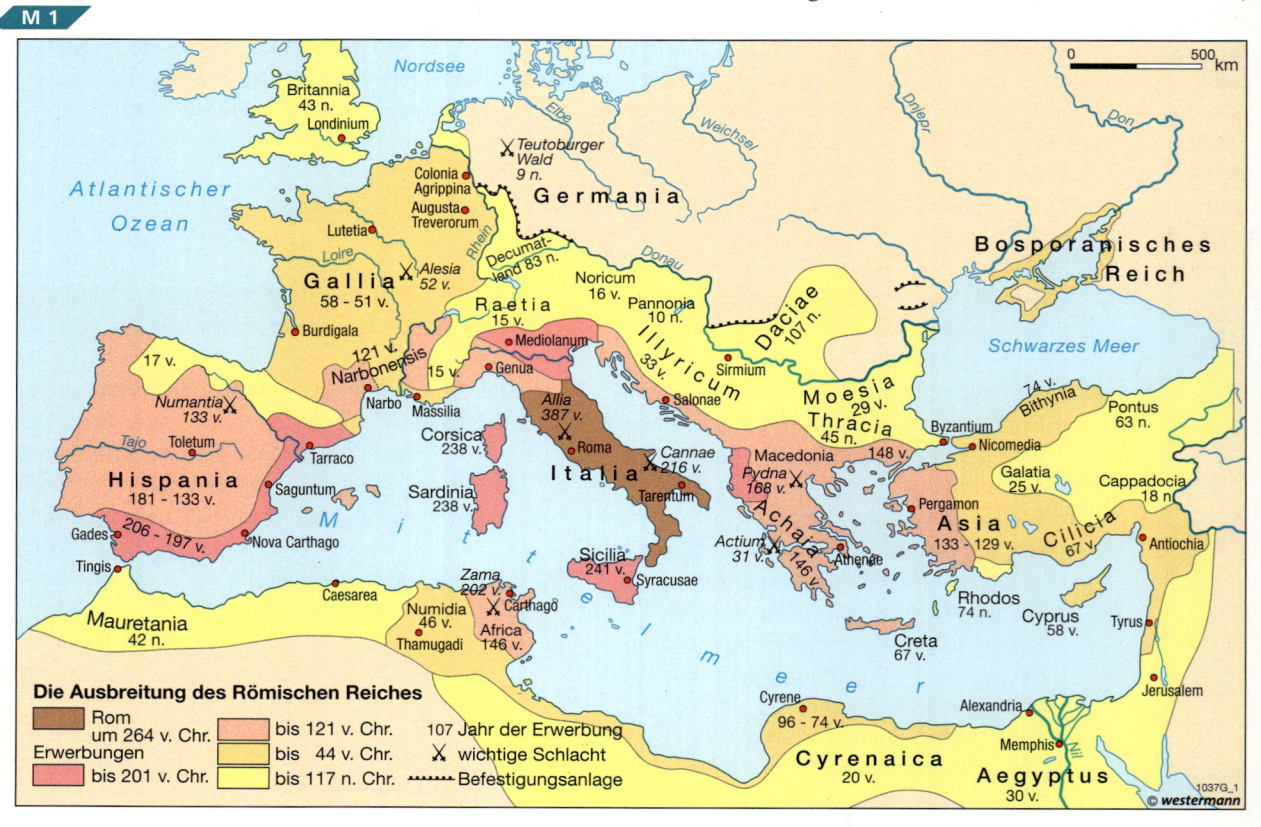

M 1

Die Ausbreitung des Römischen Reiches

- Rom um 264 v. Chr.
- Erwerbungen bis 201 v. Chr.
- bis 121 v. Chr.
- bis 44 v. Chr.
- bis 117 n. Chr.
- 107 Jahr der Erwerbung
- X wichtige Schlacht
- ⋯ Befestigungsanlage

dass sich die zuvor unabhängigen Gemeinden zunehmend mit Rom identifizierten. So wurde die Vermischung der latinischen Stämme gefördert, und die ehemaligen Gegner verstärkten fortan Roms militärische Macht. Andere vorherige Gegner behielten ihre Selbstverwaltung, traten aber Teile ihres Gebietes ab und wurden zu Verbündeten Roms. Im Laufe der Zeit dehnte sich das römische Bündnissystem auf Süditalien aus.

Rom gründete auch Kolonien. In diesen Ablegern der Stadt siedelten sich Römer an, die den Bürgern Roms rechtlich gleichgestellt waren. Sie bildeten sichere Stützen der Macht.

Ein Krieg gegen den griechischen König Pyrrhos zeigte schließlich, dass Rom außeritalienischen Mächten ebenbürtig geworden war. Etwa 270 v. Chr. traten die letzten Griechenstädte in Italien dem römischen Bündnissystem bei – Rom hatte Italien geeint. Es war zu einer Großmacht im Bereich des Mittelmeeres geworden, eine neue Epoche der römischen Geschichte begann.

Kriege gegen Karthago
Die räumliche Ausdehnung brachte Rom in Konflikt mit der Handelsmacht Karthago. Im Jahre 264 v. Chr. begann eine Rivalität zwischen Rom und Karthago, die in drei erbitterten Kriegen ausgefochten wurde. Da die Römer die Karthager als Punier bezeichneten, werden diese Auseinandersetzungen auch Punische Kriege genannt.

Der erste Punische Krieg (264–241 v. Chr.) verlief lange Zeit unentschieden: Die Karthager beherrschten das Meer, die Römer das Land. Dann übernahmen die Römer von ihren Feinden jedoch die Technik des Schiffbaus und erfanden eine Enterbrücke. Damit hatten die römischen Legionäre die Möglichkeit, ihre überlegene Kampfkraft nicht nur auf dem Land, sondern auch in einer Seeschlacht einzusetzen. Nach der Niederlage Karthagos machten die Römer das eroberte Sizilien im Jahr 227 v. Chr. zur ersten römischen Provinz, also zu einem

M 2 Römisches Kriegsschiff
Relief aus dem 1. Jahrhundert v. Chr.

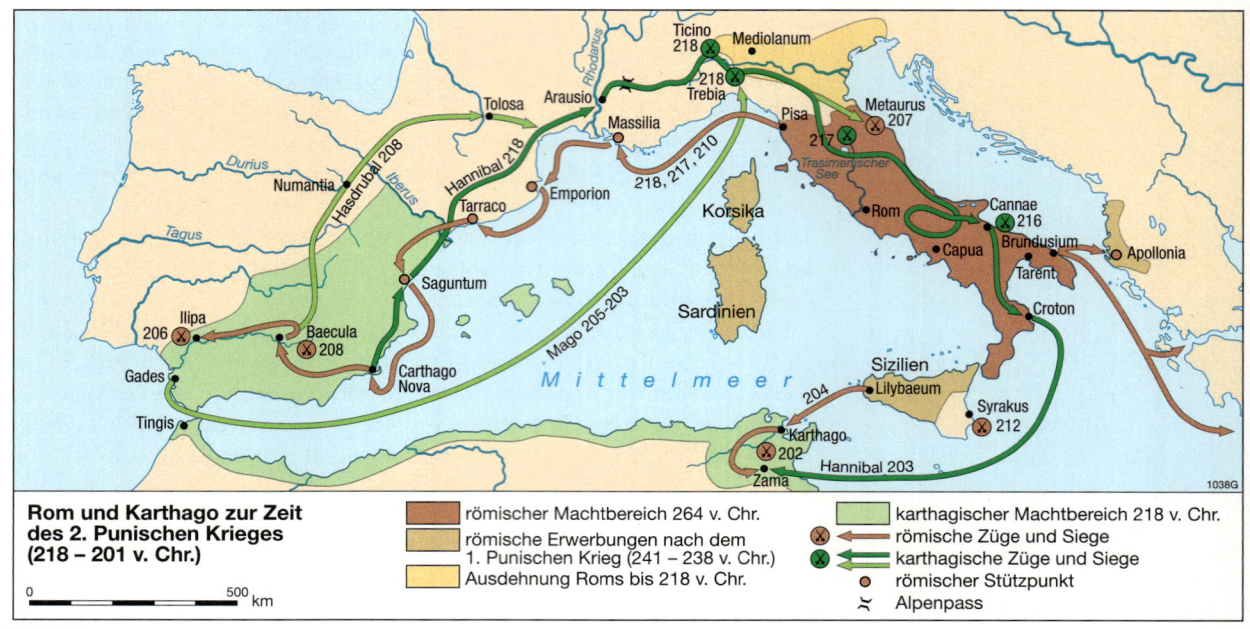

Römisches Reich

Rom und Karthago zur Zeit des 2. Punischen Krieges (218–201 v. Chr.)

M 3

M 4 Kriegselefanten
Hannibal setzte bei seinem Feldzug auch den Römern zuvor unbekannte Elefanten ein, Teller aus dem 3. Jahrhundert v. Chr.

besetzten Gebiet, dessen Bevölkerung aus römischen Untertanen bestand. Von nun an wandelte sich Roms Politik – neu gewonnene Gebiete wurden fortan ausgebeutet. Kurz nach Sizilien wurden auch Sardinien und Korsika besetzt.

Ein Konflikt in Spanien war der Auslöser des zweiten Punischen Krieges (218–201 v. Chr.). Der karthagische Feldherr Hannibal überquerte mit seinem Heer die Alpen und griff, für die Römer völlig überraschend, von Norden her an. Vernichtende Niederlagen, etwa bei Cannae (216 v. Chr.), ließen die Römer das Schlimmste befürchten. Da Hannibal aber nicht sofort versuchte, Rom einzunehmen, und da viele Bundesgenossen an der Seite Roms verblieben, gerieten die Karthager zunehmend in Versorgungsschwierigkeiten. Schließlich zog Hannibal aus Italien wieder ab und verlor 202 v. Chr. auf heimischem Boden die entscheidende Schlacht von Zama.

Der dritte Punische Krieg (149–146 v. Chr.) brach aus, weil sich die Karthager eigenmächtig, also ohne die Römer um Erlaubnis zu fragen, gegen ihre Feinde in Afrika, die Numidier, zur Wehr setzten. Die Römer zerstörten Karthago daraufhin vollständig, und das Gebiet wurde zur römischen Provinz „Africa". Dies war der Beginn der römischen Weltherrschaft.

Das römische Weltreich

Aus der Landmacht Rom war nun auch eine Seemacht geworden. In der Folgezeit dehnte sich das römische Herrschaftsgebiet schrittweise über das östliche Mittelmeer aus. Die Römer bezeichneten das Mittelmeer nun als „mare nostrum", „unser Meer", und ihre Herrschaft als „Imperium Romanum". Trotz gelegentlicher Rückschläge wurde dieser Machtbereich fortan stetig erweitert, bis das Römische Reich unter Kaiser Trajan (98–117 n. Chr.) schließlich seine größte Ausdehnung erreichte.

Der Aufstieg Roms

M 5 Cicero über den Aufstieg Roms

Marcus Tullius Cicero (106-43 v. Chr.) war als Politiker und Militär tätig. In seinem Werk „Über den Staat" untersucht er die Gründe für den Aufstieg Roms. Sein Werk sollte auch als Anweisung für richtiges Handeln dienen:

Manilius: Ihr unsterblichen Götter! Was ist dies doch für ein großer tief eingewurzelter Irrtum! Und doch nehme ich leichthin die Behauptung auf mich, dass die Bildung, über die wir verfügen, nicht auf Grundlagen beruht, die über das Meer zu uns kamen und importiert werden mussten, sondern auf unserer angestammten, eigenständigen Tüchtigkeit.

Scipio: Und doch wirst du dies noch viel leichter erkennen, wenn du siehst, wie das Gemeinwesen sich auf natürlichem Weg und in natürlichem Verlauf zu einem bestmöglichen Zustand entwickelt hat. Ja sogar – du wirst dies feststellen –, eben darin ist die Weisheit der Vorfahren zu loben, dass – eine Erkenntnis, der du dich nicht verschließen wirst – vieles, was auch von anderswoher gekommen ist, bei uns sich viel besser entwickelt hat, als es in seinem Ursprungsland gewesen ist, von wo es zu uns hierher gebracht wurde und wo es zum ersten Mal in Erscheinung trat. Du wirst weiter die Erkenntnis gewinnen, dass die Erstarkung des römischen Volkes nicht einem zufälligen Geschehen, sondern einer planvollen Leitung und einer zuchtvollen Haltung zu verdanken ist, wobei ihm allerdings das Glück nicht abhold war.

M. T. Cicero, Vom Staat, übersetzt von W. Sontheimer, Stuttgart 1979, S. 73.

M 6 Gründe für die römische Expansion

Als Geisel in Rom schrieb der griechische Politiker Polybios in seiner nur zum Teil erhaltenen Weltgeschichte, die bis zum Jahre 144 v. Chr. reicht, über die Beweggründe der römischen Expansion:

Über die Vernichtung Karthagos durch die Römer gingen in Griechenland die Meinungen und Urteile weit auseinander. Manche billigten das Verhalten der Römer: Sie hätten klug und verständig ihre Machtinteressen wahrgenommen. Dass sie der ständigen Bedrohung ein Ende machten und die Stadt, die ihnen so oft die Hegemonie streitig gemacht hatte […] vernichteten und damit die Herrschaft Roms sicherten, zeuge von politischer Vernunft und Weitblick.

Andere nahmen den entgegengesetzten Standpunkt ein: Sie hätten nicht an den Grundsätzen festgehalten, mit denen sie die Hegemonie errungen hätten, und wären mehr und mehr zu der Herrschsucht der Athener und Spartaner entartet, hätten zwar langsam diesen Weg beschritten, seien aber, wie die Tatsachen deutlich genug erkennen ließen, am selben Ziel angelangt. Früher hätten sie mit allen nur so lange Krieg geführt, bis sie den Gegner besiegt und zu dem Eingeständnis gebracht hätten, man müsse den Römern gehorchen und ihre Befehle befolgen. Jetzt aber hätten sie, im Perseuskrieg[1], eine erste Probe ihrer eigentlichen Gesinnung gegeben, als sie das makedonische Reich mit Stumpf und Stiel ausrotteten, vollständig aber diese Gesinnung enthüllt zu der Zeit, bei der wir jetzt stehen, durch ihre Entscheidung über Karthago. Denn ohne ein unverzeihliches Unrecht von ihnen erlitten zu haben, wären sie hart und erbarmungslos mit den Karthagern verfahren, obwohl diese doch auf alles eingingen und es auf sich nehmen wollten, jedem römischen Befehl zu gehorchen.

1 Der König von Makedonien, Perseus, wurde 168 v. Chr. von den Römern besiegt. Er starb in der Gefangenschaft.

Polybios, Historien, Buch XXXVI, 9. Übersetzt von H. Drexler, Zürich 1978, S. 1295 f.

M 7 Ein militärischer Triumph

Der Feldherr Lucius Aemilius Paullus mit drei Gefangenen. In der Mitte erbeutete Waffen und Uniformteile als Symbol für den militärischen Triumph, römische Münze aus dem 2. Jahrhundert v. Chr.

Römisches Reich

Die Schlacht bei Cannae – Mit Text- und Bildquellen arbeiten

M 8 „Die Römer ihres Schmuckes beraubt vor Hannibal"
Abbildung aus dem Buch „Illustrierte Weltgeschichte", nach einem Holzstich von Gottlob Heinrich Leutemann, um 1850

M 9 Die Schlacht von Cannae

a) Livius beschrieb in seiner „Römischen Geschichte", wie das Schlachtfeld nach der Schlacht von Cannae, die im Jahre 216 v. Chr. stattfand, aussah:

Bei Anbruch des folgenden Tages zogen sie aus, um die Beutestücke zu sammeln und das selbst für Feinde gräßliche Blutbad zu besehen.
Da lagen so viele tausend Römer, Fußvolk und Reiterei durcheinander, wie sie Zufall, Kampf oder Flucht vereint hatten. Einige versuchten blutüberströmt, mitten auf dem Kampffeld aufzustehen; ihre Wunden hatten sich in der Morgenkälte zusammengezogen, sodass sie aus der Ohnmacht erwacht waren. Sie wurden von den Feinden erschlagen. Andere fand man mit abgehauenen Schenkeln und Kniekehlen und sie lebten noch. Sie entblößten ihren Nacken und den Hals und forderten den Feind auf, auch ihr letztes Blut noch fließen zu lassen.
Man fand auch einige, deren Kopf in der aufgescharrten Erde steckte. Offenbar hatten sie sich selbst diese Löcher gegraben, ihr Gesicht mit aufgeworfener Erde überschüttet und sich so erstickt.

Titus Livius, Römische Geschichte, Buch XXII, hrsg. u. übers. von J. Feix, Darmstadt, 1991.

b) Aus einem Schulbuch von 1925:

Bei Cannae lagen sich die Heere gegenüber (216 v. Chr.). „Seht, der Punier hat Angst", hieß es im römischen Lager. „Wir dürfen ihn nicht entwischen lassen. Acht Legionen haben wir, außerdem die Bundesgenossen; 80 000 Mann werden doch wohl 40 000 bezwingen. Der Sieg ist uns sicher." Klirrend verließen die römischen Kolonnen das Lager, mit Kurzschwert, Wurfspieß und großem gewölbtem Schild bewaffnet.
„Achtung! Manipelweise links einschwenken und aufmarschieren! Aufstellen zum Schachbrett!" Wie eine eiserne, fest geschlossene Mauer standen sie den Puniern gegenüber, Legion neben Legion. Hannibal hatte seine Truppe in vorgebogenem Halbmond aufgestellt. Die Römer drangen vor, unaufhaltsam. Die Punier wichen zurück. Schon war die Mitte ihrer Schlachtreihe tief eingebuchtet, Hannibal selbst kommandierte an der gefährdeten Stelle. Noch einen Augenblick, und der römische Durchbruch musste erfolgen. Doch, was war das? Angriffsgeschrei von rechts, von links, von hinten! Die karthagische Reiterei hatte den Feind umgangen. Die Römer waren in die Zange hineingelaufen, die sich nun schloss.

Bernhard Kumsteller, Geschichtsbuch für die deutsche Jugend. Leipzig, 1925 (9. Aufl.), S. 30.

Römische Legionäre – Archäologen experimentieren

M 10 Das Marschgepäck eines Legionärs

Der Historiker Marcus Junkelmann unternahm in den 1980er-Jahren ein Experiment: Er wanderte mit einer kleinen Gruppe in der Ausstattung römischer Legionäre von Verona nach Augsburg, um die überlieferten Informationen praktisch zu überprüfen. Im Hinblick auf das Marschgepäck kam er dabei zu folgendem Ergebnis:

Die folgenden Zahlen beziehen sich auf das Gewicht der von uns verwendeten Rekonstruktionen:

Leinentunica	0,55 kg
5 Tuchtunica	1,1 kg
Caligae	1,3 kg
Kettenhemd	8,3 kg
2 Cingula	1,2 kg
Schwert mit Scheide	2,2 kg
10 Dolch mit Scheide	1,1 kg
Helm mit Buschen (Montefortino)	2,1 kg
Schild ohne Überzug	9,65 kg
Pilum	1,9 kg
	29,4 kg [...]

15 Zu den cibaria, den Lebensmitteln, kamen noch eine Reihe weiterer Utensilien (vasa), sowie die Reservekleidung, die zusammen mit der Verpflegung die sarcina, das Gepäckbündel, bildeten.

Da war zunächst die metallene Feldflasche, die mit ihrer Wasser/Weinfüllung von 1,3 l 2,55 kg wog, ferner ein kleiner Bronzeeimer (850–1650 g), eine Bronzekasserolle (650 g), eine Ledertasche mit Kleingerät (Löffel, Messer, Hämmerchen, Riemen, Lampe, Persönliches), zusammen etwa 3 kg, und der Mantelsack mit Kapuzenumhang (paenula). Schal, Gamaschen und Reservetunicen (3,9 kg). Dann ist noch die furca, die Tragestange aus Eschenholz von 1,9 kg Gewicht zu nennen, an der die ganze sarcina befestigt wurde. [...]

Damit wäre das Minimum von dem, was ein miles impeditus trug, zu errechnen:

Kleidung, Waffen, Rüstung	29,4 kg
Marschgepäck	18,4 kg
	47,8 kg

Marcus Junkelmann, Die Legionen des Augustus. Der römische Soldat im archäologischen Experiment, Mainz 1986, S. 197 ff.

M 11 Ein Legionär
Rekonstruktion

Aufgaben

1. **Der Aufstieg Roms**
   a) Informiere dich auf der Karte (M1) über die Phasen der römischen Expansion.
   b) Untersuche die Gründe, die Cicero für den Aufstieg Roms nennt. Beziehe dabei dein Wissen über die Entstehung Roms ein.
   c) Cicero hat für seine Darstellung die Dialogform gewählt. Erläutere die Gründe.
   d) Fasse die Begründungen des Polybios für den Aufstieg Roms zusammen.
   e) Stimmst du dieser Argumentation zu? Begründe deine Entscheidung.
   f) Erläutere das Selbstbild Roms, das sich aus dem Münzbild ablesen lässt.
   → M1, M5–M7

2. **Die Schlacht bei Cannae**
   a) Vergleiche die Darstellung des Livius mit dem Schulbuchtext von 1925.
   b) Erläutere die jeweilige Darstellung der Schlacht. Belege mit Zitaten aus den Texten.
   c) Beschreibe den Holzstich aus der „Illustrierten Weltgeschichte".
   d) Prüfe, ob der Künstler für eine Seite Partei ergreift.
   → M8, M9

3. **Römische Legionäre**
   a) Suche die im Text von Marcus Junkelmann genannten Gegenstände auf der Rekonstruktionszeichnung eines Legionärs.
   b) Beschreibe mit eigenen Worten das Experiment des Historikers.
   c) Erläutere die Ziele, die mit derartigen Experimenten verfolgt werden.
   → M10, M11

Römisches Reich

Wer regierte Rom zur Zeit der Republik?

Von der Herrschaft des Königs zur Herrschaft des Adels

Zunächst wurde Rom von Königen regiert. Der Überlieferung nach herrschte der letzte König, Tarquinius Superbus, äußerst selbstherrlich. Dass zahlreiche vornehme römische Familien keinen derart eigenmächtigen König mehr dulden wollten, trug mit zu einer Veränderung der Staatsform bei. Das Königtum wurde durch eine Herrschaft des Adels ersetzt, eine Aristokratie. Sich wie ein König zu verhalten oder die Königswürde anzustreben, galt fortan in der römischen Politik als schwerwiegender Vorwurf; einzig der für religiöse Opfer zuständige Beamte führte diese Bezeichnung weiterhin.

Da der Adel generell nicht damit belastet war, seinen Lebensunterhalt selbst verdienen zu müssen, konnte er sich politisch betätigen. Die Leitung des Staates lag im Wesentlichen in den Händen weniger vornehmer Familien. Diese kontrollierten aufgrund ihres Reichtums und umfangreichen Landbesitzes fast alle Staats- und Priesterämter.

Patrizier und Plebejer

Der Begriff „Patrizier" leitet sich von „patres", dem lateinischen Wort für „Väter" ab – die führenden Familien fühlten sich als „Väter des Staates". Trotz persönlicher Rivalitäten vertraten die Mitglieder dieser Gruppe einheitliche Interessen und Ziele. In der Regel heirateten patrizische Familien auch nur untereinander.

Die Masse des Volkes, also Bauern, Handwerker und Kaufleute, waren „Plebejer" – eine Bezeichnung, die in Anlehnung an „plebs", das lateinische Wort für „Volk", entstand. Die Plebejer hatten zunächst keine Möglichkeit, an der Leitung des Staates mitzuwirken. Manche vertrauten sich als „Klienten" dem Schutz eines mächtigen Patriziers an. Dies war naheliegend, da die Rechtsprechung allein Sache der Patrizier war. Natürlich erwarteten diese „patroni" genannten Schutzherren umgekehrt Gegenleistungen, vor allem politische Unterstützung bei Wahlen zu einem Amt.

Die Ständekämpfe

Aus den widerstreitenden Interessen von Patriziern und Plebejern entwickelte sich ein innenpolitischer Kampf: Die Plebejer begannen, eigene Versammlungen abzuhalten, die von den Patriziern jedoch zunächst nicht anerkannt wurden. Es ist überliefert, dass die Plebejer 494 v. Chr. aus der Stadt zogen, weil die Patrizier ihr Versprechen, die strengen Strafen bei Verschuldung zu ändern, nicht gehalten hatten. Ein Kompromiss verhinderte jedoch die Spaltung des Volkes: Die Patrizier erkannten das Versammlungsrecht der Plebejer sowie das Amt der Volkstribunen an. Letztere konnten nun gegen jeden Gewaltakt der Patrizier und gegen Entscheidungen der Beamten und des Senats einschreiten. Mit ihrem Veto (wörtlich: „ich verbiete") verteidigten sie wirksam die Interessen der Plebejer. Nach und nach erhielten die Plebejer immer mehr Rechte. Ab 367/366 v. Chr. konnten sie schließlich auch Konsul werden und damit das höchste Amt bekleiden.

Die alleinige Vorherrschaft der Patrizier wurde überwunden, und das römische Volk ging aus den Auseinandersetzungen als Einheit

M 1 Ein Redner in Aktion
Standbild aus dem 1. Jahrhundert v. Chr.

M 2 Herrschaftszeichen
Ruten und Beile waren Zeichen für die Macht, Strafen zu verhängen.

hervor. Es entstand eine neue Führungsschicht aus Patriziern und Plebejern: die Nobilität. Diese Bezeichnung geht auf das lateinische Wort „nobilis", das heißt „vornehm", zurück. Zur Nobilität rechneten sich die Nachfahren der Konsuln.

Die Ordnung der römischen Republik

Die frühen Jahrhunderte bis zum Jahr 27 v. Chr. werden als Zeit der römischen Republik bezeichnet. „Republik" leitet sich vom lateinischen Begriff „res publica" her, der „öffentliche Angelegenheit" bedeutet. Um gemeinsame Probleme zu lösen, waren bestimmte Regelungen notwendig, die jedoch nicht schriftlich festgehalten wurden. Es gab also im Gegensatz zu heute keine geschriebene Verfassung.

In dem System der römischen Republik spielten gewählte Beamte, die sogenannten Magistrate, eine wichtige Rolle. An der Spitze des Staates standen zwei gleichberechtigte Konsuln. Diese hatten die höchste Befehlsgewalt in Krieg und Frieden, das sogenannte Imperium. Die Entscheidung über Krieg und Frieden und über alle wichtigen Gesetze stand letztlich zwar dem Volk zu, allerdings hatte die Oberschicht bei den Abstimmungen eine Mehrheit. Die jährliche Neuwahl der Magistrate und die gegenseitige Abhängigkeit der beiden Amtsinhaber sollten einen Missbrauch der Macht verhindern. Nur in Notzeiten konnte ein Diktator bestimmt werden, der dann sechs Monate lang allein regierte.

M 3 Konsul mit Amtsdienern
Jeder Konsul wurde von zwölf Liktoren begleitet. Rutenbündel und Beil waren das Zeichen der Strafgewalt, antike Reliefdarstellung.

Im Laufe seiner Karriere bekleidete ein römischer Politiker nach und nach verschiedene Ämter, bevor er Konsul werden konnte. Die Konsuln wurden von einem Rat der „Ältesten" beraten, dem Senat. Dieser bestand aus angesehenen Männern, zum größten Teil ehemaligen Beamten. Obwohl seine Machtbefugnisse begrenzt waren, spielte der Senat eine entscheidende Rolle: Kaum ein Beamter wagte es, gegen einen Ratschlag des Senats zu handeln.

Mit der Zunahme der öffentlichen Aufgaben entstanden weitere Ämter, über deren Besetzung die Volksversammlung entschied. Die Zahl der Beamten nahm mit dem Anwachsen des Reiches zwar zu, in Anbetracht der Ausdehnung des Römischen Reiches war die Zahl seiner Beamten jedoch vergleichsweise gering.

Die römische Republik – Eine Textquelle analysieren

M 4 Verfassung der römischen Republik

a) *Der ehemalige Feldherr Polybios (etwa 200 v. Chr.–130 v. Chr.) gehörte zu den 1000 Geiseln, die 167 nach einem römischen Sieg über Makedonien nach Rom gebracht wurden. Er war beeindruckt vom Zusammenwachsen Roms zu einer Großmacht und schrieb 40 Bücher Geschichte über die Jahre 264–144 v. Chr. Die ersten fünf sind vollständig erhalten. Über die Verfassung der römischen Republik heißt es bei Polybios:*

[...] Es gab [...] drei Teile, die im Staat Gewalt hatten. So gerecht und angemessen aber war alles geordnet, waren die Rollen verteilt und wurden in diesem Zusammenhang die staatlichen Aufgaben gelöst, dass auch von den Einheimischen niemand mit Bestimmtheit hätte sagen können, ob die ganze Verfassung aristokratisch, demokratisch oder monarchisch war. Und so musste es jedem Betrachter ergehen. Denn wenn man seinen Blick auf die Machtvollkommenheit der Konsuln richtete, erschien die Staatsform vollkommen monarchisch und königlich, wenn auf die des Senats, wiederum aristokratisch, und wenn man auf die Befugnisse des Volkes sah, schien sie unzweifelhaft demokratisch. [...]

b) *Über die Konsuln schreibt Polybios weiter:*

Wenn der Konsul mit der eben geschilderten Macht an der Spitze des Heeres ins Feld zieht, scheint er unumschränkte Gewalt zur Durchführung seiner Pläne zu haben, in Wirklichkeit aber bleibt er auf Volk und Senat angewiesen und ist ohne diese nicht in der Lage, seine Unternehmungen zu einem guten Ende zu bringen. Denn selbstverständlich bedarf das Heer dauernder Versorgung, und ohne den Willen des Senats kann ihm weder Getreide noch Kleidung, noch Sold geliefert werden. Die Pläne der Feldherren können also gar nicht verwirklicht werden, wenn der Senat sie vereiteln oder sabotieren will. Es hängt ebenfalls vom Senat ab, ob der Befehlshaber seine Pläne und Unternehmungen zu Ende bringen kann, denn in seiner Macht steht es, den Befehlshaber nach Ablauf des Amtsjahres abzulösen oder ihm das Kommando zu verlängern. [...]
Vollends ist es für die Konsuln wichtig, die Gunst des Volkes zu gewinnen, auch wenn sie noch so weit von der Heimat entfernt sind. Denn das Volk hat alle Abkommen und Friedensverträge zu bestätigen oder abzulehnen. Vor allem aber muss der Konsul bei der Niederlegung des Amtes vor dem Volk Rechenschaft über seine Handlungen ablegen. Es ist daher in jeder Hinsicht gefährlich für den Feldherrn, sich um die Sympathien von Senat und Volk nicht zu kümmern.

c) *Über den Senat und das Volk schreibt Polybios:*

Der Senat wiederum, der doch so große Macht hat, ist erstens in allen politischen Angelegenheiten gezwungen, auf die Stimmung des Volkes zu achten und seine Wünsche zu berücksichtigen. Er kann die Untersuchung und Ahndung der schwersten Verbrechen gegen den Staat, auf die die Todesstrafe steht, nicht vornehmen, wenn das Volk nicht die Vorentscheidung des Senats bestätigt. [...]
Vor allem aber kann der Senat, wenn nur ein einziger Volkstribun sein Veto einlegt, weder eine Beratung zu Ende führen noch auch nur zusammenkommen und eine Sitzung abhalten; die Volkstribunen aber sind stets verpflichtet zu tun, was das Volk will, und seine Wünsche zu beachten. [...] Ebenso ist wiederum das Volk vom Senat abhängig und muss sich nach ihm richten, im staatlichen wie im privaten Leben. Für alle öffentlichen Arbeiten, die in ganz Italien von den Zensoren vergeben werden, für alle Pachtungen von Zöllen an Flüssen und Häfen, von Gärten, Bergwerken, Ländereien, kurz allem, was der römischen Herrschaft untersteht – für all dies kommen die Unternehmer aus der breiten Masse des Volkes, und sozusagen fast jeder Bürger ist an diesen Submissionen [Unternehmungen] und Pachtungen beteiligt. [...]
Die Entscheidung über all diese Dinge liegt beim Senat. [...] Das Wichtigste aber ist, dass die Richter für fast alle öffentlichen und privaten Prozesse, soweit es sich um schwerwiegendere Fälle handelt, aus den Reihen der Senatoren gewählt werden. Da also alle Bürger sich der richterlichen Entscheidung der Senatoren unterwerfen müssen und angesichts der Ungewissheit über die Entscheidungen in Furcht leben, hüten sie sich wohl, den Wünschen des Senats Widerstand zu leisten und entgegenzuwirken.

Polybios, Geschichte, VI. Buch, Kap. 11ff. Nach: Polybios, Gesamtausgabe in 2 Bdn., übersetzt von H. Drexler, Zürich, Stuttgart 1961.

Die römische Republik – Ein Schaubild verstehen

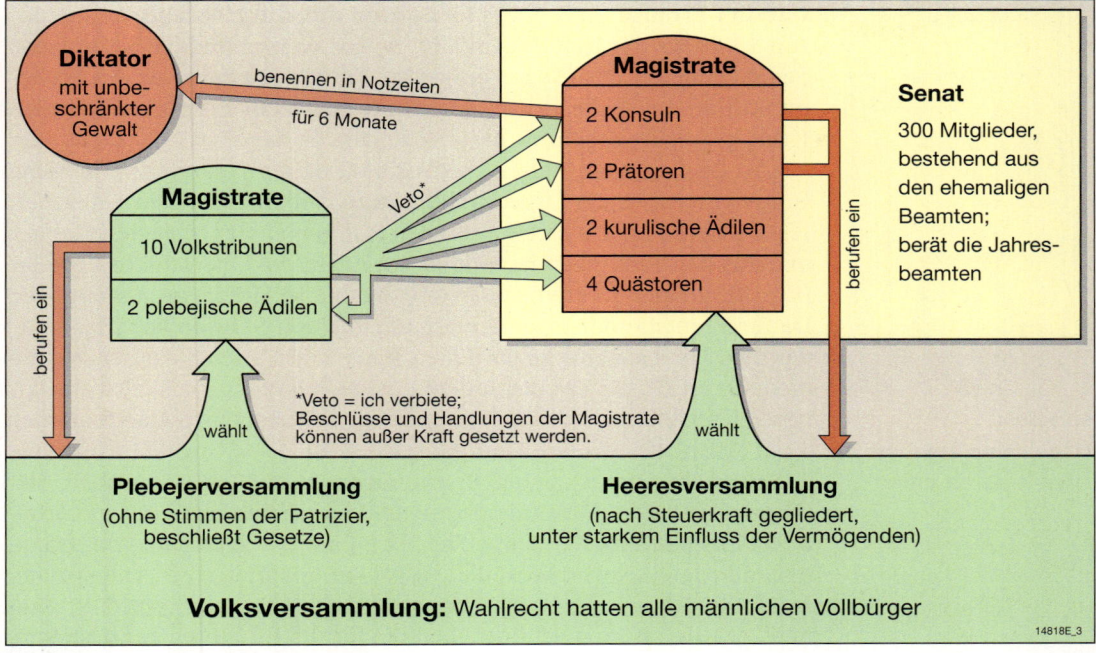

Diktator mit unbeschränkter Gewalt — benennen in Notzeiten für 6 Monate

Magistrate
- 10 Volkstribunen
- 2 plebejische Ädilen

Magistrate
- 2 Konsuln
- 2 Prätoren
- 2 kurulische Ädilen
- 4 Quästoren

Senat
300 Mitglieder, bestehend aus den ehemaligen Beamten; berät die Jahresbeamten

Veto* – beruft ein

*Veto = ich verbiete; Beschlüsse und Handlungen der Magistrate können außer Kraft gesetzt werden.

wählt → **Plebejerversammlung** (ohne Stimmen der Patrizier, beschließt Gesetze)

wählt → **Heeresversammlung** (nach Steuerkraft gegliedert, unter starkem Einfluss der Vermögenden)

Volksversammlung: Wahlrecht hatten alle männlichen Vollbürger

M 5 Die römische Verfassung

Quästoren: Finanzverwaltung

Kurulische Ädilen: öffentliche Ordnung, Verkehrs- und Marktangelegenheiten

Prätoren: Rechtsprechung

Konsuln: oberste Befehlsgewalt

Zensoren (außerhalb der Ämterlaufbahn, wurden alle fünf Jahre bestimmt): Festsetzung der Steuern und Kontrolle der Staatsbürger

Diktator: In Notzeiten wurde ein Diktator ernannt, der mit seinem Stellvertreter allerdings nur sechs Monate im Amt blieb. Er hatte mehr Machtbefugnisse als die Konsuln.

Plebejische Ädilen: öffentliche Ordnung, Verkehrs- und Marktangelegenheiten

Volkstribunen: Vertreter der Plebejer, sollen Plebejer gegen Übergriffe der Patrizier schützen.

M 6 Die römischen Ämter (Magistrate)

Aufgaben

Der Aufbau der römischen Republik

a) Beschreibe – nach Polybios – die Macht der Konsuln.
b) Fasse die Beschreibung des Senats bei Polybios zusammen.
c) Vergleiche die Darstellung über den Senat bei Polybios mit der Darstellung im Lehrbuch.
d) Erkläre die Rolle, die Polybios dem Volk innerhalb der Verfassung zuweist.
e) Gib die laut Polybios typischen Kennzeichen der römischen Verfassung wieder.
f) Erkläre anhand des Schaubildes die Verfassung der römischen Republik.
g) Führt eine Diskussion zum Thema: „Wer herrschte tatsächlich in Rom?"

→ Text, M4–M6

Römisches Reich

M 1 Sklavenarbeit
Zwei Sklaven tragen eine Amphore, Relief aus Pompeji, 1. Jahrhundert n. Chr.

M 2 Gaius Julius Caesar
(100–44 v. Chr.)
Römische Büste

Das Ende der römischen Republik

Caesars Ermordung – Der Höhepunkt des Bürgerkriegs

Am 15. März des Jahres 44 v. Chr. wurde während einer Sitzung des Senats Gaius Julius Caesar ermordet. Dieses Ereignis war der Höhepunkt der Krise, die Rom erschütterte und zum Bürgerkrieg, einem Krieg im Inneren, geführt hatte. Wie kam es dazu?

Die Eroberungen hatten das soziale Gefüge verändert. Die Siege Roms waren in erster Linie den Bauern zu verdanken, die im römischen Heer Kriegsdienst leisteten. Von den Zahlungen der besiegten Gegner und aus den Provinzen hatte aber vor allem die Oberschicht Vorteile. Ihre Mitglieder kauften nach und nach die Höfe von Bauern auf. Dadurch entstanden große Landgüter, die von Sklaven bewirtschaftet wurden. Die besitzlos gewordenen Bauern hingegen strömten zunehmend in die Stadt. Es entstand eine neue Schicht, die als „Proletariat" bezeichnet wurde, weil die Besitzlosen nichts als ihre Nachkommen – auf lateinisch „proles" – besaßen.

Angesichts der sozialen Spannungen hatten sich innerhalb der Oberschicht zwei Gruppierungen gebildet, sodass im Senat ein erbitterter Machtkampf herrschte: Die „Popularen" – abgeleitet von „populus", dem lateinischen Wort für „Volk" – unterstützten die Anliegen der in Not geratenen. Die „Optimaten" – abgeleitet von „optimus", das heißt „zu den Besten gehörig" – waren für die Erhaltung der bestehenden Ordnung.

Die neue Rolle des Heeres

In den folgenden Jahrzehnten verschärften sich die Auseinandersetzungen zwischen den Parteien zu einem Bürgerkrieg. Entscheidend war, dass das römische Heer nun auch bei inneren Machtkämpfen eingesetzt wurde. Im 1. Jahrhundert v. Chr. wurde aus dem römischen Heer eine Armee von Berufssoldaten. Da der Heerführer für Bezahlung und Alterssicherung der Soldaten sorgte, waren sie in erster Linie ihm und erst in zweiter Linie der römischen Republik treu. Der Senat befand sich dabei in einer schwierigen Situation. Einerseits brauchte man erfolgreiche Feldherren, andererseits wurden die Feldherren zum entscheidenden politischen Machtfaktor und bestimmten letztendlich über das Schicksal des Staates. Sollte der Senat sich den Absichten des Feldherrn widersetzen, konnte dieser das Heer nach Rom in Marsch setzen und den Senat zur Erfüllung seiner Forderungen zwingen.

Der Aufstieg Caesars

Der künftige starke Mann in Rom wurde Gaius Julius Caesar. Wie andere römische Politiker auch durchlief er die Ämterlaufbahn. Zusätzlich verbündete er sich mit dem erfolgreichen Feldherrn Pompeius und dem schwerreichen Crassus zu einem sogenannten ersten Triumvirat, einem „Bündnis der drei Männer". Gestützt auf die Anhänger des Pompeius und das Geld des Crassus wurde Caesar im Jahre 59 v. Chr. Konsul.

Für die Zeit nach seinem Konsulat sicherte sich Caesar die Statthalterschaft über die beiden gallischen Provinzen. So wollte er sich der Rache des Senats entziehen und sich zugleich in Gallien eine neue

Machtposition aufbauen. In den nächsten zehn Jahren reihte Caesar Feldzug an Feldzug und unterwarf ganz Gallien, das etwa dem heutigen Frankreich und Belgien entspricht. Als erster Römer stieß er an den Rhein und nach Britannien vor. Über seine Kriegszüge berichtete er in seinen Büchern „De bello gallico", das heißt „Über den gallischen Krieg". Sie gelten bis heute als Klassiker.

Caesar wird Alleinherrscher – und wird ermordet
Der Senat fürchtete die Macht Caesars und forderte von ihm, sein Heer aufzulösen. Er wollte jedoch die einmal gewonnene Macht nicht mehr aus den Händen geben. So überschritt Caesar im Jahr 49 v. Chr. den Fluss Rubicon, der die Grenze zwischen Caesars Provinz und dem römischen Kernland bildete. Dieser Marsch nach Rom kam einer Kriegserklärung gleich. Caesars Legionen und die Truppen des Senats unter der Führung seines einstigen Verbündeten Pompeius standen sich jetzt als Gegner gegenüber. Ohne auf großen Widerstand zu treffen, eilte Caesar dann von Sieg zu Sieg. Allerdings gewährte Caesar denen, die sich unterwarfen, Gnade und zeichnete sich durch Großzügigkeit aus.

Bereits im Jahre 49 v. Chr. hatte Caesar das für Notzeiten vorgesehene Amt des Diktators angenommen. Den Höhepunkt seiner Macht erreichte Caesar, als ihn der Senat im Jahre 44 v. Chr. zum Diktator auf Lebenszeit ernannte.

Caesars Karriere nahm jedoch im Jahre 44 v. Chr. ein plötzliches Ende. Seine Gegner warfen ihm vor, er wolle wieder eine Königsherrschaft errichten und so die Ordnung der römischen Republik zerstören, und ermordeten ihn während der Senatssitzung am 15. März des Jahres 44 v. Chr.

M 3 Die Ermordung Caesars, Historiengemälde von Vincenzo Camuccini, 19. Jahrhundert

Römisches Reich

Die Ermordung Caesars – Ein Schaubild zu einer Textquelle erstellen

M 4　Aus einer Biografie

Der Grieche Plutarch (45–125 n. Chr.) ist Verfasser zahlreicher biografischer Schriften. In seiner Caesar-Biografie berichtet er:

Allein den sichtbarsten Hass, der ihm schließlich auch den Tod brachte, erregte gegen ihn sein Streben nach der Königswürde, welches für das Volk die erste Ursache, für diejenigen aber, die ihm schon lange gram waren, der triftigste Vorwand wurde. […]
Eines Tages nun, als eben Caesar von Alba in die Stadt zurückkehrte, wagten sie es, ihn laut als König zu begrüßen. Weil aber das Volk darüber in Bestürzung geriet, sagte er unwillig, er heiße nicht König, sondern Caesar, und bei der darauffolgenden tiefen Stille ging er mit finsterem verdrießlichem Gesichte fort. […]
Bald darauf wurden ihm im Senat wieder einige übertriebene Ehrenbezeigungen zuerkannt; er saß eben auf der Rednerbühne, als die Consuln und Praetoren in Begleitung des ganzen Senats vor ihm erschienen. […] Caesar aber stand nicht vor ihnen auf, sondern fertigte sie ab, als wenn er es mit den gemeinsten Bürgern zu tun hätte. […]
Caesar saß, um diese Feierlichkeit [gemeint ist das Luperkalienfest, ein römisches Fruchtbarkeitsritual] anzusehen, an der Rednerbühne auf einem goldenen Stuhle mit dem Triumphkleide geschmückt. Auch nahm Antonius als Consul an dem heiligen Lauf durch die Stadt teil. Als er nun auf den Markt kam und das versammelte Volk vor ihm Platz machte, überreichte er Caesar ein mit einem Lorbeerkranz umwundenes Diadem. Darüber entstand ein schwaches dumpfes Händeklatschen von einigen wenigen dazu bestellten Personen, wie aber Caesar das Diadem ausschlug, klatschte ihm das ganze Volk lauten Beifall zu. Antonius hielt ihm das Diadem noch einmal hin, und da klatschten wieder nur wenige, aber als Caesar es zum zweiten Mal nicht annahm, erfolgte aufs Neue ein allgemeines Händeklatschen. Nach diesem misslungenen Versuche stand Caesar auf und befahl, den Kranz auf das Capitol zu tragen. […]
[Trotz verschiedener Warnungen begibt sich Caesar an den Iden des März des Jahres 44 v. Chr. zu einer Sitzung des Senats.]
Als Caesar hineintrat, stand der Senat ehrerbietig vor ihm auf; die Freunde des Brutus aber stellten sich zum Teil hinter seinen Stuhl, die Übrigen gingen ihm entgegen, als wenn sie das Gesuch des Tullius Cimber, der für seinen verbannten Bruder bat, unterstützen wollten, und folgten ihm immer bittend bis an seinen Stuhl. Caesar setzte sich nun nieder und schlug das Gesuch geradezu ab; da […] fasste endlich Tullius seine Toga mit beiden Händen und zog sie vom Halse herunter. Dies war das verabredete Zeichen zum Angriff. Casca brachte ihm nun mit dem Dolche die erste Wunde am Halse bei, die aber weder tödlich war, noch tief eindrang, weil er, wie leicht zu denken, im ersten Augenblick einer so kühnen Tat vor Angst zitterte. […] Als der Anfang auf solche Weise gemacht war, gerieten diejenigen, welche von dem Vorhaben nichts wussten, so sehr in Schrecken und Bestürzung, dass sie weder zu fliehen noch Caesar beizustehen, ja nicht einmal einen Laut von sich zu geben wagten. Indes zog jeder der Verschworenen einen Dolch hervor, und Caesar, von allen Seiten umringt, begegnete, wohin er sich auch wenden mochte, den nach dem Gesichte und den Augen gerichteten Dolchstößen und wand sich unter den Händen seiner Mörder wie ein gefangenes wildes Tier. Denn es war ausgemacht worden, dass jeder an dem Morde teilnehmen und das Seinige dazu beitragen solle; weswegen ihm auch Brutus noch einen Stich in den Unterleib beibrachte. […]
Nach der Ermordung Caesars […] gingen Brutus und seine Mitverschworenen, so erhitzt wie sie vom Morde noch waren, nicht Fliehenden ähnlich, sondern mit heiterer zuversichtlicher Miene, das bloße Schwert in der Hand, vom Rathause zusammen nach dem Capitol, ermahnten das Volk zur Behauptung der Freiheit. […] Am nächsten Tag kam Brutus mit seinen Anhängern vom Capitol herab und hielt eine Rede an das Volk. Dieses hörte ihn an, ohne das Geschehene zu missbilligen oder gutzuheißen; es gab vielmehr durch ein tiefes Stillschweigen zu erkennen, dass es Caesar sehr bedauere und vor Brutus großen Respekt hätte. […]
Als es sich aber nach Eröffnung von Caesars Testament zeigte, dass jedem Römer ein beträchtliches Geschenk ausgesetzt war, und man den durch Wunden ganz zerfetzten Leichnam über den Markt tragen sah, blieb das Volk nicht länger in

seinen Schranken, sondern trug Bänke, Tische und Verschläge vom Markte zusammen, zündete den Haufen an und verbrannte den Leichnam gleich auf der Stelle. Viele ergriffen dann brennende Scheite und liefen damit nach den Häusern der Mörder, um sie anzuzünden; andere zogen durch alle Straßen der Stadt, in der Absicht, sich dieser Männer zu bemächtigen und sie in Stücke zu reißen. Aber sie fanden keinen, denn alle hatten sich in ihren Häusern verbarrikadiert.

Plutarch, Griechische und römische Heldenleben: Caesar; 60–68; Frankfurt a.M./Berlin 1965, Bd. IV, S. 399 ff.

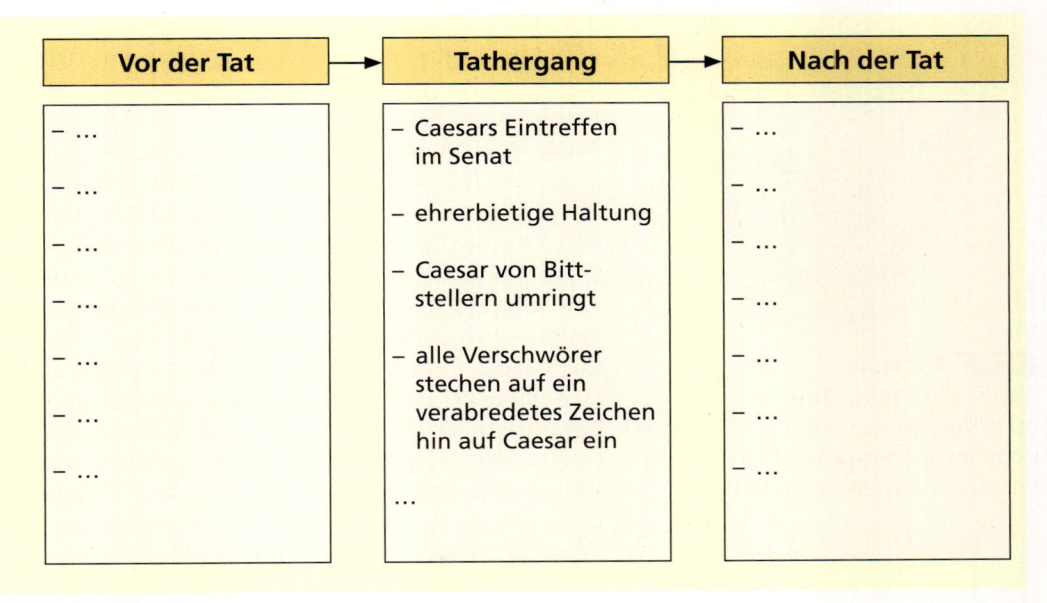

Vor der Tat	Tathergang	Nach der Tat
– … – … – … – … – … – … – …	– Caesars Eintreffen im Senat – ehrerbietige Haltung – Caesar von Bittstellern umringt – alle Verschwörer stechen auf ein verabredetes Zeichen hin auf Caesar ein …	– … – … – … – … – … – …

M 5 Schaubild zur Ermordung Caesars

Aufgaben

1. **Die Bedeutung des römischen Heeres**
   a) Die Beziehung zwischen einem römischen Feldherrn wie zum Beispiel Julius Caesar und seinen Legionen war sehr eng. Erkläre die Gründe dafür, dass beide voneinander abhängig waren.
   b) Erläutere die Folgen, die sich daraus für die Machtkämpfe in Rom ergaben.
   → Text

2. **Ein Schaubild zu einer Textquelle erstellen**
   a) Beschreibe den Aufbau der Grafik und übertrage diese in dein Heft.
   b) Vervollständige die Grafik. Arbeite dafür die entsprechenden Informationen aus dem Text von Plutarch heraus.
   c) Erkläre die Vorteile, die die grafische Darstellung des politischen Mordfalls bietet.
   d) Erläutere anhand des Schaubildes mögliche Gründe für die Ermordung Caesars.
   → M4, M5

Römisches Reich

M 1 **Octavian**
(63 v. Chr.–14 n. Chr.)
Das Vorbild für diese Mamorkopie stammt aus den ersten Jahren seines politischen Wirkens um 30 v. Chr.

Das Zeitalter des Augustus

Augustus – Der Imperator

Auf Münzbildern und Bildnissen ist zu erkennen, wie Augustus, der als Begründer des römischen Kaisertums gilt, von seinen Zeitgenossen und der Nachwelt gesehen werden wollte: als verantwortungsbewusster und entschlossener Herrscher. Marmorbüsten und Statuen feiern ihn als Staatsmann und Lenker eines Weltreichs, als Imperator. Wie erreichte Augustus diese Stellung angesichts des Bürgerkrieges?

Der Weg zur Macht

Nach der Ermordung Caesars kam es zu neuen Auseinandersetzungen zwischen den Anhängern der Attentäter und den Anhängern Caesars. Gaius Octavianus, der spätere Augustus, war der Großneffe Caesars und von diesem adoptiert worden. Er nahm daraufhin den Namen Gaius Julius Caesar an, wurde aber auch Octavian genannt. Im Jahr 43 v. Chr. schlossen er und Marcus Antonius sowie der politisch wenig einflussreiche Lepidus das sogenannte zweite Triumvirat und besiegten die Mörder Caesars. Deren Anhänger wurden grausam verfolgt.

Nach dem Sieg teilten die Triumvirn das militärische Kommando in den Provinzen untereinander auf. Marcus Antonius übernahm den Osten und vermählte sich mit der ägyptischen Königin Kleopatra. Aber der Machtkampf ging nun zwischen Octavian und Marcus Antonius weiter. Antonius wurde in der Seeschlacht bei Actium an der Westküste Griechenlands im Jahr 31 v. Chr. besiegt. Er beging daraufhin zusammen mit Kleopatra Selbstmord. Ägypten wurde zur römischen Provinz.

Augustus beendet den Bürgerkrieg

Octavian zog aber die Lehren aus dem Schicksal seines Adoptivvaters Caesar, der einem Attentat zum Opfer gefallen war. Im Jahr 27 v. Chr. legte er die außerordentlichen Vollmachten, die ihm erteilt worden waren, wieder ab. So stellte er der Form nach die Republik wieder her. Die Zeit der Bürgerkriege war zu Ende. Er wurde dafür mit dem Ehrentitel „Augustus" ausgezeichnet, der bald seinen Eigennamen ersetzte. Sein voller Titel – „Imperator Caesar divi filius Augustus", das heißt: „Der Oberbefehlshaber, Caesar, Sohn des Gottes, der Erhabene" – zeigt, dass er auch nach Niederlegung der diktatorischen Vollmachten weit über allen Bürgern stand. Er selbst bezeichnete sich als „Princeps", das heißt dem Sinne nach „erster Bürger".

Die Sicherung der Macht

Augustus versuchte, den Schein der alten Ordnung zu wahren. Die Ämterlaufbahn bestand weiter fort. Auch der Senat blieb als beratendes Organ erhalten. Viele der bedeutenden alten Senatoren waren den Verfolgungen zum Opfer gefallen und Anhänger des Octavian zogen an ihrer Stelle in den Senat ein.

Augustus ließ von Volk und Senat die Befugnisse der wichtigsten Staatsämter – aber nicht die Ämter als solche – auf seine Person übertragen. Schon 27 v. Chr. hatte er die militärische Befehlsgewalt über die meisten Legionen erhalten. Seit 12 v. Chr. kontrollierte er als Oberpriester, als Pontifex maximus, auch das religiöse Leben. Militär, Gesetzgebung und Innenpolitik bestimmte letztendlich er alleine. Diese Machtfülle in den Händen eines Einzelnen führte dazu, dass Senat, Magistrate und Volk an politischer Bedeutung verloren.

Frieden im Reich
In der Außenpolitik kam es unter Augustus zur Sicherung und Abrundung der Grenzen des Römischen Reiches. 20 v. Chr. hatte er mit den Parthern, der feindlichen Großmacht im Osten, einen Verständigungsfrieden geschlossen. Der Versuch, die Grenze in Germanien vom Rhein zur Elbe vorzuschieben, endete 9 n. Chr. mit der Niederlage des römischen Feldherrn Varus im Teutoburger Wald. Die geschichtliche Leistung des Augustus liegt darin, den Frieden innerhalb des Römischen Reiches für Jahrhunderte gesichert zu haben.

Er förderte auch die Künste: Der Kaiser schenkte der Stadt Rom die ersten Marmortempel und ein neues Forum. Ein Zeichen der eigenen Leistung ist der noch heute zugängliche Friedensaltar, die Ara Pacis Augustae. Dieses Bauwerk, eine Stiftung des Senats, spiegelt seine Machtposition wider.

Wie sehen wir Augustus heute?
Augustus wurde zum Vorbild für spätere Herrscher und galt als Inbegriff von Gerechtigkeit und Garant staatlicher Ordnung. Aber auch die Härte seines Vorgehens auf seinem Weg zur Macht wurde bewundert. Aus der von ihm gewählten Bezeichnung „princeps" leitet sich die Bezeichnung „Prinzipat" für seine Form der Herrschaft ab, die auch seine Nachfolger ausübten. Zwar blieben Einrichtungen der römischen Republik erhalten, aber tatsächlich existierte eine Alleinherrschaft. Dass Augustus den Umfang seiner Macht nicht allzu offen zeigte, war für die Anerkennung seiner Herrschaft durch die Römer wichtig.

M 2 Augustus
Marmorkopie nach einem Bronzeoriginal, entstanden nach 20 v. Chr. Die zwei Meter hohe Statue des Augustus wurde in der Villa seiner Frau Livia bei Prima Porta gefunden. Sie zeigt Augustus in der Pose des Siegers. Ein besonderes Merkmal sind die nackten Füße, da Nacktheit ein Symbol der Göttlichkeit war.

M 3 Ein prunkvolles Grab
Das Augustusmausoleum in Rom wurde schon zu Lebzeiten des Augustus fertiggestellt, heutiger Zustand.

Römisches Reich

Die Augustus-Statue von Prima Porta – Eine gegenständliche Quelle erschließen

M 4 Brustpanzer des Augustus

Auschnitt aus der Statue von Prima Porta, die nach einem Erfolg über die Parther entstand:

1. Römischer Feldherr
2. König der Parther (König über ein asiatisches Volk). Im Jahre 53 v. Chr. kämpften die Römer gegen die Parther, wobei sie ihre Feldabzeichen verloren. Dies wurde als große Schande angesehen. Augustus wertete es als großen Erfolg, dass 20 v. Chr. die Feldzeichen ohne Kampf zurückgegeben wurden.
3. Der Gott Apoll und
4. die Göttin Diana. Augustus bat sie um Hilfe in den Kriegen gegen seine Rivalen.
5. Der Sonnengott Sol mit seinem Viergespann und
6. die Göttin der Morgenröte, Aurora, zeigen an, dass ein neues Zeitalter naht.
7. Der Himmelsgott Saturn

M 5 Augustus-Statue von Prima Porta

Augustus – Selbstdarstellung und Urteil im Vergleich

M 6 Selbstdarstellung des Augustus

Vor seinem Tod verfasste Augustus einen Rechenschaftsbericht, den er auf seinem Mausoleum in Rom anbringen ließ und der in vielen Abschriften über das Reich verteilt wurde. Die vollständigste Abschrift fand man auf der Marmorwand eines Tempels im heutigen Ankara in der Türkei. Nach seinem Fundort wurde dieser Tatenbericht als „Monumentum Ancyranum" bezeichnet:

[27 v. Chr.] habe ich, nachdem ich die Bürgerkriege ausgelöscht hatte, obwohl ich nach dem übereinstimmenden Wunsche aller in den Besitz der höchsten Gewalt gelangt war, den Staat aus meiner
5 Amtsgewalt dem Ermessen des Senats und dem römischen Volk überantwortet. Und für diesen […] Verdienst bin ich durch Senatsbeschluss „Augustus" genannt worden, mit Lorbeer sind die Türpfosten meines Hauses von Staats wegen geschmückt wor-
10 den, der Bürgerkranz ist über meiner Türe befestigt und ein goldener Schild in der Julischen Kurie [Rathaus] aufgestellt worden, den mir der Senat und das Volk Roms wegen meiner Tapferkeit, Milde, Gerechtigkeit und Frömmigkeit nach dem Zeugnis
15 der Inschrift dieses Schildes gab. Nach dieser Zeit habe ich an persönlichem Einfluss [auctoritas] alle übertroffen, an Amtsgewalt [potestas] aber habe ich um nichts mehr gehabt als die Übrigen, die in dem jeweiligen Amt mir Kollegen gewesen sind.

Res gestae divi Augusti; W. Arend, Geschichte in Quellen, Altertum, 3. Auflage, München 1978, S. 581 ff.

M 7 Ein Urteil über Augustus

Der etwa 55 n. Chr. geborene, aus einer vornehmen Familie stammende Cornelius Tacitus gilt als größter Geschichtsschreiber Roms. Nachdem er hohe Staatsämter bekleidet hatte, wie das Konsulat im Jahre 97 n. Chr., begann er, historische Schriften zu veröffentlichen. In seinen nur lückenhaft erhaltenen „Annales" äußert er sich über die Herrschaft des Augustus:

Nach dem Tod des Brutus und Cassius war keinerlei staatliche Heeresmacht mehr vorhanden. Sextus Pompeius war bei Sicilien vernichtet, Lepidus beiseite geschoben und Antonius getötet. So hatte auch die Partei der Julier [Anhänger Caesars] keinen 5 anderen Führer mehr als Octavian. Dieser legte nun den Titel eines Triumvirn nieder, wollte nur als Konsul gelten und begnügte sich mit der tribunizischen Gewalt zum Schutze des Volkes. Sobald er aber das Heer durch Geldgeschenke, das Volk durch Getrei- 10 despenden, alle zusammen durch die Süßigkeit des Friedens an sich gezogen hatte, erhob er allmählich sein Haupt und nahm die Befugnisse des Senats, der Beamten und der Gesetzgebung an sich. Dabei fand er keinerlei Widerstand, da gerade die tapfersten 15 Männer auf den Schlachtfeldern oder durch die Ächtung gefallen waren. Der übrige Adel wurde, je bereitwilliger er zur Knechtschaft war, durch Reichtum und Ehrenstellen ausgezeichnet und zog, durch den Umsturz hochgekommen, die gegenwärtige 20 Sicherheit den früheren Gefahren vor […].
Krieg gab es zu dieser Zeit nirgends mehr, abgesehen von dem Kriege gegen die Germanen […].
Im Innern blieb die Lage ruhig, die Titel der Beamten blieben die gleichen. Die jüngeren Leute waren 25 schon nach der Schlacht von Actium geboren, auch die meisten älteren erst zur Zeit der Bürgerkriege: Wie viele lebten überhaupt noch, die noch den Freistaat [Republik] gesehen hatten?

Tacitus, Annalen, hrsg. von C. Hoffmann, München 1954, S. 7 ff.

Aufgaben

1. **Die Augustus-Statue**
   a) Beschreibe mithilfe der Legende den Brustpanzer des Augustus.
   b) Erläutere die Gründe dafür, dass die Götter als Rahmen gewählt wurden. → M4, M5
2. **Das Zeitalter des Augustus**
   a) Erkläre die Sichtweise von Augustus auf die Übernahme und Durchführung seiner Herrschaft.
   b) Vergleiche die Sichtweise von Tacitus mit der Sichtweise von Augustus.
   c) Diskutiere mögliche Gründe für diese Unterschiede. Beziehe dabei den Lehrbuchtext in deine Überlegungen ein.
   d) Stelle – ausgehend von den Quellentexten und dem Lehrbuchtext – wichtige Elemente des Prinzipats grafisch dar.
   → Text, M6, M7

Methode: Umgang mit gegenständlichen Quellen

M 1 Die Vorderseite
Der Denar zeigt den Kopf des Augustus auf der Vorderseite.
Entstehungszeit: etwa 15–13 v. Chr.,
Gewicht: 3,83 g, Fundort: unbekannt,
Durchmesser: 19 mm

M 2 Die Rückseite
Nach einem Sieg über den Sohn des Pompeius, der im Mittelmeer Seeräuberei betrieb, widmete Augustus seinen Erfolg dem Apollo und dessen Schwester, der auf der Münze abgebildeten Jagdgöttin Diana. Ein Tempel der Diana befand sich in der Nähe des Schlachtortes auf Sizilien.

M 3 Umzeichnung der Münze
Vorderseite:
AUGUSTUS DIVI F(ILIUS)
(Augustus, Sohn des vergöttlichten Caesar).
Rückseite:
IMP(ERATOR) X, SICIL(I)
(zum 10. Mal Imperator, Sizilien).

Münzen als gegenständliche Quellen

Münzen stellen sogenannte Sachquellen dar. Sie nehmen oft Bezug auf politische Ereignisse oder verdeutlichen das Programm eines Herrschers beziehungsweise einer Regierung.

Römische Münzen zeigen oft auch Denkmäler und Bauten, Herrschaftszeichen und Symbole, von denen heute keine andere bildliche Darstellung oder gar Originale vorhanden sind. Sie geben uns zudem Einblick in die religiösen Vorstellungen der Römer und zeigen uns wirtschaftliche Entwicklungen auf.

Im Regelfall versteht man unter einer Münze ein beidseitig geprägtes rundes Stück Metall. Die gängigsten Materialien bei der Münzprägung waren Kupfer, Silber und Gold oder auch Legierungen (Mischungen) aus verschiedenen Metallen. So sind Mischungen aus Kupfer und Zinn (Bronze) beziehungsweise Kupfer und Zink (Messing) ein von den Römern häufig verwendetes Material für Münzen von geringem Wert.

Ursprünglich verwendeten die Römer Rohkupfer als Zahlungsmittel, von dem bei Bedarf Stücke abgehackt wurden. Der Wert richtete sich nach dem Gewicht. Vorher hatte man Waren im Gegenwert eines Stücks Vieh berechnet. Das lateinische Wort „pecus" bedeutet „Vieh", daraus leitete sich „pecunia" für „Geld" ab. Erst ab dem 3. Jahrhundert v. Chr. verwendete man „richtiges" Geld in Rom.

Die erste Prägestätte wurde 289 v. Chr. im Tempel der Juno Moneta eingerichtet. Römische Münzen trugen immer eine Aufschrift (Legende), ein Bild als Hoheitszeichen garantierte den Wert der Münze durch die staatliche Autorität. In der Kaiserzeit war dies das Bild des Herrschers.

Bedeutung der Münzprägung

In der Zeit der Republik wurden jedes Jahr drei junge Aristokraten, die am Anfang ihrer politischen Laufbahn standen, zu Münzmeistern gewählt. Die Darstellungen auf den Münzen dienten den Münzmeistern auch als Mittel zur Erfüllung ihres politischen Ehrgeizes. Ihr Bild wurde künftigen Wählern bekannt, überdies konnten sie das Prestige ihrer Familie steigern. Die römische Standardmünze war der Denar, er blieb Jahrhunderte im Gebrauch. Unter Caesar und Augustus wurden schließlich Goldmünzen (aureus) geprägt.

Die Bildersprache der Münzen

Frühe Münzen nahmen keinen Bezug auf politische Ereignisse. Typisch war etwa ein Bild der Stadtgöttin auf der Vorderseite mit einem Bildnis der Siegesgöttin auf einer Quadriga (Viergespann) auf der Rückseite. Gegen Ende der Republik nahmen die Münzmeister durch die Wahl der Bilder zunehmend Stellung für die Partei, der sie angehörten, oder auch zu aktuellen politischen Problemen. Nach der Errichtung des Kaisertums wurden Münzen fast ausschließlich zum Propagandainstrument des Herrschers.

Das Bild des Kaisers wurde weiten Kreisen der Bevölkerung vertraut, aber es war meist geschönt oder idealisiert. Man kann also nicht davon ausgehen, dass der Herrscher wirklich so aussah, wie er dargestellt ist.

Die Prägung von Münzen

Münzen werden entweder durch Guss oder Prägung des Metalls durch bronzene oder eiserne Stempel hergestellt. Die Vorderseite bildet ein in einem Amboss versenkter Unterstempel, die Rückseite ein beweglicher Oberstempel.

Fragen zu Münzen als gegenständliche Quellen

1. Beschreibung der Münzen
 a) Ermittle das Gewicht und die Größe der Münze.
 b) Beschreibe das Aussehen der Münze.
 c) Arbeite die Unterschiede der einzelnen Abbildungen heraus.
 d) Erkläre das Zustandekommen der Fehlprägung.

2. Bedeutung der Münzbilder
 a) Zeige auf, dass es sich bei der Figur auf der Rückseite um Diana handelt.
 b) Erläutere den Grund dafür, dass die Abbildung der Diana gewählt wurde.

3. Quellenwert der Münze
 a) Ermittle den Informationsgehalt der Münze über die Vergangenheit.
 b) Untersuche die Darstellung des Augustus auf dieser Münze.

Römisches Reich

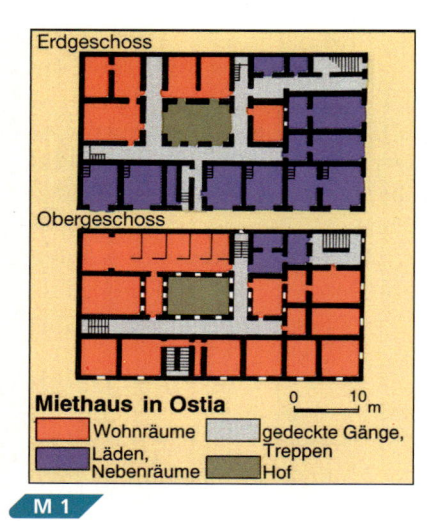

Das Leben im Römischen Reich

Wie wohnten die Römer?

Wie heute entschied das Vermögen des Einzelnen darüber, ob er in einer luxuriösen Villa oder einer kleinen Mietwohnung lebte. Reiche Römer wohnten in herrschaftlichen Residenzen, die allen nur denkbaren Komfort boten.

Weit weniger bequem lebte die große Masse der Bevölkerung. Sie wohnte in Rom und Ostia in mehrstöckigen Mietskasernen, in Provinzstädten in kleineren Häusern. Oft lebte eine Familie in nur einem einzigen Raum. Das Wasser holte man von Straßenbrunnen und die Bedürfnisse verrichtete man in öffentlichen Gemeinschaftstoiletten. In den Wohnungen dienten Holzkohlebecken oft als einzige Kochstelle und Wärmequelle. Dies führte nicht selten zu verheerenden Bränden, da die Mietshäuser häufig nachlässig und billig gebaut waren. Die Immobilienspekulanten waren auf schnellen Gewinn aus und hielten sich meist nicht an Bauvorschriften.

M 1 Miethaus in Ostia
- Wohnräume
- Läden, Nebenräume
- gedeckte Gänge, Treppen
- Hof

M 2 Ein Miethaus in der Hafenstadt Ostia
Im Erdgeschoss befinden sich Läden für kleine Handwerker und Kaufleute. Von den beiden schmalen Hauseingängen in der Mitte führt der rechte ins Treppenhaus zu den drei Wohngeschossen. Das Zwischengeschoss über den Läden war von hier aus über eine Treppe zu erreichen. Es diente als Lager- oder auch als Wohnraum, Modell.

Die Welt der Arbeit

Die wirtschaftliche Grundlage des römischen Reiches war die Landwirtschaft. Daneben waren Handwerk und Handel von Bedeutung. In der ganzen Stadt waren Geschäfte und Werkstätten verteilt, in Pompeji konzentrierten sie sich im Zentrum der Stadt, nahe dem Theater und einer Thermenanlage. Neben Wäschereien, Färbereien und Schmiedewerkstätten gab es auch Bäckereien. Wirtshäuser spielten eine wichtige Rolle. Die „caupona" war wegen der mangelnden Kochmöglichkeiten im eigenen Haus für die Ernährung vieler einfacher Leute fast unerlässlich. Sie stellte eine Mischung aus Schnellimbiss und Gastwirtschaft dar. Oft waren Werkstätten und Wirtshäuser in kleinen Läden links und rechts des Eingangs von Stadthäusern eingerichtet.

Freizeit und Vergnügungen

Ein wichtiges Freizeitvergnügen war ein Thermenbesuch. Die Thermen dienten nicht nur hygienischen Zwecken, sie waren auch Orte der Entspannung und der Kommunikation. Die Bedeutung dieser Einrichtung zeigt sich auch daran, dass eine Kleinstadt wie Pompeji über drei große Thermen verfügte. Die Eintrittspreise waren niedrig.

Nach einem kurzen Bad im Kaltwasserbecken (Frigidarium) begab sich der Besucher in einen Warmluftraum (Tepidarium). Im Heißraum (Caldarium) reinigte sich der Besucher mit Olivenöl und einem Schaber und kühlte sich dann wieder im kalten Wasser ab. Die Thermen boten auch alle möglichen zusätzlichen Unterhaltungen. Man konnte essen, lesen, spazieren gehen oder sich massieren lassen. Ohne eine Vielzahl von Sklaven, die in den Heizräumen oder in verschiedenen Funktionen innerhalb der Thermen arbeiteten, hätte das System der Thermen allerdings nicht funktionieren können.

Blutige Schauspiele

Fremdartig, ja abstoßend wirken heute die Gladiatorenkämpfe. Gladiatoren, abgeleitet vom lateinischen Wort gladius für Schwert, waren im antiken Rom Berufskämpfer, die öffentlich auf Leben und Tod gegeneinander kämpften. Entwickelt haben sich die Kämpfe vermutlich aus Begräbnisfeiern, wobei durch die Kämpfe die Eigenschaften des Verstorbenen verdeutlicht werden sollten: Mut, Kraft, Tapferkeit und Gleichmütigkeit gegenüber dem Tod.

Gladiatorenkämpfe waren aufwendig, extrem teuer und daher selten. Sie stellten außerordentliche Ereignisse dar, die Zuschauer aus allen Bevölkerungsschichten anzogen. Im Laufe der Jahrhunderte entwickelten sich verschiedene Gladiatorengattungen, die sich in ihrer Ausrüstung deutlich unterschieden. Bestandteile der Ausrüstung waren Schwert, Beinschienen, Helm, Schild und Metallgürtel.

Als Gladiatoren wurden vor allem Gefangene, verurteilte Verbrecher und Sklaven eingesetzt. Es verpflichteten sich aber auch freie Bürger. Gladiatoren wurden in besonderen Schulen unter Leitung eines Gladiatorenmeisters ausgebildet, der auch oft Besitzer der Gladiatorenschule war. Er vermietete seine Kämpfer an denjenigen, der einen Gladiatorenkampf veranstalten wollte. Der Gladiatorenkampf war hoch entwickelt und folgte genauen Regeln. Er endete oft durch den Tod eines Kämpfers. Auf Verlangen des Publikums konnte ein unterlegener Gladiator auch begnadigt werden.

M 3 Kämpfende Gladiatoren
Römisches Mosaik,
4. Jahrhundert n. Chr.

Römisches Reich

Die römische Familie – Grundlage des Zusammenlebens

Die Familie galt den Römern als Grundzelle der Gesellschaft. Meist handelte es sich um eine Großfamilie, zu deren Hausgemeinschaft nicht nur Eltern und Kinder, sondern auch Sklavinnen und Sklaven gehörten. Auch juristisch freie, aber wirtschaftlich abhängige Bürger gehörten als „clientes" zur Familie. Die Adelsgeschlechter übernahmen den Schutz und die Hilfe für Schwächere, die dafür ihre Aufwartung leisteten und die politischen Ziele ihres Patrons unterstützten. Es entstanden dauerhafte und persönliche Bindungen. Mächtige Familien – so wird berichtet – konnten bis zu 5 000 Klienten haben.

Nach römischem Familienrecht konnte der Vater jedes Familienmitglied züchtigen, verkaufen und sogar töten. Ob das im Alltagsleben auch wirklich geschah, darf bezweifelt werden.

Besonders die Mädchen blieben unter der Obhut ihrer Mütter, die sie auf ihre Aufgaben bei der Führung eines Haushalts vorbereiteten. Mädchen wurden üblicherweise zwischen dem 12. und 17. Lebensjahr verheiratet. Zwar blieben die römischen Frauen weitgehend an das Haus gebunden, konnten aber meist wesentlich freier leben als etwa Frauen im alten Griechenland.

Die jungen Römer wurden mit 16 Jahren für volljährig erklärt. Im Rahmen einer Feier erfolgte auf dem Forum die Einkleidung mit der Toga und sie erhielten einen Haarschnitt wie die Erwachsenen.

Im römischen Alltagsleben nahm die Verehrung der Vorfahren einen wichtigen Platz ein. Büsten der Ahnen standen auf dem Hausaltar und sollten den Nachkommen Ansporn zu erfolgreichem Handeln im Interesse der Familie sein. Die alten Sitten und bewährten Gebräuche der Vorfahren dienten den nachfolgenden Generationen als Vorbild. Dazu zählte die angeblich bäuerliche Schlichtheit früherer Generationen ebenso wie Frömmigkeit. Dieser „mos maiorum" lässt sich am besten mit „so, wie es unsere Vorfahren machten" übersetzen.

Die Tatsache, dass viele Schriftsteller den Sittenverfall beklagten, lässt allerdings darauf schließen, dass die alten Tugenden zunehmend an Bedeutung verloren.

Zum Weiterlesen
Über die Erziehung in Rom erfährst du mehr auf den Seiten 214–215 in diesem Lehrbuch.

M 4 Römisches Kind
aus vornehmer Familie. Es erhielt zum Schutz gegen bösen Zauber ein goldenes Amulett um den Hals.

M 5 Vornehme römische Familie
Vater mit Schriftrolle in der Hand, Teilansicht eines Sarkophags, 2. Jh. n. Chr.

Die römische Familie – Vergleich zwischen Schulbüchern und wissenschaftlicher Darstellung

M 6 Die römische Familie im Schulbuch

In Schulbüchern kann man über die römische Familie Folgendes lesen:

a) Die Altrömer lernen wir kennen als ein gesundes, kräftiges Bauernvolk, das in größter Einfachheit und Sittenstrenge lebte. Die Familie, zu der auch das Gesinde gehörte, hielt einträchtig zusammen. Gemeinsam leistete man die schwere Alltagsarbeit, gemeinsam beging man die ländlichen Feste. Dabei gebot der Vater als Familienoberhaupt [pater familias] uneingeschränkt über Frau, Kinder und Gesinde. Selbst die erwachsenen Söhne mussten dem Vater unbedingt gehorchen; alles, was sie erwarben, gehörte ihm.

Geschichtliches Werden. Altertum, Bamberg 1960, S. 85.

b) Die Familie hatte in der frührömischen Gesellschaft eine große Bedeutung. Sie stand unter der unbeschränkten Gewalt des Familienoberhauptes [pater familias]. Er bestimmte über alles Vermögen, über das Haus und den Besitz an Ländereien und Sklaven, aber auch über das Geschick seiner Frau, seiner Kinder und Enkel. Nur der Familienvorstand konnte rechtsgültige Verträge abschließen und seine Angehörigen vor Gericht vertreten; er strafte bei Vergehen – in schweren Fällen selbst mit dem Tode. Solange der Vater lebte, unterstanden die Söhne und Enkel seiner Autorität.

bsv Geschichte 6, München 1992, S. 116.

M 7 Die römische Familie in einer wissenschaftlichen Darstellung

Der Historiker Paul Veyne schreibt über die römische Familie:

Es war eine Eigentümlichkeit des römischen Rechts [...], dass ein Sohn, ob mannbar oder nicht, ob verheiratet oder nicht, der Autorität des Vaters unterworfen war und erst bei dessen Tod ein vollwertiger Römer und „pater familias" wurde. Mehr noch, der Vater war sein natürlicher Richter und konnte ihn im Hausgerichtsverfahren zum Tode verurteilen. Außerdem besaß der Erblasser einen fast unbegrenzten Ermessensspielraum – der Vater konnte seine Söhne enterben. [...] Was die Hinrichtung eines Sohns kraft väterlichen Richterspruchs betrifft, welche die Fantasie der Römer stark beschäftigte, so stammten die letzten Fälle aus der Ära des Augustus und empörten die öffentliche Meinung. Immerhin bleibt es dabei, dass ein Kind kein eigenes Vermögen hat und dass alles, was es verdient oder erbt, dem Vater gehört. Der Vater kann dem Sohn nur einen gewissen Betrag [...] aussetzen, über den dieser nach Gutdünken verfügen darf. Und der Vater kann sich entschließen, den Sohn für mündig zu erklären und aus der väterlichen Gewalt zu entlassen („emancipare").

Paul Veyne (Hg.), Geschichte des privaten Lebens, Bd. 1, Frankfurt/M. 1989, S. 39 f.

M 8 Römisches Ehepaar

Die Büste aus dem 1. Jh. v. Chr. zeigt den Römer Marius Gratidus Libanus und seine Ehefrau.

Römisches Reich

Die römischen Thermen – Textquelle und Rekonstruktionszeichnung analysieren

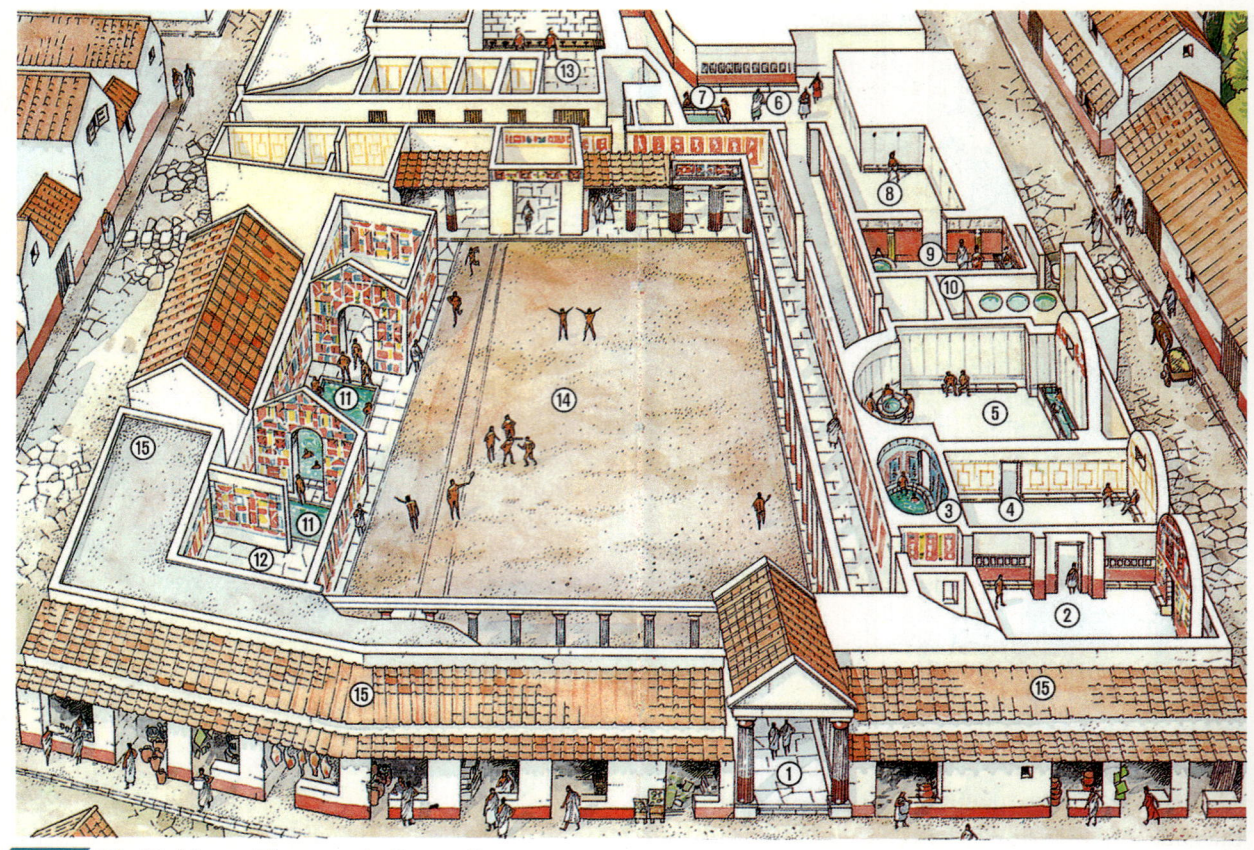

M 9 Die Stabianer Thermen in Pompeji
① Haupteingang, Männerbad, ② Umkleideraum, ③ Kaltwasserbecken, ④ Warmluftraum, ⑤ Heißraum, Frauenbad, ⑥ Umkleideraum, ⑦ Kaltwasserbecken, ⑧ Warmluftraum, ⑨ Heißraum, ⑩ Öfen mit Wassertanks, ⑪ Schwimmbad, ⑫ Umkleideraum, ⑬ Toiletten, ⑭ Hof, ⑮ Läden, Rekonstruktionszeichnung

M 10 Römisches Bad

Seneca (etwa 4 v. Chr.–65 n. Chr.) war Erzieher des Kaisers Nero. Er fiel in Ungnade und musste wegen angeblicher Teilnahme an einer Verschwörung Selbstmord begehen. Seneca gilt als einer der bedeutendsten Philosophen Roms. Er schrieb an seinen Freund Lucilius:

Ich wohne genau über dem Bade. Nun stelle dir alle verschiedenen Töne vor, die einen dazu bringen könnten, seinen eigenen Ohren zu grollen. Wenn Kraftprotze sich üben und ihre mit Blei beschwerten Hände schwingen, wenn sie sich abarbeiten oder so tun, höre ich ein Ächzen und […] ein Zischen. Wenn sich ein Besucher salben und massieren lässt, so höre ich in verschiedenen Tönen das Klatschen der Hand […]. Wenn nun noch der Ballspiel-Schiedsrichter anfängt, die Bälle zu zählen, dann ist das Maß voll. Stell Dir dazu noch das Gezeter eines Streitsüchtigen vor, das Geschrei eines ertappten Diebes, das Grölen des Badegastes, dem die eigene Stimme gefällt, dann noch das ungeheure Geplatsche der Leute, die ins Bassin springen. Daneben noch die dünne und schrille Stimme des Haarzupfers, der immerzu schreit, um sich bemerkbar zu machen, und der nicht eher schweigt, als bis er einen Kunden gefunden hat, den er dann an seiner Stelle schreien lässt. Und endlich die verschiedenen Rufe all der Händler, die Getränke, Süßigkeiten und Würstchen anbieten, jeder mit dem ihm eigenen Singsang.

Seneca, Philosophische Schriften III, übers. von O. Apelt, Hamburg 1993, S. 193 f.

Eine römische Villa kennenlernen

① Eingang
② Läden
③ Atrium
④ Regenbecken
⑤ Hausaltar
⑥ Seitenflügel
⑦ Empfangsraum
⑧ Wohn-, Schlaf- und Wirtschaftsräume
⑨ Speiseraum
⑩ Garten mit Säulenhalle (Peristyl)

M 11 Ein vornehmes Haus
Die Räume rechts und links des Eingangs waren oft als Läden vermietet, Rekonstruktionszeichnung.

Aufgaben

1. **Das römische Alltagsleben**
   a) Stelle Informationen zum römischen Alltagsleben zusammen.
   b) Beschreibe mithilfe des Grundrisses und der Abbildung des Wohnhauses in Ostia die Wohnverhältnisse in einer römischen Mietskaserne.
   c) Erkläre den Aufbau einer römischen Villa.
   d) Beschreibe die Aktivitäten in einem römischen Bad.
   e) Nimm Stellung zur Frage: „Gladiatorenkämpfe – unmenschliche Vergnügungen?"
   → Text, M1–M3, M9–M11

2. **Das römische Familienleben**
   a) Erkläre Besonderheiten des römischen Familienlebens im Vergleich zu heute.
   b) Vergleiche die Aussagen zur römischen Familie in den Lehrbuchtexten mit der wissenschaftlichen Darstellung.
   → Text, M6, M7

Römisches Reich

Zwischen Barbarei und Menschlichkeit

Sklaverei – Ein normaler Zustand
Sklaverei gilt heute als menschenverachtend, da der Mensch in der Sklaverei zu einer Sache erniedrigt wird. Deshalb gibt es die Bestrebung, sie vollends abzuschaffen. In der Antike war sie allerdings alltäglich und für viele Menschen selbstverständlich.

Wie wurde man Sklave?
Nach damaliger Vorstellung hatte der Sieger eines Krieges das Recht, den Besiegten zu töten oder ihn und seine Angehörigen in Besitz zu nehmen. Kriegsgefangene wurden so auf den Sklavenmärkten verkauft. Auch Seeräuber und Menschenjäger boten dort ihre Gefangenen zum Kauf an. Sowohl in der griechischen wie in der römischen Antike gerieten auch viele arme Menschen in die Schuldknechtschaft: Da sie ihre Schulden bei reichen Gläubigern nicht zurückzahlen konnten, mussten sie sich diesen bis zur Rückzahlung der Schulden persönlich ausliefern. Kinder von Sklaven waren ebenfalls Sklaven. Erkennen konnte man die Sklaven entweder am Haarschnitt, an Tätowierungen oder an Halsbändern und Plaketten, die sie nicht entfernen konnten.

Große Unterschiede
Der Marktwert von Sklaven bestimmte sich nach Alter, Schönheit, Körperkraft oder fachlichen Qualifikationen. Die Situation von Sklaven konnte sehr unterschiedlich sein. Manche hatten ein vertrauensvolles Verhältnis zu ihrem Herrn und wurden gar mit verantwortungsvollen Aufgaben betreut, etwa mit der Verwaltung der Güter. Andere wiederum wurden auf den riesigen Ländereien der Senatoren oder Ritter rücksichtslos ausgebeutet. Am schlimmsten war die Arbeit in Bergwerken, in denen bisweilen Tausende von Sklaven arbeiteten. Die Menschen, die zu dieser Arbeit gezwungen wurden, lebten unter diesen unmenschlichen Bedingungen nur kurz.

In der römischen Gesellschaft wurden Sklaven nicht selten freigelassen, die Freilassung von verdienten Sklaven galt als Geste der Menschlichkeit. Allerdings schuldeten die Freigelassenen ihrem ehemaligen Herrn Gehorsam und Ehrerbietung. Nicht selten sah der Freilassungsvertrag vor, dass der Herr von dem Freigelassenen noch bestimmte Dienste fordern konnte.

Widerstand von Sklaven
Wiederholt schlossen sich Sklaven zu Aufständen zusammen. Zu einem großen Aufstand kam es in den Jahren 73 bis 71 v. Chr., als Sklaven in Capua sich unter der Führung des Spartacus zusammenfanden. Spartacus war mit Gleichgesinnten aus der Gladiatorenschule ausgebrochen und viele Sklaven schlossen sich an. Spartacus befehligte zeitweise ein Heer von über 60 000 Mann. Dieser Aufstand richtete sich nicht grundsätzlich gegen die Sklaverei, den Menschen ging es vielmehr um die eigene Befreiung. Sie wurden nach langwierigen Kämpfen militärisch besiegt und zur Abschreckung an der Via Appia gekreuzigt. Der Name Spartacus wurde in der Folgezeit zum Sinnbild für die Befreiung aus der Unfreiheit.

M 1 Sklavenmarke
Die Inschrift lautet in deutscher Übersetzung: „Halte mich, wenn ich fliehe, und bring mich meinem Herrn Viventius auf dem Landsitz des Callistus zurück."

Sklaven in Rom – Arbeiten mit einer Textquelle

M 2 Sklaven sind Menschen

Der berühmte römische Philosoph Seneca (4 v. Chr. bis 65 n. Chr.) schrieb in einem Brief an seinen Freund Lucilius:

Zu meiner Freude erfuhr ich von Leuten, die dich besucht haben, dass du freundlich mit deinen Sklaven umgehst. Das entspricht deiner Einsicht und deiner Bildung. „Es sind nur Sklaven." Nein,
5 vielmehr Menschen. „Es sind nur Sklaven." Nein, vielmehr Hausgenossen. „Es sind nur Sklaven." Nein, vielmehr Freunde geringeren Ranges. „Es sind nur Sklaven." Nein, vielmehr Mitsklaven, wenn du bedenkst, dass das Schicksal über euch
10 beide die gleiche Macht hat. Daher lache ich nur über die Leute, die es für eine Schande halten, zusammen mit ihrem Sklaven zu speisen […].
Jener [der Herr] ist mehr, als sein Bauch fassen kann, und belädt mit ungeheurer Gier seinen auf-
15 getriebenen Bauch, der seiner eigentlichen Arbeit schon entwöhnt ist, […] aber die unglücklichen Sklaven dürfen [währenddessen] nicht einmal zum Sprechen die Lippen bewegen. Mit dem Stock wird auch das leiseste Gemurmel erstickt, und nicht ein-
20 mal rein zufälliges Husten, Niesen oder Schlucken bleiben ungestraft. […] Die ganze Nacht müssen sie mit leerem Magen stumm dabeistehen […].

Aber jene Sklaven, die nicht nur in Gegenwart ihrer Herren, sondern mit ihren Herren persönlich sprechen durften, denen der Mund nicht zuge- 25 näht war, waren bereit, für ihren Herren den Nacken hinzuhalten, drohende Gefahr auf sich selbst abzulenken. Bei Gastmählern redeten sie, unter der Folter schweigen sie.
Ebenso anmaßend ist das Sprichwort, das immer 30 wieder vorgebracht wird: „Soviel Sklaven, soviel Feinde!" Nein, wir haben an ihnen keine Feinde, wir machen sie erst dazu. Ich will gar nicht reden von anderen unmenschlichen Grausamkeiten, dass wir sie nicht wie Menschen, sondern wie 35 Lasttiere behandeln. Haben wir uns zum Speisen hingelegt, so wischt der eine den Auswurf vom Fußboden, der andere kehrt, unter das Speisesofa gebückt, die Speisereste der Trunkenen auf. […]
Willst du nicht einmal bedenken, dass der Mensch, 40 den du deinen Sklaven nennst, den gleichen Ursprung hat wie du, dass sich über ihm derselbe Himmel wölbt, dass er die gleiche Luft atmet, dass ihm das gleiche Leben, der gleiche Tod beschieden ist? 45

Seneca, Moralische Briefe, zit. nach: Geschichte in Quellen, hrsg. von Wolfgang Lautemann und Manfred Schlenke, Bd. 1, München 1978, S. 629.

Aufgaben

1. **Sklaven in Rom**
   a) Stelle die Bedingungen zusammen, unter denen Menschen in der Antike versklavt werden konnten.
   b) Erläutere die großen Unterschiede zwischen den verschiedenen Sklaven in Rom.
   c) Informiere dich, inwieweit es heute noch Beispiele für Sklaverei gibt.
   → Text, Lexikon, Internet

2. **Seneca über Sklaven in Rom**
   a) Fasse die in Rom vorherrschende Beziehung zwischen Herren und Sklaven zusammen.
   b) Gib Senecas Meinung zur Sklaverei wieder.
   c) Verfasse folgendes Streitgespräch: Ein reicher Sklavenbesitzer aus Rom diskutiert mit Seneca über die Sklaverei.
   → M2

Das Leben in den Provinzen

Das Römische Reich erreichte seine größte Ausdehnung unter Kaiser Trajan. Zu diesem Zeitpunkt kontrollierte Rom etwa 40 Provinzen, in denen schätzungsweise 60 Millionen Menschen lebten.

Insgesamt gab es im Römischen Reich nur eine sehr kleine Verwaltung. An der Spitze einer Provinz stand der Statthalter. Daneben gab es Steuerpächter, die im Auftrag Roms die Abgaben eintrieben. Zur Zeit der Kaiser erhielten die Statthalter der vom Senat verwalteten Provinzen ein hohes Gehalt (bis zu einer Million Sesterzen), das eine Ausbeutung der Provinzen überflüssig machen sollte. Die kaiserlichen Provinzen wurden von Beauftragten des Herrschers verwaltet. Auch die Steuern wurden von fest bezahlten kaiserlichen Amtsträgern erhoben. Diese blieben meist mehrere Jahre in ihrer Provinz.

Die große Bedeutung der Verkehrswege

Angesichts der riesigen Fläche des Reiches waren gute Verkehrsverbindungen nötig. Der Bau von Straßen war dabei von entscheidender Bedeutung. Einige dieser Straßen existieren noch heute, auch Brücken und Tunnel vermitteln noch einen Eindruck von der Baukunst der Römer. Antike Quellen wie Gesetzestexte, bildliche Darstellungen oder Meilensteine informieren uns über die römischen Verkehrswege. Daneben hilft uns heute auch die Luftbildarchäologie bei der Rekonstruktion eines Straßenverlaufes.

Lastentransporte wurden meistens auf dem Wasserweg durchgeführt, da diese Form des Transports nicht nur billiger, sondern auch leistungsfähiger und bequemer war. Die Binnenschifffahrt war den Römern bereits aus ihrer Heimat vertraut. Hafenbauten, Funde von Wracks und bildliche Darstellungen informieren uns über die Schiffsbaukunst der Römer.

Einerseits benötigte Rom riesige Mengen an Grundnahrungsmitteln, aber auch Luxusgüter aus den Provinzen und aus dem Ausland (so kamen etwa Bernstein von der Ostsee und Seide aus China), ande-

M 1　Schiff im Hafen von Ostia
Kapitän Farnaces belädt die „Isis Giminiana" mit Getreide, Fresko vom Grabmal eines Schiffeigentümers in Ostia, 3. Jh. n. Chr.

rerseits konnten Güter, die dort unbekannt waren, in die Provinzen transportiert werden.

Die römische Armee und kaiserliche Beamte versuchten, auf den Verkehrswegen und im umliegenden Land für Sicherheit zu sorgen, was aber nur teilweise gelang. So gab es viele Räuberbanden und die Gefahr, überfallen zu werden, war nicht gering. Die Verkehrserschließung ermöglichte aber nicht nur den schnelleren Austausch von Personen, Waren und Nachrichten, sondern erleichterte auch den Austausch zivilisatorischer Errungenschaften und letztendlich die Verbreitung der römischen Kultur in den Provinzen. Die Ansiedlung von Veteranen in diesen Gebieten beschleunigte diesen Prozess. Das römische Recht schuf eine Grundlage für das geregelte Zusammenleben. Aber die Rechtssicherheit der Bevölkerung war bei weitem nicht so groß wie heute.

Rom als Vorbild

Das ungewohnte Klima der nördlichen Provinzen führte zum Einsatz eines Heizungssystems, das auch in den Thermen Roms verwendet wurde. Eine Fußboden- und Wandheizung sorgte für eine angenehme Temperatur. Reste der sogenannten Hypokaustenheizungen in zahllosen ehemaligen römischen Siedlungen zeugen von der Bedeutung dieses Systems sowohl für öffentliche Bauten als auch für Privathäuser.

Jede Garnison oder größere Ansiedlung verfügte mindestens über ein öffentliches Thermengebäude. Wo natürliche Thermalquellen existierten, bauten die Römer diese zu Bädern aus. Beispiele dafür sind Orte, die den Namen „Aquae" (Wässer) führten, wie zum Beispiel Aachen oder – übersetzt – Baden-Baden. Diese Annehmlichkeiten übernahm die Bevölkerung in den Provinzen ebenso gerne wie die durch Aquädukte sichergestellte Versorgung mit Wasser in den Städten.

Gut erhaltene Überreste römischer Bauten beweisen, dass neben der Architektur auch die römische Kunst den Provinzbewohnern als Vorbild diente. Malereien und Mosaiken zeigen, dass man – wenn auch mit gewisser zeitlicher Verzögerung – die römischen Vorbilder übernahm und sich an den künstlerischen Moden der Hauptstadt orientierte. Auch Kleidung, Namen, Schulbildung und sogar die Religion wurden durch die Hauptstadt geprägt. Die Ausbreitung der römischen Kultur wird als Romanisierung bezeichnet und vollzog sich auf verschiedenen Wegen. Ob dies ein erzwungener Prozess war oder ob die Übernahme aus freien Stücken erfolgte, ist umstritten.

Rom lebt auch in Sprachen weiter

Eine ganze Sprachfamilie, die sogenannten romanischen Sprachen, bewahren Wörter und teilweise auch die Grammatik des Lateinischen. Nicht nur Italienisch und Französisch, sondern Spanisch und Portugiesisch, sogar das Rumänische basieren auf der Sprache der Römer. Die Provinzbewohner übernahmen viele Begriffe für Dinge aus dem Lateinischen, die ihnen vor Ankunft der Römer unbekannt waren, um sich überhaupt noch verständigen zu können. So wären auch Sprachen wie Deutsch oder Englisch, die andere Ursprünge als Latein haben, ohne Wörter, die von den Römern übernommen wurden, nicht mehr vorstellbar.

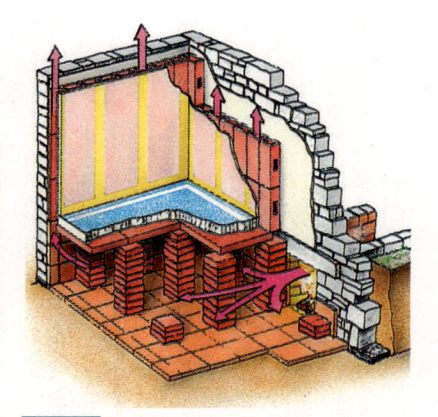

M 2 **Fußboden- und Wandheizung**
Rekonstruktionszeichnung

M 3 **Jäger mit römischer Tunika und Jagdwaffen**
Ausschnitt aus einem Mosaik in Westerhofen (Landkreis Eichstätt), das 1856 in einer Villa freigelegt wurde.

Römisches Reich

Römerstraßen – Analyse verschiedener Materialien

M 4 Römische Straße bei Mittenwald
Heutiger Zustand

M 5 Bau einer römischen Straße
Rekonstruktionszeichnung

M 6 Luftbild einer römischen Straße in Hessen
Deutlich ist auf diesem Bild die ehemalige Verbindungsstraße zwischen den Kastellen Butzbach und Friedberg zu erkennen.

M 7 Römischer Reisewagen
Zeitgenössische Reliefdarstellung (oben) und Modell (rechts)

Rom als Vorbild – Arbeiten mit Texten

M 8 Amphitheater in Trier
Der älteste noch erhaltene Bau der Römer in Trier wurde um 100 n. Chr. vermutlich anstelle eines Vorgängerbaus aus Holz errichtet.

M 9 Lehnwörter in der deutschen Sprache
Der Historiker S. Lauffer schreibt zur Bedeutung römischer Lehnwörter in der deutschen Sprache:

Der starke Einfluss der römischen Kultur auf allen Gebieten lässt sich an der großen Zahl der sogenannten Lehnwörter in der deutschen Sprache am besten nachweisen, zum Beispiel ‚Wein' von
5 lateinisch vinum. Wort und Sache wurden als Kulturgut übernommen.
Man könnte lange Listen davon aufstellen, was die Germanen damals von den Römern gelernt und übernommen haben. So auf dem Gebiet der
10 Landwirtschaft, des Gartenbaus und der Tierzucht, planta ‚Pflanze', Fructus ‚Frucht', pirum ‚Birne', cerasus ‚Kirsche', persicum ‚Pfirsich', mustum ‚Most', caulis ‚Kohl', rosa ‚Rose', lilium ‚Lilie', pavo ‚Pfau' usw. Ebenso auf dem Gebiet der Bau-
15 technik und des Hauswesens; murus ergab ‚Mauer', tegula ‚Ziegel', fenestra ‚Fenster', postis ‚Pfosten', calx ‚Kalk', cellarium ‚Keller', coquina ‚Küche', discus ‚Tisch', speculum ‚Spiegel', scutella ‚Schüssel', patina ‚Pfanne', simila ‚Semmel'
20 usw. Ferner die Wörter des Handels und Verkehrswesens, caupo ‚Kaufmann', mercatus ‚Markt', moneta ‚Münze', pondo ‚Pfund', census ‚Zins', scribere ‚schreiben', tincta ‚Tinte', strata ‚Straße', milia ‚Meile', paraveredus ‚Pferd' usw.
25 Die Römer waren die Lehrmeister der Organisation und der Zivilisation.

S. Lauffer, Kurze Geschichte der antiken Welt, München 1971, S. 210.

M 10 Lehnwörter in der englischen Sprache
Zur Bedeutung römischer Lehnwörter im Englischen schreibt der Anglist E. Leisi:

Die Geschichte des englischen Wortschatzes ist gekennzeichnet durch einen unablässigen Zustrom von fremden Wörtern aus den verschiedensten Quellen. Der ursprüngliche
5 Grundstock der einheimischen, (west-)germanischen Wörter erfuhr schon sehr früh einen Zuwachs durch ein lateinisch-griechisches Element, zuerst durch die kulturelle Berührung mit den Römern, dann durch die christliche Kirche:
10 Diese Wörter gehören heute zu den täglich gebrauchten und lassen ihre fremde Herkunft kaum mehr erkennen; sie sind zum großen Teil vor der Zerstreuung der germanischen Stämme ins Germanische eingegangen und deshalb auch
15 in den meisten anderen germanischen Sprachen vertreten. Hierzu gehören: dish aus discus, cheese aus caseus, mill aus molina, mint aus moneta, pound aus pondo, inch aus uncia, cook aus coquus […].

Leisi, Das heutige Englisch, Heidelberg 1965, S. 46.

Aufgaben

1. **Römerstraßen**
   a) Beschreibe den Aufbau einer Römerstraße.
   b) Erkläre anhand der Rekonstruktionszeichnung den Bau einer Römerstraße.
   c) Vergleiche die Reliefdarstellung des römischen Reisewagens mit dem Modell.
   → M4–M7

2. **Lehnwörter**
   a) Stelle eine Liste mit lateinischen Lehnwörtern im Deutschen und im Englischen zusammen.
   b) Informiere dich mithilfe eines Herkunftswörterbuchs über weitere lateinische Lehnwörter.
   → M9, M10

Das Christentum wird Staatsreligion

Eine Weltreligion entsteht

Die in weiten Teilen der Welt übliche Jahreszählung geht aus von der Geburt Jesu Christi. Dementsprechend ergeben sich die Zeitangaben „vor Christus" beziehungsweise „nach Christus". Daran ist zu sehen, welch weitreichende Folgen die Ausbreitung des Christentums bis heute hat.

Als Jesus, während der Herrschaft des römischen Kaisers Augustus geboren, in Palästina predigte und Anhänger um sich scharte, wurde er im Römischen Reich nur wenig wahrgenommen. Auch seine Hinrichtung war in der damaligen Zeit kein außergewöhnliches Ereignis. In den folgenden dreihundert Jahren verbreitete sich das Christentum allerdings überall im Römischen Reich und verdrängte die Religion der Römer.

Die Religion der Römer

Die Römer vermuteten in den Naturerscheinungen das Wirken von Göttern. Ihnen wurde geopfert, um sie gnädig zu stimmen. Ihre Entschlüsse glaubte man im Vogelflug und in der Eingeweideschau entschlüsseln zu können. Dabei verbanden sich die Vorstellungen der Römer mit denen der Griechen, sodass römische und griechische Götterwelt viele Übereinstimmungen aufweisen: Jupiter ist mit Zeus vergleichbar, Juno mit Hera. Daneben gab es aber eine Vielzahl anderer Kulte, die die Römer von benachbarten Völkern oder aus den von ihnen eroberten Gebieten übernommen hatten. So verehrten viele Römer zeitweise die ägyptische Gottheit Isis. Besonders wichtig waren auch die Laren und Penaten. Diese Hausgötter, die in eigenen kleinen Altären zu Hause verehrt wurden, sollten die Familie beschützen. Schließlich wurde auch der Kaiser als gottähnliche Gestalt wahrgenommen.

Der christliche Glauben

Im Gegensatz zur römischen Religion ist das Christentum eine monotheistische Religion. Die Glaubenslehre beruht auf der Bibel, der „Heiligen Schrift" der Christen, die aus zwei Teilen besteht. Das Alte Testament beginnt mit der Erschaffung der Welt durch Gott, der sogenannten Schöpfungsgeschichte. Adam und Eva, die ersten Menschen, lebten zuerst im Paradies. Als Eva, verführt vom Bösen in Gestalt einer Schlange, sich über das Verbot Gottes hinwegsetzte und Adam eine Frucht von einem bestimmten Baum zu essen gab, wurden sie aus dem Paradies vertrieben. Wegen dieses ersten „Sündenfalls" gelten alle Menschen als Sünder und bedürfen der Erlösung durch Gott.

Das Neue Testament berichtet über das Leben von Jesus Christus. Der Weltuntergang wird in der Apokalypse des Johannes als Vision geschildert. Die Menschen erwartet das Jüngste Gericht, das darüber entscheidet, ob jemand in die Hölle kommt oder ins Paradies zurückkehrt. Entscheidend ist, ob der Gläubige gottgefällig gelebt und sich an die Zehn Gebote gehalten hat.

Für die Christen ist Jesus der Sohn Gottes, der stellvertretend die Sünden der Menschen auf sich nahm und sich kreuzigen ließ. Dadurch, dass er an Ostern wiederauferstanden ist, eröffnet sich auch den Menschen die Aussicht auf Erlösung und ein Leben nach dem Tod.

M 1 Eingeweideschau
Relief vom Trajansforum in Rom, Anfang 2. Jahrhundert n. Chr.

Die Christen werden verfolgt

Paulus und andere Apostel reisten durch das Römische Reich und predigten den neuen christlichen Glauben. Enttäuschung über die alten Kulte, Faszination durch das Versprechen ewigen Lebens, Bekenntnis zu den Geboten der Nächstenliebe, kurz: Vielfältige Motive konnten für den Übertritt zum Christentum entscheidend sein.

Zur Auseinandersetzung zwischen dem römischen Staat und den Christen kam es, weil diese die Verehrung des Kaisers als gottähnliches Wesen ablehnten. Viele Römer sahen darin eine Kampfansage an den Staat. So wurden Christen wegen ihres Glaubens verfolgt. Es kam zu Gerichtsverfahren, gewalttätigen Auseinandersetzungen und auch zu Hinrichtungen in der Arena.

Das Christentum wird Staatsreligion

Langfristig blieben die Unterdrückungsversuche jedoch wirkungslos. Die Zahl der Christen wurde immer größer und die Gemeinden verbreiteten sich im ganzen Römischen Reich. Zu Beginn des 4. Jahrhunderts n. Chr. wurde die Einstellung gegenüber den Christen großzügiger. In diesem Zusammenhang wird berichtet, dass Kaiser Konstantin im Jahre 312 n. Chr. vor einer Schlacht mit einem Rivalen an der Milvischen Brücke in Rom das Bild eines Kreuzes erschien. Ob dies ein Hinweis auf sein Bekenntnis zum Christentum ist, ist allerdings umstritten.

Danach – im Jahre 313 n. Chr. – sicherte Konstantin den Christen freie Religionsausübung zu. Diese sogenannte Konstantinische Wende war für die weitere Entwicklung des Christentums von großer Bedeutung. Im Jahre 391 n. Chr. verbot Kaiser Theodosius I. alle heidnischen Kulte und machte damit das lang verfolgte Christentum zur Staatsreligion. Allerdings übernahm das Christentum auch Gebräuche aus den bisherigen Kulten, sodass vielen die Übernahme des neuen Glaubens erleichtert wurde. Das Weihnachtsfest, das an die Geburt von Christus erinnert, wurde zum Beispiel auf den Festtag des römischen Sonnengottes Sol gelegt.

M 2 Ein unterirdischer Friedhof
Die Calixtus-Katakombe in Rom, heutiges Foto

M 3 Ein Triumphbogen in Rom
Der Konstantinsbogen aus dem Jahr 315 n. Chr. erinnert an den Sieg Konstantins über Maxentius an der Milvischen Brücke, heutiges Foto.

Römisches Reich

Die Christen im Römischen Reich – Eine historische Entwicklung nachvollziehen

M 4 Verfolgung der Christen

In einem Briefwechsel zwischen Plinius und Kaiser Trajan wird zu Beginn des 2. Jahrhunderts n. Chr. das richtige Vorgehen gegen die Christen erörtert:

a) Plinius an Kaiser Trajan:

Ich habe es mir zur Regel gemacht, Herr, alles, worüber ich im Zweifel bin, Dir vorzutragen. Wer könnte denn besser mein Zaudern lenken oder meine Unwissenheit belehren? […]
5 Vorerst habe ich bei denen, die bei mir als Christen angezeigt wurden, folgendes Verfahren angewandt. Ich habe sie gefragt, ob sie Christen seien. Wer gestand, den habe ich unter Androhung der Todesstrafe ein zweites und drittes Mal gefragt;
10 blieb er dabei, ließ ich ihn abführen. Denn mochten sie vorbringen, was sie wollten – Eigensinn und unbeugsame Halsstarrigkeit glaubte ich auf jeden Fall bestrafen zu müssen. […]

b) Trajan an Plinius

Mein Secundus! Bei der Untersuchung der Fälle derer, die bei Dir als Christen angezeigt worden sind, hast Du den rechten Weg eingeschlagen. […] Nachspionieren soll man ihnen nicht; werden sie
5 angezeigt oder überführt, sind sie zu bestrafen, so jedoch, dass, wer leugnet, Christ zu sein und das durch die Tat, das heißt: durch Anrufung unserer Götter beweist, wenn er auch für die Vergangenheit verdächtig bleibt, aufgrund seiner Reue Ver-
10 zeihung erhält.
Anonym eingereichte Klageschriften dürfen bei keiner Straftat Berücksichtigung finden, denn das wäre ein schlimmes Beispiel und passt nicht in unsere Zeit.

Zit. nach: Horst Callies: Rom von der klassischen Republik bis zum Beginn der Völkerwanderung, Stuttgart 1981, S. 175 f.

M 5 Eine kaiserliche Meinungsänderung

Im Jahr 311 n. Chr. erließ Kaiser Galerius folgende Bestimmungen im Umgang mit den Christen:

[…] Als schließlich ein Befehl von uns erging mit der Maßgabe, zu den Gesinnungen der Alten zurückzukehren, wurden viele einem Gerichtsverfahren unterworfen, viele auch verjagt.
5 Und weil die meisten in ihrem Vorhaben starr blieben und wir sahen, dass sie weder den Göttern Verehrung und geschuldete Anbetung erwiesen noch den Gott der Christen verehrten, haben wir – indem wir den Blick auf unsere mildeste Güte richteten und auf unsere immerwährende Praxis, mit der wir gewöhnlich allen Menschen Verzei-
10 hung gewährten –, geglaubt, dass unsere willfährigste Güte auch auf diese auszudehnen sei, sodass sie wieder Christen sein und ihre Versammlungsstätten aufbauen können, freilich so, dass sie nichts gegen die öffentliche Ordnung tun.
15

Zit. nach: H. Brandt: Geschichte der römischen Kaiserzeit von Diokletian und Konstantin bis zum Ende der Konstantinischen Dynastie (284–363), Berlin 1998, S. 141.

M 6 Die Ereignisse an der Milvischen Brücke

Der christliche Schriftsteller Laktanz stellte in dem um 315 n. Chr. entstandenen Bericht die Schlacht zwischen Konstantin und seinem Rivalen Maxentius so dar:

Im Schlaf wurde Konstantin ermahnt, das himmlische Zeichen Gottes an den Schilden anzubringen und so die Schlacht zu beginnen. Er verhält sich weisungsgemäß und bezeichnet Christus auf den Schilden, indem er den Buchstaben X umlegte
5 und die oberste Spitze umbog.
Mit diesem Zeichen gerüstet greift das Heer zu den Waffen. Der Feind rückt ohne den Befehlshaber entgegen und überschreitet die Brücke. Die Schlachtreihen treffen in gleicher Front aufeinan-
10 der, mit höchstem Einsatz wird auf beiden Seiten gekämpft: „Nicht Flucht gilt hüben und drüben."
In der Stadt kommt es zu einem Aufruhr, der Befehlshaber [Maxentius] wird als Schädiger des öffentlichen Wohls beschimpft. Als man seiner
15 ansichtig wurde – er veranstaltete gerade Zirkusspiele wegen seines Geburtstages –, ruft plötzlich das Volk einmütig, Konstantin könne nicht besiegt werden. Durch diesen Ausruf erschreckt, stürzt Maxentius aus dem Zirkus und befiehlt einigen
20 zusammengerufenen Senatoren, die Sibyllinischen [geheimen] Bücher zu befragen: Denen ist zu entnehmen, dass an jenem Tage ein Feind der Römer zugrunde gehen würde.
Durch diese Auskunft mit Siegeszuversicht erfüllt,
25 rückt Maxentius vor und zieht in die Schlacht. In seinem Rücken wird die Brücke zerstört. Bei seinem Anblick wird die Schlacht heftiger, und Got-

tes Hand war über dem Schlachtfeld. Sein Heer
wurde vom Schrecken ergriffen, er selbst flieht in
Richtung der Brücke, die zerstört war, und wird
unter dem Druck der fliehenden Massen in den
Tiber gestürzt.
So war endlich der schreckliche Krieg beendet, als
Konstantin unter großem Jubel des Senats und des
römischen Volkes als Kaiser empfangen wurde.

Zit. nach: H. Brandt: Geschichte der römischen Kaiserzeit von Diokletian und Konstantin bis zum Ende der Konstantinischen Dynastie (284–363), Berlin 1998, S. 105 f.

M 7 Die Zweifel eines Historikers

Die Darstellung von Laktanz deutet der Historiker Hartwin Brandt so:

Das konstantinische Heer wird kaum mit dem (seinerzeit völlig ungebräuchlichen) Christogramm auf den Waffen und wohl auch noch nicht mit dem Labarum gegen Maxentius gezogen sein –
die gewiss nicht mehrheitlich christlichen Soldaten hätten dies kaum akzeptiert und noch viel weniger verstanden. […] Vielmehr ist anzunehmen, dass der nachweislich dem Sonnengott Sol besonders nahestehende Konstantin – vielleicht „unter dem Eindruck einer Himmelserscheinung" – auf seinen Schilden ein mehrstrahliges Sonnensymbol als Feldzeichen eingeführt hat, das noch auf späteren Denkmälern abgebildet ist. […] Dieses Sonnenzeichen dürfte von Laktanz christlich umgedeutet worden sein.

Zit. nach: H. Brandt: Geschichte der römischen Kaiserzeit von Diokletian und Konstantin bis zum Ende der Konstantinischen Dynastie (284–363), Berlin 1998, S. 107 f.

M 8 Silbermedaillon Konstantins

aus dem Jahr 315 zeigt Konstantin.
Die Inschrift enthält folgende Elemente:
P für pius [fromm], CONSTANTINUS,
AUG für Augustus, F für Felix [glücklich],
IMP für Imperator [Kaiser]
Bildelemente sind:
Schild mit Romulus und Remus, ein kreuzförmiges Zepter, Helm mit den ersten beiden Buchstaben des griechischen Wortes für Christus (☧).

M 9 Bronzemünze Konstantins

aus dem Jahr 319 zeigt oberhalb eines kreuzförmigen Musters den Sonnengott Sol.

Aufgaben

1. **Christen im Römischen Reich**
   a) Fasse mit eigenen Worten die Entscheidung Trajans zusammen.
   b) Beurteile, ob Kaiser Trajan ein Befürworter oder ein Gegner der Christenverfolgung war.
   c) Erkläre die Einstellung von Galerius gegenüber den Christen.
   d) Erläutere die Gründe für den Verzicht von Galerius auf eine Christenverfolgung.
   e) Informiere dich über den Begriff „Toleranz". Erörtere, inwieweit man diesen Begriff auf Galerius bzw. Trajan anwenden kann.
   → Text, M4, M5

2. **Kaiser Konstantin und das Christentum**
   a) Fasse die von Laktanz beschriebenen Ereignisse an der Milvischen Brücke in eigenen Worten zusammen.
   b) Gib die Gründe für den Zweifel des Historikers Hartwin Brandt am Bericht von Laktanz wieder.
   c) Arbeite die Elemente auf den Münzen heraus, die darauf hindeuten, dass Konstantin sich zum Christentum bekannte. Achte auf die Entstehungszeit.
   → M6–M9

Römisches Reich

M 1 **Mann von Tollund**
Moorleiche aus Dänemark

M 2 **Opfergaben für die Götter**
Funde aus Niedersachsen, um 350 n. Chr.

Römer und Germanen

Unser heutiges Bild von den Germanen

Da die germanischen Stämme selbst keine schriftlichen Aufzeichnungen hinterließen, sind es römische Quellen, die das Germanenbild bis auf den heutigen Tag prägen. Die Vorstellungen der Römer in der damaligen Zeit fasste Publius Cornelius Tacitus (um 55 bis etwa 120 n. Chr.) in seinem Werk „Germania" zusammen. Vielfältige Ausgrabungsarbeiten haben unser Bild aber zum Teil verändert.

Wichtige Informationen über das Aussehen unserer Vorfahren lieferten auch Funde sogenannter Moorleichen. Vermutlich wurden diese Menschen den Göttern geopfert und dann im Moor versenkt. Der Sinn solcher Opfer ist jedoch unklar. Vielleicht ging es um die Beseitigung von Missetätern; vielleicht wollte man auch die Götter versöhnen.

Über die Religion der Germanen wissen wir insgesamt wenig. Sie verehrten ihre Götter unter freiem Himmel an heiligen Plätzen, meist an Seen, Mooren oder Flüssen. Priester und Priesterinnen baten mithilfe von Feuer und Zaubergegenständen um Schutz und Heilung. Sie sagten auch die Zukunft voraus, indem sie den Vogelflug oder das Verhalten der heiligen Pferde deuteten.

Die Germanen waren Ackerbauern und Viehzüchter. Sie lebten abgeschieden auf ihren Höfen und in kleinen Dörfern. Die gesamte Familie bewirtschaftete den Hof. Die germanischen Frauen versorgten das Vieh und legten Vorräte für den Winter an. Pilze, Beeren und andere Früchte mussten getrocknet werden. Auf einem Mahlstein zerrieben sie das geerntete Getreide zu Mehl und backten Brot daraus. Die Frauen kümmerten sich auch um die Kleidung der Familie. Sie

M 3 **Tracht der Germanen**
Rekonstruktionszeichnung nach Funden im Moor

48

sponnen Wolle und webten daraus Stoffe. Aus Leder fertigten sie Schuhe an. Sie formten aus weichem Lehm Töpfe und Schüsseln.

Die Gesellschaft der Germanen gründete auf der Vorherrschaft des Mannes. Der Vater war das Oberhaupt seiner Familie und konnte über alle Familienmitglieder entscheiden. Die Meinung der Frauen wurde aber gehört und war oft wichtig für Entscheidungen, da sie über medizinische und religiöse Kenntnisse verfügten.

Die Römer begegnen den Germanen

Lange Zeit waren die Römer nicht an ihren nördlichen Nachbarn interessiert. Sie unterwarfen zunächst andere Mächte und Regionen im Mittelmeerraum und sicherten dort ihre Herrschaft.

Der Antrieb zu weiteren Eroberungen entstand neben wirtschaftlichen und militärischen Gründen für die römischen Herrscher auch aus der jeweiligen innenpolitischen Situation heraus. Sie brauchten viel Geld, um als öffentliche Wohltäter zu gelten und so ihre Herrschaft zu sichern. Auch Caesar festigte seine Macht durch mehrere Feldzüge in Gallien. In der Zeit zwischen 58 und 51 v. Chr. dehnte er die römische Herrschaft bis an den Rhein aus. Das römische Heer kämpfte dabei auch gegen germanischen Krieger unter dem Sueben-Fürsten Ariovist, der kurz zuvor nach Gallien eingedrungen war und den Caesar 58 v. Chr. bei Mühlhausen besiegte.

Der Stamm der Sueben war, wie viele andere germanische Stämme, ursprünglich in Nordeuropa beheimatet. Wahrscheinlich aufgrund von Versorgungsschwierigkeiten drangen sie im 1. Jahrhundert v. Chr. nach Süden vor und kämpften auf der Suche nach Siedlungsgebieten mit den ortsansässigen Slawen und Kelten, aber auch untereinander. Die keltischen Gallier gaben den Sueben den Namen „Germanen", den die Römer übernahmen und für alle Völker rechts des Rheins verwendeten. Die Germanen selbst sahen sich nicht als gemeinsame Volksgruppe, obwohl sie eine ähnliche Sprache hatten, sondern als Angehörige ihres jeweiligen Stammes. Erst im Kampf gegen die Römer fanden sie sich zeitweilig in Bündnissen zusammen.

Kämpfe zwischen Römern und Germanen

Unter der Herrschaft des Kaisers Augustus besiegte der Feldherr Drusus mehrere Germanenstämme und überschritt mit seinen Soldaten 9 v. Chr. erstmals die Weser. Weder ihm noch seinem Nachfolger Tiberius gelang es aber, die germanischen Stämme im Nordwesten endgültig zu unterwerfen.

Unter dem Kommando des Tiberius besiegten römische Soldaten in zwei Feldzügen (8–6 v. Chr., 4–6 n. Chr.) die Langobarden. Sie bauten Straßen, sicherten die eroberten Gebiete mit Legionslagern und begannen, eine Provinzverwaltung einzurichten.

Teile des Stammes der Cherusker, unter ihnen auch der Fürstensohn Arminius, kämpften auf der Seite der Römer gegen andere Germanenstämme. Im Jahre 9 n. Chr. wendete er sich aber plötzlich gegen die Römer. Die Gründe dafür sind auch in der Geschichtswissenschaft umstritten: Eine These besagt, dass Arminius zunächst nur eine Revolte der germanischen Hilfstruppen geplant hatte. Seinem Kommando schlossen sich dann viele verschiedene Germanenstämme an.

M 4 Germanisches Schwert aus einem Fürstengrab

Römisches Reich

Germanien zur Römerzeit (um 150 n.Chr.)

- ■ Legionslager
- □ Kastell
- ▭ Limes
- ┈ römische Provinzgrenze
- ▬ wichtige Straße
- ╍ Handelsweg

Handelswaren
- Glas
- Keramik
- Tuche
- Metallwaren
- Wein
- Leder, Tierhäute
- Federn, Daunen
- Honig, Wachs
- Bernstein
- Viehzucht Rinder-, Schweine- und Pferdezucht

Bergbau
- Salz
- Eisen
- Blei
- Zink

M 5

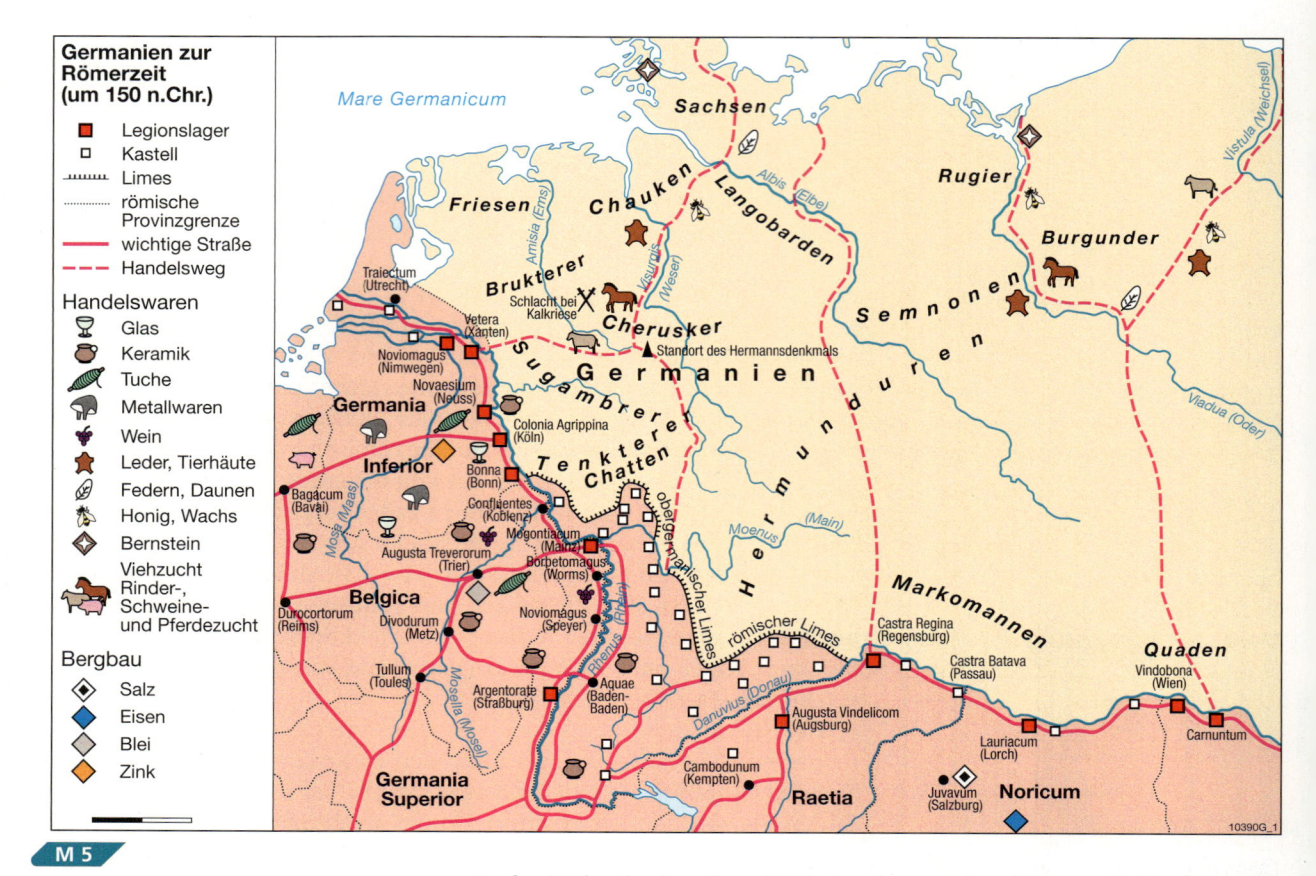

M 6 Wachturm am Limes
Leitern, die sich bei einem Angriff einholen ließen, führten im Innern zur Turmplattform, Rekonstruktion bei Rheinbrohl am Limes.

In der Nähe des heutigen Kalkriese kam es 9 n. Chr. zur Schlacht gegen etwa 30 000 römischen Legionäre unter dem Feldherrn Varus. Die Römer wurden vernichtend geschlagen. Sowohl der genaue Ort der Schlacht als auch ihr Verlauf und ihre Bedeutung gab jahrhundertlang Stoff für geschichtswissenschaftliche Debatten. Arminius wurde oft „Hermann der Cherusker" genannt und zum Ahnherrn einer germanischen Einigung gemacht.

Nach der Niederlage verzichteten die Römer zunächst auf weitere Eroberungszüge. Es kam aber noch zu etlichen Auseinandersetzungen. Letztlich setzte sich aber der Rhein im Norden als Grenze zwischen dem römischen und dem freien Germanien durch. Zur Sicherung dieser Grenze erbauten römische Soldaten den Limes, einen bewaffneten Grenzzaun, und errichteten zahlreiche Militärlager.

Handel am Limes

Am Limes entwickelte sich ein lebhafter Tauschhandel zwischen Römern und Germanen. Die Römer schätzten Honig, Wachs, Felle und blonde Frauenhaare, aus denen sie Perücken herstellten. Die Germanen tauschten römischen Schmuck, Töpfe, Glasbecher und Silbergeschirr ein. Friedliche Germanen durften ohne Waffen in das Römische Reich einreisen.

Seit dem 3. Jahrhundert drangen germanische Stämme immer wieder auf römisches Gebiet vor. Es begann die sogenannte Völkerwanderung, die zum Untergang des Römischen Reiches führte.

Die Germanen – Analyse und Vergleich verschiedener Materialien

M 7 Die Lebensweise der Germanen

Der römische Geschichtsschreiber Tacitus (55 bis 120 n. Chr.) schreibt in seinem berühmten Werk über die Germanen:

Dass von den Völkern der Germanen keine Städte bewohnt werden, ist zur Genüge bekannt, auch dass sie nicht untereinander verbundene Wohnsitze ertragen. Sie wohnen getrennt und in verschiedenen Richtungen auseinander, wie ein Quell, wie ein Feld, wie ein Wäldchen Gefallen erregte. Dörfer bauten sie nicht nach unserer Art mit verbundenen und zusammenhängenden Gebäuden: Jeder umgibt sein Haus mit einem freiem Raum. […] Auch Bruchsteine oder Ziegel sind bei ihnen nicht im Gebrauch: Holz verwenden sie zu allem […].
Manche Stellen bestreichen sie sorgfältiger mit einer so reinen und glänzenden Erde, dass sie ein Gemälde und Linienwerk von Farben nachahmt.

Tacitus, Germania, 16, in: Tacitus, Agricola, Germania, Dialogus de Oratoribus, übers. und erl. von Karl Büchner, Wiesbaden 2000, S. 159.

M 8 Der Thing

Über die Versammlung der Germanen, das sogenannte Thing, schreibt Tacitus:

Über kleinere Dinge gehen die Fürsten zu Rat, über größere alle, so jedoch, dass auch das, worüber die Entscheidung beim Volke liegt, bei den Fürsten vorausbehandelt wird. Sie kommen zusammen, wenn nicht etwas Unvorhergesehenes und Plötzliches eintritt, an bestimmten Tagen, wenn der Mond beginnt oder voll wird; denn zum Handeln halten sie dies für den verheißungsvollsten Beginn. […] Wie es der Masse gefällt, so setzen sie sich hin, in Waffen. Schweigen wird durch Priester geboten, die dann auch das Recht haben, zur Ordnung anzuhalten. Darauf wird der König oder der Fürst je nach dem Alter, dem Adel, dem Kriegsruhm und der Beredsamkeit angehört, mehr aufgrund der erprobten Fähigkeit zu raten als der Macht, zu befehlen. Wenn die Meinung Missfallen erregt hat, lehnen sie sie mit Gebrüll ab; hat sie aber gefallen, schlagen sie die Framen [Wurf- und Nahkampfspieß] zusammen: Mit den Waffen zu loben ist die ehrenvollste Art der Zustimmung.
Man kann beim Thing auch Klage führen […]. Die Strafen sind unterschieden nach dem Vergehen. Verräter und Überläufer hängen sie an den Bäumen auf, Feiglinge, im Krieg Versagende und körperlich Geschändete versenken sie, indem sie ein Geflecht darüber werfen, in Morast und Sumpf […]. Aber auch für kleinere Vergehen gibt es nach ihrem Maß Strafe: Mit einer Anzahl Rosse oder Vieh müssen die Überführten büßen. Ein Teil der Buße wird an den König oder Stamm, ein Teil dem, der gerächt wird, selber oder seinen Verwandten gezahlt.

Tacitus, Germania, 11, 12, in: Tacitus, Agricola, Germania, Dialogus de Oratoribus, Wiesbaden 2000, S. 155–156.

M 9 Germanisches Dorf, Rekonstruktionszeichnung

Römisches Reich

Die Varusschlacht und ihr Nachleben

M 10 Ein archäologisches Experiment, mit dem die Strapazen römischer Legionäre auf dem Marsch nachvollzogen werden sollten, Foto von 2008.

Zum Weiterlesen
Über die Varusschlacht erfährst du mehr auf den Seiten 54–57 in diesem Lehrbuch.

M 11 Schlacht im Teutoburger Wald

a) *Der Historiker Joachim Harnecker fasst die Ergebnisse der archäologischen Forschungen und des Quellenstudiums zusammen:*

Die Germanen lockten Varus in ein unwegsames Gebiet, das in den Schriftquellen „saltus teutoburgiensis" [Teutoburger Wald] genannt wird und das den Römern offenbar unbekannt war. […] In einer für das römische Militär ungünstigen topografischen Situation mussten die Soldaten nicht nur gegen die germanischen Krieger, sondern auch gegen abtrünnige germanische Hilfstruppen im eigenen Heer kämpfen. Zudem soll das Wetter sehr schlecht gewesen sein. Im Verlauf einer sich über mehrere Tage hinziehenden Schlacht verschanzten sich die Römer in der ersten Nacht noch in einem Lager, in der zweiten Nacht gelang dies nur noch ansatzweise. Endlich wurde das römische Heer weitgehend aufgerieben, nur wenigen gelang die Flucht, einige gerieten in Gefangenschaft. Varus stürzte sich angesichts der ausweglosen Situation in sein Schwert. Die Germanen töteten auf – aus römischer Sicht – äußerst barbarische Weise die gefangenen Offiziere, dem Varus schnitten sie den Kopf ab. Diesen schickte Arminius an den Markomannenkönig Marbod, um ihn in die antirömische Koalition zu ziehen. Da die Markomannen nach längeren Auseinandersetzungen mit den Römern mittlerweile um einen Ausgleich bemüht waren, schickten sie das Haupt weiter nach Rom, wo es bestattet wurde. Kaiser Augustus soll äußerst verzweifelt über die Niederlage gewesen sein. Die Nummern der untergegangenen Legionen, 17-18-19, wurden nie wieder vergeben.

Joachim Harnecker, Arminius, Varus und das Schlachtfeld von Kalkriese, Osnabrück 2002, S. 20 f.

b) *Die Varusschlacht wurde von mehreren römischen Autoren beschrieben, die allerdings keine Augenzeugen waren. Velleius Paterculus, der Germanien als Offizier von jahrelangen Feldzügen kannte, berichtete um 30 n. Chr. in seiner „Römischen Geschichte":*

Die tapferste Armee von allen, führend unter den römischen Truppen, was Disziplin, Tapferkeit und Kriegserfahrung angeht, wurde durch die Indolenz [hier: Gleichgültigkeit] des Führers [Varus], die betrügerische List des Feindes und die Ungunst des Schicksals in einer Falle gefangen. Weder zum Kämpfen noch zum Ausbrechen bot sich ihnen, so sehnlich sie es auch wünschten, ungehindert Gelegenheit […]. Eingeschlossen in Wälder und Sümpfe, in einen feindlichen Hinterhalt, wurden sie Mann für Mann abgeschlachtet […]. Der Führer hatte mehr Mut zum Sterben als zum Kämpfen. Nach dem Beispiel seines Vaters und Großvaters durchbohrte Varus sich selbst mit dem Schwert […]. Den […] Leichnam des Varus rissen die Feinde in ihrer Rohheit in Stücke. Sie trennten sein Haupt ab und sandten es zu Marbod [Herrscher des germanischen Stammes der Markomannen]. Dieser wieder schickte es zu Caesar Augustus, der ihm trotz allem die Ehre eines Familienbegräbnisses gewährte.

Velleius Paterculus, Historia Romana, übers. u. hrsg. von Marion Giebel, Stuttgart 1989, S. 251 ff.

M 12 Auf den Trümmern der Legionen

Zur Bedeutung der Schlacht schreibt ein Historiker Folgendes:

Ohne die Varusschlacht, so malte sich mancher aus, wären die germanischen Siedlungsgebiete mindestens bis zur Elbe unterworfen worden und unsere Vorfahren romanisiert worden, wir würden heute nicht Deutsch, sondern eine Art Französisch sprechen, etc. Moderne Altertumswissenschaftler korrigieren das Bild: „Man neigte früher dazu, Zäsuren [Einschnitte] an knalligen Ereignissen festzumachen", sagt R. Wiegels von der Universität Osnabrück. „Doch die Varusschlacht war nur der Beginn einer Zäsur. In den frühen römischen Quellen wird die Schlacht nicht so dramatisch beurteilt. Die Zeitgenossen erregte wohl vor allem der Verlust der Legionsadler, also der wichtigsten römischen Feldzeichen." In den Jahren 14 bis 16 überzog der Feldherr Germanicus die Gebiete der Arminius-Koalition mit einem Rachefeldzug. Dabei suchte er nach dem Bericht des Tacitus auch den Schauplatz der Schlacht auf und bestattete die Gebeine der Gefallenen. Außerdem gelang es ihm, zwei der drei verlorenen Legionsadler wiederzuholen. Doch die Expedition kostete noch einmal so vielen Legionären das Leben, wie unter Varus umgekommen waren und hatte Arminius nicht ausgeschaltet. So ist nach dem Triumphzug des Germanicus Schluss.

Auf den Trümmern der Legionen, in: Frankfurter Allgemeine Sonntagszeitung v. 1.2.2004, S. 60.

M 13 Hermannsdenkmal

Das Hermannsdenkmal bei Detmold am damals vermuteten Ort der Schlacht wurde nach 56 Jahren Bauzeit 1875 im Beisein von Kaiser Wilhelm I. eingeweiht. Jahrzehnte lang besichtigten Schulklassen dieses Denkmal als Ort der Schlacht. Heute sind sich die meisten Forscher einig, dass die Varusschlacht in der Nähe des heutigen Kalkriese stattgefunden hat.

Aufgaben

1. **Die Germanen**
   a) Nenne die Regionen der heutigen Bundesrepublik, die auf römischem bzw. germanischem Gebiet lagen. Verwende dafür einen Atlas.
   b) Informiere dich über die Handelswaren der Germanen.
   c) Vergleiche die Religion der Germanen mit der der Römer.
   d) Fasse die Darstellung von Tacitus über die Lebensweise der Germanen zusammen.
   e) Vergleiche die Darstellung von Tacitus mit der Rekonstruktionszeichnung des germanischen Dorfes.
   → Text, M1, M2, M5, M7–M9, Geografieatlas

2. **Die Varusschlacht und ihr Nachleben**
   a) Vergleiche die beiden Texte über die Varusschlacht. Erläutere Gemeinsamkeiten und Unterschiede.
   b) Zeige anhand von Textstellen, dass der römische Bericht einseitig ist.
   c) Erläutere die Gründe dafür, dass der Varusschlacht früher eine große Bedeutung zugemessen wurde.
   d) Für „Hermann den Cherusker" wurde im 19. Jahrhundert ein großes Denkmal errichtet. Erläutere die Gründe dafür.
   → M11–M13

Quellen aus dem Römischen Reich

Woher wissen wir etwas über die Römer?

Alles, was aus römischer Zeit bis heute erhalten geblieben ist, kann als Quelle genutzt werden, um etwas über die Römer zu erfahren. Je nachdem, was man wissen möchte, also welche Fragestellung man hat, können ganz unterschiedliche Quellensorten hilfreich sein. Dies soll im Folgenden am Beispiel der Varusschlacht und an der Person des Varus erläutert werden.

Die Varusschlacht in der römischen Geschichtsschreibung

Im Jahre 9 n. Chr. erlitten die Römer in Germanien im Kampf gegen mehrere verbündete germanische Stämme eine der schwersten Niederlagen ihrer Geschichte. Unter Führung des Publius Quinctilius Varus verloren dabei auf römischer Seite mehrere Zehntausend Mann ihr Leben. Anführer der Germanen war Arminius, ein Fürst der Cherusker. Die wichtigste Quellensorte für diese Schlacht ist – wie für die meisten Fragestellungen zu dieser Epoche – die römische Geschichtsschreibung. Sie vermittelt Einzelheiten und Hintergründe, die es uns ermöglichen, eine zusammenhängende Rekonstruktion der Ereignisse zu erstellen.

Von den zahlreichen antiken römischen Berichten über die Varusschlacht sind im Laufe der Jahrhunderte die meisten verloren gegangen, andere waren lange Zeit verschollen. So hat beispielsweise der römische Historiker Tacitus um 120 n. Chr. in seinen „Annalen" über die weiteren Kämpfe der Römer gegen Arminius geschrieben und dabei auch berichtet, wie die Römer im Jahre 15 n. Chr. das Schlachtfeld besuchten. Das Geschichtswerk des Tacitus wurde in nur einer einzigen Handschrift bis ins Mittelalter überliefert, wobei der Text mehrere Jahrhunderte lang unbeachtet in einem Kloster lag. Erst Anfang des 16. Jahrhunderts wurde Tacitus' Buch wiederentdeckt, und es entfachte in Deutschland ein lebhaftes Interesse an Arminius und an der Varusschlacht.

M 1 „2000 Jahre Varusschlacht" Briefmarke von 2009

M 2 Germanicus bestattet die unter Varus Gefallenen Kupferstich von Matthäus Merian d. Ä. aus dem Jahr 1630

M 3 Feier zur Einweihung des Herrmannsdenkmals 1875
Ab 1838 wurde nach den Plänen Ernst von Bandels bei Detmold das Hermannsdenkmal erbaut und 1875 eingeweiht, Holzstich nach einer Zeichnung von Knut Ekwall.

Zum Weiterlesen
Über die Varusschlacht erfährst du mehr auf den Seiten 48–53 in diesem Lehrbuch.

Tacitus war es auch, der den Ort der Schlacht „Teutoburger Wald" nannte („Teutoburgiensis saltus"). Nach der Wiederentdeckung der „Annalen" versuchte man mithilfe der hier enthaltenen Angaben zu bestimmen, wo dieser Wald gewesen sein könnte, und benannte ein bis dahin „Osning" genanntes Gebirge in „Teutoburger Wald" um. Hier wurde 1875 auch das „Hermannsdenkmal" eingeweiht.

Die ausführlichste Beschreibung der Varusschlacht bieten allerdings die gut 200 Jahre nach den Annalen auf Griechisch verfassten Werke des römischen Historikers Cassius Dio. Für seinen Bericht griff Cassius Dio auf ältere Darstellungen zurück, die heute leider verschollen sind.

Inschriften, Papyri und Münzen liefern Informationen über Varus
Wer aber war dieser Varus? War vielleicht seine Unerfahrenheit ein Grund für die katastrophale Niederlage der Römer?

Bei dieser Frage helfen uns neben der Geschichtsschreibung auch andere Quellensorten weiter, z. B. eine Inschrift auf der griechischen Insel Tenos, die die Einwohner zu Ehren ihres Patrons Varus errichtet haben. In dieser Inschrift wird Varus als Quästor des Augustus bezeichnet und dadurch wird deutlich, dass Varus bereits als junger Mann in seinem ersten Amt in besonderer Nähe zum Kaiser gestanden haben muss. Als Quästor begleitete Varus den Kaiser auf der Reise durch die Osthälfte des Römischen Reiches.

Die Nähe zum Kaiserhaus, die sich in der Inschrift zeigt, wird auch durch einen weiteren außergewöhnlichen Fund bestätigt: Auf einem 1970 veröffentlichten Papyrus hat sich in griechischer Übersetzung ein Teil der Leichenrede erhalten, die Augustus 12 v. Chr. bei der Beisetzung seines engsten Freundes und wichtigsten politischen Weggefährten Marcus Agrippa in Rom gehalten hat. Erst aus dieser Rede haben wir erfahren, dass Varus Agrippas Schwiegersohn war.

Einige Jahre nach Agrippas Tod verwaltete Varus als Statthalter die römische Provinz Africa proconsularis. Dies ist durch Münzen belegt, die die nordafrikanische Stadt Achulla prägen ließ. Eine zweite Statt-

Quellen aus dem Römischen Reich

M 4 Caeliusstein
Grabstein für den Zenturio Marcus Caelius, der in der Varusschlacht gefallen ist, Fundort: bei Xanten (im heutigen Nordrhein-Westfalen)

halterschaft bekleidete Varus in Syrien. Nach dem Bericht des jüdischen Historikers Flavius Josephus verwaltete er diese schwierige Provinz sehr erfolgreich.

Als Augustus im Jahre 7 n. Chr. Varus als Statthalter nach Germanien schickte, entsandte er also nicht nur jemanden, den er seit Langem gut kannte, sondern auch einen Mann, der sich bereits in verschiedenen Ämtern bewährt hatte.

Archäologische Quellen zur Varusschlacht

Jahrhundertelang hat man immer wieder neu versucht, mithilfe der Angaben von Tacitus und Cassius Dio den Ort der Varusschlacht zu finden. Über 700 verschiedene Orte sind im Laufe der Zeit vorgeschlagen worden, ohne dass es überzeugende Beweise gegeben hätte. Das einzige archäologische Zeugnis zur Varusschlacht bildete lange Zeit der sogenannte Caeliusstein – ein bei Xanten gefundener Grabstein für einen in der Varusschlacht gefallenen Offizier (Zenturio) namens Marcus Caelius.

Ab 1987 kamen dann jedoch bei Ausgrabungen im nördlich von Osnabrück gelegenen Ort Kalkriese Tausende römischer Fundstücke ans Tageslicht, vor allem Ausrüstungsteile von Legionären und Münzen. Unter den ersten Funden war auch eine sehr seltene Gesichtsmaske, die ursprünglich zu einem römischen Reiterhelm gehört hatte. Die Funde zeigten rasch, dass an diesem Ort eine große Schlacht stattge-

M 5 Ausgrabungen in Kalkriese
Archäologen analysieren die Knochen eines Maultieres.

M 6 Fund aus Kalkriese
Klammer einer Schwertscheide aus Silber

M 7 Maske eines römischen Gesichtshelms
Silber und Bronze, Höhe: 16,9 cm

M 8 Münze aus Kalkriese
Die Vorderseite trägt einen Prägestempel des Feldherrn Varus.

funden haben musste. Aber handelte es sich dabei tatsächlich um die Varusschlacht? Ließen sich die Funde genauer datieren?

Zur Lösung dieses Problems waren die zahlreichen in Kalkriese gefundenen Münzen besonders wichtig. Unter den Münzen fanden sich nämlich auch einige, die mit einer als „Gegenstempel" bezeichneten Prägung des Varus versehen waren. Dieser Gegenstempel konnte nur zwischen 7 und 9 n. Chr., als Varus Statthalter in Germanien war, angebracht worden sein. Andererseits wurden keine nach dem Jahr 9 n. Chr. geprägten Münzen gefunden. Da es neben der Varusschlacht keinen anderen großen Kampf zwischen Römern und Germanen in der Statthalterschaft des Varus gegeben hat, sind die meisten Historiker heute der Meinung, dass in Kalkriese ein Schauplatz der mehrtägigen Varusschlacht gefunden worden ist.

Leider können wir die Ereignisse rund um die Varusschlacht nur aus römischer Sicht rekonstruieren, da die Germanen zu dieser Zeit noch keine Schrift benutzt und uns also auch keine schriftlichen Quellen hinterlassen haben. Die Germanen hielten die Erinnerung an Arminius und an den Sieg über Varus lange in Liedern lebendig, welche heute allerdings nicht mehr zu rekonstruieren sind.

Römisches Reich

Das Römische Reich geht unter

Ein Weltreich geht unter – Die Völkerwanderung

Im Jahr 476 n. Chr. wurde der letzte weströmische Kaiser Romulus Augustulus durch den germanischen Heerführer Odoaker abgesetzt. In den vergangenen Jahrhunderten waren immer wieder Stämme ins Römerreich eingedrungen, wurden besiegt oder bewusst geduldet. Diese Wanderungsbewegungen, die vor allem zwischen 380 und 570 nachweisbar sind, bezeichnet man als Völkerwanderung.

Auslöser war das Reitervolk der Hunnen, die 375 n. Chr. aus Innerasien hereinbrachen und viele germanische Stämme aus ihren Sitzen vertrieben. Unter ihrem König Attila drangen die Hunnen quer durch Europa bis nach Gallien vor und erzwangen riesige Tributzahlungen. Erst 451 konnten sie in der Schlacht auf den Katalaunischen Feldern besiegt werden, was zum raschen Zerfall ihres Reiches führte.

Mit der Bezeichnung „Germanen" werden verschiedene Stämme wie zum Beispiel Sachsen, Goten oder Wandalen zusammengefasst. Es handelte sich dabei um unterschiedlich große Volksgruppen, an deren Spitze Könige standen, denen man oft übermenschliche Fähigkeiten zutraute. Germanen siedelten zunächst in Mittel-, Nord- und Osteuropa, ohne dass eindeutige Grenzen feststellbar sind. Die „Völkerwanderung" bestand aus einer Vielzahl einzelner Wanderungen. Die Heerhaufen – gefolgt von Frauen und Kindern mit Pferd und Wagen – schlossen sich manchmal zusammen oder trennten sich wieder. Man schätzt zum Beispiel, dass etwa 15 000 Wandalen Nordafrika eroberten, wo zur Zeit ihrer Eroberung etwa acht Millionen Menschen lebten.

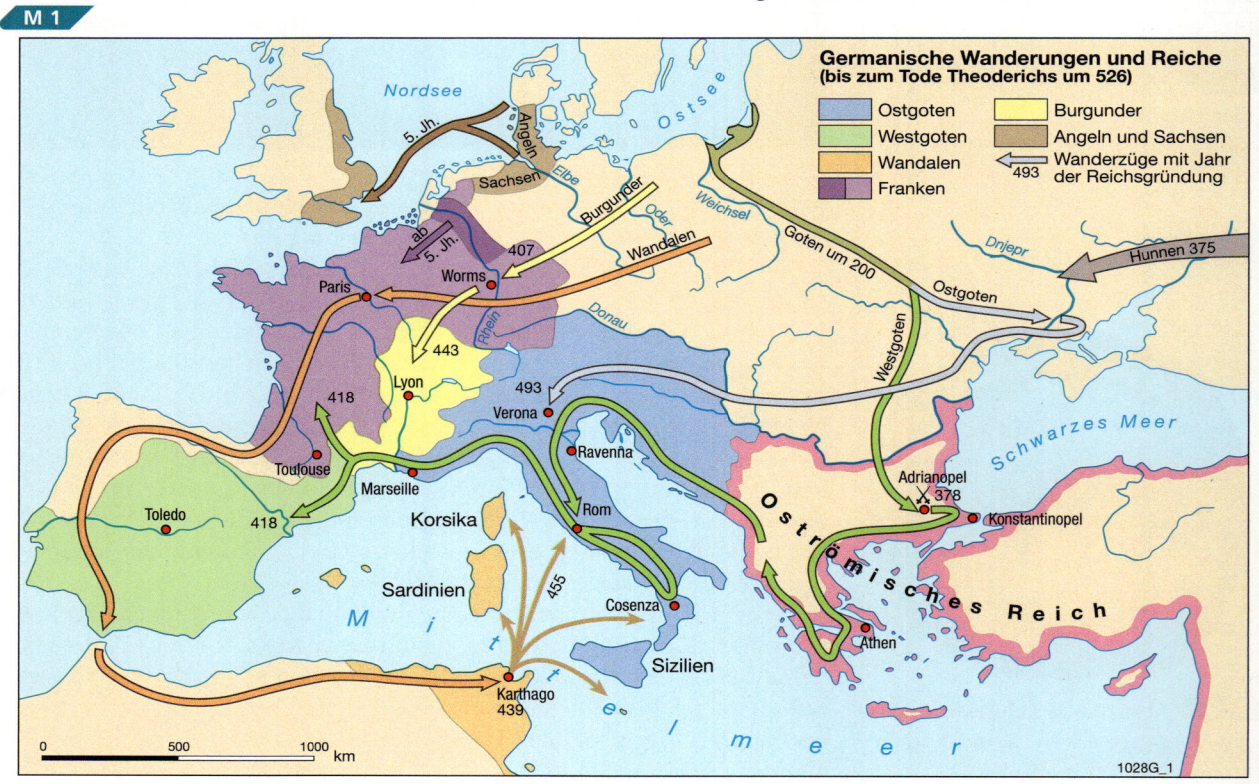

M 1 Germanische Wanderungen und Reiche (bis zum Tode Theoderichs um 526)

Die Dreiteilung der Mittelmeerwelt

Der von den Römern beherrschte Mittelmeerraum zerfiel um 500 n. Chr. und es entstanden in einem sich über Jahrhunderte hinziehenden Prozess drei neue große Herrschaftsbereiche auf dem Gebiet des ehemaligen Imperium Romanum:

1. Der östliche Teil mit der Hauptstadt Konstantinopel blieb als Byzantinisches Reich bestehen. An der Spitze stand der oströmische Kaiser, der sich zum Christentum bekannte.
2. Im südlichen Teil entstanden große Herrschaften, die von muslimischen Kalifen regiert wurden.
3. Im westlichen Teil bildete sich nach und nach das Frankenreich als entscheidende Macht heraus, dessen Herrscher Christen wurden und die beanspruchten, das Erbe des Römischen Reiches fortzuführen.

Im Zuge der Dreiteilung der Mittelmeerwelt entstanden somit verschiedene Kulturkreise, die bis heute wirksam sind und das Leben der Menschen bestimmen.

Eine neue Epoche: Das Mittelalter

Der Untergang des Römischen Reiches um 500 n. Chr. gilt als wichtiger Einschnitt in der geschichtlichen Entwicklung: Auf die Antike folgt das Mittelalter. „Mittelalter" ist ein Begriff, der erst im 16. Jahrhundert, also nach dem Ende des Mittelalters aufgekommen ist. Heute bezeichnet man damit – grob gesagt – die Zeit zwischen 500 und 1500, weil sich zu diesen Zeiten wichtige Ereignisse häuften. Es ist aber zu bedenken, dass diese Einteilung nur für einen Teil Europas gilt.

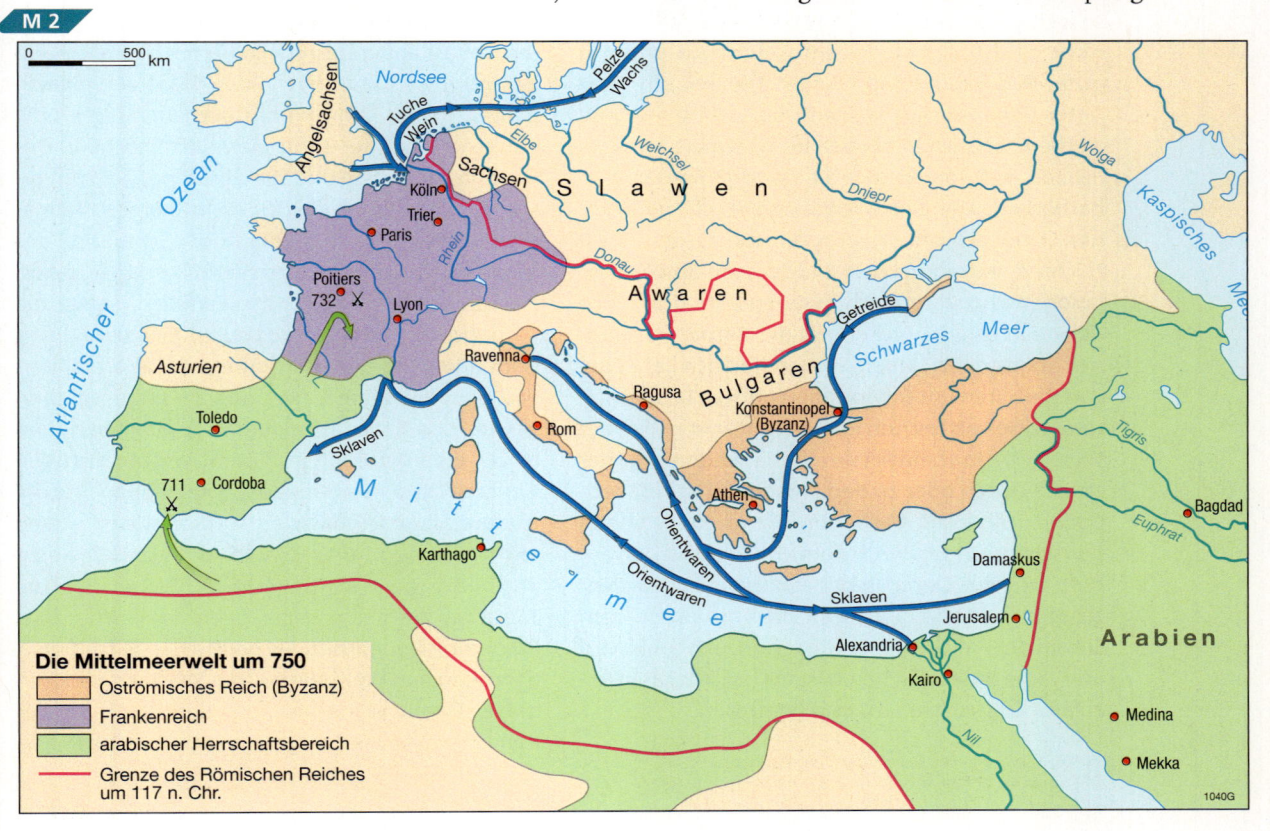

M 2

Die Mittelmeerwelt um 750
- Oströmisches Reich (Byzanz)
- Frankenreich
- arabischer Herrschaftsbereich
- Grenze des Römischen Reiches um 117 n. Chr.

Römisches Reich

Warum ging das Römische Reich unter? – Vergleich zwischen Quelle und Darstellung

M 3 Eine zeitgenössische Klage

Der Geistliche Salvianus von Marseille (ca. 400–465 n. Chr.) lebte in Gallien. In seiner Schrift „Weltregierung Gottes", in der er den moralischen Verfall der Römer kritisierte, findet sich Folgendes:

Ein neues, schier unbeschreibliches Laster haftet jetzt den meisten an; es ist ihnen zu wenig, wenn sie selbst glücklich sind: Es muss auch der Nächste unglücklich sein! Und dieses Laster, so wild, so
5 ganz aus dieser Gottlosigkeit kommend, so fremd den Barbaren, so vertraut den Römern, besteht darin, dass man sich gegenseitig austreibt und proskribiert [verleumdet]; nein, nicht gegenseitig wäre ja fast noch erträglicher, wenn jeder das
10 erduldete, was er selbst verübt hat; noch schwerwiegender ist es, dass die meisten von ganz wenigen proskribiert werden, für die die öffentlichen Ausweisungen eine besondere Beute ergeben, die die Schuldforderungen der Staatskasse in einen
15 Gewinn ihrer Privatkasse verwandeln. [...] Unterdessen werden Arme ausgeplündert, seufzen Witwen, werden Waisen mit Füßen getreten; ja, es ist so weit gekommen, dass viele von ihnen, und zwar nicht solche aus niedrigem Geschlecht und mit
20 guter Bildung, zu den Feinden fliehen, um nicht unter dem Druck der staatlichen Verfolgung zu sterben. Sie suchen bei den Barbaren die Menschlichkeit der Römer, weil sie bei den Römern die barbarische Unmenschlichkeit nicht ertragen kön-
25 nen. Und obwohl sie von denen, zu denen sie flüchten, in Gebräuchen und Sprache abweichen, ja sogar schon, wenn ich so sagen darf, durch den üblen Geruch der Leiber und der Barbarenkleider sich abgestoßen fühlen, wollen sie doch lieber bei
30 den Barbaren unter der ungewohnten Lebenshaltung leiden als bei den Römern unter ungerechter Wut. Deshalb wandern sie scharenweise entweder zu den Goten oder zu den aufständischen Bauern oder zu anderen Barbaren, die ja allenthalben
35 herrschen; und es reut sie nicht, hinübergewandert zu sein. Denn lieber leben sie unter dem Schein der Gefangenschaft frei als unter dem Schein der Freiheit als Gefangene. Deswegen wird der Name des römischen Bürgers [...] jetzt aus frei-
40 en Stücken verschmäht und gemieden.

Salvianus von Marseille, Von der Weltregierung Gottes, 5. Buch, Kap. 4, in: Ernst Pitz, Europa im Früh- und Hochmittelalter, Stuttgart 1982, S. 177 f.

M 4 Eine wissenschaftliche Analyse

Der Althistoriker Siegfried Lauffer schreibt über den Untergang des Römischen Reiches (1981):

In vieler Hinsicht lassen sich Erscheinungen des Niedergangs und Zerfalls feststellen. Die Wirtschafts- und Gesellschaftsordnung war immer starrer geworden. Der Steuerdruck, der auf der Bevölkerung lastete, war so schwer, dass die Germanen weithin als Befreier begrüßt wurden, weil man von ihnen Erleichterung oder gar Aufhebung der Abgabenpflicht erhoffte. Durch die soziale Nivellierung [Angleichung] der Untertanen waren zwar die früheren Unterschiede zwischen Freien und Unfreien, Kolonen [Siedler] und Sklaven meist bedeutungslos geworden, aber dafür hatte sich eine neue privilegierte [bevorzugte] Oberschicht von Beamten, Offizieren, Geistlichen und anderen Standespersonen gebildet, die durch ihre gesellschaftliche Rangordnung vom Volk geschieden waren. Irgendein politisches Mitbestimmungsrecht der Bevölkerung war infolge des absolutistischen Regierungssystems [d. h.: in dem nur der Kaiser bestimmen konnte] ohnehin ausgeschlossen, sodass außer den Privilegierten kaum jemand ein Interesse daran hatte, den Staat zu verteidigen. [...] Man kann wohl überhaupt nicht eine einzelne Ursache dafür namhaft machen. Der Raubbau an Boden und Waldbestand, der zur Verkarstung ganzer Länder führte in Spanien, Dalmatien, Griechenland, oder der Schwund des römischen Volkstums durch Vermischung und Aussterben der einst führenden Familien, ferner die Barbarisierung des Heeres durch Einstellung von Germanen und durch Auflösung der alten Militärdisziplin, all diese und andere Dinge spielten gewiss eine Rolle, aber nur ihr Zusammenwirken macht die Wandlung insgesamt verständlich. Die Gegensätze der verschiedenen Religionen und die frühere Staatsfeindlichkeit vieler Christen waren seit Konstantin im Wesentlichen beseitigt, fielen also nicht mehr ins Gewicht. Schwerer wog die Tatsache, die schon hervorgehoben wurde, dass Rom seine Bedeutung als politischer Mittelpunkt der römischen Welt, speziell des Westens, verloren hatte. Damit war gleichsam der Ursprung des Römischen Reiches aufgegeben und verleugnet.

Siegfried Lauffer, Kurze Geschichte der antiken Welt, München 1981, S. 241 f.

Bilder vom Mittelalter – Vorstellungen hinterfragen

M 5 Bilder vom Mittelalter
Illustration zum Buch „Ritter der Tafelrunde" von Troy Howell (links) sowie Titelabbildung zum Buch „Heldensagen" mit einer Illustration von Robert Walch (rechts), 1985

Aufgaben

1. **Die Völkerwanderung**
   a) Erkläre den Begriff „Völkerwanderung".
   b) Nenne einige wichtige Stämme, die sich auf Völkerwanderung begaben, und beschreibe ihre Wanderwege auf der Karte.
   c) Ermittle die von den Stämmen zurückgelegte Entfernung.
   → Text, M1

2. **Der Untergang des Römischen Reiches**
   a) Beschreibe die Einstellung von Salvianus von Marseille gegenüber den „Barbaren".
   b) Stelle in einer Tabelle die Gründe für den Untergang des Römischen Reiches gegenüber, die der Zeitgenosse Salvianus und der Historiker Lauffer erwähnen. Erläutere die Unterschiede.
   c) Der Historiker weist darauf hin, dass der Untergang des Römischen Reiches viele Ursachen hatte. Erläutere diese Auffassung.
   → M3, M4

3. **Das Mittelalter beginnt**
   a) Beschreibe anhand der Karte die Mittelmeerwelt um 750 n. Chr.
   b) Erkläre die „Dreiteilung der Mittelmeerwelt".
   c) Vergleiche die beiden Illustrationen zum Mittelalter. Erläutere die Vorstellungen, die jeweils vom Mittelalter vermittelt werden.
   d) Suche für die Zeit um 500 n. Chr. und um 1500 n. Chr. im Internet oder in einem Lexikon jeweils wichtige Ereignisse, die als Beginn bzw. Ende des Mittelalters gelten.
   → Text, M2, M5, Internet, Lexikon

Das Oströmische Reich besteht fort

Byzanz – Konstantinopel – Istanbul

Istanbul ist heute eine der wichtigsten Städte in der Türkei. Ihre Geschichte reicht zurück bis in die Antike. Im Jahr 330 n. Chr. bestimmte der römische Kaiser Konstantin die griechische Stadt Byzantion zur neuen Hauptstadt des Römischen Reiches. Er nannte sie Konstantinopel, das heißt „Konstantin-Stadt". Sie sollte als christliches Zentrum das heidnische Rom ersetzen. 65 Jahre später, im Jahr 395 n. Chr., wurde allerdings das Reich in eine Ost- und eine Westhälfte geteilt. Während das Weströmische Reich im Zuge der Völkerwanderung zu bestehen aufhörte, konnte sich das Oströmische Reich behaupten. Es wird auch als Byzantinisches Reich bezeichnet.

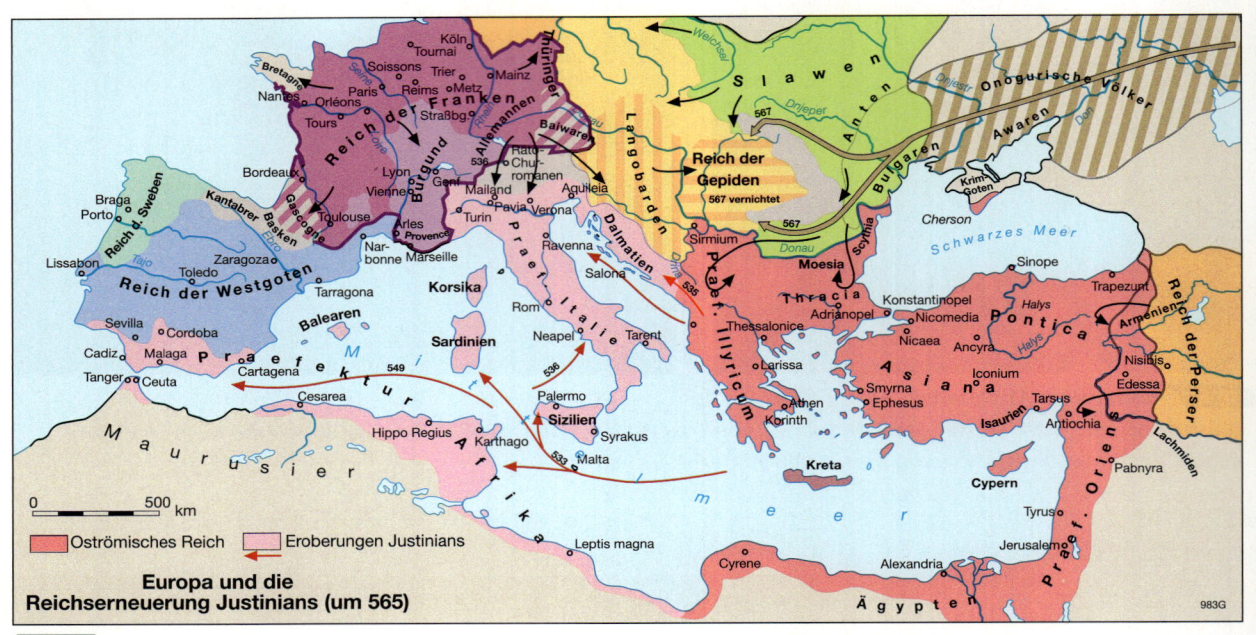

Europa und die Reichserneuerung Justinians (um 565)

M 1

Justinian

Einer der wichtigsten Herrscher des Byzantinischen Reiches war Kaiser Justinian, der von 527 bis 565 n. Chr. regierte. Unter ihm gelang es sogar, Nordafrika, Italien und Südspanien zurückzuerobern und so große Teile des Römischen Reiches wieder zu vereinen. Aber dieser Erfolg war nicht von Dauer. Dennoch konnten er und seine Nachfolger das Byzantinische Reich erhalten und gegen Angriffe von außen verteidigen.

Bedeutsam ist dies, weil ein großes christliches Reich fortbestand. Die byzantinischen Kaiser betrachteten sich als von Gott eingesetzt und verstanden sich nicht nur als politische Herrscher, sondern auch als religiöse Oberhäupter. Der absolute Gehorsam der Untertanen sollte sich in der Proskynese, im Niederwerfen vor dem Kaiser, ausdrücken. Es war für die Herrscher auch nicht annehmbar, dass jemand anderes den Kaisertitel beanspruchte und behauptete, das Erbe des Römischen Reiches anzutreten. Denn in Byzanz blieb, wenngleich

M 2   Mosaik in der Hagia Sophia

In der Mitte Maria mit Jesus, auf der rechten Seite Konstantin, der ihr ein vereinfachtes Stadtmodell überreicht. Auf der linken Seite Justinian, der ihr ein Modell der Hagia Sophia präsentiert. Es sind die Namen Justinians und Konstantins zu lesen.

Griechisch gesprochen und geschrieben wurde, das römische Erbe lebendig. So lebte hier zum Beispiel das römische Städtewesen weiter, das in den anderen Reichsteilen verfiel.

In den folgenden Jahrhunderten berichteten Reisende immer wieder von der Größe und der Pracht der Stadt Konstantinopel und zeigten sich beeindruckt vom städtischen Leben sowie den weit reichenden Handelsbeziehungen.

Kaiser Justinian hatte im sogenannten Corpus Iuris Civilis alle Rechtsvorschriften der Römer sammeln und vereinheitlichen lassen. Auf diese Weise blieb das antike Rechtswesen erhalten und für Europa bestimmend. Erst im Jahr 1453 n. Chr. eroberten muslimische Türken Byzanz. Dies war das Ende des Oströmischen Reiches.

M 3   Die Hagia Sophia
ist heute ein Museum, Foto.

Römisches Reich

Basilika und Zentralbau – Vergleich zwischen Grundrissen und Bildern

M 4 **Eine prachtvolle Staatskirche: Hagia Sophia**
Hagia Sophia bedeutet auf Griechisch „Kirche der göttlichen Weisheit". Sie wurde unter Kaiser Justinian errichtet und war mit einer Höhe von über 55 m und einem Kuppeldurchmesser von 33 m von unvergleichlicher Größe. Nach der Eroberung von Byzanz im Jahre 1453 wurde sie zur Moschee.

M 5

Grundriss der Hagia Sophia

OG
UG

UG Untergeschoss
OG Obergeschoss

M 6 **Kuppelkirche San Vitale in Ravenna**
Die Form des Zentralbaus wurde im Römischen Reich unter anderem für Tempelbauten und Grabmäler verwendet, heutiger Zustand (oben) und Grundriss (rechts).

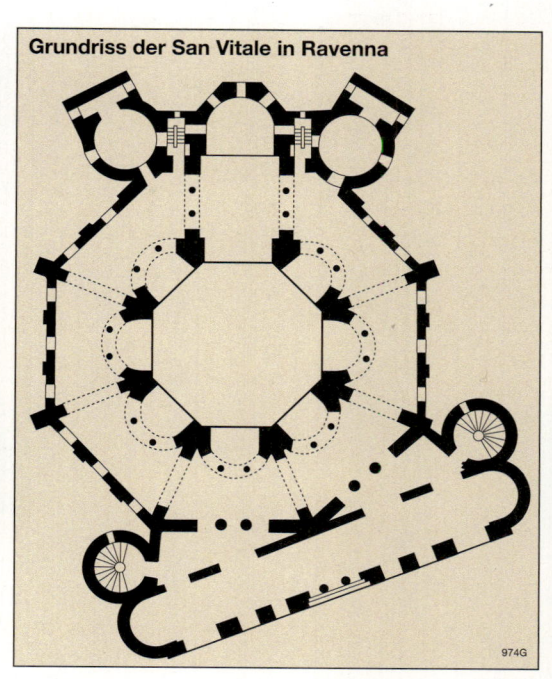

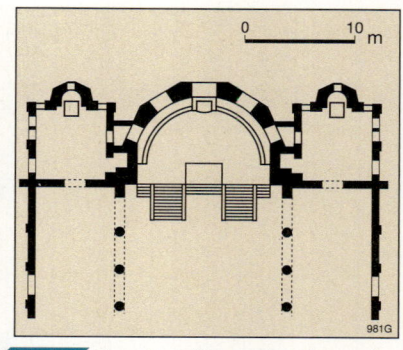

Grundriss der San Vitale in Ravenna

M 7 **San Apollinare in Classe in Ravenna**
Die Form der Basilika entstand im Römischen Reich als öffentlicher Mehrzweckbau. Sie wurde prägend für christliche Kirchenbauten, heutiger Zustand und Grundriss (oben).

Aufgaben

Kirchenbauten im Vergleich

a) Informiere dich im Internet über die Merkmale einer Basilika und eines Zentralbaus. Weise nach, dass es sich bei der Hagia Sophia um eine Mischform handelt.
b) Erläutere die Gründe für die Ausrichtung der christlichen Kirchen nach Osten.
c) Benenne auf den Fotos Elemente, die darauf hindeuten, dass die Hagia Sophia später als Moschee genutzt wurde.
d) Beschreibe das Mosaik in der Hagia Sophia und erläutere die Gründe dafür, dass Maria im Zentrum des Bildes steht.

→ M2–M7, Internet

Römisches Reich

An der Stelle des späteren Rom steht ein Bauerndorf, in dem die Etrusker leben

Nach der Sage Gründung Roms

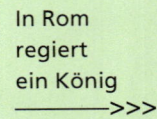

In Rom regiert ein König —————>>>

In Rom regieren die von den Bürgern gewählten Beamten und der Senat (Republik) —————>>>

| 1000 | 900 | 800 | 700 | 600 | 500 | 400 |

Zusammenfassung

Der Aufstieg der Stadt Rom begann vor über zweitausend Jahren. Zuerst brachten die Römer die übrigen Stämme und Städte Italiens teils friedlich, aber öfter durch Gewalt dazu, ihre Vormachtstellung anzuerkennen. In vielen Kriegen unterwarfen sie bis etwa 100 n. Chr. Süd- und Westeuropa, Nordafrika und die westlichen Teile Asiens.

Rom erlebte viele Krisen, überstand diese aber erfolgreich. In der Zeit der späten Republik führten äußere Bedrohungen und wachsende soziale Ungleichheit im Staat zu großen Problemen. Der Einfluss von Einzelpersonen, die sich oft auf ein Heer stützen konnten, wuchs. Caesar ist dafür ein Beispiel.

Unter Augustus ging die Macht im Staat in die Hände des Kaisers über, wenn auch äußerlich die alten Institutionen der Republik weiter existierten. Bis zum Ende des Reiches wurde das Römische Imperium von Kaisern regiert, die den Göttern gleichgesetzt und denen Tempel errichtet wurden. Rom konnte seine Vormachtstellung unter den Nachfolgern des Augustus etwa zwei Jahrhunderte lang behaupten.

Mit dem Christentum entstand ein neuer Glaube, der die römischen Götter verdrängte. Ende des 4. Jahrhunderts n. Chr. wurde das Christentum zur Staatsreligion und setzte sich allmählich in ganz Europa durch.

Während der Zeit ihrer Herrschaft verbreiteten die Römer ihre Kultur und Zivilisation vom Norden Englands bis nach Nordafrika, vom Schwarzen Meer bis nach Portugal. Die von ihnen begründeten kulturellen Traditionen bilden die Grundlage der Kultur großer Teile des heutigen Europa.

Seit dem 4. Jahrhundert n. Chr. erschütterte die Völkerwanderung das Römische Reich. Um 500 n. Chr. ging schließlich das Weströmische Reich unter. Das Oströmische Reich, das die Tradition des Römischen Reiches bewahrte, bestand noch knapp tausend Jahre fort. Die Zeit zwischen 500 und 1500 bezeichnet man als Mittelalter.

Übergang von der Republik zur Monarchie

Zeitalter des Augustus

Die Römer errichten eine Grenzmauer zum freien Germanien

391 Christentum wird Staatsreligion

Das Frankenreich entsteht

…sche Kriege

200 — 100 — Chr. Geburt — 100 — 200 — 300 — 400 — 500

Daten

753 v. Chr.:
Der Sage nach Gründung Roms

1. Jahrhundert v. Chr.:
Übergang Roms von der Republik zur Monarchie

Um Christi Geburt:
Zeitalter des Augustus

Begriffe

Senat
Patrizier
Konsul
Republik
Kaiserzeit
Limes
Christentum
Völkerwanderung

Personen

Caesar
Augustus
Konstantin

Tipps zum Thema: Römisches Reich

Filmtipp

Pompeji. Der letzte Tag, 60 min, Großbritannien 2005

Spätantike: Konstantin der Große, DVD-Video, 30 min, Deutschland 2007

Römer und Germanen – Konfrontation und Integration, Deutschland 2005

Lesetipp

Hans Baumann: Ich zog mit Hannibal, München 2006

Eilis Dillon: Im Schatten des Vesuv. Timon erlebt die letzten Tage von Pompeji, München 2012

Hans Dieter Stöver: Der Sieg über Varus, München 2009

Museen

Antikenmuseum der Universität Leipzig
Römisch-Germanisches Museum, Köln
Staatliche Museen zu Berlin: Antikensammlung
Archäologischer Park Xanten
Museum und Park Kalkriese

Kommentierte Links: www.westermann.de/geschichte-linkliste

Seiten zur Selbsteinschätzung

Thema: Römisches Reich

Hinweis: Die folgende Tabelle dient der Selbsteinschätzung deiner erworbenen Kenntnisse und Fähigkeiten. Die Auflistung erhebt nicht den Anspruch, vollständig zu sein. Es handelt sich um eine Auswahl, die ggf. erweitert werden kann. In der rechten Spalte findest du Hin-

Ich kann …	Ich bin sicher.	Ich bin ziemlich sicher.	Ich bin noch unsicher.	Ich habe große Lücken.
… die Gründungssage Roms nacherzählen und mit wissenschaftlichen Erkenntnissen vergleichen.				
… mithilfe einer Karte den Aufstieg Roms zur Weltmacht beschreiben.				
… mithilfe eines Schaubildes die Verfassung der römischen Republik erklären.				
… Gründe für die Ermordung von Julius Caesar darlegen.				
… den Begriff „Prinzipat" erläutern.				
… anhand von Bildern das Alltagsleben der Römer darstellen.				
… die Situation der Sklaven in Rom erläutern und beurteilen.				
… die Beziehungen zwischen dem Römischen Reich und den Germanen erklären.				
… die Entwicklung des Christentums bis zur Staatsreligion erläutern.				
… die Ursachen für den Untergang des Römischen Reiches zusammenfassen.				
… Münzen als gegenständliche Quellen untersuchen.				
…				
…				

weise, wie du eventuell vorhandene Lücken oder auch Unsicherheiten beseitigen kannst.

Bitte beachte: Solltest du über ein Leihexemplar dieses Lehrbuches verfügen, dann kopiere die Seiten, bevor du mit ihnen arbeitest.

f diesen Seiten kannst du in NO nachlesen	Empfehlungen zur Übung, Wiederholung und Festigung
8–9	Beschreibe die Teile der Gründungssage, die du für historisch möglich hältst und die, die du für erfunden hältst. Begründe deine Meinung.
12–14	Nenne mithilfe der Karte auf Seite 12 die wichtigsten Etappen der römischen Expansion.
18–21	Erläutere das Schaubild auf Seite 21 (M6). Nutze dafür auch die Informationen über die römischen Ämter (M7).
22–25	Suche Hinweise im Lehrbuch und formuliere einen kurzen Text. Verwende dabei folgende Begriffe: „Monarchie" und „Republik".
26–27	Schlage den Begriff „Prinzipat" im Minilexikon nach. Vergleiche mit der Erklärung im Lehrbuchtext.
32–37	Wähle drei Bilder aus dem entsprechenden Lehrbuchkapitel und erläutere anhand dieser Bilder wichtige Merkmale des römischen Alltagslebens.
38–39	Beurteile den Satz: „Für das Römische Reich waren die Sklaven lediglich sprechende Werkzeuge."
48–53	Erläutere die folgende Aussage: „Der Limes war eine unüberwindliche Grenze."
44–47	Erstelle eine kleine Zeitleiste mit den wichtigsten Ereignissen von der Entstehung des Christentums bis zur Übernahme als Staatsreligion des Römischen Reiches.
58–60	Suche Hinweise im Lehrbuch und stelle in einer Übersicht die Ursachen für den Untergang des Römischen Reiches dar.
30–31	Untersuche mithilfe der Arbeitshinweise auf Seite 31 eine der beiden Münzen auf Seite 47.

2. Herrschaft und Glaube im Mittelalter

Der Magdeburger Reiter
Um 1240 entstandenes Standbild

Jubiläumsbriefmarke
„Dom zu Aachen 1200 Jahre"

Bonifatius, Skulptur, 18. Jahrhundert

Canossa
Wandgemälde von Eduard Schwoiser im Maximilianeum in München aus dem Jahre 1862

Krone, Reichsapfel und Reichszepter

Albrechtsburg in Meißen
Ab 1471 erbaut, aktuelle Fotografie

Herrschaft und Glaube im Mittelalter

Das Frankenreich entsteht

Die Merowinger

Aus fränkischen Kleinstämmen entstand im 5. und 6. Jahrhundert n. Chr. ein großes Reich. Das heutige Frankreich sieht sich in der Tradition dieser Reichsbildung der Franken. Die Grundlagen dafür legte Chlodwig, der von 482 bis 511 n. Chr. herrschte.

Er stammte aus dem Geschlecht der Merowinger, die sich nach ihrem Stammvater Merowech benannten. Innerhalb von etwa 50 Jahren konnten Chlodwig und seine Söhne durch Feldzüge und durch Verhandlungen ihr bisheriges Gebiet um ein Vielfaches vergrößern. Dies gelang auch anderen Stämmen in der Völkerwanderungszeit, aber deren Herrschaft war nicht von Dauer. Warum gelang es gerade den Franken, ein dauerhaftes Reich zu errichten?

Politische und militärische Erfolge

Eine Antwort auf diese Frage wurde in den Berichten aus der damaligen Zeit noch nicht gegeben, da sich ja die Dauerhaftigkeit dieser Herrschaft erst im Nachhinein erwies. Aus zeitgenössischen Quellen lassen sich verschiedene Gründe erschließen.

Die fränkischen Stammesführer, sogenannte Kleinkönige, verbündeten sich gegen die Römer, führten aber in wechselnden Bündnissen auch gegeneinander Krieg. Chlodwig war ein außerordentlich erfolgreicher Feldherr und machtbewusster Stammesführer. Bei der Durchsetzung seiner Herrschaft schreckte er auch nicht vor Intrigen und Gewalt zurück. So gelang es ihm, andere „Kleinkönige" zu entmachten. Aus dem „Kleinkönig" Chlodwig, der einer unter mehreren und zunächst nicht einmal ein besonders wichtiger war, wurde ein „Großkönig". Als Herrscher über ein größeres Gebiet musste der König nun besonders militärische Fähigkeiten und politisches Geschick zeigen.

Die Germanen sahen in ihren Stammesführern das Königsheil verkörpert, das sich im Sieg auf dem Schlachtfeld zeigte. Sichtbarer Ausdruck dieser besonderen Stellung waren die lang getragenen Haare.

Die Macht des Königs beruhte auf seinem Grundbesitz, den er sich im Zuge der Eroberungen erwarb und den er und seine Untergebenen bewirtschafteten. Diese unterstanden seiner Schutzherrschaft. Außerdem war er, da er das inzwischen angewachsene Frankenreich nicht mehr allein regieren konnte, auf Berater und Gefolgsleute angewiesen, die seine Herrschaft anerkannten und ihn unterstützten.

Die Ausbildung einer solchen Adelsschicht geschah im Frankenreich vor allem dadurch, dass die fränkische Oberschicht und die Oberschicht der ehemaligen römischen Provinz Gallien sich miteinander vermischten. Aufgrund der Nähe zum Römischen Reich bestanden zwischen Römern und Franken trotz aller Konflikte schon länger Kontakte. Chlodwigs Vater Childerich stand sogar in römischen Militärdiensten. Die neuen fränkischen Herrscher wurden immer weniger als Fremde angesehen.

Der enge Kontakt mit den Römern führte auch dazu, dass die Franken sich an der römischen Verwaltung orientierten und die Schriftlichkeit beim Regieren eine größere Bedeutung bekam. Chlodwig befahl,

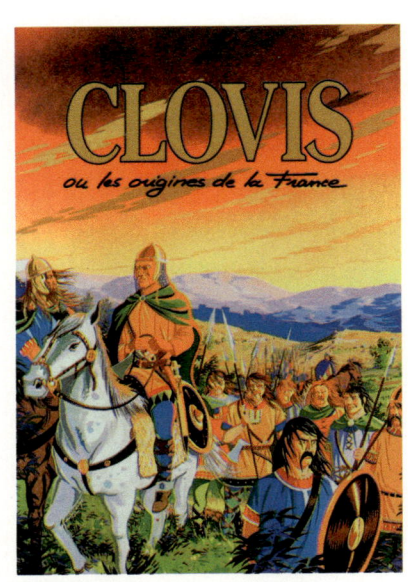

M 1 „Chlodwig oder die Entstehung Frankreichs"
Das Titelblatt eines französischen Jugendbuches von 1995 verdeutlicht, dass im heutigen Frankreich die Zeit der Merowinger noch gegenwärtig ist.

M 2 Ein merowingischer König
Das Siegel zeigt einen Herrscher mit langen Haaren – dem Zeichen für das Königsheil. An der Verwendung von Siegeln kann man zugleich erkennen, dass die Schriftlichkeit bei der Verwaltung des Reiches immer wichtiger wurde.

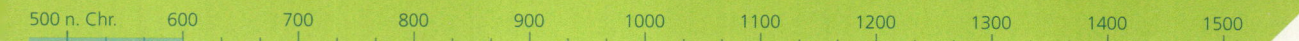

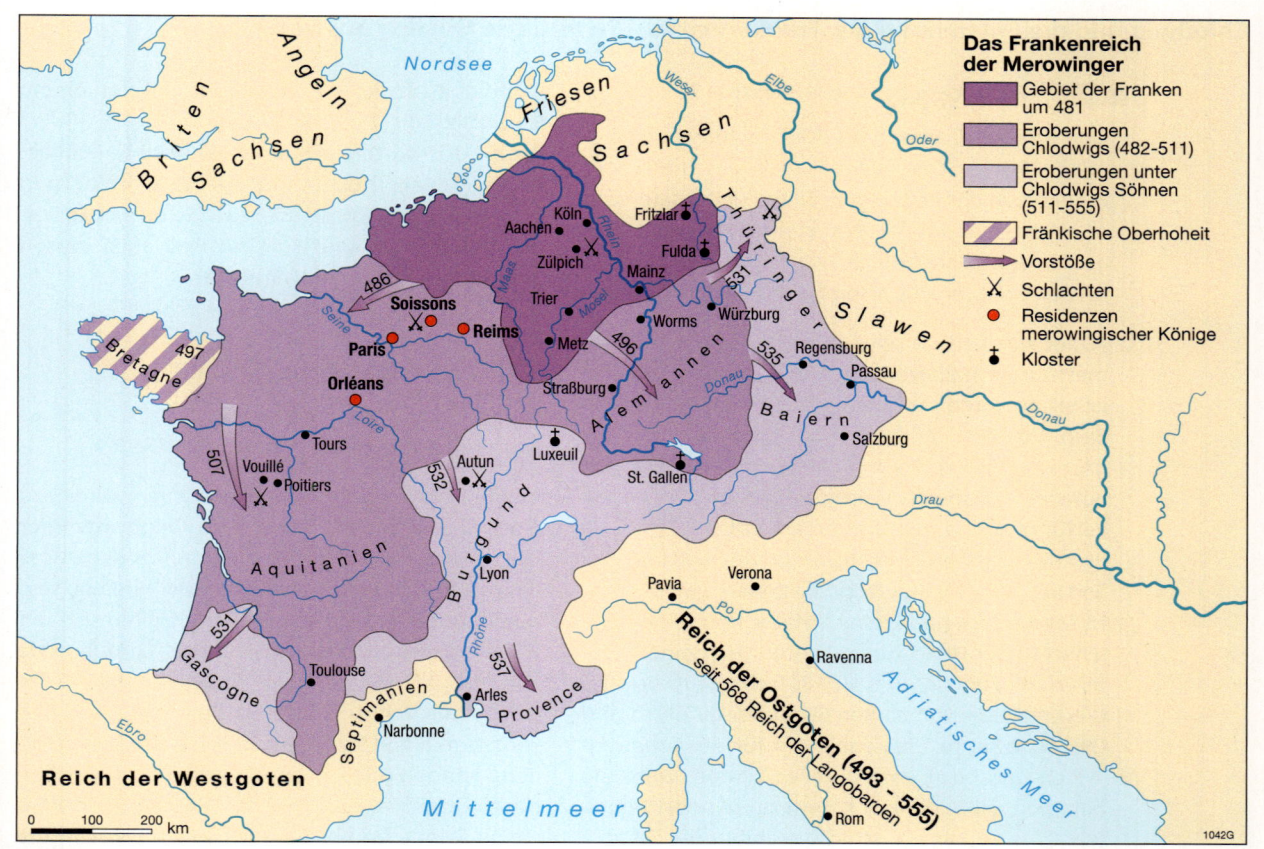

M 3

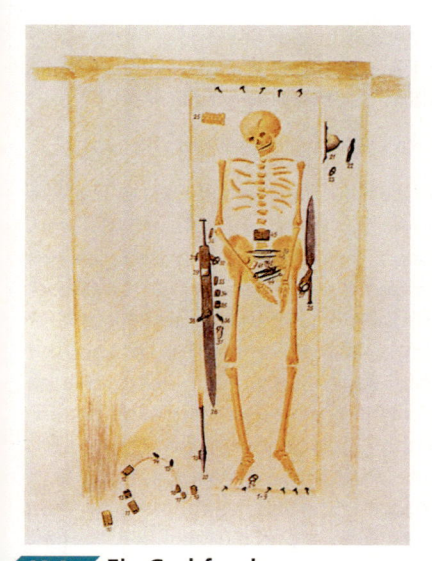

M 4 Ein Grabfund
In Köln wurde ein Gräberfeld aus dem 6. Jahrhundert ausgegraben. Die Zeichnung gibt die Fundsituation wieder.

nach römischem Vorbild das Recht der Franken auf Latein in einem Rechtsbuch niederzuschreiben.

Übertritt zum Christentum

Wichtig für die Reichsbildung der Franken war, dass sich Chlodwig unter dem Einfluss seiner Frau taufen ließ. Seinem Beispiel folgten viele seiner Gefolgsleute und Schutzbefohlenen.

So konnte sich das Christentum im Frankenreich immer stärker verbreiten. Die römischen Bewohner der ehemaligen Provinz Gallien und die Mitglieder der fränkischen Stämme glichen sich auf diese Weise immer mehr an. Die Menschen, die im Frankenreich lebten, scheinen sich nach und nach auch wegen der gemeinsamen Religion als ein Volk gefühlt zu haben. Der König, der an der Spitze stand, wurde auch nicht König des Frankenreiches, sondern „König der Franken" – „rex francorum" – genannt.

Dies hatte weit reichende Folgen. So veränderten sich zum Beispiel die Begräbnissitten. Die Toten würden nun nicht mehr verbrannt, sondern in Gräbern bestattet, in denen sich – je nach Reichtum des Verstorbenen – verschiedene Beigaben finden. Aufgrund dieser in den Gräbern gefundenen Überreste sind Rückschlüsse auf das damalige Alltagsleben – zum Beispiel auf Kleidung und Bewaffnung – möglich.

Die heute weit verbreitete Erdbestattung der Toten hat in der damaligen Zeit ihre Wurzeln.

Herrschaft und Glaube im Mittelalter

Chlodwig und die Entstehung des Frankenreichs – Schriftliche Quellen auswerten

M 5 Ein rücksichtsloser Herrscher?

Der Bischof Gregor von Tours schrieb um 575 „Zehn Bücher Geschichte", eine Geschichte der Franken, in der er, beginnend mit der Entstehung der Welt, v. a. die Zeit des frühen Frankenreiches ausführlich beschrieb. Er wurde um 540 geboren und entstammte dem römischen Adel in Gallien:

[Chlodwig ließ Chloderich, dem Sohn des Stammesführers Sigibert ausrichten:] „Sieh, dein Vater ist alt geworden und hinkt auf einem gelähmten Bein. Wenn er stürbe, würde dir zusammen mit
5 unserer Freundschaft rechtens seine Herrschaft zufallen." Dadurch wurde er zur Begehrlichkeit verführt und sann auf Mord am Vater. […]
Er schickte Boten zu König Chlodwig, ließ ihm den Tod des Vaters melden und bestellen: „Mein Vater
10 ist tot, und ich habe seine Schätze und seine Herrschaft in der Hand. Sende einige von deinen Leuten zu mir, und ich will dir aus freien Stücken schicken, was dir von seinen Schätzen gefällt." Und Chlodwig sagte: „Ich danke dir für deinen guten
15 Willen und bitte, zeig unseren Leuten, wenn sie kommen, alles; danach kannst du es selbst behalten." Als sie kamen, schloss er ihnen die Schätze des Vaters auf. Sie betrachteten dies und jenes, und er sagte: „In dieser Truhe hier pflegte mein
20 Vater die Goldmünzen zu sammeln." Sie sagten: „Stecke noch einmal deine Hand bis zum Boden hinein und ergründe das Ganze!" Das tat er und beugte sich tief vornüber; da hob der eine die Hand und zerschmetterte ihm mit der Doppelaxt
25 das Hirn. So traf den Schändlichen, was er seinem Vater angetan hatte.
Als Chlodwig davon hörte, dass Sigibert und sein Sohn umgebracht waren, kam er an diesen Ort [Köln], rief das ganze Volk zusammen und sprach:
30 „Hört, was geschehen ist. Während ich eine Schiffsreise auf der Schelde unternahm, stellte Chloderich, der Sohn meines Blutsverwandten, seinem Vater nach. […] Der Sohn schickte Straßenräuber über ihn, […] tötete ihn. Er selber wurde
35 dann, während er die Schätze des Vaters öffnete, von einem mir Unbekannten ebenfalls erschlagen. Aber ich bin an diesen Vorgängen in keiner Weise beteiligt. Ich darf ja das Blut meiner Blutsverwandten nicht vergießen; Frevel wäre es, wenn es
40 geschähe. Weil es nun aber so geschehen ist, gebe ich euch einen Rat: Wenn es euch genehm ist, wendet euch zu mir, damit ihr unter meinem Schutz lebt."
Als sie das hörten, schlugen sie an ihre Schilde, riefen Beifall, hoben ihn auf den Schild und 45 setzten ihn zum König über sich. So erhielt er Sigiberts Herrschaft und Schätze und auch dessen Leute brachte er unter seine Macht.

Zit. n.: A. Borst, Lebensformen im Mittelalter, 1979, S. 229 f.

M 6 Ein folgenreiches Erlebnis

Gregor berichtet über die Schlacht Chlodwigs gegen den Stamm der Alemannen 496/97:

Als die beiden Heere zusammenstießen, kam es zu einem gewaltigen Blutbad, und Chlodwigs Heer war nahe daran, völlig vernichtet zu werden. Als er das sah, erhob er seine Augen zum Himmel, sein Herz wurde gerührt, seine Augen füllten sich mit 5 Tränen und er sprach: „Jesus Christus, Chrodechilde [Chlodwigs Frau] verkündet, du seiest der Sohn des lebendigen Gottes. Man sagt, du gebest Hilfe den Bedrängten und Sieg den auf dich Hoffenden. Dich flehe ich demütig an um deinen mächtigen Bei- 10 stand. Gewährst du mir jetzt den Sieg über diese meine Feinde und erfahre ich so jene Macht, die das Volk, das deinem Namen sich weiht, an dir erprobt zu haben rühmt, so will ich an dich glauben und mich taufen lassen auf deinen Namen […]." 15
Und da er solches gesprochen hatte, wandten die Alemannen sich und fingen an zu fliehen.

Über die Taufe Chlodwigs berichtet Gregor:

Zuerst verlangte der König vom Bischof getauft zu werden. Er ging […] zum Taufbade hin, sich rein zu waschen von dem alten Aussatz und sich von den schmutzigen Flecken, die er von alters her gehabt, in frischem Wasser zu reinigen. Als er aber 5 zur Taufe hintrat, redete ihn der Heilige Geist mit beredtem Munde so an: „Beuge still deinen Nacken, Sicamber [Franke], verehre, was du verfolgtest, verfolge, was du verehrtest." […]
Also bekannte der König den allmächtigen Gott 10 als den dreieinigen, und ließ sich taufen im Namen des Vaters, des Sohnes und des Heiligen Geistes, und wurde gesalbt mit dem heiligen Öl unter dem Zeichen des Kreuzes Christi. Von seinem Heer aber wurden mehr als dreitausend getauft. 15

In: Lutz E. v. Padberg, Die Christianisierung Europas im Mittelalter, Stuttgart 1998, S. 230, 231.

Grabbeigaben – Funde und Rekonstruktion vergleichen

M 7 Grabbeigaben
In einem gut erhaltenen Grab eines merowingischen Adligen in Planig bei Bad Kreuznach befanden sich diese Beigaben.

M 8 Ein Rekonstruktionsversuch
Aufgrund der Funde kann man sich einen merowingischen Krieger so vorstellen.

Aufgaben

1. **Chlodwig und die Entstehung des Frankenreichs**
   a) Fasse stichpunktartig die Gründe für Chlodwigs Erfolge zusammen.
   b) Gregor schrieb über Ereignisse, die sich vor seiner Geburt ereignet hatten. Erläutere die Gründe dafür, dass er die einzelnen Szenen so genau beschreiben konnte.
   c) Überprüfe, ob Gregor die Handlungsweise Chlodwigs billigt. Zitiere entsprechende Textstellen.
   d) Erläutere die Gründe, die zur Bekehrung Chlodwigs führten.
   e) Beurteile Chlodwigs Verhalten.
   → Text, M5, M6

2. **Verschiedene Begräbnisrituale**
   a) Erkläre die Veränderung der Begräbnissitten bei den Franken infolge der Übernahme des christlichen Glaubens.
   b) Stelle Gründe dafür zusammen, dass den Toten Beigaben ins Grab gelegt wurden.
   c) Vergleiche die in den Funden ersichtlichen Begräbnissitten mit den heutigen.
   d) Suche die im Grab von Planig gefundenen Gegenstände auf der Rekonstruktionszeichnung. Nenne die Teile der Ausrüstung, die durch die Funde nicht belegt sind. Erarbeite eine Erklärung dafür.
   → Text, M4, M7, M8

Die Ausbreitung des Christentums

„Christliches Mittelalter"
Gewaltige, zur Ehre Gottes erbaute Kirchen und große Frömmigkeit, aber auch Verfolgung Andersgläubiger – das sind Vorstellungen, die oft mit „Mittelalter" verbunden werden. Aber: Das Mittelalter war nicht von Anfang an christlich. Und es war nicht in der Weise christlich, wie wir es uns heute oft vorstellen.

Das Christentum löste in weiten Teilen Mittel- und Nordeuropas die Religion der Germanen ab. Um etwas über deren Glaubenswelt zu erfahren, ist man auf gegenständliche Quellen und auf Erzählungen von Christen angewiesen, da bei den Germanen die Schrift keine wichtige Rolle spielte.

Der germanische Götterglaube lässt sich in mancher Hinsicht mit der Religion der Griechen und Römer vergleichen. Die Menschen stellten sich eine Familie von Göttern vor. Diese waren für bestimmte Lebensbereiche von Bedeutung und ihre Hilfe wurde mit Opfern erbeten. Wotan und Donar galten bei den Germanen als große Krieger und zählten zu den wichtigsten Gottheiten.

Dieser Glaube verschwand im Zuge der Christianisierung, hat jedoch Spuren in den Bezeichnungen der Wochentage hinterlassen. Im englischen Wednesday lebt zum Beispiel Wotan fort, Donnerstag leitet sich von Donar ab und Freitag verweist auf die Liebesgöttin Frigg.

Missionare verbreiten das Christentum
Die Verbreitung des Christentums zog sich über Jahrhunderte hin. Es dauerte mindestens bis zum 11. Jahrhundert, bis große Teile auch des nördlichen Europas christlich waren. Seit der Zeit Jesu vergingen also über 1000 Jahre! Eine wichtige Phase in dieser Entwicklung war die Zeit um 700. In dieser Zeit wirkte unter anderem Bonifatius als Missionar. Sein Wirken ist ein Beispiel für die Verbreitung des Christentums in Mitteleuropa.

Über Bonifatius ist aus Briefen von ihm und an ihn relativ viel überliefert. Aber auch aus Beschreibungen seines Lebens, die Anhänger von ihm nach seinem Tod verfasst haben und in denen er als Heiliger dargestellt wird, erfahren wir etwas über ihn.

Bonifatius hieß ursprünglich Winfried und kam aus England. Er wurde um 675 n. Chr. geboren und schon als Kind in ein Kloster gegeben. Als Erwachsener verließ er es und wollte das Christentum im heutigen Nord- und Mitteldeutschland verbreiten, scheiterte aber zunächst. Die folgenden Versuche waren erfolgreicher: Er missionierte nun im Auftrag des Papstes, und der weltliche Herrscher schützte ihn. Diese Unterstützung war ein wichtiger Grund für seinen Erfolg.

Es ist bekannt, dass er eine kleine Bibliothek mit sich führte und dass er regelmäßig Briefe schrieb, wenn er umherzog, um die verstreut lebenden Menschen vom Christentum zu überzeugen.

Die Donareiche
Ein besonders wichtiges Ereignis war die Fällung einer Eiche bei Geismar in der Nähe von Fulda. Diese galt für die dort lebenden Menschen als Heiligtum des germanischen Gottes Donar. Weil auch ihm die Macht

M 1 Bonifatius als Heiliger
Der Bischofshut und das von einem Schwert durchbohrte Buch sind die Kennzeichen vieler Darstellungen von Bonifatius, Skulptur auf dem Mainzer Domplatz, 18. Jahrhundert.

M 2 Bonifatius
In dieser Buchmalerei von 975 sind eine von Bonifatius durchgeführte Taufe und sein Tod dargestellt.

über Blitz und Donner zugesprochen wurde, ist er mit dem griechischen Gott Zeus und dem römischen Gott Jupiter vergleichbar. Nach der Zerstörung des Baumes errichtete Bonifatius an dieser Stelle eine Kirche. Die Umwandlung solcher heiliger Stätten in christliche Andachtsorte war ein wichtiges Mittel bei der Verbreitung des Christentums.

Bonifatius gründete aber auch Klöster und sorgte dafür, dass die Kirche eine dauerhafte und wirkungsvolle Bistumsorganisation erhielt. Schließlich versuchte Bonifatius noch einmal, in Friesland das Christentum zu verbreiten, wurde aber dabei im Jahre 754 n. Chr. getötet und schließlich – so wie er es sich 751 ausdrücklich vom Papst gewünscht hatte – in Fulda begraben.

Christianisierung – Ein langer und schwieriger Prozess
Weshalb dauerte es so lange, bis sich das Christentum durchsetzte? Ein Grund dafür war, dass Missionare die verstreut lebenden Menschen erst nach und nach erreichten. Außerdem gab es nur wenige Kirchen, Klöster und Geistliche, sodass für viele Menschen der Besuch eines Gottesdienstes beschwerlich war. Die Taufe bedeutete im Übrigen noch nicht, dass die Getauften wirklich Christen wurden. Manche ließen sich taufen, weil ihre Anführer dies ebenfalls taten, oder sie bekannten sich zu Christus, weil sie ihn für einen stärkeren Gott als Donar hielten. Viele behielten trotzdem heidnische Bräuche bei und übten diese neben Gottesdienstbesuch und Gebeten aus.

Die Unterstützung durch den jeweiligen Herrscher, die schlagkräftige Organisation der Kirche und die Überzeugungskraft der Missionare waren wichtige Gründe für den Erfolg des Christentums. Oft knüpften die Missionare auch ganz bewusst an bestehende heilige Stätten und Feste an, etwa indem aus dem heidnischen Sonnenwendfest das christliche Weihnachten wurde. Konnten die Missionare die örtlichen Fürsten nicht gleich für das Christentum gewinnen, so versuchten sie zunächst erst einmal, deren Duldung für die Errichtung von Kirchen und Klöstern zu erlangen. Für eine Weile bestanden so christliche Kirchen und heidnische Heiligtümer nebeneinander.

Herrschaft und Glaube im Mittelalter

Christianisierung – Schriftliche Quellen untersuchen

M 3 Die Lebensbeschreibung eines Heiligen

Der Mönch Willibald verfasste in den Jahren nach dem Tod des Bonifatius dessen Lebensbeschreibung. Er widmete das Werk zwei Bischöfen, denen er über seine Absichten am Anfang des Buches Folgendes mitteilte:

Aber obschon ich […] ein allzu geringer und unbedeutender Schriftsteller bin, so werde ich doch […] mit Eurer Beihilfe an das von Euch mir übertragene Werk herangehen, […] um durch die
5 Erzählung eines so hohen Lebens den Lesern ein nützliches Beispiel der Nacheiferung vorzuführen, da durch diese Vorbilder jeder belehrt und zur höchsten Vollendung durch die Vervollkommnung seiner selbst geführt wird.

Willibalds Leben des Bonifatius, Vorrede, in: Briefe des Bonifatius. Willibalds Leben des Bonifatius, bearb. v. R. Rau, Darmstadt 1968, S. 455.

M 4 Die Fällung der Donareiche

Über die Fällung der Donareiche berichtet Willibald Folgendes:

Damals aber empfingen viele Hessen, die den katholischen Glauben angenommen und durch die siebenfältige Gnade des Geistes gestärkt waren, die Handauflegung; andere aber, deren
5 Geist noch nicht erstarkt, verweigerten des reinen Glaubens unverletzbare Wahrheiten zu empfangen; einige auch opferten heimlich Bäumen und Quellen, andere taten dies ganz offen; einige wiederum betrieben teils offen, teils im Geheimen
10 Seherei und Wahrsagerei, Losdeuten und Zauberwahn; andere dagegen befassten sich mit Amuletten und Zeichendeuterei und pflegten die verschiedensten Opferbräuche. […]
Mit deren Rat und Hilfe unternahm er [Bonifatius]
15 es, eine ungeheure Eiche, die mit ihrem alten heidnischen Namen die Jupitereiche genannt wurde, in einem Orte, der Geismar hieß, im Beisein der ihn umgebenden Knechte Gottes zu fällen. Als er nun in der Zuversicht seines standhaften
20 Geistes den Baum zu fällen begonnen hatte, verwünschte ihn die große Menge der anwesenden Heiden als einen Feind ihrer Götter lebhaft in ihrem Inneren. Als er jedoch nur ein wenig den Baum angehauen hatte, wurde sofort die gewaltige
25 Masse der Eiche von höherem göttlichen Wehen geschüttelt und stürzte mit gebrochener Krone zur Erde, und wie durch höheren Winkes Kraft barst sie sofort in vier Teile, und vier ungeheuer große Strünke von gleicher Länge stellten
30 sich, ohne dass die umstehenden Brüder etwas durch ihre Mitarbeit getan, dem Auge dar. Als dies die vorher fluchenden Heiden gesehen, wurden sie umgewandelt, ließen von ihrem früheren Lästern ab, priesen Gott und glaubten an ihn. Darauf
35 aber erbaute der hochheilige Bischof, nachdem er sich mit den Brüdern beraten, aus dem Holzwerk dieses Baumes ein Bethaus und weihte es zu Ehren des heiligen Apostels Petrus.

Willibalds Leben des Bonifatius, Vorrede, in: L. E. v. Padberg, Die Christianisierung Europas im Mittelalter, Stuttgart 1998, S. 244 f.

M 5 Eine missglückte Taufe

In der Lebensbeschreibung eines Bischofs aus dem 9. Jahrhundert findet sich folgende Geschichte über einen Friesenherzog:

Der Herzog Radbod war schließlich geneigt, die Taufe zu empfangen. Er zögerte aber immer noch und verlangte von dem Bischof, er solle ihm unter seinem Eide sagen, wo die verstorbenen Könige
5 und Häuptlinge des Friesenstammes weilten, in jenem himmlischen Reiche, das er selbst erlangen solle, wenn er glaube und getauft werde, oder in der höllischen Verdammnis, von welcher der Bischof spreche.
Darauf erwiderte der Mann Gottes: „Täusche dich
10 nicht, edler Fürst. Bei Gott ist die Schar seiner Erwählten. Aber deine Vorgänger, die Friesenfürsten, die, ohne das Sakrament der Taufe empfangen zu haben, gestorben sind, haben unbedingt das Urteil der Verdammnis empfangen. Nur wer
15 glaubt und getauft wird, genießt mit Christus die unvergänglichen Freuden."
Als dies der ungläubige Herzog hörte, der schon zum Taufbecken geschritten war, zog er den Fuß von dem gnadenbringenden Quell zurück und
20 sagte, er könne nicht die Gemeinschaft mit allen missen, die vor ihm über die Friesen geherrscht hatten, und wolle nicht mit einer kleinen Zahl von Armen im Himmelreich sitzen. Deshalb könne er der neuen Lehre keinen Glauben schenken und
25 wolle lieber bei dem bleiben, was er so lange mit dem Stamm der Friesen festgehalten habe.

Leben des Wulfram, Kap 9, in: Die christliche Frühzeit Deutschlands in den Berichten über die Bekehrer, hrsg. v. H. Timerding, Jena 1929, S. 18.

Religiöse Symbole – Gegenständliche Quellen deuten

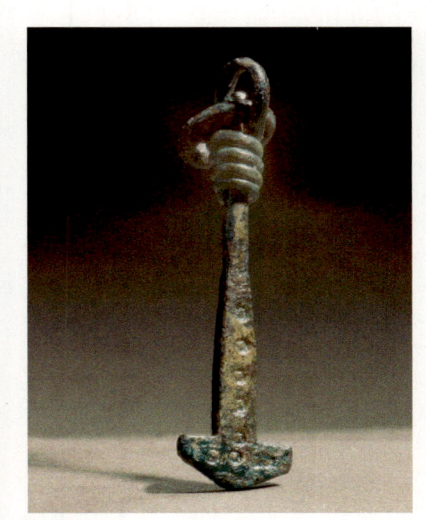

M 6 Donar-Hammer
Der Hammer war die Waffe und das Kennzeichen des Gottes Donar, Anhänger wikingischer Herkunft aus England.

M 7 Donar-Hammer
Auf solchen Anhängern finden sich manchmal Kreuzzeichen, Anhänger aus Schweden, ca. 4 cm, 10./11. Jahrhundert, Nachzeichnung.

M 8 Gussform aus Stein
Damit wurden Kreuze und Donar-Hämmer hergestellt, Speckstein aus Dänemark, 10. Jahrhundert.

Aufgaben

1. **Ein Bericht über Bonifatius**
   a) Nenne die Gründe dafür, dass Willibald das Leben des Bonifatius beschreiben möchte.
   b) Informiere dich über das Leben von Bonifatius.
   c) Bonifatius wird auch „Apostel der Deutschen" genannt. Erkläre die Gründe für diesen Beinamen.
   → Text, M3, Internet, z. B. http://kirchensite.de/index.php?myELEMENT=137689

2. **Das Fällen der Donareiche**
   a) Fasse die Erzählung Willibalds über die Fällung der Donareiche zusammen.
   b) Gib den entscheidenden Teil der Darstellung wieder, der die Bekehrung der Nichtchristen behandelt.
   c) Überprüfe die Glaubwürdigkeit der Erzählung und begründe deine Auffassung.
   → M4

3. **Bekehrungen – Quellen vergleichen**
   a) Nenne die Verfasser der beiden Berichte.
   b) Charakterisiere die Sichtweise, aus der sie die Ereignisse wiedergeben.
   c) Die Sichtweise der Germanen fehlt. Erläutere die Gründe dafür.
   → M4, M5

4. **Religiöse Symbole**
   a) Beurteile, ob ein Germane, der einen Donar-Hammer trug, ein religiöser Mensch war.
   b) Lege dar, ob der Träger eines Donar-Hammers mit Kreuzzeichen als Christ bezeichnet werden kann.
   c) Mit der abgebildeten Gussform konnten Donar-Hämmer und Kreuze hergestellt werden. Beurteile, ob daraus Rückschlüsse auf die Verbreitung des Christentums gezogen werden können.
   → Text, M6–M8

Methode: Umgang mit Darstellungen im Schulbuch

M 1 Ein altes Schulbuch

In einem Geschichtsbuch aus den frühen 1950er-Jahren wurde die Ausbreitung des Christentums so dargestellt:

Bonifatius ordnet das kirchliche Leben in unserer Heimat

Seit der Völkerwanderung wohnten zwei germanische Stämme, die Angeln und Sachsen, auf der
5 großen englischen Insel. Sie wurden Christen, zahlreiche Klöster entstanden in ihrem Land. Unter den Knaben, die bei den Mönchen zur Schule gingen, war auch Winfried, der Sohn eines Edelings. Eifrig lernte er die lateinische Sprache
10 und las in frommen Büchern. Am liebsten aber hörte er von Germanien erzählen, wo noch viele Bewohner Wodan und Donar verehrten. Heimlich gelobte er, später in dieses Land zu fahren, um dort, in der Heimat seiner Ahnen, das Evangelium
15 zu verkünden. Als er zum Jüngling erwachsen war, entsagte er dem väterlichen Erbe und wurde Mönch und Priester.

Winfried blieb seinem Vorsatz treu. Er bat den Klosterabt, als Bote des Heilandes zu den Friesen ziehen
20 zu dürfen. Ein Schifflein führte ihn über das Meer zum Festland. In den Gauen an der Nordseeküste begann er sein Werk. Er wanderte durch die friesischen Dörfer, achtete nicht auf die Drohungen der Männer und predigte die frohe Botschaft. Die Zeit
25 war nicht günstig. Denn die Friesen rüsteten zum Krieg gegen die Franken und hörten nicht auf den Mönch, der Worte der Liebe sprach. Winfried musste das Land verlassen. Nicht eine einzige Seele, so klagte er, konnte er für Christus gewinnen.

Winfrieds Mut war ungebrochen. Er reiste nach 30 Rom und betete am Grab der Apostel um den Segen zu seinem Werk. Der Papst gab ihm den Namen Bonifatius, das heißt „Mann des Heils", und sandte ihn zurück in das germanische Land. Der mutige Bischof wanderte nun zum Gau der 35 Hessen am Fuldafluss. Hier lagen auf den Berghöhen die Haine germanischer Gottheiten. Zur Sommersonnenwende brannten die Opferfeuer und leuchteten bis in die Täler des Maines und der Weser hinaus. Wieder predigte Bonifatius die 40 Lehre des Heilandes. Neugierig folgten Männer und Frauen seinem Rufe. Doch sie fürchteten Wodans und Donars Strafe und wagten nicht, sich taufen zu lassen.

Bonifatius zeigte ihnen durch eine kühne Tat die 45 Ohnmacht der Götter. Bei dem Dorfe Geismar im Tal der Eder stand eine uralte, Donar geweihte Eiche. Bleiche Pferdeschädel schmückten sie. Ihre breite Krone beschattete den Steinblock, auf dem seit Jahrhunderten dem Gewittergott geopfert 50 wurde. Bonifatius bewog eine Schar tapferer Männer, mit ihm die Eiche zu fällen. Hieb auf Hieb führte er gegen den Stamm. Angstvoll warteten die Hessen, dass der Blitz ihres Gottes den Frevler treffe. Krachend stürzte der riesige Baum. Bonifa- 55 tius blieb unversehrt. Da zweifelten die Heiden an Donars Macht und bekehrten sich zu Christus. Gerne halfen sie dem Bischof, aus dem Holz der Eiche ein Kirchlein zu bauen.

Unermüdlich durchzog Bonifatius die Gaue der 60 Hessen, Thüringer, Franken und Bayern. Vielen Tausenden brachte er die Kunde von Christus. An allen Orten, an denen er wirkte, entstanden Kirchen und Kapellen. Im Herzen des germanischen Landes gründete er das Kloster Fulda […]. 65
Bonifatius war schon ein achtzigjähriger Greis, da gedachte er des Planes seiner Jugend. Noch einmal wollte er den Friesen vom Herrn Jesus predigen. Ein Schiff trug ihn von Mainz aus rheinabwärts. Er durchzog das Küstenland an der Nord- 70 see und lehrte und taufte in den Dörfern. Am Pfingstfest des Jahres 754 aber überfiel ihn eine heidnische Schar. Bonifatius wehrte seinen Begleitern, ihn mit Waffen zu schützen. Unerschrocken erduldete er den Tod für seinen Glau- 75 ben. Christliche Friesen bargen den Leichnam des heiligen Mannes. Im Kloster Fulda, seinem Lieblingsaufenthalt, wurde er begraben.

Josef Scherl, Geschichte unseres Volkes, 1. Teil, München 1950, S. 77–79.

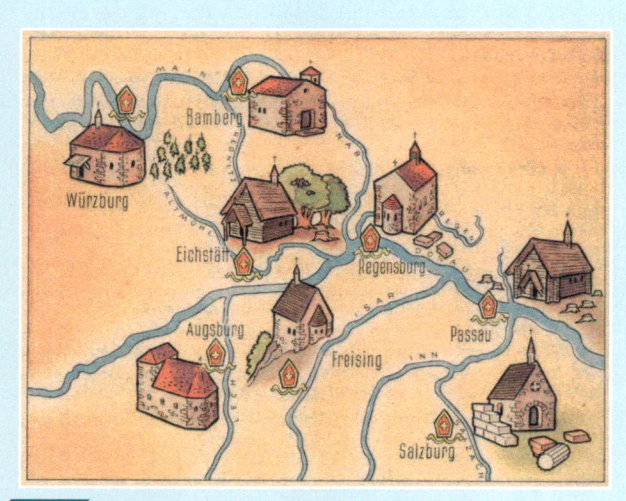

M 2 Bistumsgründungen, Abbildung aus dem Schulbuch

M 3 Titelbild des Schulbuches

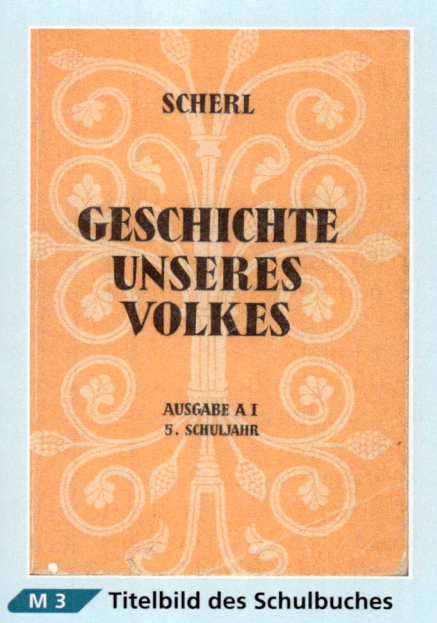

Bonifatius im Schulbuch

Alles Wissen über die Vergangenheit beruht auf Quellen. Historiker sammeln Quellen, werten diese aus und fassen das Ergebnis in Darstellungen zusammen. Das können kurze Aufsätze oder dicke Bücher sein. Manche sind nur für Fachleute gedacht, manche für diejenigen, die an Geschichte überhaupt interessiert sind. Schulbücher sind so geschrieben, dass Schülerinnen und Schüler damit im Unterricht und zu Hause Geschichte lernen können.

Die Geschichte ist so umfassend, dass sie nie vollständig dargestellt werden kann. Deshalb wählt jede Darstellung – auch das Schulbuch – aus, lässt etwas weg und schildert dafür anderes ausführlicher. Hinzu kommt: Vieles von dem, was in der Vergangenheit geschehen ist, muss gedeutet und beurteilt werden. Historiker und Historikerinnen sind sich längst nicht über alles einig. Außerdem ändert sich das Wissen über die Vergangenheit mit der Zeit. Es kommen neue Erkenntnisse hinzu; bestimmte Sachverhalte werden aufgrund neuer Erfahrungen oder veränderter gesellschaftlicher Bedingungen anders gesehen.

Um eine geschichtliche Darstellung richtig zu verstehen und daraus lernen zu können, muss auf einige Gesichtspunkte geachtet werden.

Fragen an geschichtliche Darstellungen in Schulbüchern

1. Thema der Darstellungen
a) Nenne den Hauptinhalt des Schulbuchkapitels „Bonifatius ordnet das kirchliche Leben in unserer Heimat".
b) Erläutere, ob die Überschrift deiner Meinung nach passend ist.
c) Das entsprechende Kapitel in deinem Lehrbuch lautet „Die Ausbreitung des Christentums". Erläutere die unterschiedliche Schwerpunktsetzung.

2. Gliederung der Darstellungen
a) Suche für jeden Abschnitt der beiden Lehrbuchkapitel ein passendes Stichwort und stelle sie in einer Tabelle gegenüber.
b) Vergleiche die beiden Stichwortreihen.
c) Erkläre die möglichen Gründe für die unterschiedliche Schwerpunktsetzung.

3. Inhalt der Darstellungen
a) Lege Gründe für die Ausbreitung des Christentums dar.
b) Erläutere die Ursachen für die anfängliche Erfolglosigkeit von Bonifatius und die Gründe, die ihn veranlassten, die Missionierung fortzusetzen.

4. Sichtweise der Darstellungen
a) Untersuche die unterschiedlichen Sichtweisen über Bonifatius in den beiden Lehrbüchern.
b) Erkläre die Ursachen für die verschiedenen Sichtweisen.

5. Sprache der Darstellungen
a) Vergleiche die beiden Abschnitte, in denen die Fällung der Donareiche geschildert wird.
b) Untersuche anhand weiterer Beispiele aus den Lehrbuchtexten die Anschaulichkeit und Verständlichkeit der beiden Darstellungen.

Herrschaft und Glaube im Mittelalter

Das Reich Karls des Großen

Karl der Große und Aachen

In Aachen – einer Großstadt im heutigen Bundesland Nordrhein-Westfalen – kann als Teil des Doms die sogenannte Pfalzkapelle besichtigt werden. Sie war Teil einer ausgedehnten Anlage. Diese Pfalz, deren Bezeichnung sich von „palatium", dem lateinischen Wort für Palast, ableitet, wurde von Karl dem Großen besonders prachtvoll ausgebaut. Sie gilt als Symbol für die herausragende Bedeutung des Frankenreichs unter seiner Herrschaft.

In seiner Regierungszeit von 768 bis 814 n. Chr. erreichte das Frankenreich seine größte Ausdehnung. Seine politische Macht wurde schließlich so groß, dass er im Jahr 800 zum Kaiser gekrönt wurde.

Der Sturz der Merowinger und der Aufstieg der Karolinger

Karl der Große gehörte zur Familie der Karolinger. Diese waren die „Hausmeier" der Merowinger, das heißt die Leiter der königlichen Verwaltung, und so die wichtigsten Berater der fränkischen Könige. „Hausmeier" leitet sich ab vom lateinischen „maior domus" (Vorsteher des Hauses). Mit der Zeit wurden die Karolinger immer einflussreicher. Im Jahr 751 n. Chr. setzte der Karolinger Pippin schließlich den letzten Merowingerkönig ab und wurde selbst zum König der Franken.

Karls Regierungsweise

Als Karl in der Nachfolge Pippins König wurde, war das Frankenreich von seinen Vorgängern bereits erweitert worden. Karl setzte diese Eroberungen fort und schuf ein Reich, das große Teile Europas umfasste. Um dieses Reich nach außen zu schützen, richtete Karl Grenzmarken ein, die besonders befestigt waren und in denen sogenannte Markgrafen in seinem Namen regierten.

Grafen waren aber auch im Inneren eine wichtige Hilfe für Karl. Sie handelten im Auftrag des Königs, sprachen Recht und sorgten für militärischen Schutz. Daneben gab es Königsboten, die im ganzen Reich unterwegs waren. Sie waren immer zu zweit – ein hoher Geistlicher und ein Adliger – und sorgten dafür, dass die königlichen Beschlüsse auch ausgeführt wurden. Aber auch Karl selbst war in seinem Reich unterwegs. Als sogenannter Reisekönig zog er von Pfalz zu Pfalz, auch wenn Aachen sein bevorzugter Aufenthaltsort war.

Die Bedeutung der Kultur

Bei Karls Regierung spielten schriftliche Dokumente eine wichtige Rolle. Dafür gab es eine eigene Kanzlei, die Hofkapelle. „Cappa" bedeutet Umhang und verweist auf den Mantel des heiligen Martin, der von den Hofgeistlichen aufbewahrt wurde. Die Hofkapläne waren nicht nur Schreiber, sondern auch Berater des Königs.

Zur Zeit Karls des Großen konnten fast nur Geistliche lesen und schreiben. Die lateinische Sprache gewann an Bedeutung und eine neue Schrift – die karolingische Minuskel – entstand. Bücher in Klosterbibliotheken wurden abgeschrieben und weitergegeben. Einerseits verbreitete sich so das Christentum im Frankenreich weiter, andererseits gewann das Erbe der Antike wieder an Bedeutung.

M 1 Außenansicht der Pfalzkapelle in Aachen
Der achteckige Grundriss der Pfalzkapelle ist trotz der späteren Anbauten noch deutlich erkennbar, heutiger Zustand.

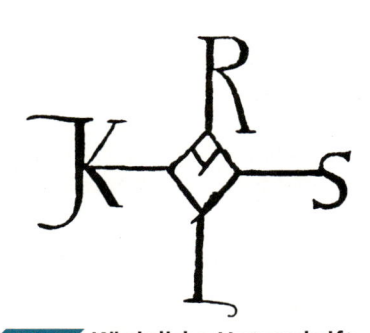

M 2 Königliche Unterschrift
Das kunstvolle Namenszeichen KAROLUS findet sich auf Urkunden Karls des Großen. Die beiden Striche in der mittleren Raute waren die von Karl als sogenannter Vollziehungsstrich geleistete Unterschrift, Nachzeichnung.

M 3 Jubiläumsbriefmarke
„Dom zu Aachen 1200 Jahre"

Karl wird Kaiser

Seit der Absetzung des letzten weströmischen Kaisers gab es – außer im Oströmischen Reich – keinen Kaiser mehr. Über dreihundert Jahre später, im Jahr 800 n. Chr., wurde mit Karl dem Großen in Rom wieder ein Kaiser gekrönt.

Als die Karolinger die Merowinger als Könige absetzten, hatten sie die Unterstützung des Papstes gesucht. Dies führte dazu, dass sich auch das Selbstverständnis des Königtums änderte. Es bezog seine Rechtfertigung nun aus der Einsetzung durch Gott. Die Könige herrschten nun „von Gottes Gnaden".

In der Folgezeit wurden die Kontakte zwischen den fränkischen Königen und dem Papst immer enger, sodass dieser Unterstützung bei den Franken gegen die Langobarden suchte, die ihn in Italien bedrohten. Als Karl große Teile Italiens erobert hatte, war er aufgrund seiner Stellung würdig, die Nachfolge der römischen Kaiser anzutreten. So kam es am Weihnachtstag des Jahres 800 n. Chr. in Rom zur Krönung Karls.

Dieses Kaisertum stand einerseits in der Tradition des Römischen Reiches. Andererseits galt der Herrscher als von Gott eingesetzt. Daraus erklärt sich die Bezeichnung „Heiliges Römisches Reich". Neben den Papst als geistliches Oberhaupt der Christenheit trat nun der Kaiser als weltliches Oberhaupt. In welchem Verhältnis beide zueinander stehen, war in der Folgezeit immer umstritten.

M 4 Das Reich Karls des Großen (768–814)

Herrschaft und Glaube im Mittelalter

Wie sah Karl der Große aus? – Bildliche und schriftliche Zeugnisse

M 5 Statue Karls des Großen
Sie entstand um 870 n. Chr.

M 6 Karl der Große
Das Bild wurde von Albrecht Dürer 1512/13 angefertigt, Ausschnitt.

M 7 Auskünfte über einen König

Einhard, tätig an der Hofschule, verfasste im frühen 9. Jahrhundert eine Lebensbeschreibung Karls des Großen, die eine Fülle von Informationen auch über dessen Lebensgewohnheiten enthält. Über seine Motive schrieb er:

Ich habe mir vorgenommen, so kurz wie möglich über das private Leben und vor allem auch über die Taten meines Herrn und Gönners, des trefflichen und hoch berühmten Königs Karl, zu berichten. […] Man könnte mich also mit Recht undankbar nennen, wenn ich die großartigen Taten dieses Mannes, der sich um mich so sehr verdient gemacht hat, stillschweigend überginge und es zuließe, dass sein Leben keine schriftliche Würdigung oder gebührende Anerkennung erhielte – ganz so, als hätte er nie existiert!

Über Karls Aussehen schrieb er:

Er war kräftig und stark, dabei von hoher Gestalt, die aber das rechte Maß nicht überstieg. Es ist allgemein bekannt, dass er sieben Fuß [ca. 1,90 m] groß war. Er hatte einen runden Kopf, seine Augen waren sehr groß und lebhaft, die Nase etwas lang; er hatte schöne graue Haare und ein heiteres und fröhliches Gesicht. Seine Erscheinung war immer imposant und würdevoll, ganz gleich, ob er stand oder saß. Sein Nacken war zwar etwas dick und kurz, und sein Bauch trat ein wenig hervor, doch fielen diese Fehler beim Ebenmaß seiner Glieder nicht sehr auf. Sein Gang war selbstbewusst, seine ganze Körperhaltung männlich und seine Stimme klar, obwohl sie nicht so stark war, wie man bei seiner Größe hätte erwarten können. […]
Er kleidete sich nach der nationalen Tracht der Franken: auf dem Körper trug er ein Leinenhemd, die Oberschenkel bedeckten leinene Hosen; darüber trug er eine Tunika, die mit Seide eingefasst war; die Unterschenkel waren mit Schenkelbändern umhüllt. Sodann umschnürte er seine Waden mit Bändern und seine Füße mit Stiefeln. Im Winter schützte er seine Schultern und Brust durch ein Wams aus Otter- oder Marderfell. Darüber trug er einen blauen Umhang. Auch gürtete er sich stets ein Schwert um, dessen Griff und Gehenk aus Gold oder Silber waren.

Einhard: Vita Caroli Magni. Das Leben Karls des Großen, übers. v. E. Scherabon Richow, Stuttgart 1981, S. 5, 7, 45 ff.

Die Kaiserkrönung – Zwei Sichtweisen

M 8 Berichte von der Kaiserkrönung in Rom

a) Die Sicht des Papstes findet sich in einer Sammlung von Lebensbeschreibungen der Päpste:

Am Tag der Geburt unseres Herrn Jesu Christi waren alle in der schon genannten Basilika des heiligen Apostels Petrus wiederum versammelt. Und da krönte ihn der ehrwürdige und segenspendende Vorsteher [Papst] eigenhändig mit der kostbaren Krone. Darauf riefen alle gläubigen und getreuen Römer, die den Schutz und die Liebe sahen, die er der römischen Kirche und ihrem Vertreter gewährte, einmütig mit lauter Stimme auf Gottes Geheiß und des heiligen Petrus, des Himmelreiches Schlüsselträger, Eingebung aus: Dem heiligsten Augustus Karl, dem großen, von Gott gekrönten und Frieden bringenden Kaiser Leben und Sieg! Vor der heiligen Confessio des seligen Petrus ist das, unter Anrufung vieler Heiliger, dreimal ausgerufen worden, und von allen ist er als Kaiser eingesetzt worden. Auf der Stelle salbte der heilige Vorsteher und Oberpriester mit heiligem Öl Karl, seinen hervorragendsten Sohn, an demselben Tage der Geburt unseres Herrn Jesu Christi zum König.

b) Die Lebensbeschreibung Einhards liefert folgende Version:

Seine letzte Reise nach Rom hatte mehrere Gründe. Die Römer hatten Papst Leo schwer misshandelt, ihm die Augen ausgestochen und die Zunge ausgerissen, sodass er sich gezwungen sah, den König um Schutz zu bitten. Daher begab sich Karl nach Rom, um die verworrenen Zustände der Kirche zu ordnen, das dauerte den ganzen Winter. Bei dieser Gelegenheit erhielt er den Kaiser- und Augustustitel, der ihm anfangs so zuwider war, dass er erklärte, er würde die Kirche selbst an jenem hohen Feiertage nicht freiwillig betreten haben, wenn er die Absicht des Papstes geahnt hätte. Die Eifersucht der oströmischen Kaiser, die ihm die Annahme der Titel schwer verübelten, ertrug er dann allerdings mit erstaunlicher Gelassenheit.

Deutsche Geschichte in Quellen und Darstellung, Bd. 1: Frühes und hohes Mittelalter 750–1250, hg. v. W. Hartmann, Stuttgart 1995, S. 53 f., 56 f.

Aufgaben

1. **Einhards Verhältnis zu Karl**
   a) Beschreibe Einhards Einstellung gegenüber Karl.
   b) Belege die Einstellung Einhards mithilfe von Textstellen.
   → M7
2. **Vergleich bildlicher Darstellungen Karls**
   a) Vergleiche die bildlichen Darstellungen Karls.
   b) Nenne die Darstellung, die am ehesten mit der Beschreibung Einhards vereinbar ist. Begründe deine Meinung.
   → M5, M6, M7
3. **Krönungsberichte vergleichen**
   a) Vergleiche die beiden Krönungsberichte.
   b) Erläutere die Rolle, die der Papst, die Römer und Karl bei der Krönung spielen.
   c) Erläutere mögliche Gründe für die Unterschiede zwischen den beiden Berichten.
   → M8
4. **Beurteilung Karls**
   a) Stelle in einer Tabelle Argumente zusammen, die es rechtfertigen, Karl als „den Großen" zu bezeichnen, und Argumente, die dagegen sprechen.
   b) Nenne mindestens fünf Herrscher, die auch Beinamen tragen. Gib die Gründe dafür an.
   → Text, Internet

Der Zerfall des Karolingerreiches

Der Tod Karls des Großen und die Folgen
Nach dem Tod Karls des Großen im Jahr 814 n. Chr. konnte sein Nachfolger Ludwig der Fromme das Reich noch eine Zeit lang zusammenhalten. Als er starb, wurde es unter seinen drei Söhnen aufgeteilt. Streitigkeiten führten jedoch zu einem Krieg um das Erbe, bis man sich im Vertrag von Verdun 843 einigte: Lothar, der Kaiser, erhielt den Mittelteil. Karl der Kahle bekam den Westen und Ludwig der Deutsche den Osten. In der Folgezeit kam es immer wieder zu neuen Reichsteilungen, sodass das ehemals große Frankenreich zerfiel. Im Jahr 911 n. Chr., also etwa 100 Jahre nach dem Tod Karls des Großen, starb der letzte Karolingerkönig des Ostfränkischen Reiches.

Neue Reiche im Westen und Osten
Die sich daraus entwickelnden neuen Herrschaften unterschieden sich trotz ihres gemeinsamen Ursprungs immer stärker voneinander. Im Westen wurde altfranzösisch, im Osten althochdeutsch gesprochen. Es entstanden unterschiedliche Kulturen.

Aber auch die politischen Verhältnisse unterschieden sich deutlich. Im Westfränkischen Reich – dem späteren Frankreich – übernahmen 987 die Kapetinger die Herrschaft und behielten sie für Jahrhunderte. So entstand in Frankreich die Ausrichtung auf ein Zentrum, auf Paris. Im Ostfränkischen Reich, aus dem sich Deutschland entwickelte, regierten immer wieder neue Herrschergeschlechter, die aus verschiedenen Gebieten des Reiches stammten, wie zum Beispiel die Ottonen aus dem Herzogtum Sachsen, die Salier aus dem Herzogtum Franken und die Staufer aus dem Herzogtum Schwaben. Keine dieser Familien konnte sich jedoch dauerhaft als Königs- oder gar Kaiserfamilie behaupten. Die Ausrichtung auf mehrere regionale Zentren prägt bis heute die Situation in Deutschland.

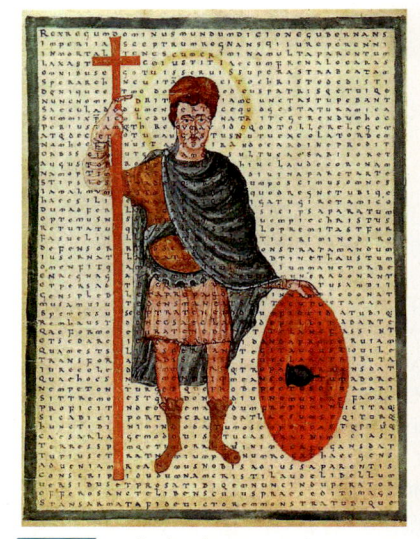

M 1 Ludwig der Fromme (787–840), Darstellung von 826.

M 2 Lothar I. (795–855), Abbildung von ca. 850.

Die Straßburger Eide – Eine schriftliche Quelle untersuchen

M 3 Die Straßburger Eide

Nach dem Tod Karls des Großen war Ludwig der Fromme König und Kaiser geworden. Dessen Söhne Karl, Ludwig und Lothar kämpften um das Erbe ihres Vaters. Zwischenzeitlich verbündeten sich Karl und Ludwig gegen ihren älteren Bruder. Der Bericht über das Zusammentreffen der beiden Brüder im Jahr 842 und die dabei geleisteten Eide stammt von Nithart, einem Enkel Karls des Großen, der die damaligen Ereignisse in einem Geschichtswerk festhielt:

So kamen am 14. Februar Ludwig und Karl in der Stadt, welche einst Argentaria genannt wurde, jetzt aber gemeinhin Straßburg heißt, zusammen und schwuren die unten verzeichneten Eide, Ludwig in romanischer, Karl in deutscher Sprache. […]
Der Eid aber, welchen beide Völker jeder in seiner Sprache leistete, lautete in romanischer Sprache so:

Si Lohuuigs sagrament, que son fradre Karlo iurat, conservat et Karlus meos sendra de suo part non los tanit, si io returnar non l'int pois: ne io ne neuls, cui eo returnar int pois, in nulla aiudha contra Loduuuig non li iuer.

[Auf Deutsch:]
Oba Karl then eid, then er sinemo bruodher Ludhuuuige geswur, geleistit, indi Ludhuuuig min herro, then er imo gesuor, forbrihchit, ob ih inan es iruuenden ne mag, noh ih noh thero nohhein, then ich es iruuenden mag, uuidhar Karle imo ce follusti ne uuirdhit.

Wörtliche Übersetzung:
Wenn Ludwig den Eid, den er seinem Bruder Karl schwört, hält und Karl mein Herr ihn seinerseits nicht hält, wenn ich ihn davon nicht abbringen kann, werde weder ich noch irgendeiner, den ich davon abbringen kann, ihm gegen Ludwig irgendwelchen Beistand geben.
[D. h.: Wenn Ludwig den Eid hält, mein Herr Karl ihn jedoch bricht, werde ich ihn gegen Ludwig nicht unterstützen.]

Nithart, Vier Bücher Geschichten, 3. Buch, Kap. 5, in: Quellen zur karolingischen Reichsgeschichte, 1. Teil, bearb. von Reinhold Rau, Darmstadt 1966, S. 440 f.

Aufgaben

1. **Neue Reiche auf dem Boden des Karlsreichs**
   a) Fasse die Ereignisse, die zur Entstehung des Westfränkischen und des Ostfränkischen Reiches führten, mit eigenen Worten zusammen.
   b) Erkläre die Unterschiede der politischen Entwicklung in Ost und West. Erläutere die Gründe dafür.
   c) Bewerte die folgende Aussage: „Die Aufteilung des Karolingerreiches legte den Grundstein für Entwicklungen, die bis heute nachwirken."
   → Text

2. **Die Straßburger Eide**
   a) Erläutere den historischen Hintergrund des Treffens in Straßburg.
   b) Erkläre die Bedeutung des Wortes „Völker" in Zeile 6.
   c) Beurteile die Bedeutung der Straßburger Eide für die Geschichtswissenschaft und die Sprachwissenschaft.
   → Text, M3

Methode: Umgang mit Geschichtskarten

M 1

Vertrag von Verdun im Jahr 843
- Reich Lothars I.
- Reich Ludwigs des Deutschen
- Reich Karls II. des Kahlen
- Zugehörigkeit unbestimmt
- Patrimonium Petri

M 2

Vertrag von Meersen im Jahr 870
- Reich Ludwigs II.
- Reich Ludwigs des Deutschen
- Reich Karls II. des Kahlen
- Patrimonium Petri

M 3

- Sprachgrenze
- Sprache
  - germanisch
  - romanisch

Geschichtskarten zum Karolingerreich

Mit Geschichtskarten wird versucht, Ergebnisse geschichtlichen Geschehens zu vergegenwärtigen. So macht eine Karte des Karolingischen Reiches unter Karl dem Großen deutlich, welche Gebiete nach Lage der Quellen der Herrschaft Karls des Großen zugeordnet werden können. Inwieweit Karl tatsächlich seine Macht ausübte, lässt die Karte unberücksichtigt. Nach mittelalterlichem Verständnis hatte ein Herrscher ohnehin nur Macht über Personen und nicht über Gebiete. Nicht besiedelte Gebiete oder unzugängliche Gegenden fielen somit aus dem Herrschaftsgebiet heraus. Es gab insofern keine eindeutigen Grenzlinien, sondern Grenzräume. Dies vernachlässigt der Kartograf, um eine anschauliche Karte zu ermöglichen.

Karten machen darüber hinaus deutlich, wie sich Staaten im Lauf der Zeit verändert haben. So kann der Zerfall des Karolingerreiches dokumentiert werden. Damit sind zugleich Einblicke in die Veränderung der Geschichte möglich, weil die vertraglich ausgehandelten Herrschaftsaufteilungen nur relativ kurze Zeit bestanden..

Fragen an Geschichtskarten

1. Bestandteile der Karte
a) Nenne das Thema der Karte und zähle die Gebiete auf, die auf der Karte abgebildet sind.
b) Erläutere die Legende.
c) Erkläre die Bedeutung des Symbols ● (für Verdun und Meersen).
d) Erläutere die Hervorhebung von Aachen, Paris und Rom.

2. Art der Karte
a) Benenne die Art der Karte.
b) Erkläre den Unterschied zwischen den ersten beiden Karten und der Karte M3.

3. Aussagewert der Karte
a) Beschreibe die Aufteilung des Karolingerreiches im Vertrag von Verdun.
b) Arbeite die Veränderungen heraus, die sich von der Aufteilung im Vertrag von Verdun zu der im Vertrag von Meersen ergaben.
c) Prüfe, ob sich aus den Karten die Gründe für die Teilungen entnehmen lassen.
d) Diskutiere, ob von einem Zerfall oder einer Teilung des Reiches gesprochen werden kann.
e) Gib die Aussagen der Karte M3 wieder.
f) Vergleiche die Grenzverläufe in den Karten M2 und M3.
g) Stelle Vermutungen zu möglichen Gründen für die Übereinstimmungen an.

Die Grundherrschaft

Grundherrschaft – Herrschaft über Land und Leute

Im Unterschied zu heute lebten im Mittelalter die meisten Menschen als Bauern. Ihr Leben war durch die Arbeit in der Landwirtschaft geprägt und durch ihre Stellung in der Grundherrschaft.

„Grundherrschaft" ist ein moderner Begriff, den die Menschen im Mittelalter nicht kannten. Er bedeutet nicht nur, dass jemand Herr über ein bestimmtes Gebiet war, sondern auch über die dort wohnenden Menschen. Grundherrschaft heißt also: Herrschaft über Land und Leute. Hinweise darauf, wie dies im Einzelnen geregelt war, finden sich zum Beispiel in alten Güterverzeichnissen. Dort ist der Besitz eines Klosters oder eines Adligen genau aufgelistet und dort steht, was die einzelnen Höfe an Abgaben zu leisten hatten. Aus Urkunden erhält man Aufschluss über Schenkungen und Besitzwechsel. Diese vielen einzelnen Informationen ermöglichen es, sich eine Vorstellung von der Grundherrschaft zu machen, die das Leben so vieler Menschen über Jahrhunderte hinweg bestimmte.

Grundherr und Grundhöriger

In der Grundherrschaft bestand ein Verhältnis zwischen einem Grundherrn und einem Grundhörigen (der auf den Grundherrn „hören" musste). Der Grundherr konnte der König, ein Adliger, ein Bischof oder auch ein Kloster sein. Die Grundhörigen waren Bauern – arm oder wohlhabend und mehr oder weniger abhängig vom Grundherrn.

Der Grundherr überließ den Grundhörigen im Allgemeinen ein Stück Land zur Bewirtschaftung, sorgte für deren Schutz, regelte die Bewirtschaftung des Landes und hielt Gericht. Die Grundhörigen bewirtschafteten das Land, leisteten dem Grundherrn Abgaben und waren verpflichtet, für ihn sogenannte Frondienste, das heißt „Herrendienste" zu verrichten. Wichtige Entscheidungen wie Heirat oder Umzug musste der Grundherr genehmigen.

Die Bauern waren dem Grundherrn rechtlich nicht gleichgestellt und sie waren in unserem heutigen Sinne nicht frei. Die mittelalterliche Gesellschaft war eine Ständegesellschaft. Die Zugehörigkeit zu einer sozialen Gruppe war durch die Geburt bestimmt: Wer als Grundhöriger geboren wurde, blieb Grundhöriger. Es gab aber große Unterschiede zwischen den Grundhörigen: Der eine musste nur bestimmte Abgaben leisten und arbeitete sonst für sich selbst; ein anderer musste Abgaben leisten und zum Beispiel an drei Tagen für den Grundherrn arbeiten; ein Dritter musste Abgaben leisten und darüber hinaus immer dann, wenn der Grundherr es befahl, Dienste für ihn verrichten.

Fronhof und Hufen

Der Mittelpunkt einer Grundherrschaft war oft der sogenannte Fronhof, das heißt Herrenhof: ein Bauernhof, den der Grundherr selbst bewirtschaftete oder durch einen Verwalter bewirtschaften ließ. Dieser Verwalter wurde oft „Meier" genannt, wovon sich der heutige Familienname ableitet. Dazu hatte der Grundherr Arbeiter, die manchmal so rechtlos wie Sklaven waren, manchmal aber ein eigenes Stück Land hatten. Zur Grundherrschaft gehörten weiterhin einzelne Hufen – das

M 1 Ständebild
Auf dem Holzschnitt aus dem Jahr 1492 sind die drei wichtigsten Stände dargestellt: die kirchlichen Würdenträger, die Adligen und die Bauern. Die Inschriften weisen ihnen ihre Aufgaben zu: „Du sollst unterwürfig beten" – „Du sollst schützen" – „Du sollst arbeiten". Darüber thront Jesus auf einem Regenbogen.

M 2 Grundherrschaft eines Klosters
Besitzungen des Klosters Benediktbeuren im 9. Jahrhundert (Auswahl)

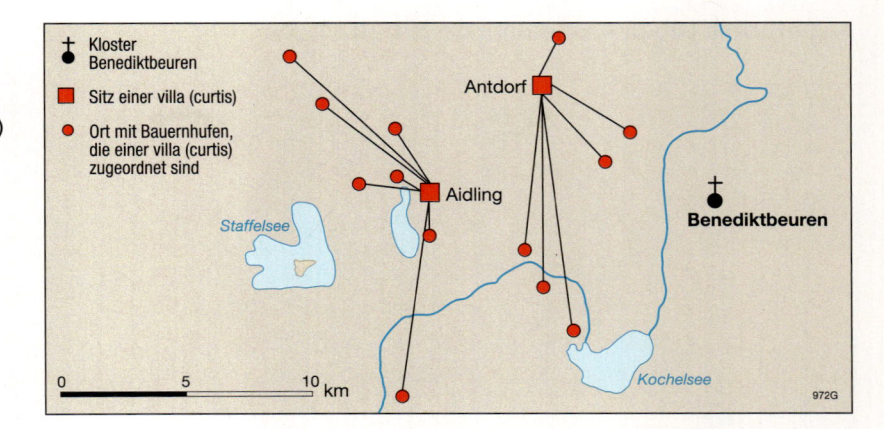

sind Bauernhöfe, die von den dort lebenden Familien selbstständig bewirtschaftet wurden.

Die Entstehung der Grundherrschaft

Aus heutiger Sicht wirkt die Grundherrschaft auf uns fremd: Wieso haben die Bauern nicht gegen ihre eingeschränkte Freiheit protestiert? Dies ist nicht leicht zu beantworten, da nur wenige Schriftstücke aus der damaligen Zeit vorliegen. Folgende Überlegungen helfen aber weiter:

- Die Grundherrschaft war nichts grundsätzlich Neues. Bereits im Römischen Reich gab es einerseits Sklaven, die auf den großen Gütern arbeiteten, und andererseits freie Bauern, die ihr eigenes Land bewirtschafteten, aber bestimmte Abgaben zahlen mussten. Nach dem Ende des Römischen Reiches änderte sich dies nicht grundsätzlich, aber manche Sklaven erhielten von ihren Herren Land, und manche freie Bauern mussten – zum Beispiel wegen Schulden – ihr Land an einen Großgrundbesitzer abgeben. Aus Sklaven und Bauern wurden in einer langen Entwicklung Grundhörige.
- Die Grundherrschaft beruhte auf Gegenseitigkeit. So konnten die Bauern den Kriegsdienst, zu dem sie als Freie zunächst verpflichtet gewesen waren, umgehen. Die Anschaffung einer Ausrüstung und die lange Abwesenheit während der Sommermonate war für die Bauern eine große Belastung, die ihnen nun der Grundherr abnahm. Grundherr und Grundhörige waren aufeinander angewiesen. Sie bewirtschafteten das Land gemeinsam und entwickelten so ein Zusammengehörigkeitsgefühl. Gleichwohl konnte es Streit geben, der einvernehmlich gelöst oder vor Gericht verhandelt oder auch gewaltsam ausgetragen wurde.
- Die Grundherrschaft ermöglichte es, das Land gut zu bewirtschaften. Im Laufe des Mittelalters wurde immer mehr Land erschlossen, dessen Bestellung den Grundherrn überfordert hätte. Umgekehrt hatten die Grundhörigen die Möglichkeit, gegen Abgaben und Dienste selbstständig einen Bauernhof zu betreiben.

Im Laufe des Mittelalters und der Frühen Neuzeit wurden die Frondienste und Abgaben durch Geldzahlungen ersetzt. Die Grundherrschaft blieb aber immer als Grundlage bestehen. Erst im 19. Jahrhundert ist sie endgültig abgeschafft worden.

Bäuerliches Leben – Eine Bildquelle betrachten

M 3 Bilder von Bauern

In einer mittelalterlichen Handschrift, die Fragen der Zeitrechnung behandelt, finden sich die folgenden Abbildungen. Sie zählen zu den frühesten Darstellungen bäuerlicher Tätigkeiten. Das Werk entstand im Jahr 818 n. Chr. auf Anregung Karls des Großen.

Schriftliche Quellen zur Grundherrschaft vergleichen

M 4 Ein Güterverzeichnis

Im vor 829 entstandenen Güterverzeichnis, einem sogenannten Urbar, des Klosters Saint-Germain-des-Prés werden die Besitzungen des Klosters und Verpflichtungen der Grundhörigen in Nogent aufgeführt. Aripenni, perticae und bunuariae sind Flächenmaße, die regional unterschiedlich verwendet wurden. Der erste Satz lautet:

„Habet ibi de prat[o] arip[ennos] XLIII ubi poss[unt] colligi de feno carra CXX."

Die Übersetzung heißt:

Es besitzt dort 43 aripenni Wiesen, von denen 120 Fuder Heu geerntet werden können.
Es besitzt dort Wald, der insgesamt auf 15 Meilen im Umkreis geschätzt wird, in dem 1000 Schweine gemästet werden können.
Es besitzt dort eine Mühle, aus der ein Zins von 30 Scheffeln Getreide hervorgeht.
Es besitzt dort eine Kirche. […]
Der Hörige Vulfradus und seine Frau, eine Freie namens Ermoara, haben bei sich drei Kinder mit diesen Namen: Vulfricus, Aldeberga, Vulfildis. Er bewirtschaftet 1 mansus ingenuilis [selbstständiger Hof besserer Qualität] bestehend aus 11 bunaria Ackerland, 2 aripenni Weinberg, 3 aripenni Wiesen. Er zinst für den Kriegsdienst 10 Scheffel Wein, für die Schweinemast 3 Scheffel […]. Er pflügt für die Wintersaat 6 perticae, zur Frühjahrssaat 3 perticae. Bittfrontage [Arbeitstage für den Herrn], Holzschlag, Hand- und Spanndienste, so viel ihm befohlen wird. 3 Hühner, 15 Eier. Er transportiert Wein, wohin ihm befohlen wird. 100 Schindeln. Er bearbeitet auf der Weise 1 aripennum. […]
Der Hörige Probardus des heiligen Germanus bewirtschaftet 1 mansus servilis [Hof minderer Qualität], bestehend aus 2 bunuaria Ackerland, 4 aripenni Wiesen. Er pflügt für die Wintersaat 2 perticae, für die Frühjahrssaat 1 perticae. 3 Hühner, 15 Eier. In jeder Woche 3 Tage.

Aus: Ludolf Kuchenbuch, Grundherrschaft im frühen Mittelalter, Idstein 1991, S. 121, 125.

M 5 Eine Schenkung

Engilram schenkt seinen Besitz dem Kloster St. Gallen. In der Urkunde vom 20. Mai 838 heißt es:

Im Namen Gottes habe ich, Engilram, aus Ehrfurcht vor Gott und für mein Seelenheil beschlossen, dass wir durch die Hand meines Bruders Pato mein gesamtes Allod [Eigentum], das ich in Alamanien zurzeit als meinen Besitz betrachte, dem Kloster St. Gallen, wo jetzt Bernwicus als Abt der Herde Gottes vorzustehen beliebt, übergeben und übertragen wollen. […] Bei dieser Schenkung stellen wir die Bedingung, dass unserer Schwester Thiotpuruch diese Schenkung auf ihre Bitte für sich erhalten und zu ihren Lebzeiten den Nießbrauch besitzen und daher Zins bezahlen soll.

Aus: Ludolf Kuchenbuch, Grundherrschaft im frühen Mittelalter, Idstein 1991, S. 145f.

Aufgaben

1. **Die Grundherrschaft erklären**
   a) Stelle wichtige Elemente der Grundherrschaft in einem Schaubild dar.
   b) Stelle Vor- und Nachteile der Grundherrschaft in einer Tabelle gegenüber.
   → Text

2. **Bäuerliches Leben – Eine Bildquelle betrachten**
   a) Beschreibe die Grundaussage der einzelnen Abbildungen und erkläre die Gründe dafür, dass bäuerliche Tätigkeiten gewählt wurden, um den Jahreslauf darzustellen.
   b) Beurteile die Aussagekraft der Abbildungen über das Leben der Bauern im frühen Mittelalter.
   → Text, M3

3. **Schriftliche Quellen zur Grundherrschaft vergleichen**
   a) Vergleiche die Situation von Vulfradus mit der von Probardus.
   b) Erläutere die Motive Engilrams für seine Schenkung und die Regelungen, die für seine Schwester Thiotpuruch getroffen werden.
   → M4, M5

Herrschaft und Glaube im Mittelalter

Das Lehnswesen

„Rat und Tat" und „Schutz und Schirm"

Die Grundherren lebten im Mittelalter nicht isoliert voneinander, sondern gingen oft ein Lehnsverhältnis ein. Dabei überließ ein Adliger, der Lehnsherr, einem anderen Adligen, dem Lehnsmann, Land, das lateinisch „feudum" genannt wurde. Der Lehnsmann wurde auch als Vasall bezeichnet; dies bedeutete ursprünglich „Knecht".

Es handelte sich dabei aber nicht um eine Schenkung, sondern, wie der Begriff schon sagt, um eine „Leihe". Der Lehnsherr verpflichtete sich dazu, seinem Lehnsmann „Schutz und Schirm" zu gewähren, ihn insbesondere bei einem Angriff zu verteidigen. Umgekehrt musste der Lehnsmann seinem Lehnsherrn mit „Rat und Tat" zur Seite stehen und im Notfall für ihn kämpfen. Wie die meisten anderen Vereinbarungen wurde dieser „Vertrag" durch eine Reihe von symbolischen Handlungen geschlossen.

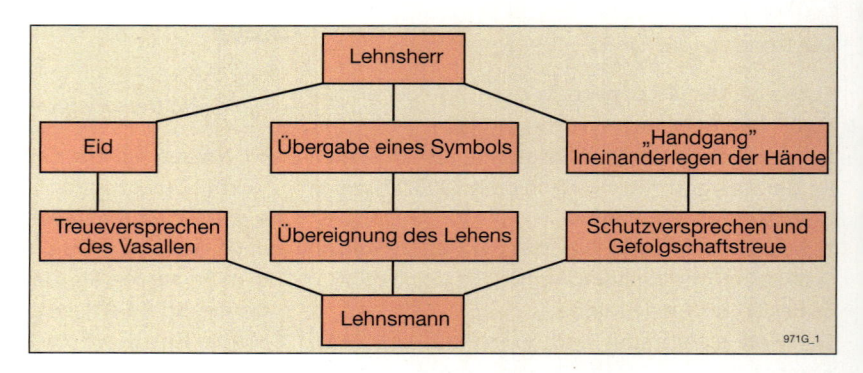

Für beide Seiten bot das Lehnsverhältnis Vorteile. Der Lehnsherr konnte die Teile seines Besitzes, deren Verwaltung ihn als Grundherrn möglicherweise überfordert hätte, zur Steigerung seiner eigenen Macht einsetzen und vergrößerte so seine Gefolgschaft.

Der Lehnsmann gewann, wenngleich er sich seinem Herrn formell unterordnete, mit dem überlassenen Land Macht als Grundherr hinzu und hatte einen mächtigen Verbündeten. Außerdem konnte er hoffen, dass auch seine Nachkommen belehnt und das Lehen gleichsam vererbt werden konnte.

Die Lehnspyramide

Lehnsverhältnisse waren nur zwischen Freien möglich. Sie dienten vor allem zur Machtsteigerung. Das Lehnswesen zeigt, dass es im Mittelalter einen eigenen Adelsstand gab, der vom Bauernstand strikt getrennt war. Adlige waren Grundherren, die untereinander Lehnsverhältnisse eingehen konnten. Auch die Bischöfe zählten zum Adel und konnten Lehen empfangen und vergeben.

An der Spitze des Adels stand der König als oberster Lehnsherr. Die von ihm belehnten großen Herren – die Kronvasallen – vergaben häufig einen Teil ihrer Besitzungen an Untervasallen. So entstand ein Netz von persönlichen Abhängigkeiten zwischen dem König, dem hohen und dem niederen Adel: das Lehnswesen des Mittelalters.

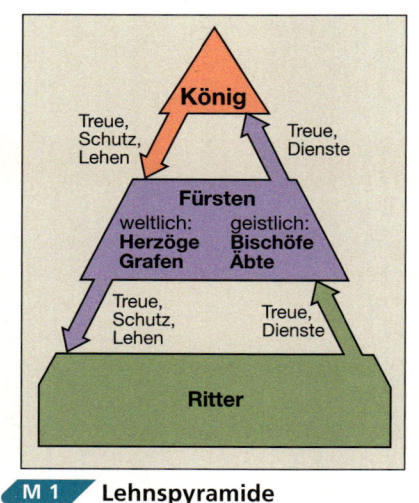

M 1 Lehnspyramide
Das Lehnswesen des Mittelalters lässt sich auch in Form einer solchen Pyramide darstellen.

Der „Sachsenspiegel" – Eine mittelalterliche Bilderhandschrift verstehen

M 2　Ein Bilderbuch des Rechts

Anfang des 13. Jahrhunderts verfasste der Adlige Eike von Repgow ein Rechtsbuch, den sogenannten Sachsenspiegel. Es sollte alle wichtigen Rechtsregeln in der sächsischen Heimat des Autors zusammenfassen. Neben dem Text enthält die Handschrift auch Illustrationen für diejenigen, die nicht lesen konnten. Wichtige Elemente des Lehnswesens sind also bildlich dargestellt:

Bilder aus: Der Sachsenspiegel, ausgewählt und erläutert von Walter Koschorreck, 2. Aufl., Frankfurt/M. 1977, S. 41, 43.

Die Bilderhandschrift verwendet eine festgelegte Bildersprache:
- Lilienkrone: Lehnsherr;
- grüne Farbe: adlige Herkunft;
- Fahne, Ährenbüschel, Ast: Symbole für Lehen;
- Ährenbündel im Kreis: Symbol für Anwartschaft auf ein Lehen;
- erhobener Finger: Gelöbnisgebärde.

a)

b)

c)

Aufgaben

1. Das Lehnswesen erklären
 a) Erkläre mithilfe des Lehrbuchtextes mit eigenen Worten den Begriff „Lehnswesen".
 b) Erläutere den Aufbau der Lehnspyramide.
 c) Nenne Beispiele für Vereinbarungen, die auch heute symbolisch und nicht schriftlich getroffen werden.
 → Text, M1

2. Der „Sachsenspiegel" – Eine mittelalterliche Bilderhandschrift verstehen
 a) Nenne mithilfe der Abbildungen die symbolischen Handlungen, die für die Herstellung eines Lehnsverhältnisses notwendig waren und erläutere sie.
 b) Erläutere mithilfe der Abbildungen die Elemente der Unterordnung und der Gegenseitigkeit im Verhältnis zwischen Lehnsherr und Lehnsmann.
 c) Die Figuren auf den Abbildungen sind manchmal mit drei oder fünf Armen dargestellt. Gib Gründe dafür an.
 d) Erkläre die Bedeutung der Abbildung eines Lehnsmannes zwischen zwei Lehnsherren.
 → M2

Quellen aus dem Mittelalter

M 1 Fränkischer Grabstein mit Christusfigur, die Rückseite zeigt ein heidnisches Symbol.

Woher wissen wir etwas über das Mittelalter?

Wenn ein Detektiv einen Fall untersucht, folgt er verschiedenen Spuren, wie zum Beispiel Fingerabdrücken. Auf diese Weise versucht er, sich ein Bild von den Ereignissen zu machen. Ähnlich arbeitet auch ein Forscher (Historiker), der etwas über das Mittelalter herausfinden möchte. Er ist auf die Spuren aus dieser Zeit angewiesen. In der Fachsprache heißen sie Quellen. Im Unterschied zum Detektiv kann der Mittelalterhistoriker aber keine lebenden Personen mehr befragen. Außerdem liegen ihm für die etwa tausend Jahre der Epoche ganz unterschiedliche Spuren vor. Wichtig ist die Unterscheidung zwischen schriftlichen Quellen, also Texten, und nicht-schriftlichen Quellen wie Bildern oder Gegenständen. Die verschiedenen Quellenarten verlangen jeweils eine eigene Art der Bearbeitung. Archäologen führen Ausgrabungen durch und werten Gegenstände oder Skelettreste aus. Dabei benutzen sie auch moderne naturwissenschaftliche Methoden. Historiker hingegen beschäftigen sich hauptsächlich mit schriftlichen Quellen.

War das Mittelalter eine „finstere Zeit"? (Dark Ages)

Die Bezeichnung „Dark Ages" für die Jahrhunderte des frühen Mittelalters meint nicht, dass diese Epoche besonders finster oder brutal gewesen wäre. Sie bezieht sich vielmehr auf den Mangel an schriftlichen Quellen. Da in dieser Zeit nur wenig aufgeschrieben wurde, können wir uns heute kein genaues Bild von den Lebensumständen der Menschen machen. Vieles liegt im Dunkeln.

Besonders für die Phase des Übergangs von der Spätantike zum frühen Mittelalter (ca. 300 bis 600 n. Chr.) sind wir auf die Erkenntnisse der Archäologie angewiesen. Durch die Ausgrabung und Dokumentation von Gräbern lassen sich wertvolle Informationen gewinnen. Grabbeigaben wie Perlen, Gewandnadeln oder Gürtelschnallen lassen Rückschlüsse auf die Stellung und den Reichtum der Verstorbenen zu. Bestattungsriten zeigen, wie sich die Menschen das Leben nach dem Tod vorstellten. Zugleich erfährt man so etwas über die Ausbreitung des Christentums.

Manche Entdeckungen stellen uns aber auch vor Rätsel, wie z. B. das geheimnisvolle Doppelgrab unter dem Frankfurter Dom. Hier wurden im frühen 8. Jahrhundert zwei adlige Kleinkinder beerdigt: ein 4- bis 5-jähriges Mädchen nach christlichem Brauch und ein weiteres Kind nach altgermanischer Sitte. Es wurde bei der Bestattung in ein Bärenfell gewickelt und verbrannt.

Aus der Zeit Karls des Großen (um 800 n. Chr.) liegen uns mehr schriftliche Quellen vor.

Wer konnte im Mittelalter lesen und schreiben?

Die meisten Menschen konnten das nicht. Selbst ein König oder Kaiser musste nicht unbedingt über diese Fertigkeiten verfügen. Er durfte ungebildet sein. Die Zeitgenossen nannten ihn einen „gekrönten Esel".

Geschrieben wurde vor allem in den Klöstern. Texte, die aus dieser Zeit erhalten sind, stammen deshalb überwiegend aus der Feder von Nonnen oder Mönchen. Einige von ihnen verfassten Erzählungen über ihre Zeit. Dabei war ihnen besonders die Geschichte und der Ruhm

M 2 Bibliothek des Klosters Waldsassen in der Oberpfalz
In Klosterbibliotheken findet sich so mancher Schatz. Dieses Kloster wurde 1133 gegründet, die Gestaltung der Bibliothek erfolgte aber erst im 18. Jahrhundert.

ihres eigenen Klosters wichtig. Auch die Erinnerung an Adlige oder Herrscher, die als Gründer und Förderer von Klöstern auftraten, wurde hier bewahrt. Wir können aber nicht sicher sein, dass die geschilderten Ereignisse tatsächlich so stattgefunden haben. Man muss davon ausgehen, dass hier und da ein wenig geschwindelt wurde, um die Geschichte des Klosters in ein gutes Licht zu rücken. Außerdem schrieben manche Autoren erst in einem großen zeitlichen Abstand zu den Ereignissen. Gut möglich, dass dabei einiges vergessen wurde oder sich die Verfasser falsch erinnerten. Trotzdem können wir aus diesen Quellen einiges lernen. Nicht zuletzt zeigen sie, welche Bedeutung der christliche Glaube für das Denken der Menschen hatte.

Unser Wissen über das Mittelalter stammt zu einem großen Teil aus den klösterlichen Chroniken und Lebensbeschreibungen (Viten genannt, Einzahl: Vita). Daneben hielten die Mönche auch wichtige Ereignisse eines Jahres fest, zuerst in Form von Notizen, später ausführlicher. Diese Aufzeichnungen heißen Annalen (Jahrbücher).

Schon im Frühmittelalter gehörte zu jedem größeren Kloster eine Bibliothek. Dadurch sind religiöse, philosophische und literarische Texte über die Jahrhunderte hinweg erhalten geblieben. Ohne die Sammlertätigkeit der Mönche wüssten wir viel weniger über das Mittelalter. Auch kostbare Schriften aus der Antike wären dann verloren gegangen.

Gebildete Menschen schrieben damals für gewöhnlich in lateinischer Sprache. Heute müssen wir diese Texte erst übersetzen. Mühsam kann es auch sein, die Buchstaben aus dieser Zeit zu entziffern. Die Paläografie (Lehre von den Schriften) hilft dabei.

Woher wissen wir etwas über Könige und Kaiser?
Mittelalterliche Geschichtsschreiber entstammten meist einem klösterlichen Umfeld. In ihren Erzählungen spielten Wunderberichte (Miracula) oder die Lebensbeschreibung von Heiligen (Viten) eine

Quellen aus dem Mittelalter

große Rolle. Außerdem hielten die Geistlichen einiges über die Taten von höhergestellten Personen fest. Deshalb sind wir über Adlige, Könige oder Kaiser besser informiert als über die Lebensumstände der einfachen Bevölkerung.

M 3 Mittelalterliche Urkunde mit den Siegeln von Lübeck, Wismar, Rostock, Stralsund, Greifswald, Stettin, Kolberg und Anklam. Mit dieser Urkunde besiegelten die acht Hansestädte 1361 ihr Bündnis gegen den dänischen König und die Seeräuber.

Hinzu kommen die Urkunden. Eine Urkunde fixierte Beschlüsse, die rechtlich wichtig waren. Dabei konnte es z. B. um die Übertragung oder den Entzug von Besitz gehen. Der König belohnte Fürsten für treue Dienste oder schlichtete Streit zwischen den Adligen. So erfahren wir etwas über die Konflikte, Freundschaften und Besitzverhältnisse der Zeit: Wer nahm Einfluss auf den Herrscher? Wer vermittelte bei Streitigkeiten? Mit welchen Fürsten gab es Probleme?

Angefertigt wurden Urkunden nicht vom Herrscher selbst, sondern von gebildeten Personen in seinem Umkreis. Bestimmte Zeichen (z. B. Siegel, Monogramme) sollten die Echtheit des Dokuments garantieren. Trotzdem kamen Fälschungen vor. Aufgabe der Diplomatik (Lehre von den Urkunden) ist es heute, echte von gefälschten Urkunden zu unterscheiden. Das fiel schon im Mittelalter nicht immer leicht.

Könige und Kaiser herrschten für gewöhnlich „aus dem Sattel". Sie hatten keinen festen Stammsitz in einer Burg oder Stadt, sondern waren immer unterwegs. Mit Hilfe von Datums- und Ortsangaben in Urkunden werden Reisewege und Aufenthaltsorte mittelalterlicher Herrscher ermittelt.

Auf Siegeln sind Bilder von Königen oder Kaisern überliefert. Sie zeigen uns aber nicht, wie die Person in Wirklichkeit aussah, ob sie etwa besonders hübsch oder hässlich war. Seit Otto I. (936 bis 973 n. Chr.) stellen die Siegel den Herrscher zusammen mit Krone, Zepter und Reichsapfel dar. Dadurch betonen sie seine vornehme Stellung.

Warum wissen wir über das späte Mittelalter mehr?
Im späten Mittelalter (ca. 1250 bis 1500 n. Chr.) wurde mehr aufgeschrieben als in den Jahrhunderten zuvor. Das lag vor allem an der wachsenden Bedeutung der Städte. Die Menschen lebten auf engerem Raum, sie trieben Handel, führten ein Gewerbe, stritten und versöhn-

ten sich. Daraus ergab sich bald die Notwendigkeit von Verordnungen, Rechnungsbüchern und weiterem Verwaltungsschriftgut. Auch städtische Chroniken wurden erstellt.

Auf dem Land war dem Grundherren, etwa einem Adeligen oder einem Kloster, verstärkt daran gelegen, sich einen Überblick über seinen Besitz und sein Einkommen zu verschaffen. In diesem Zusammenhang wurden Verzeichnisse (Urbare) angelegt.

Wegen dieser zunehmenden Schriftlichkeit können wir uns für die Zeit des Spätmittelalters ein genaueres Bild vom Alltagsleben der Menschen machen.

Ist das Mittelalter überall?
Durch Kriege, Brände oder Überschwemmungen wurden im Lauf der Jahrhunderte viele Spuren aus dem Mittelalter zerstört. Trotzdem schrieb der Historiker Horst Fuhrmann einmal, das Mittelalter sei überall. Tatsächlich gibt es heute noch einiges aus dieser Zeit zu entdecken, z. B. in alten Städten, Kirchen, Klöstern, Ruinen und Burgen.

So wie der Detektiv nicht alle Fälle auflösen kann, bleiben auch für den Historiker manche Fragen offen. Die Quellen geben ihm nicht auf alles eine Antwort. Oft kann er nur versuchen, sich der vergangenen Zeit anzunähern.

M 4 Rothenburg ob der Tauber
Im fränkischen Rothenburg ist die mittelalterliche Altstadt zu großen Teilen erhalten. Hier, wie auch in einigen anderen deutschen Städten, ist das Mittelalter noch sehr lebendig.

Herrschaft und Glaube im Mittelalter

Königsherrschaft im Mittelalter

Ein Königsdenkmal
Im Zentrum von Magdeburg, der Hauptstadt des heutigen Bundeslandes Sachsen-Anhalt, befindet sich der sogenannte Magdeburger Reiter. Man vermutet, dass die Figur Otto I. darstellen soll, der im 10. Jahrhundert regierte. Magdeburg war sein bevorzugter Aufenthaltsort. Die einflussreiche Adelsfamilie der Ottonen, aus der er stammte, hatte in der dortigen Gegend ihre Besitzungen. Diese Adelsfamilie stellte den Herzog von Sachsen und konnte sich nach dem Ende der Karolingerherrschaft die Königswürde sichern.

Der König als oberster Lehnsherr im Reich
Als Begründer des mittelalterlichen deutschen Reiches gilt der Vater von Otto, Heinrich I. Er einte die mächtigen Stammesherzöge, besiegte 933 die Ungarn an der Unstrut und festigte das Reich. Dass sein Sohn Otto die Nachfolge antrat, war keineswegs selbstverständlich, denn das Reich war ein Wahlkönigtum. Es gelang Heinrich I. jedoch, seinem Sohn noch zu Lebzeiten die Thronfolge zu sichern. So wurde Otto I. 936 in Aachen vom Adel zum König gewählt und feierlich gekrönt. Der König war auf die Zusammenarbeit mit dem mächtigen Adel angewiesen. Um zu gemeinsamen Entscheidungen zu kommen, fanden auf großen Versammlungen, den sogenannten Hoftagen, regelmäßig Beratungen statt. Die Stellung der Herzöge und anderer Adliger war deshalb so stark, weil sie mächtige Grundherren waren. Daneben hatten sie Vasallen. Dies waren andere Freie, meist Adlige, denen ein Stück Land, das Lehen, leihweise überlassen wurde. Der Lehnsherr war zu „Schutz und Schirm" verpflichtet und konnte von den Lehnsleuten „Rat und Tat" verlangen. Otto war als König oberster Lehnsherr im Reich. Seine Lehnsleute versuchten aber, möglichst selbstständig zu werden, weshalb sich Otto nicht immer auf sie verlassen konnte. Deshalb suchte er Rückhalt bei der Kirche.

Die Reichskirche als Stütze der Königsherrschaft
Die Erzbischöfe und Bischöfe waren in ihrem Erzbistum oder Bistum für alle religiösen Fragen zuständig. Sie waren aber nicht nur Geistliche, sondern auch weltliche Grund- und Lehnsherren und hatten also auch politisch großen Einfluss. Daneben gab es Klöster, die ebenso über großen Besitz verfügen und große Macht besitzen konnten.

Als König galt Otto nicht nur als weltlicher Herrscher. Er war nach dem damaligen Verständnis von Gott dazu berufen. So beanspruchte er, über kirchliche Angelegenheiten zu bestimmen und setzte Äbte und Bischöfe ein. Durch Schenkungen von Land, durch die Stiftung von Geld und durch die Überlassung von bestimmten Rechten, wie zum Beispiel dem Recht, Zoll zu erheben, waren die mächtigen kirchlichen Würdenträger dem König verpflichtet. Er konnte auf ihre Unterstützung vertrauen. So bildete die Kirche eine wichtige Stütze der Herrschaft Ottos und seiner Nachfolger.

Die Förderung der Kirche hatte für Otto noch einen anderen Vorteil. Da es in der damaligen Zeit keine Hauptstadt und keine feste Residenz gab, war der König mit seinem Gefolge immer unterwegs.

M 1 **Der Magdeburger Reiter**
Um 1240 entstandenes Standbild, das vermutlich Kaiser Otto I. darstellt.

M 2 **Siegel König Ottos I. (936 n. Chr.)**
Umschrift:
OTTO D(E)I GR(ATI)A REX
(Otto von Gottes Gnaden König),
Durchmesser: 5,2 cm

Der Herrscher war „vor Ort" in seinem Königreich, um für Frieden zu sorgen, um Gericht zu halten oder um politische Verhandlungen zu führen. Dies war allerdings sehr aufwendig, da alle am Hof Anwesenden versorgt werden mussten. Zu diesem Zweck gab es im ganzen Reich Königspfalzen. Nun übernahmen auch die reich ausgestatteten Klöster und Erzbistümer diese kostspielige Aufgabe.

Der Sieg über die Ungarn
Ottos Herrschaft war aber auch von außen bedroht. Die Ungarn unternahmen im 10. Jahrhundert immer wieder Vorstöße nach Mitteleuropa, überfielen Klöster, Burgen und Städte und zogen sich dann wieder zurück. Im Jahr 955 kam es zu einer großen Schlacht auf dem Lechfeld bei Augsburg, die Otto gewann.

Königtum und Kaisertum
Nach den Erfolgen gegen seine Widersacher im Inneren und dem Sieg über die Ungarn konnte Otto die Kaiserwürde beanspruchen. Im Jahr 962 wurde er in Rom vom Papst zum Kaiser gekrönt. Während sich das Königtum auf die nördlich der Alpen gelegenen Gebiete erstreckte, bezog sich das Kaisertum auch auf Italien. Der deutsch-römische Kaiser sah sich zudem in der Tradition des römischen Weltreiches.

M 3 Siegel Kaiser Ottos I. (um 965 n. Chr.)
Umschrift:
OTTO IMP(ERATOR) AUG(USTUS),
Durchmesser: 6,5 cm

M 4 Das Reich der Ottonen (919–1024)

Heinrich I. (um 875–936)
Kg. 919

Otto I. (912–973)
Kg. 936, Ks. 962

Otto II. (955–983)
Kg. 961, Ks. 973

Otto III. (980–1002)
Kg. 983, Ks. 996

Heinrich II. (973–1024)
Kg. 1002, Ks. 1014

M 5 Die Ottonen

Herrschaft und Glaube im Mittelalter

Die Königskrönung Ottos I. – Arbeiten mit einer Textquelle

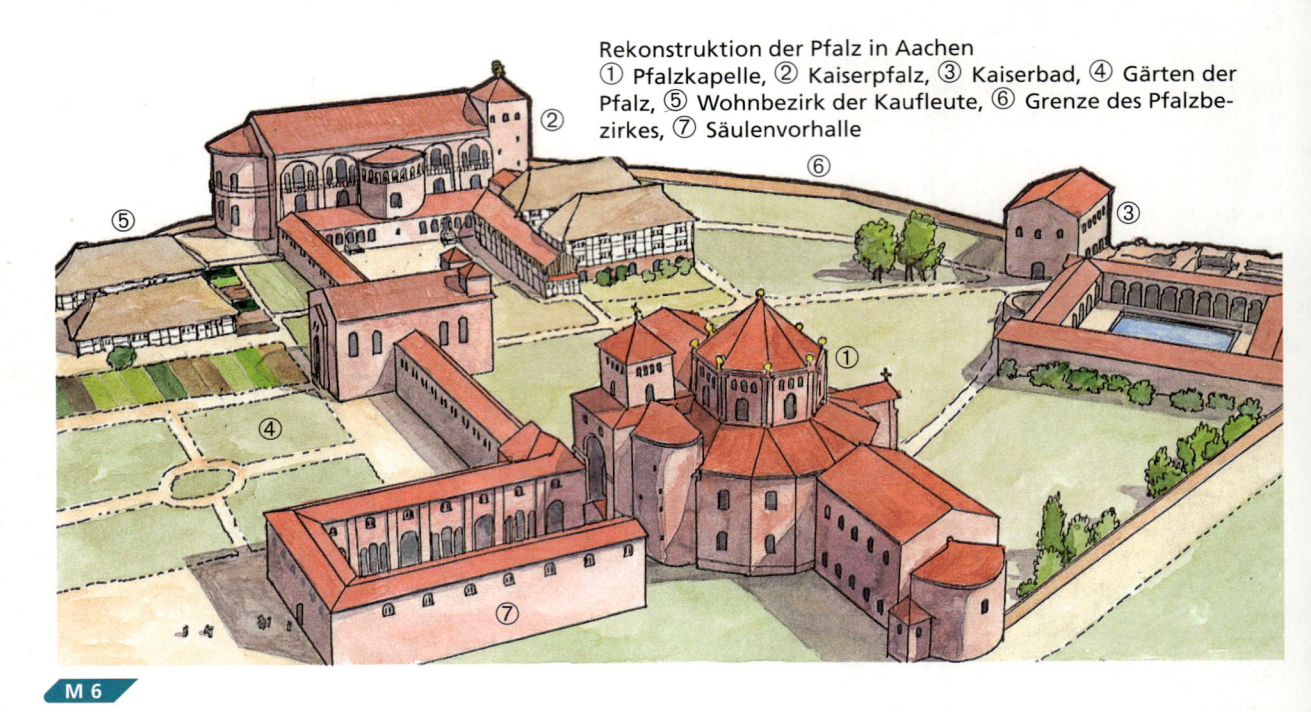

Rekonstruktion der Pfalz in Aachen
① Pfalzkapelle, ② Kaiserpfalz, ③ Kaiserbad, ④ Gärten der Pfalz, ⑤ Wohnbezirk der Kaufleute, ⑥ Grenze des Pfalzbezirkes, ⑦ Säulenvorhalle

M 6

M 7   Ein „Krönungsbericht"

In seiner „Sachsengeschichte" berichtet der Mönch Widukind aus dem Kloster Corvey an der Weser, der den Ottonen nahestand, über wichtige Ereignisse im 10. Jahrhundert. Da er die Krönung Ottos I. nicht persönlich miterlebte, beruht sein „Bericht" vermutlich auf der Beobachtung einer späteren Königserhebung:

Nachdem also der Vater des Vaterlandes und der größte wie beste König Heinrich gestorben war, wählte sich das gesamte Volk der Franken und Sachsen seinen Sohn Otto, der bereits vorher vom
5 Vater zum König designiert worden war, als Herrscher aus. Als Ort der allgemeinen Wahl nannte und bestimmte man die Pfalz Aachen. […]
Und als man dorthin gekommen war, versammelten sich die Herzöge und obersten Grafen mit der
10 übrigen Schar vornehmster Ritter in dem Säulenhof, der mit der Basilika Karls des Großen [Pfalzkapelle] verbunden ist, setzten den neuen Herrscher auf einen dort aufgestellten Thron, huldigten ihm, gelobten ihm Treue, versprachen ihm
15 Unterstützung gegen alle seine Feinde und machten ihn nach ihrem Brauch zum König. Während dies die Herzöge und die übrige Beamtenschaft vollführten, erwartete der Erzbischof mit der gesamten Priesterschaft und dem ganzen Volk im Innern der Basilika den Auftritt des neuen Königs. 20 Als dieser erschien, ging ihm der Erzbischof entgegen, berührte mit seiner Linken die Rechte des Königs, während er selbst in der Rechten den Krummstab trug, bekleidet mit der Albe [liturgisches Gewand], geschmückt mit Stola und Mess- 25 gewand, schritt vor bis in die Mitte des Heiligtums und blieb stehen. Er wandte sich zum Volk um, das ringsumher stand – es waren nämlich in jener Basilika unten und oben umlaufende Säulengänge –, sodass er vom ganzen Volk gesehen werden 30 konnte, und sagte: „Seht, ich bringe euch den von Gott erwählten und von dem mächtigen Herrn Heinrich einst designierten, jetzt aber von allen Fürsten zum König gemachten Otto; wenn euch diese Wahl gefällt, zeigt dies an, indem ihr die 35 rechte Hand zum Himmel emporhebt."
Da streckte das ganze Volk die Rechte in die Höhe und wünschte unter lautem Rufen dem neuen Herrscher viel Glück. Dann schritt der Erzbischof [Hildebert von Mainz] mit dem König, der nach 40 fränkischer Sitte mit einem eng anliegenden Gewand bekleidet war, hinter den Altar, auf dem die königlichen Insignien lagen: das Schwert mit

dem Wehrgehänge, der Mantel mit den Spangen, der Stab mit dem Zepter und das Diadem. […] Derselbe [Erzbischof von Mainz] aber ging zum Altar, nahm von dort das Schwert mit dem Wehrgehänge auf, wandte sich an den König und sprach: „Nimm dieses Schwert, auf dass du alle Feinde Christi verjagst, die Heiden und schlechten Christen, da durch Gottes Willen dir alle Macht im Frankenreich übertragen ist, zum unerschütterlichen Frieden für alle Christen."

Dann nahm er die Spangen, legte ihm den Mantel um und sagte: „Durch die bis auf den Boden herabreichenden Zipfel [deines Gewandes] seist du daran erinnert, mit welchem Eifer du im Glauben entbrennen und bis zum Tod für die Sicherung des Friedens eintreten sollst." Darauf nahm er Zepter und Stab und sprach: „Durch diese Abzeichen bist du aufgefordert, mit väterlicher Zucht deine Untertanen zu leiten und in erster Linie den Dienern Gottes, den Witwen und Waisen die Hand des Erbarmens zu reichen; und niemals möge dein Haupt ohne das Öl der Barmherzigkeit sein, auf dass du jetzt und in Zukunft mit ewigem Lohn gekrönt werdest." Auf der Stelle wurde er mit dem heiligen Öl gesalbt und mit dem goldenen Diadem gekrönt von eben den Bischöfen Hildebert und Wigfried [von Köln], und nachdem die rechtmäßige Weihe vollzogen war, wurde er von denselben Bischöfen zum Thron geführt, zu dem man über eine Wendeltreppe hinaufstieg, und er war zwischen zwei Marmorsäulen von wunderbarer Schönheit so aufgestellt, dass er von da aus alle sehen und selbst von allen gesehen werden konnte.

Nachdem man dann das Lob Gottes gesungen und das Messopfer feierlich begangen hatte, ging der König hinunter zur Pfalz, trat an die marmorne, mit königlicher Pracht geschmückte Tafel und nahm mit den Bischöfen und dem ganzen Adel Platz; die Herzöge aber taten Dienst. Der Herzog der Lothringer, Giselbert, zu dessen Machtbereich dieser Ort gehörte, organisierte alles; Eberhard kümmerte sich um den Tisch, der Franke Hermann um die Mundschenken; Arnulf [von Bayern] sorgte für die Ritterschaft sowie für die Wahl und Errichtung des Lagers […].

Der König aber ehrte danach einen jeden Fürsten freigebig, wie es sich für einen König gehört, mit einem passenden Geschenk und verabschiedete die vielen Leute mit aller Fröhlichkeit.

Widukind von Corvey, Sachsengeschichte, hrsg. v. Ekkehart Rotter u. Bernd Schneidmüller, Stuttgart 1981, S. 105–109.

Aufgaben

1. **Grundbegriffe des Mittelalters**
   a) Erläutere das Prinzip des Lehnswesens und der Grundherrschaft.
   b) Erstelle ein Schaubild zum Lehnswesen.
   c) Erkläre die Begriffe „Erzbischof", „Reisekönigtum" und „Reichskirche".
   → Text [vgl. auch die Seiten 90–95 in diesem Lehrbuch]

2. **Die mittelalterliche Königsherrschaft**
   a) Nenne die Stützen der ottonischen Königsherrschaft.
   b) Der Bericht über die Krönung Ottos I. kann in einzelne Abschnitte eingeteilt werden. Erstelle eine Tabelle, in die du Ort, Handlung und Bedeutung der Handlung einträgst.
   c) Arbeite die Handlungen heraus, die zusammengehören.
   → Text, M7

3. **Bedeutung von Königssiegeln**
   a) Entziffere die Inschriften auf den beiden Siegeln.
   b) Erkläre die Bedeutung der beiden Inschriften.
   c) Beurteile folgende Behauptung: „Königssiegel waren für die Könige ein wichtiges Mittel, um ihre Macht zu sichern."
   → M2, M3

Herrschaft und Glaube im Mittelalter

Kampf zwischen Kaiser und Papst: Investiturstreit

Das Schlagwort vom „Canossagang"
Der deutsche Reichskanzler Otto von Bismarck sagte am 14. Mai 1872: „Nach Canossa gehen wir nicht". Er spielte damit auf ein historisches Ereignis an, das sich Ende Januar des Jahres 1077 auf einer italienischen Burg in der Nähe von Modena ereignete. Es hat die Nachwelt jedenfalls so sehr beeindruckt, dass man noch heute von einem „Canossagang" spricht, wenn jemand einen schweren und für ihn vielleicht entwürdigenden Gang tun muss.

Das Verhältnis von geistlicher und weltlicher Gewalt
Im Mittelalter war das Verhältnis zwischen Kaiser und Papst immer wieder umstritten. Zunächst war das Papsttum schwach und auf die Hilfe der weltlichen Könige und Kaiser angewiesen. Im 11. Jahrhundert hatte es jedoch schrittweise an Macht und Unabhängigkeit gewonnen, sodass es im Zeitalter der Kirchenreform den weltlichen Herrschern selbstbewusster gegenübertreten konnte.

Die Reform der Kirche, wie sie im 11. Jahrhundert eingeleitet wurde, stand ganz im Zeichen der „Freiheit", die die Kirche für sich erringen wollte. Diese Entwicklung begann mit der Reform des Papsttums, das damals von stadtrömischen Adelsgeschlechtern abhängig war. Um diesen Missstand zu beheben, setzte König Heinrich III. (1039–1056) aus der Familie der Salier wiederholt Reformpäpste ein.

Die Papstreform war aber nur Teil einer viel größeren Reform, die nach und nach die ganze Kirche erfasste. Sie war von den Benediktinerklöstern Gorze bei Metz und Cluny bei Mâcon angestoßen worden.

Konrad II. (um 990–1039)
Kg. 1024, Ks. 1027

Heinrich III. (1017–1056)
Kg. 1039, Ks. 1047

Heinrich IV. (1050–1106)
Kg. 1056, Ks. 1084

Heinrich V. (um 1081–1125)
Kg. 1106, Ks. 1111

M 1 Die Salier

M 2 **Größte Kirche der Christenheit,** die Kirche des Klosters Cluny war 187 m lang, Rekonstruktion.

Ursache des Reformverlangens war, dass es in fast allen Bereichen der Kirche Missstände gab.

Der Kampf gegen die Laieninvestitur

Der Streit entzündete sich an einer für das mittelalterliche Kirchenwesen zentralen Einrichtung: der Investitur. Damit ist die Einsetzung eines Bischofs oder eines Abtes in sein geistliches Amt gemeint. Der Investiturstreit entwickelte sich zu einer grundlegenden Auseinandersetzung zwischen Papst und Kaiser.

An der Investitur war nämlich der König oder Kaiser beteiligt. Die Investitur stellte ein wichtiges Vorrecht des weltlichen Herrschers dar, da er mit der Investitur das Kirchengut beziehungsweise weltliche Herrschaftsrechte vergab. Obgleich ein Bischof nach kirchlichem Recht eigentlich durch „Klerus und Volk" gewählt werden sollte, wurde er häufig durch den Herrscher eingesetzt. Aus der Gottunmittelbarkeit seines Herrscheramtes leitete der König das Recht zu reformerischen Eingriffen in die Kirche ab. Solange er nicht nur als Laie, sondern auch als Priester galt, war es kein Problem, dass er Bischöfe einsetzte. Galt er aber nur noch als Laie, dann musste der Akt der Investitur als problematisch, ja sogar als Verletzung der „Freiheit der Kirche" erscheinen.

Wenn man berücksichtigt, dass die Bischofsinvestitur seit den Tagen Karls des Großen ein wichtiges Element königlicher Machtpolitik war, dann wird die Schärfe des ausbrechenden Streites verständlich, als dem König durch die Kirche das Recht auf die Bischofsinvestitur plötzlich bestritten wurde.

Der Ausbruch des Konflikts

Auslöser des Streits war die Einmischung des salischen Königs Heinrich IV. (1056–1106) bei der Einsetzung der Bischöfe in Mailand, Fermo und Spoleto in Norditalien. Papst Gregor VII. (1073–1085) war im Gegensatz zu seinen Vorgängern nicht mehr bereit, dieses königliche Vorgehen zu akzeptieren. Er forderte von Heinrich IV. die Rücknahme der Entscheidung, was dieser empört zurückwies. Der Streit weitete sich aus und führte zu einer für das Mittelalter bisher einmaligen Situation: Der König forderte den Papst im Jahr 1076 zum Rücktritt auf, was dieser zum Anlass nahm, dem König seinerseits die Leitung des Reiches zu untersagen, alle Untertanen vom Eid, den sie dem König geleistet hatten, zu entbinden und schließlich den Kirchenbann über ihn zu verhängen.

Damit war etwas passiert, was es so bislang in der Geschichte noch nie gegeben hatte. Ein Papst hatte es gewagt, einen König nicht nur abzusetzen, sondern auch aus der Kirche auszuschließen.

Canossa – Die Buße des Königs

Der König konnte dieses Vorgehen nicht akzeptieren. Aber seine Situation war schwierig. Die Reichsbischöfe, die ihn zuvor im Kampf gegen Gregor VII. unterstützt hatten, stellten sich gegen ihn. Die Fürsten verlangten vom König, sich innerhalb eines Jahres vom Kirchenbann zu lösen, andernfalls würden sie einen neuen König wählen. Die Herrschaft des Königs selbst stand infrage.

M 3 Krönung Heinrichs II.
Die Krönung Heinrichs II. (973–1024) ist Zeugnis kaiserlicher Selbstdarstellung. Die unmittelbare Krönung durch Gott (Christus) verlieh dem Kaiser eine eigene Würde. Engel reichen die Herrschaftsinsignien Schwert und Lanze, Schutzheilige stützen die Arme, um 1004.

Herrschaft und Glaube im Mittelalter

M 4 Burg Canossa
Heutiger Zustand

Aus dem Streit um die Bischofsinvestitur war damit ein großer Konflikt um die richtige Ordnung der Welt geworden. Heinrich beschloss, dem Papst, den die Fürsten als Schiedsrichter nach Deutschland eingeladen hatten, entgegenzuziehen. Der Winter, in dem Heinrich IV. mit seiner Familie über die Alpen nach Oberitalien zog, war hart. Der Papst, der davon ausgehen musste, Heinrich ziehe ihm mit einer Streitmacht entgegen, zog sich auf die Burg Canossa seiner Gönnerin Mathilde von Tuszien zurück. Heinrich aber kam nicht als Kriegsherr, sondern als Büßer. Drei Tage, vom 25. bis zum 28. Januar 1077, soll er barfuß im Büßergewand vor der Burg in der Kälte ausgeharrt haben, bis sich Gregor bereitfand, ihm zu verzeihen.

Zur Bewertung von Canossa
Die Ereignisse von Canossa beschäftigen die Historiker bis heute. Fest steht: Der Konflikt zwischen König und Papst war vorläufig bereinigt. Heinrich hatte seine Herrschaft gerettet und der Papst konnte nicht umhin, den reuigen Büßer wieder in die Kirche aufzunehmen. Sein Plan, zusammen mit den Fürsten gegen den König vorzugehen, war durch den Alpenübergang Heinrichs gescheitert.

Aber auch Heinrich hatte sich in gewisser Weise vor dem Papst demütigen müssen. Die Frage, wer in diesem Konflikt der Sieger und wer der Verlierer war, ist daher schwer zu beantworten. Die Antwort hängt nicht zuletzt von der Perspektive ab, die man einnimmt. Betrachtet man die Ereignisse aus dem Blickwinkel der königlichen Machtposition, so war der König der Sieger, hatte er es doch geschafft, seine Macht wiederherzustellen und zu bewahren. Sieht man indes auf die Stellung eines Königs von „Gottes Gnaden", so hatte sich Heinrich als König demütigen und vor dem Papst erniedrigen müssen. Seine königliche Würde hatte Schaden genommen.

Das Konkordat von Worms 1122
Auf die dramatischen Ereignisse von Canossa folgte eine lange Zeit bürgerkriegsähnlicher Zustände im Reich. Denn die Fürsten hatten an ihrem Plan, einen Gegenkönig zu wählen, trotz der Buße des Königs festgehalten. Am 15. März 1077 war es deshalb in Forchheim zur ersten freien deutschen Königswahl gekommen, aus der Rudolf von Rheinfelden (1077–1080) als Gegenkönig hervorging. Heinrich IV. hatte es nun also nicht nur mit dem Papst und den oppositionellen Fürsten, sondern auch mit einem Gegenkönig zu tun.

In der Investiturfrage kam es erst unter Heinrich V. (1106–1125), dem Sohn Heirichs IV., zu einer dauerhaften Einigung. Wichtig war die Unterscheidung zwischen geistlichem Amt (Spiritualien) und den damit verbundenen weltlichen Hoheitsrechten (Temporalien).

Das Wormser Konkordat vom 23. September 1122 war insofern ein Kompromiss, der von beiden Seiten Zugeständnisse verlangte. Man unterschied den Akt der Investitur in einen geistlichen und einen weltlichen Teil. Für den ersten war der Papst, für den zweiten der König zuständig. Für Deutschland sah die Lösung so aus: Der Abt oder Bischof wurde von den zuständigen Geistlichen gewählt. Dann erfolgte die weltliche Investitur mit dem Zepter durch den König, schließlich die geistliche Investitur durch den Papst mit Ring und Stab.

Kaiser und Papst im Konflikt – Zeitgenössische Quellen analysieren

M 5 Leitsätze des Papstes

Auszug aus 27 Leitsätzen von Papst Gregor VII. (1073–1085), die er im Jahre 1075 diktierte:

II. Dass allein der römische Bischof mit Recht „allgemein" genannt wird.
VIII. Dass er allein die kaiserlichen Herrschaftszeichen verwenden kann.
IX. Dass alle Fürsten allein des Papstes Füße küssen.
X. Dass allein sein Name in den Kirchen genannt wird.
XII. Dass es ihm erlaubt ist, Kaiser abzusetzen.
XXVI. Dass nicht für katholisch gilt, wer sich nicht in Übereinstimmung mit der römischen Kirche befindet.

Quellen zum Investiturstreit. Erster Teil: Ausgewählte Briefe Papst Gregors VII., Darmstadt 1978, S. 149–151, Nr. 47.

M 6 Der Konflikt zwischen Papst und Kaiser

a) Heinrich IV. an Gregor VII. am 24. Januar 1076:

Heinrich, nicht durch Anmaßung, sondern durch Gottes gerechte Anordnung König, an Hildebrand, nicht mehr den Papst, sondern den falschen Mönch. Diese Anrede hast du nämlich für die von dir angerichtete Verwirrung verdient […]. Um nämlich aus vielem nur einiges Wenige und Wichtige zur Sprache zu bringen: du scheutest dich nicht nur nicht, die Lenker der heiligen Kirche, nämlich Erzbischöfe, Bischöfe und Priester, die doch Gesalbte des Herrn sind, anzutasten, nein, wie Knechte, die nicht wissen, was ihr Herr tut, zertratest du sie unter deinen Füßen […]. Und wir haben dies alles ertragen, während wir uns bemühten, die Stellung des apostolischen Stuhles zu wahren. Aber du hast unsere Demut für Furcht gehalten und dich daher nicht gescheut, dich sogar gegen die uns von Gott verliehene königliche Gewalt zu erheben; du hast zu drohen gewagt, du würdest sie uns nehmen, als ob wir von dir das Königtum empfangen hätten, als ob in deiner und nicht in Gottes Hand Königs- und Kaiserherrschaft lägen. Dieser unser Herr Jesus Christus hat uns zum Königtum, dich aber nicht zur geistlichen Herrschaft berufen. […] So steige du denn, der du durch diesen Fluch und das Urteil aller unserer Bischöfe und unser eigenes verdammt bist, herab, verlasse den apostolischen Stuhl, den du dir angemaßt hast. […] Ich, Heinrich, durch die Gnade Gottes König, sage dir zusammen mit allen meinen Bischöfen: Steige herab, steige herab!

Quellen zur Geschichte Kaiser Heinrichs IV. Die Briefe Heinrichs IV., 4. Aufl., Darmstadt 2000, S. 65–69, Nr. 12.

b) Gregor VII. am 14. Februar 1076:

Heiliger Petrus, Fürst der Apostel, neige zu mir, ich bitte Dich, gnädig Dein Ohr, und höre mich, Deinen Knecht […]. Du bist mein Zeuge und meine Herrin, die Mutter Gottes, und der heilige Paulus, Dein Bruder, mit allen Heiligen, dass Deine Heilige Römische Kirche mich wider meinen Willen zu ihrer Leitung berufen hat […]. Und deshalb glaube ich, […] dass die Christenheit, welche Dir besonders anvertraut ist, mir gehorche. Besonders ist mir an Deiner Statt und durch Deine Gnade von Gott die Gewalt, zu binden und zu lösen im Himmel und auf Erden, anvertraut und verliehen worden. Auf diese Zuversicht also bauend, zur Ehre und zum Schutz Deiner Kirche, widersage ich im Namen des allmächtigen Gottes, kraft Deiner Macht und Gewalt, dem König Heinrich, Kaiser Heinrichs Sohn, der gegen Deine Kirche mit unerhörtem Hochmut sich erhoben hat, die Herrschaft über das gesamte Reich der Deutschen und Italiens und löse alle Christen von dem Band des Eides, welchen sie ihm geleistet haben oder noch leisten werden, und ich untersage jedem, ihm fürder als einem König zu dienen.

Quellen zur Allgemeinen Geschichte des Mittelalters, hrsg. von Gottfried Guggenbühl und Otto Weiss, 2. umgearb. Aufl., Zürich 1946, S. 101f.

M 7 Canossa aus zeitgenössischer Sicht

Der Chronist Lampert von Hersfeld über die Buße des Königs in Canossa im Januar 1077:

Da kam der König, wie ihm befohlen war, und da die Burg von drei Mauern umgeben war, wurde er in den zweiten Mauerring aufgenommen, während sein ganzes Gefolge draußen blieb, und hier stand er nach Ablegung der königlichen Gewänder ohne alle Abzeichen der königlichen Würde, ohne die geringste Pracht zur Schau zu stellen, barfuß und nüchtern vom Morgen bis zum Abend, das Urteil des Papstes erwartend. So verhielt er sich am zweiten, so am dritten Tage. Endlich am vierten Tag wurde er zu ihm vorgelassen, und nach vielen Reden und Gegenreden wurde er schließlich […] vom Bann losgesprochen.

Annalen, neu übers. v. A. Schmidt, Darmstadt ⁴2000, S. 407.

Herrschaft und Glaube im Mittelalter

Der Gang nach Canossa – Mit Bildquellen arbeiten

M 8 Die Canossaszene

Der Fußfall Heinrichs IV. vor der Burgherrin Mathilde. Heinrich bittet um Vermittlung in Canossa, links Abt Hugo von Cluny, der Taufpate Heinrichs, Miniatur um 1115.

M 9 Der Canossagang

a) Der Historiker Harald Zimmermann untersucht in seinem Buch die Ereignisse in Canossa 1077. Zur Miniatur von 1115 schreibt er:

Auffällig ist, dass Heinrich in königlicher Tracht mit einer Krone am Haupt und mit dem Reichsapfel in der rechten Hand dargestellt wird. Daraus haben einige moderne Forscher auf die Unrichtig-
5 keit aller jener Quellenzeugnisse geschlossen, die vom Ablegen der Insignien durch Heinrich während seines ganzen Canossaaufenthaltes und von seinem Auftreten als Büßer in erbärmlichem Gewande erzählen. Von anderen wurde allerdings
10 richtig eingewandt, […] dass dem Maler kaum eine andere Möglichkeit als die Abbildung auch königlicher Insignien zur Kennzeichnung der knieenden Gestalt als König Heinrich zur Verfügung stand, wie er ja auch Hugo einen Abtstab in
15 die Hand gab sowie endlich und nicht zuletzt, dass [der Maler] Donizo zeigen wollte, wie sich vor seiner Heldin sogar ein gekrönter Herrscher gebeugt habe.
Als bildliche Quelle für das eigentliche Canossage-
20 schehen wird man also seine Miniatur nicht werten dürfen, obzwar der Autor der Ereignisse zeitlich und örtlich nahestand und daher zumindest über gute Informationen verfügt haben kann, wenn er aus Altersgründen auch schwerlich
25 Augenzeuge gewesen sein dürfte.

b) Zum Gemälde von Eduard Schwoiser schreibt Harald Zimmermann:

Im klein gehaltenen Hintergrund sieht man oben am Söller Mathilde und Gregor, beide sichtlich, aber in verschiedener Weise vom Geschehen unten im Burghof bewegt. Gregor zeigt mit der Linken auf den büßenden König und weist viel- 5
sagend mit der Rechten in den Himmel. Er blickt dabei Mathilde an, die sich anscheinend eben in aller weiblichen Zurückhaltung für den König verwendet hat, ohne Erfolg allerdings, denn Gregors Haltung ist triumphierend stolz und er 10
scheint seiner Gastgeberin die Bedeutung der Szene erklären zu wollen und seine eigene Rolle als Mittler zwischen Himmel und Erde.
Unten im Hofe findet man Heinrich. Sein Kopf ist hoch aufgerichtet, der Blick jedoch gesenkt, 15
sicher auch aus Scham. Die geballten Fäuste raffen die Büßerkutte, sodass man die nackten Füße so sehen kann, wie es der Künstler beabsichtigt. Das Burgtor ist bereits geöffnet, aber doch durch Ritter Mathildes verstellt […]. 20

Harald Zimmermann, Der Canossagang von 1077 – Wirkungen und Wirklichkeit, Mainz 1975, S. 42 u. 54.

M 10 Canossa

Wandgemälde von Eduard Schwoiser im Maximilianeum in München aus dem Jahre 1862

Ergebnisse des Investiturstreits

M 11 — Das Wormser Konkordat

Das Wormser Konkordat vom 23. September 1122 besteht aus zwei Urkunden, in denen Kaiser Heinrich V. und Papst Calixtus II. dem jeweils anderen Vertragspartner Folgendes einräumen:

Ich, Heinrich, von Gottes Gnaden erlauchter Kaiser der Römer, überlasse aus Liebe zu Gott und zur Heiligen Römischen Kirche und zu dem Herrn
5 Papste Calixtus und um meines Seelenheils willen Gott und seinen heiligen Aposteln Petrus und Paulus und der Heiligen Katholischen Kirche jede Investitur mit Ring und Stab und gestatte, dass in allen Kirchen meines Königreiches und Kaiserrei-
10 ches die Wahl auf kanonische Weise stattfinde und die Weihe frei sei. [...]
Ich, Calixtus, Bischof und Knecht der Knechte Gottes, gestatte Dir, meinem lieben Sohn Heinrich, von Gottes Gnaden erlauchtem Kaiser der
15 Römer, dass die Wahlen der Bischöfe und Äbte im deutschen Königreiche, soweit sie dazugehören, in Deiner Gegenwart stattfinden, aber ohne Simonie[1] oder irgendwelche Gewalttätigkeit, sodass Du, wenn irgendwo zwischen den Partei-
20 en Zwietracht entstehen wird, auf des Metropoliten[2] [...] und der Mitbischöfe derselben Provinz Rat oder Entscheid dem verständigeren Teile Zustimmung und Hilfe gewährest. Der Gewählte aber soll von Dir durch das Zepter die Regalien[3]
25 empfangen, und was er daraus Dir rechtlich schuldet, soll er leisten.

1 Simonie: Bezeichnung für den Handel mit geistlichen Würden und allgemein die Gewalt von Laien über geistliche Ämter.
2 Metropolit: Der anderen Bischöfen seiner Provinz übergeordnete Erzbischof.
3 Regalien: Königliche Hoheitsrechte, wie z.B. das Zoll-, Münz- oder Marktrecht.

Quellen zur Allgemeinen Geschichte des Mittelalters, hrsg. von Gottfried Guggenbühl und Otto Weiss, 2. umgearb. Aufl., Zürich 1946, S. 120f., Nr. 52.

M 12 — Der sogenannte Investiturstreit

Die Historikerin Claudia Zey stellt Folgendes fest:

Bei einem Blick in die derzeit im Unterricht verwendeten Bände fällt im Vergleich zu den Ausgaben aus den 70er- und 80er-Jahren auf, dass der Begriff Investiturstreit entweder in Anführungs-
5 zeichen gesetzt oder häufig ganz aus den Inhaltsverzeichnissen verschwunden ist. Stattdessen finden sich die Überschriften wie „Papst und Kaiser im Konflikt", „Kaiser oder Papst – wer ist der erste im Abendland" oder „Kaisertum und Papsttum im
10 Widerstreit". Darin spiegelt sich die in der Forschung seit einiger Zeit vorherrschende Erkenntnis wider, dass diese folgenschwere Auseinandersetzung mehr war als ein Streit um die königliche Einsetzung von Bischöfen und Äbten in ihre geist-
15 lichen Ämter mit den Symbolen Ring und Stab.

Claudia Zey, in: Macht und Ordnungsvorstellung im hohen Mittelalter, hrsg. von Stefan Weinfurter, Neuried 1998, S. 89.

Aufgaben

1. **Der Beginn des Investiturstreits**
   a) Erkläre das Selbstverständnis des Papstes und des Kaisers.
   b) Erläutere die Ursachen für den Investiturstreit.
   c) Stelle in zwei Spalten die Argumente Heinrichs und Gregors gegenüber.
   d) Nimm Stellung zu folgender Auffassung: „Der Ton der beiden war nicht geeignet, den Konflikt friedlich zu lösen." → Text, M5, M6

2. **Der Verlauf des Investiturstreits**
   a) Verfasse eine kurze Darstellung zum Verlauf des Investiturstreits.
   b) Erkläre die politischen Gefahren, die sich für Heinrich aus dem Investiturstreit ergaben.
   → Text

3. **Der Gang nach Canossa in Bildquellen**
   a) Vergleiche die beiden Bildquellen und arbeite die Ursachen für die unterschiedliche Darstellungsweise Heinrichs heraus.
   b) Beurteile die Verlässlichkeit der beiden Bildquellen. → M8, M9, M10

4. **Die Ergebnisse des Investiturstreits**
   a) Stelle die Ergebnisse des Investiturstreits in einer Übersicht dar.
   b) Erläutere die Folgen, die sich für den König, die Fürsten, die Reichsbischöfe und den Papst aus dem Wormser Konkordat ergaben.
   c) Prüfe folgende Aussage: „Der Begriff Investiturstreit ist unzutreffend für die Ereignisse, die zum Wormser Konkordat führten."
   → Text, M11, M12

Herrschaft und Glaube im Mittelalter

M 1 Kaiseradler Friedrichs II. vom Kastell Rocca Ursino in Catania (nach 1239)

Die Zeit der Staufer

Der Adler als Wappentier

Der Adler, der als „Bundesadler" die Bundesrepublik Deutschland symbolisiert, lässt sich bis ins Mittelalter zurückverfolgen. Da er als „König der Vögel" galt, wurde er gerne als Wappentier gewählt. Seit dem 12. Jahrhundert, als die Herrscherfamilie der Staufer die Könige und Kaiser stellte, steht er als Zeichen für das Heilige Römische Reich und gilt seitdem als Wappentier Deutschlands.

Lange galt die Zeit der Staufer als Höhepunkt des mittelalterlichen Kaisertums, weil das Heilige Römische Reich in dieser Zeit in Europa eine besonders große Machtstellung erreicht hatte.

Friedrich Barbarossa und Italien

Der mächtigste und bis heute bekannteste staufische Herrscher war Friedrich I., der wegen seines roten Bartes den italienischen Beinamen „Barbarossa" erhielt. Als er 1152 zum König gewählt wurde, konkurrierten die Adelsgeschlechter der Staufer und der Welfen um die Königswürde. Friedrich wurde von den Welfen anerkannt, weil seine Mutter Judith aus dieser Familie stammte und weil er sich von Anfang an um einen Ausgleich bemühte. So überließ er seinem welfischen Konkurrenten Heinrich dem Löwen sowohl das Herzogtum Sachsen als auch das Herzogtum Bayern. Heinrich vergrößerte und festigte seine Herrschaft in diesen Gebieten und stellte das Königtum Friedrichs nicht infrage, sondern unterstützte lange Zeit aktiv die Reichspolitik.

M 2 Christus krönt Heinrich den Löwen und seine Frau Mathilde
Links hinter Heinrich: seine Eltern Heinrich der Stolze und Gertrud sowie deren Eltern Kaiser Lothar III. und Richenza.
Rechts hinter Mathilde: ihr Vater, König Heinrich II. von England, und dessen Mutter Mathilde, englische Königin und Witwe Kaiser Heinrichs V., Buchmalerei aus dem Evangeliar Heinrichs des Löwen.

Der Staufer versuchte auf seine Weise, die Macht zu steigern. Zum einen bemühte sich Friedrich, die Reichsrechte gegenüber der Kirche wieder zur Geltung zu bringen, sah sich jedoch bald in einen Konflikt mit dem Papsttum verstrickt. 1154 war Friedrich in Rom noch zum Kaiser gekrönt worden. Als Papst Hadrian IV. 1159 starb, wurden zwei Päpste gewählt. Friedrich entschied sich für den kaiserfreundlichen Papst Viktor IV. Ihm und seinem Nachfolger Paschalis stand jedoch der kaiserfeindliche Alexander III. gegenüber. Es kam zu einer Kirchenspaltung, zu einem sogenannten Schisma, das 18 Jahre andauerte.

Zum anderen konnte Friedrich als Kaiser auch die Herrschaft über Nord- und Mittelitalien beanspruchen und versuchte auf dieser Grundlage, von den reichen italienischen Städten Abgaben einzutreiben. Denn diese nahmen stellvertretend Königsrechte, sogenannte Regalien, wahr. Dazu zählten Münz-, Zoll-, Markt- und Fischereirechte.

Nachdem Friedrich zunächst seine Ansprüche durchsetzen konnte, verbündete sich die Mehrzahl der Städte, allen voran Mailand, mit Papst Alexander III. gegen den Kaiser. Obwohl Friedrich sechsmal nach Italien zog und dort 16 von 38 Regierungsjahren verbrachte, gelang es ihm trotz zwischenzeitlich triumphaler Erfolge nicht, die Herrschaft über Italien dauerhaft zu sichern. Als er 1176 in der Schlacht von Legnano in der Nähe von Mailand eine schwere Niederlage erlitten hatte, kam es zum Ausgleich mit dem Papst und den italienischen Städten.

Konrad III. 1138–1152
Friedrich I. 1152–1190
Heinrich VI. 1190–1197
Philipp v. Schwaben 1198–1208
Gegenkönig:
Otto IV. (Welfe) 1198–1218
Friedrich II. 1212–1250
Konrad IV. 1250–1254

M 3 Die Staufer

M 4

M 5 Porträt Kaiser Friedrichs I. Die vergoldete Bronzebüste ist ein Geschenk des Kaisers an seinen Taufpaten Otto von Cappenberg. Die Mauerzinnen am unteren Rand symbolisieren Rom, um 1160.

Europäische Mächte zur Zeit der Stauferkaiser (1152 - 1250)
- Grenze des Römisch-Deutschen Kaiserreichs
- Herrschaftsgebiet der Stauferkaiser
- Kaiserpfalzen/Reichsburgen
- Lombardische Städte
- Grenze des Kgr. Frankreich
- Kronland der frz. Könige
- Besitzungen der engl. Könige in Frankreich
- Gebiet des Papstes (Kirchenstaat)
- Lehnshoheit des Papstes

Herrschaft und Glaube im Mittelalter

M 6 Löwenstandbild in Lübeck
Standbild Heinrichs des Löwen vor dem 1163 geweihten Dom – gleichzeitig auch Symbol seiner Herrschaft

Königsherrschaft in Deutschland

Schließlich versuchte Barbarossa, seine Herrschaft auch in Deutschland zu festigen. Er wollte den Besitz des Reiches und des staufischen Hauses vergrößern und zu einem geschlossenen Territorium ausbauen. Städte waren dabei als wirtschaftliche Zentren, die Geld einbrachten, und als politische Stützpunkte von großer Bedeutung. Zur Verwaltung zog Friedrich Ministerialen heran. Als ehemals Unfreie waren diese vom Herrscher abhängig und übten ihr Amt, im Unterschied zu den unabhängigen und durch die Lehnsverpflichtung nur locker gebundenen Adligen, im Sinne ihres Herrn aus. Den Ministerialen gelang es wegen ihrer Verdienste und der Förderung durch den Herrscher nach und nach, eine adlige Stellung zu erreichen.

Der Vetter Friedrichs I., Heinrich der Löwe, war als Herzog von Bayern und Sachsen der mächtigste Fürst im Reich. Als Zentrum seiner Macht betrachtete er Sachsen, wo er seine Herrschaft durch rücksichtsloses Vorgehen gegen die Rechte und den Besitz anderer Adelsgeschlechter sicherte. Heinrich betrieb außerdem eine ausgreifende Politik gegen die Slawen, die mit einem regen Landesausbau und der Förderung der Christenmission verbunden war. Seine Bistumsgründungen, seine Stadterhebungen und die damit verbundene Förderung des Handels und der Wirtschaft im Ostseeraum dienten dabei auch der Steigerung seiner Einnahmen. Solange Heinrich inhaltlich sowie mit Geld und Truppen die Politik Friedrichs unterstützte, hatten die Klagen der anderen Fürsten gegen ihn keinen Erfolg.

Konflikt mit Heinrich dem Löwen

Nachdem Heinrich der Löwe vor der entscheidenden Schlacht von Legnano Friedrich die Unterstützung verweigert hatte, kam es zu einem ernsthaften Zerwürfnis zwischen den bislang eng zusammenarbeitenden Vettern. Als Heinrich von Konkurrenten in Sachsen angeklagt wurde, Rechtsbrüche begangen zu haben, wurde er von Friedrich nicht wie bisher gedeckt, sondern als Angeklagter vorgeladen. Als er dreimal nicht erschienen war, erkannte Friedrich ihm im Jahre 1180 die beiden Herzogtümer Bayern und Sachsen ab. Heinrich musste zu seinem Schwiegervater, dem englischen König, ins Exil gehen. Das Herzogtum Bayern erhielten die Wittelsbacher, das Herzogtum Sachsen wurde geteilt.

An diesem Konflikt kann man erkennen, dass der König zwar als oberster Lehnsherr anerkannt war, dass aber gleichzeitig eine Verpflichtung bestand, die Lehen wieder zu verleihen. Innerhalb des Lehnswesens entwickelte sich die sogenannte Heerschildordnung. Der Rang eines Adligen bemaß sich danach, von wem er Lehen annahm. So ließen sich die obersten Reichsfürsten nur vom König belehnen. Unter ihnen standen die Grafen und freien Herren sowie schließlich die Ministerialen.

Nachdem Friedrich Barbarossa 1190 auf dem Kreuzzug nach Jerusalem ertrunken war, verlagerten seine Nachfolger Heinrich VI. und Friedrich II. den Schwerpunkt der staufischen Herrschaft immer mehr nach Italien. Dabei wurden auch Süditalien und Sizilien in die staufische Herrschaft einbezogen. Auf diese Weise konnten die deutschen Fürsten ihre Herrschaft auf Kosten der Königsmacht behaupten und sogar noch stärken.

Staufer und Welfen im Konflikt

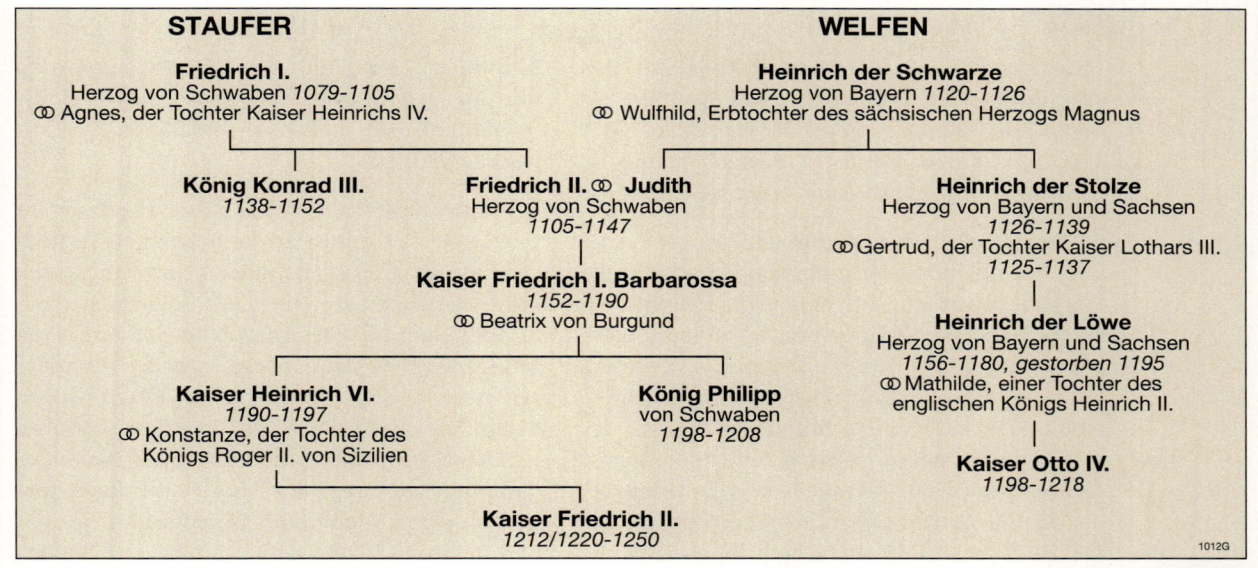

STAUFER

Friedrich I.
Herzog von Schwaben 1079-1105
⚭ Agnes, der Tochter Kaiser Heinrichs IV.

König Konrad III.
1138-1152

Friedrich II. ⚭ **Judith**
Herzog von Schwaben
1105-1147

Kaiser Friedrich I. Barbarossa
1152-1190
⚭ Beatrix von Burgund

Kaiser Heinrich VI.
1190-1197
⚭ Konstanze, der Tochter des
Königs Roger II. von Sizilien

König Philipp
von Schwaben
1198-1208

Kaiser Friedrich II.
1212/1220-1250

WELFEN

Heinrich der Schwarze
Herzog von Bayern 1120-1126
⚭ Wulfhild, Erbtochter des sächsischen Herzogs Magnus

Heinrich der Stolze
Herzog von Bayern und Sachsen
1126-1139
⚭ Gertrud, der Tochter Kaiser Lothars III.
1125-1137

Heinrich der Löwe
Herzog von Bayern und Sachsen
1156-1180, gestorben 1195
⚭ Mathilde, einer Tochter des
englischen Königs Heinrich II.

Kaiser Otto IV.
1198-1218

M 7

M 8 Die Begegnung in Chiavenna

Über das Zusammentreffen von Heinrich und Friedrich 1176 berichtet ein Chronist:

Der Kaiser sandte nun dringende Boten nach Deutschland, um das Heer zu verstärken, und vor allem an seinen Vetter Heinrich, den Herzog von Sachsen und Bayern, um ihn zu einer Aussprache in Chiavenna zu laden. Er kam ihm bis hier entgegen und bat ihn dringender, als es der kaiserlichen Majestät ansteht, dem Reiche in seiner gefährlichen Lage zu Hilfe zu kommen. Man sagt sogar, er habe sich ihm zu Füßen geworfen. Aber Herzog Heinrich, der allein die Macht und die Mittel besaß, damals dem Reiche einen wirklichen Dienst zu leisten, forderte dafür Goslar, die reichste Stadt in ganz Sachsen, zum Lehen. Der Kaiser aber hielt es für eine Schande, sich gegen seinen Willen um ein solches Lehen erpressen zu lassen, und stimmte nicht zu, worauf Heinrich ihn in hellem Zorn in der Gefahr verließ und heimkehrte.

Aus der Chronik Ottos von St. Blasien, übers. v. W. Lautemann, in: Geschichte in Quellen, Band 2, München 1975, S. 426.

M 9 Die Verurteilung Heinrichs des Löwen

Über die Vorgänge, die zur Absetzung Heinrichs führten, informiert eine Urkunde, die Friedrich für Erzbischof Philipp von Köln ausstellte. Dieser erhielt einen Teil des Herzogtums Sachsen:

Allen gegenwärtigen wie zukünftigen Getreuen des Reiches tun wir daher kund und zu wissen, dass Heinrich, einst Herzog von Bayern und Westfalen, deswegen, weil er die Freiheit der Kirchen Gottes und das Recht der Edlen des Reiches durch Einnahme ihrer Güter und Minderung ihrer Rechte schwer bedrückt und auf dringende Klage der Fürsten und zahlreicher Edlen drei Mal vorgeladen, sich unserem Gericht zu stellen verschmäht hat und wegen dieser Widerspenstigkeit nach dem Gericht der Fürsten und seiner schwäbischen Standesgenossen unserer Acht verfallen ist, weil er sodann weiterhin ohne Unterlass gegen die Kirchen Gottes und die Rechte und Freiheiten der Fürsten und Edlen gewütet hat, wegen des jenen zugefügten Unrechts, der vielfältigen uns bezeigten Missachtung und besonders wegen des offenkundigen Vergehens gegen die Staatsgewalt […] in Anwendung des Lehnrechts als Nichterschienener abgeurteilt ist, und dass ihm daraufhin sowohl das Herzogtum Bayern und Westfalen samt Engern als auch alle anderen Lehen, die er vom Reiche aus innehatte, nach einstimmigem Urteil der Fürsten feierlich auf dem in Würzburg abgehaltenen Reichstage abgesprochen und uns zu Recht und Besitz zugesprochen sind.

Deutsche Geschichte in Quellen und Darstellung, Bd. 1: Frühes und hohes Mittelalter 750–1250, hrsg. v. Wilfried Hartmann, Stuttgart 1995, S. 366.

Herrschaft und Glaube im Mittelalter

Friedrich Barbarossa und die norditalienischen Städte

M 10 Kampf um Mailand

a) Der Kaiser und die oberitalienische Stadt hatten sich wiederholt bekämpft. Trotz Niederlagen nahm Mailand immer wieder den Kampf auf. Über Friedrichs Vorgehen im Jahr 1162 berichtet der italienische Geschichtsschreiber Acerbus Morena:

a) Der Kaiser aber verbrachte den Winter in Lodi und ließ Tag und Nacht Lodesen und Deutsche die Straßen bewachen, auf denen gewöhnlich aus Brescia und Piacenza Lebensmittel für die Mailänder herangeschafft wurden. Und wenn sie welche antrafen, die Marktgut nach Mailand brachten, schlugen sie ihnen die rechte Hand ab.

b) Und da ihre Meinungen so miteinander rangen, neigten sie schließlich fast alle zu dem Urteil, lieber dem Willen des Kaisers zu gehorchen und auf das Glück seiner Güte zu hoffen, als weiterhin im Krieg zu verharren […]. Am folgenden Donnerstag, am ersten des genannten März, kamen die Konsuln von Mailand […] und 8 Mailänder Ritter vor den Herrn und durchlauchtesten Kaiser Friedrich in dessen Palast zu Lodi […] und ergaben sich stellvertretend für die ganze Stadt dem Kaiser. […] Am folgenden Sonntag [4.3.] kamen 300 Mailänder Ritter zum Kaiser in den erwähnten Palast, darunter waren 36 Fähnleinträger, die die Fähnlein in die Hände des Kaisers gaben und dessen Füße küssten […]. Am folgenden Mittwoch löste der gütige Kaiser die Mailänder vom Bann und befahl den Konsuln, dass sie nun 114 Ritter zu ihm schicken sollten, damit er auch von ihnen 40 Geiseln erhalte, […] und allem Fußvolk gab er Erlaubnis, nach Hause zurückzukehren.

c) Am folgenden Montag [19.3.] dann befahl der Kaiser den Mailänder Konsuln, in acht Tagen alle Personen, Männer und Frauen zum Auszug aus der Stadt Mailand zu veranlassen; dies erfüllten, wenn auch mit Trauer, die Mailänder völlig und begaben sich […] in andere Städte und Orte der Lombardei. […]

Nach dem Einzug in die Stadt befahl Friedrich die Zerstörung: Sie alle gaben sich bei der Zerstörung solche Mühe, dass sie bis zum folgenden Passionssonntag [1.4.] so viel von den Mauern abbrachen, wie anfangs niemand glaubte, dass in zwei Monaten zerstört werden könne, und, wie ich wahrhaftig meine, der 40. Teil Mailands blieb nicht zur Zerstörung übrig.

b) In einer „Erzählung über die Unterdrückung und Unterwerfung der Lombardei", die von einem namentlich nicht bekannten Mailänder verfasst wurde, heißt es:

a) Als der Kaiser bis an die Gräben der Stadt ihr Getreide niedergetreten hatte, kehrte er nach Lodi zurück und befahl, dass sie sechsen von seinen Gefangenen die Augen ausreißen lassen sollten […]. Dem Suzo des Mizano aber schnitt er die Nase ab und ließ ihm ein Auge, damit er die anderen nach Mailand führe. Unterdessen wurde denen, die von Piacenza oder von sonstwo Waren für den Markt nach Mailand brachten, wenn sie gefangen wurden, die rechte Hand abgeschlagen; an einem Tag wurden 25 amputiert.

b) Nach vielen Streitereien […] kam es schließlich dahin, dass sie sich Gott und dem Kaiser ergaben in der Hoffnung auf dessen Erbarmen, das alle Fürsten fest versprachen. […] In der Stadt Lodi übergaben sie sich und die Stadt. Und innerhalb acht Tagen schickten sie 500 Reiter und ebensoviel Fußvolk mit dem Fahnenwagen, Fähnlein und anderen Feldzeichen der Reiter und des Fußvolks zusammen mit den Trompeten zum Kaiser nach Monteghezzone, um alle Würde und alles Recht auf ihn zu übertragen. Er aber behielt die Reiter, den Fahnenwagen, alle Feldzeichen und die Trompeten, das Fußvolk entließ er, und die Reiter schickte er nach Pavia, damit sie dort in Haft gehalten würden.

c) Dann befahl er [Friedrich], die Stadt zu evakuieren und gab dafür acht Tage Zeit. Am 26. März zogen sie also mit ihrer Habe aus der Stadt und verließen sie […]. Könnte es jemand geben, der die Tränen zurückhalten könnte, wenn er das Weinen und die Trauer und den Schmerz der Männer und Frauen, vor allem der Kranken, der schwangeren Frauen und der Knaben sähe, wie sie hinauszogen und ihre eigenen Feuerstätten zurückließen? […] Zuerst ließ er alle Häuser anzünden, dann zerstörte er Häuser, Türme und Mauern der Stadt, und das meiste wurde vernichtet, alle Altäre wurden entweiht, die Reliquien vieler Heiliger weggeschleppt.

Italische Quellen über die Taten Friedrichs I. in Italien und der Brief über den Kreuzzug Kaiser Friedrichs I., übers. v. Franz-Josef Schmale, Darmstadt 1986, S. 173–179, S. 275–279.

Die Legende über Barbarossa

M 11 **Die Sage von König Rotbart**

Die Gebrüder Grimm haben die Sage über Friedrich Barbarossa aufgezeichnet:

Friedrich Rotbart auf dem Kyffhäuser
Von diesem Kaiser gehen viele Sagen im Schwange. Er soll nicht tot sein, sondern bis zum Jüngsten Tage leben, auch kein rechter Kaiser nach ihm mehr aufkommen. Bis dahin sitzt er verhohlen in dem Berg Kyffhausen und wenn er hervorkommt, wird er seinen Schild hängen an einen dürren Baum, davon wird der Baum grünen und eine bessere Zeit werden. Zuweilen redet er mit den Leuten, die in den Berg kommen, zuweilen lässt er sich auswärts sehen. Gewöhnlich sitzt er auf der Bank an dem runden steinernen Tisch, hält den Kopf in der Hand und schläft, mit dem Haupt nickt er stetig und zwinkert mit den Augen. Der Bart ist ihm groß gewachsen, nach einigen durch den steinernen Tisch, nach andern um den Tisch herum, dergestalt, dass er dreimal um die Rundung reichen muss bis zu seinem Aufwachen, jetzt aber geht er erst zwei Mal darum.

Deutsche Sagen. Herausgegeben von den Brüdern Grimm, Ausgabe auf der Grundlage der ersten Auflage, hrsg. von Heinz Rölleke, Frankfurt/M. 1994, S. 55 f.

M 12 **Postkarte von 1910**

Aufgaben

1. **Das Verhältnis zwischen Staufern und Welfen**
   a) Erschließe aus der Stammtafel den Königsanspruch der Staufer und der Welfen.
   b) Arbeite das Verwandtschaftsverhältnis zwischen Friedrich und Heinrich heraus.
   c) Fasse mit eigenen Worten den Bericht über das Zusammentreffen von Friedrich und Heinrich in Chiavenna zusammen.
   d) Lege die Gründe dar, die für und die gegen das Verhalten Heinrichs sprechen. Erläutere die Gründe, die damals von besonderer Bedeutung waren.
   e) Erläutere die Begründung, mit der der Kaiser Heinrich verurteilte.
   f) Diskutiere, ob das Urteil nach deiner Meinung gerechtfertigt ist.
   → Text, M7, M8, M9

2. **Barbarossa und die norditalienischen Städte**
   a) Fasse die im Lehrbuchtext erwähnten Maßnahmen Barbarossas, die dieser zur Herrschaftssicherung im Reich vornahm, in eigenen Worten zusammen.
   b) Erstelle Überschriften für die einzelnen Abschnitte in den Berichten über den Kampf in Mailand.
   c) Vergleiche die einzelnen Abschnitte der beiden Berichte. Erarbeite mögliche Gründe für die Unterschiede.
   d) Die Geschichtsschreiber ergreifen jeweils Partei für eine Seite. Belege dies mit Beispielen aus dem Text.
   → Text, M10

3. **Die Legende über Barbarossa**
   a) Gib den Inhalt der Sage über Barbarossa mit eigenen Worten wieder.
   b) Erläutere – auch mithilfe der Postkarte von 1910 – die Erwartungen, die mit der Sage verbunden waren.
   → M11, M12

Herrschaft und Glaube im Mittelalter

Das Heilige Römische Reich im Spätmittelalter

Die Königswahl

Bei der Bestimmung des Königs waren im Mittelalter zwei Grundsätze wirksam: zum einen der Erbgedanke, das heißt, dass der Sohn oder ein naher männlicher Verwandter die Nachfolge antritt, zum anderen der Wahlgedanke, das heißt, dass der am besten geeignete Kandidat Herrscher wird. Dabei handelte es sich nicht um eine freie Wahl im heutigen Sinn, sondern eher um eine Auswahl aus einem Kreis besonders Geeigneter. So stellten immer wieder bestimmte Herrscherfamilien den König.

Im Jahr 1254 starb der letzte König aus der Herrscherfamilie der Staufer. In den folgenden Jahrzehnten stellten verschiedene Herrscherhäuser, sogenannte Dynastien, den König. Immer wieder kam es zu Doppelwahlen: Die beiden Gewählten versuchten dann, sich auch gewaltsam gegen den jeweiligen Konkurrenten durchzusetzen. Angesichts dieser Situation wurde im Jahr 1356 eine Neuregelung der Königswahl beschlossen und in einer berühmten Urkunde festgehalten, die wegen des Goldsiegels Goldene Bulle genannt wird.

Die Neuordnung der Königswahl

Neu war die Festlegung, dass sieben Kurfürsten den König wählen sollten. Diese Bezeichnung leitet sich vom mittelhochdeutschen Wort „kur" beziehungsweise „kür" für „Wahl" ab. Kurfürsten waren die Erzbischöfe von Trier, Köln und Mainz, der König von Böhmen, der Pfalzgraf bei Rhein, der Herzog von Sachsen und der Markgraf von Brandenburg. Sie bestimmten nun in einem genau geregelten Verfahren den König. Die ungerade Anzahl von sieben Wählern garantierte ein eindeutiges Ergebnis.

Dass gerade diese sieben Fürsten sich das alleinige Wahlrecht sichern konnten, hat verschiedene Gründe. Manche gehörten zu wichtigen Dynastien und vertraten mächtige Herrschaften. Manche versahen schon seit langer Zeit wichtige Ämter in der königlichen Verwaltung und galten daher im Reich als hohe Würdenträger. Manche hatten bei den vorangegangenen Wahlen eine entscheidende Rolle gespielt. Andere Fürsten, die auch als Kurfürsten infrage gekommen wären, hatten sich auf den Ausbau ihrer eigenen Herrschaft konzentriert und sich deshalb wenig für die Königswahl interessiert.

Neu war auch, dass nun die Mehrheit der Stimmen entschied. Zuvor sollte es immer eine einstimmige Wahl sein. Bei Doppelwahlen hatten beide Parteien jeweils für sich beansprucht, die „richtige" Wahl getroffen zu haben. Ebenso neu war schließlich, dass der gewählte König als künftiger Kaiser betrachtet wurde. Ein mögliches Mitwirkungsrecht des Papstes wurde nicht erwähnt.

Die Stellung des Königs

Die Neuregelung der Königswahl lässt erkennen, wie sich die Stellung des Königs im Spätmittelalter veränderte. Im Unterschied etwa zu Frankreich kam es nicht zur Entstehung einer Erbmonarchie mit einem starken Herrscher an der Spitze. Der deutsche König war zwar als Herrscher anerkannt. Als römischer Kaiser besaß er zudem eine besondere Würde. Da er aber von seinen Wählern, den Kurfürsten,

M 1   Der König und die sieben Kurfürsten
Glockenspiel an der Frauenkirche in Nürnberg, heutiger Zustand

abhängig war und da er nur über wenig königlichen Besitz verfügte, war seine Position vergleichsweise schwach.

Dem König standen also die Kurfürsten und die anderen Fürsten gegenüber, die beanspruchten, für das Heilige Römische Reich zu handeln. Der Herrscher musste sich mit ihnen abstimmen. Aus den seit langem üblichen Besprechungen beim König entwickelten sich regelmäßige Beratungen mit dem König: die Reichstage. Dort wurden wichtige Fragen erörtert und Beschlüsse gefasst.

Der Aufstieg der Landesherren

Innerhalb des Reiches gelang es einigen einflussreichen Dynastien, ihren oft weit verstreuten Besitz zu einem geschlossenen Herrschaftsgebiet auszubauen und dieses Territorium einheitlich zu verwalten und zu regieren. Auf diese Weise entstanden innerhalb des Heiligen Römischen Reiches sogenannte Territorialstaaten. Hier entwickelte sich nach und nach eine ständige Verwaltung. Allerdings standen den Landesherren – wie auf der Ebene des Reiches – die Stände gegenüber: Vertreter der Kirche, des Adels, der Städte, manchmal auch der Bauern, die bei wichtigen Entscheidungen befragt wurden und zustimmen mussten. Daraus entwickelten sich regelmäßig tagende Ständeversammlungen, die als Vorformen heutiger Parlamente gelten können.

M 2 Europa um 1400

Herrschaft und Glaube im Mittelalter

Die Regelung der Königswahl – Eine Textquelle bearbeiten

M 3   Die gesetzliche Regelung der Königswahl

In der Goldenen Bulle von 1356 wurde die Wahl des Königs erstmals gesetzlich geregelt:

Im Namen der heiligen und unteilbaren Dreifaltigkeit Glück und Segen, Amen. Karl IV. von Gottes Gnaden Römischer Kaiser, zu allen Zeiten Mehrer des Reichs und König von Böhmen. [...]
5 Da wir nun kraft des Amtes, das wir vermöge unserer Kaiserwürde innehaben, den künftigen Gefahren der Uneinigkeit und Zwietracht unter den Kurfürsten, zu deren Zahl wir als König von Böhmen bekanntlich gehören, aus zwei Gründen,
10 nämlich sowohl wegen unseres Kaisertums als auch wegen des von uns ausgeübten Kurrechts, entgegenzutreten gehalten sind, haben wir, um die Einigkeit unter den Kurfürsten zu fördern, um Einhelligkeit bei der Wahl herbeizuführen und um der vorerwähnten schmählichen Uneinigkeit und den mannigfachen, aus ihr erwachsenden Gefahren den Zugang zu verschließen, die hiernach geschriebenen Gesetze auf unserem feierlichen Reichstag zu Nürnberg, im Beisein aller geistlichen und weltlichen Kurfürsten und vor einer zahlreichen Menge anderer Fürsten, Grafen, Freiherren, Herren, Edelleute und Städte, auf dem Kaiserthron, mit den kaiserlichen [...] Kleinodien und der Krone geschmückt, nach vorgängiger reiflicher Beratung kraft kaiserlicher Machtvollkommenheit erlassen, aufgestellt und zu bestätigen für gut befunden im Jahre des Herrn 1356, [...] am 10. Januar, im zehnten Jahr unserer Reiche und im ersten unseres Kaisertums. [...]
Nachdem aber die mehrgenannten Kurfürsten oder ihre Gesandten in die Stadt Frankfurt eingezogen sind, sollen sie sogleich bei Anbruch des folgenden Tages in der Kirche des heiligen Apostels Bartholomäus daselbst in vollzähliger Anwesenheit die Messe de Sancto Spiritu singen lassen, damit der Heilige Geist ihre Herzen erleuchte und ihren Verstand mit dem Licht seiner Kraft erfülle, auf dass es ihnen gelinge, mit seinem Beistand einen gerechten, redlichen und tüchtigen Mann zum römischen König und künftigen Kaiser zu wählen zum Heil der Christenheit. [...]
Nachdem aber sie oder die Mehrzahl von ihnen an diesem Ort gewählt haben, muss eine solche Wahl gleich gehalten und geachtet werden, wie wenn sie von ihnen allen ohne Gegenstimme einhellig vollzogen wäre. [...]
Sooft und wann aber künftig das heilige Reich ledig ist, alsdann soll der Erzbischof von Mainz die Befugnis haben, die er bekanntlich von alters her gehabt hat, die übrigen ehgenannten Kurfürsten, seine Genossen bei besagter Wahl, durch Briefe zu berufen, und wenn sie alle oder diejenigen, die teilnehmen können und wollen, sich am Wahltag versammelt haben, soll besagter Erzbischof und kein anderer diese seine Mitkurfürsten einzeln um ihre Stimme befragen in folgender Reihenfolge: Zuerst soll er den Erzbischof von Trier fragen, dem wir die erste Stimme zuerkennen, die ihm, wie wir erfahren, auch bisher zustand, zweitens den Erzbischof von Köln, dem die Würde und Pflicht zukommt, dem römischen König zuerst die Königskrone aufzusetzen, drittens den König von Böhmen, der unter den weltlichen Kurfürsten vermöge der Hoheit königlicher Würde mit Recht und nach Gebühr den Vorrang behauptet, viertens den Pfalzgrafen bei Rhein, fünftens den Herzog von Sachsen, sechstens den Markgrafen von Brandenburg [...]. Wenn das geschehen ist, sollen ihn seine Mitkurfürsten ihrerseits befragen, damit auch er seinen Willen ausspreche und ihnen seine Stimme kundgebe.

Die Goldene Bulle. Nach König Wenzels Prachthandschrift, 3. Aufl., Dortmund 1989, S. 97 ff.

M 4   Goldene Bulle
Erste Seite der sogenannten Goldenen Bulle von 1356 mit dem anhängenden goldenen Siegel

118

Der Kampf um die Reichskrone – Stammbaum und Regententabelle

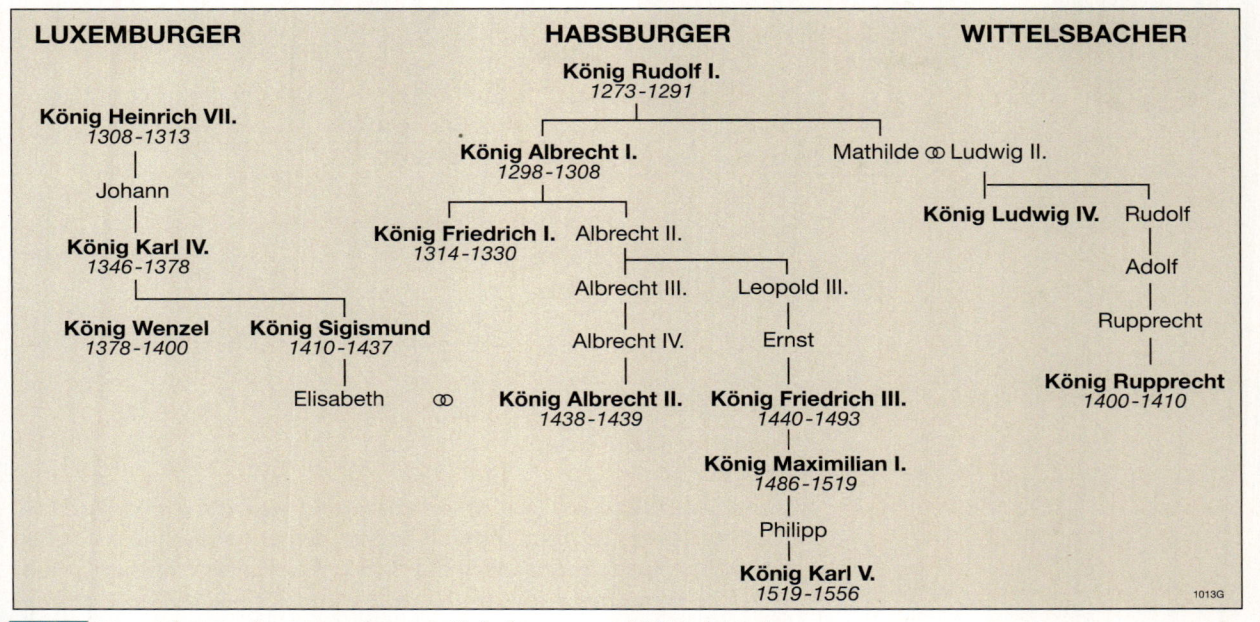

LUXEMBURGER

- **König Heinrich VII.** 1308–1313
  - Johann
    - **König Karl IV.** 1346–1378
      - **König Wenzel** 1378–1400
      - **König Sigismund** 1410–1437
        - Elisabeth ⚭ **König Albrecht II.** 1438–1439

HABSBURGER

- **König Rudolf I.** 1273–1291
  - **König Albrecht I.** 1298–1308
    - **König Friedrich I.** 1314–1330
    - Albrecht II.
      - Albrecht III.
        - Albrecht IV.
          - **König Albrecht II.** 1438–1439
      - Leopold III.
        - Ernst
          - **König Friedrich III.** 1440–1493
            - **König Maximilian I.** 1486–1519
              - Philipp
                - **König Karl V.** 1519–1556
  - Mathilde ⚭ Ludwig II.

WITTELSBACHER

- **König Ludwig IV.**
- Rudolf
  - Adolf
    - Rupprecht
      - **König Rupprecht** 1400–1410

M 5 Stammbaum der Luxemburger, Habsburger und Wittelsbacher

1250–1254	Konrad IV. (Staufer)	1314–1347	Ludwig IV. (Wittelsbach)
1247–1256	Wilhelm von Holland	1314–1330	Friedrich I. „der Schöne" (Habsburg)
1257–1272	Richard von Cornwall	1346–1378	Karl IV. (Luxemburg)
1257–1284	Alfons von Kastilien	1378–1400	Wenzel (Luxemburg)
1273–1291	Rudolf von Habsburg (Habsburg)	1400–1410	Rupprecht von der Pfalz (Wittelsbach)
1292–1298	Adolf von Nassau	1410–1437	Sigismund (Luxemburg)
1298–1308	Albrecht von Habsburg (Habsburg)	1438–1439	Albrecht II. (Habsburg)
1308–1313	Heinrich VII. (Luxemburg)	1440–1493	Friedrich III. (Habsburg)

M 6 Deutsch-römische Könige im Spätmittelalter

Aufgaben

1. Der Kampf um die Reichskrone
a) Zwischen 1254 und 1356 kam es immer wieder zu Doppelwahlen. Ermittle die Zeiträume, in denen zwei Könige die Herrschaft beanspruchten.
b) Stelle die Namen der Habsburger und Luxemburger zusammen, die zwischen 1254 und 1493 den Königstitel trugen.
c) Verfolge die Weiterentwicklung der Herrscherfamilien der Luxemburger und der Habsburger.
d) Erläutere die Gründe dafür, dass andere Herrscherfamilien nicht oder nur selten Könige stellten.
→ M5, M6

2. Die Neuordnung des Reiches
a) Arbeite die Gründe heraus, die in der Urkunde für die Notwendigkeit der Neuregelung angegeben werden.
b) Erläutere die Bedeutung von Gott und Religion für den Wahlvorgang. Weise diese an Textstellen nach.
c) Erkläre die Bedeutung der ersten und letzten Stimme beim Wahlvorgang.
d) Beurteile folgende Aussage: „Die Goldene Bulle sicherte die Existenz des Heiligen Römischen Reiches Deutscher Nation."
→ M3

Herrschaft und Glaube im Mittelalter

Das Frankenreich entsteht — **Grundherrschaft und Lehnswesen** >>> **Kaiserkrönung Karls des Großen (800)** — **Kaiserkrönung Ottos I. (962)**

500 — 600 — 700 — 800 — 900

Zusammenfassung

Aus den verschiedenen, schnell wechselnden Reichen der Völkerwanderungszeit ging das Frankenreich hervor, das unter Karl dem Großen seine größte Ausdehnung erreichte. Mit seiner Kaiserkrönung im Jahr 800 n. Chr. beanspruchte Karl, Herr über das Römische Reich zu sein und so das Erbe des Imperium Romanum fortzuführen. Auf diese Weise erhielten sich auch Teile der antiken Kultur.

Noch im Römischen Reich war mit dem Christentum ein neuer Glaube entstanden, der sich nach und nach in Europa durchsetzte. Die Verbreitung des Christentums war jedoch ein schwieriger und langwieriger Prozess. Missionare, die durch das Land zogen und die Menschen bekehrten, spielten dabei eine wichtige Rolle.

Die Geschichte von vielen europäischen Staaten lässt sich bis ins Mittelalter zurückverfolgen. Um die Jahrtausendwende hatten sich aus dem Frankenreich verschiedene Herrschaften herausgebildet. So entwickelte sich im Ostteil das Heilige Römische Reich. Dieses erstreckte sich von Mitteleuropa bis nach Italien. Nach den Karolingern gelang es den Ottonen, deutsche Könige zu werden und sich vom Papst zu römischen Kaisern krönen zu lassen.

Papst und Kaiser verkörperten in der Vorstellung des Mittelalters die geistliche und die weltliche Gewalt. War der Papst zunächst vom Kaiser abhängig, wuchs in der Folge seine Unabhängigkeit durch die Kirchenreform. Der sogenannte Investiturstreit zwischen den Päpsten und den Kaisern aus der Herrscherfamilie der Salier entzündete sich an der Einsetzung von Bischöfen. Er war jedoch eine grundsätzliche Auseinandersetzung um den Einfluss von geistlicher und weltlicher Macht im Mittelalter.

Die Staufer versuchten im 12. und 13. Jahrhundert noch einmal, die Königsherrschaft in Mitteleuropa und die Kaisermacht in Italien zu verstärken.

Im Heiligen Römischen Reich konnte sich jedoch keine Dynastie dauerhaft durchsetzen. Nach Festlegung einer verbindlichen Wahlordnung 1356 spielten sieben Kurfürsten eine entscheidende Rolle bei der Königswahl. Die Macht des Königs hing letzten Endes von seinem persönlichen Besitz ab.

Canossa (1077)

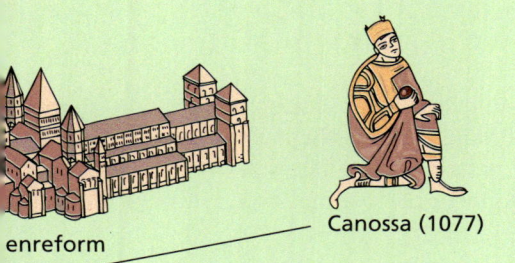

Goldene Bulle (1356)

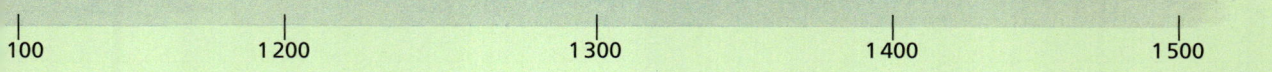

enreform

| 100 | 1200 | 1300 | 1400 | 1500 |

Daten

800 Kaiserkrönung Karls des Großen
962 Kaiserkrönung Ottos I.
1077 Heinrich IV. in Canossa
1122 Wormser Konkordat
1356 Goldene Bulle

Begriffe

König
Kaiser
Herzog
Grundherrschaft
Lehnswesen
Reichskirche
Investiturstreit
Gang nach Canossa
Kurfürst

Personen

Bonifatius
Karl der Große
Otto I.
Heinrich IV.
Gregor VII.
Friedrich Barbarossa
Heinrich der Löwe

Tipps zum Thema: Herrschaft und Glaube im Mittelalter

Filmtipp

Karl der Große. Bauernkrieger, Königsboten und Gelehrte im Frankenreich, Deutschland 1991

Lesetipp

Maria Regina Kaiser: Karl der Große und der Feldzug der Weisheit, Würzburg 2009

Museen

Dauerausstellung des Deutschen Historischen Museums, Berlin

Schlossbergmuseum Chemnitz

Prieserhäuser Zwickau – Museum für Stadt- und Kulturgeschichte

Kommentierte Links: www.westermann.de/geschichte-linkliste

Seiten zur Selbsteinschätzung

Thema: Herrschaft und Glaube im Mittelalter

Hinweis: Die folgende Tabelle dient der Selbsteinschätzung deiner erworbenen Kenntnisse und Fähigkeiten. Die Auflistung erhebt nicht den Anspruch, vollständig zu sein. Es handelt sich um eine Auswahl, die ggf. erweitert werden kann. In der rechten Spalte findest du Hin-

Ich kann …	Ich bin sicher.	Ich bin ziemlich sicher.	Ich bin noch unsicher.	Ich habe große Lücken.
… mit eigenen Worten die Missionstätigkeit von Bonifatius in Deutschland beschreiben und die Schwierigkeiten erläutern, die er dabei zu überwinden hatte.				
… die Regierungsweise Karls des Großen erläutern.				
… die kulturellen Leistungen der Regierungszeit Karls des Großen erläutern.				
… den Begriff Grundherrschaft erklären.				
… das Lehnswesen grafisch darstellen.				
… die Gründe für die Kirchenpolitik Ottos I. erläutern.				
… den Investiturstreit erklären.				
… die wichtigsten Regelungen des Wormser Konkordats wiedergeben und erläutern.				
… das Verhältnis zwischen Staufern und Welfen erläutern.				
… die Ursachen für die Verurteilung Heinrichs des Löwen erläutern.				
… wichtige Bestimmungen der Goldenen Bulle nennen.				
… die Veränderungen der Königswahl und der Stellung des Königs durch die Goldene Bulle erläutern.				
… Informationen aus einer Geschichtskarte entnehmen.				
…				

weise, wie du eventuell vorhandene Lücken oder auch Unsicherheiten beseitigen kannst.

Bitte beachte: Solltest du über ein Leihexemplar dieses Lehrbuches verfügen, dann kopiere die Seiten, bevor du mit ihnen arbeitest.

diesen Seiten kannst du in NO nachlesen	Empfehlungen zur Übung, Wiederholung und Festigung
76–78, 80	Informiere dich in einem Lexikon oder im Internet über das Leben des heiligen Bonifatius und erstelle eine Übersicht dazu.
82	Erstelle eine Übersicht zum politischen Aufbau des Frankenreiches zur Zeit Karls des Großen.
82	Erkläre mithilfe des Internets den Begriff „karolingische Renaissance".
90/91	Erstelle einen Artikel für ein Lexikon zum Thema „Grundherrschaft". Darin sollen folgende Wörter vorkommen: „Grundherr", „Grundhöriger", „Abgaben", „frei", „unfrei" und „Land zur Bewirtschaftung".
94/95	Entwickle ein eigenes Schaubild zum Lehnswesen und erkläre es vor deiner Klasse.
100/101	Nenne zwei Vorteile, die Otto I. davon hatte, dass er seine Herrschaft mithilfe der Kirche ausübte.
104–106	Stelle in einer Tabelle die Ziele von Kaiser und Papst gegenüber.
104–106, 109	Beantworte die Frage: „Wer ist der Gewinner des Investiturstreits?" Begründe deine Antwort.
110–113	Nimm Stellung zu folgender Behauptung: „Staufer und Welfen – gleichstarke Fürstengeschlechter."
112/113	Erläutere folgende Auffassung: „Die Verletzung des Lehnseides war ein schweres Verbrechen im Mittelalter."
116, 118	Erstelle ein Schaubild, aus dem der Ablauf der Königswahl hervorgeht.
116–118	Benenne die sieben Kurfürsten und erläutere ihre Stellung im Heiligen Römischen Reich.
89	Bearbeite anhand der Arbeitschritte auf Seite 89 die Geschichtskarte auf Seite 111.

3. Mittelalterliche Lebenswelten

Basilika des Klosters Wechselburg in Mittelsachsen
Erbaut um 1200, aktuelle Fotografie

Ritterspiele heute
Kaltenberg in Bayern, aktuelles Foto

Modell einer Kogge
des 14. Jahrhunderts

Hildegard von Bingen
Miniatur, um 1220

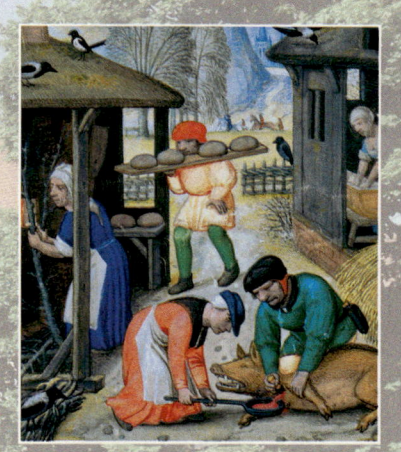

Bäuerliches Leben
Buchmalerei, um 1520

Leipzig, kolorierter Kupferstich von 1617

Mittelalterliche Lebenswelten

Klöster und Mönchtum

„Weltflucht" – Eine Gründung mit Folgen

Etwa 120 km südlich von Rom befindet sich noch heute das Kloster Montecassino. „Kloster" – abgeleitet vom lateinischen „claustrum" für „abgeschlossen" – bezeichnet eine Gebäudegruppe, die für das gemeinschaftliche Leben von Mönchen oder Nonnen bestimmt ist.

M 1 Kloster Montecassino
Nachdem die seit Jahrhunderten bestehenden Bauten während des Zweiten Weltkriegs im Februar 1944 bei einer erbitterten Schlacht weitgehend zerstört worden waren, erfolgte nach Kriegsende der Wiederaufbau nach alten Plänen.

Montecassino, eines der ältesten Klöster in Europa, wurde im Jahr 529 n. Chr. von Benedikt von Nursia gegründet. Da er als Heiliger betrachtet wurde, enthalten die Beschreibungen seines Lebens viele wundersame Geschichten und übernatürliche Ereignisse. Als sicher kann jedoch gelten, dass er um 480 in Nursia, der heutigen mittelitalienischen Stadt Norcia, geboren wurde. Er zog sich für längere Zeit in eine Höhle zurück, um als Eremit, das heißt Einsiedler, für Gott zu leben. Seine persönliche Ausstrahlung ließ seine Anhängerschar wachsen und führte zur Gründung einer Reihe von Klöstern.

Montecassino wurde deshalb so bedeutend, weil Benedikt selbst bis zu seinem Tod dort lebte und eine Klosterregel verfasste, die für Jahrhunderte das Leben vieler Mönche bestimmte und Grundlage des Mönchtums wurde: die Benediktiner-Regel.

„Ora et labora"

„Bete und arbeite!" Dieser Satz gilt als Inbegriff der von Benedikt aufgestellten Klosterordnung. Sie enthält eine Vielzahl von Vorschriften und Anweisungen, die in der Folgezeit von vielen Klöstern übernommen wurden. Beim Eintritt in ein Kloster legten die Mönche beziehungsweise die Nonnen ein Gelübde ab, in dem sie sich zu drei Pflichten bekannten: Armut, das heißt Verzicht auf eigenen Besitz; Keuschheit, das heißt sexuelle Enthaltsamkeit und Ehelosigkeit; Gehorsam, das heißt Unterordnung unter die Gemeinschaft und unter den Klostervorstand, den Abt beziehungsweise die Äbtissin.

Der Tagesablauf war streng geregelt und gliederte sich in die vorgeschriebenen Gebetszeiten. Um den Unterhalt des Klosters zu sichern, mussten alle arbeiten. So zum Beispiel auf den Feldern, im Garten, in der Küche, der Schreibstube oder im Krankensaal. Zum Essen trafen sich die Mönche oder Nonnen im Speisesaal, dem Refektorium. Dort nahmen sie in tiefem Schweigen ihr Essen ein, während aus der Bibel

M 2

Tagesablauf in Benediktinerklöstern
(heute; in stark verkürzter Form)

2.00	Matutin (Gebet am frühen Morgen); danach: Lesen religiöser Texte
4.00	Laudes (Lob Gottes am Morgen); danach: Morgenwäsche
6.00	Prim (Gebet in der 1. Tagesstunde) und Lesung eines Kapitels aus der Benediktinerregel; Frühstück, Beginn der Arbeit
7.30	erste Messe des Tages; Fortsetzen der Arbeit
9.00	Terz (Gebet zur 3. Tagesstunde) und feierliche Messe; Fortsetzen der Arbeit
12.00	Sext (Gebet zur 6. Tagesstunde); Mittagessen, Ruhezeit
15.00	Non (Gebet zur 9. Tagesstunde); Fortsetzen der Arbeit
18.00	Vesper (Abendgebet), danach Abendessen; „Sammlung", d.h. Warten auf die Rückkehr abwesender Mönche
20.00	Komplet (Abendgebet), Nachtruhe

M 3 Hildegard von Bingen
Miniatur, um 1220

M 4

Hildegard von Bingen	
um 1098	wird sie in Bermersheim als 10. Kind einer Adelsfamilie geboren.
1106	beginnt ihre Vorbereitung auf das klösterliche Leben. Sie lernt Lesen und Schreiben und ansatzweise Latein.
1113	legt sie ihr ewiges Gelübde als Benediktinerin ab.
1136	tritt sie in Nachfolge ihrer Tante das Amt einer Priorin und später Äbtissin an.
ab 1141	verfasst sie Schriften ihrer Visionen zu Themen der Theologie und Medizin.
1147/48	gründet Hildegard ihr erstes eigenes Kloster.
17.9.1179	stirbt sie hochbetagt und wird verehrt vom einfachen Volk sowie hohen geistlichen und weltlichen Herren. Sie gilt noch heute als Impulsgeberin ganzheitlicher Naturmedizin.

vorgelesen wurde. Die Hauptspeise bildete Brot, dazu kamen Hülsenfrüchte, Eier, Käse und Fisch. Fleisch war im Allgemeinen verboten, Wein in geringen Mengen erlaubt.

Eine andere Welt
Klöster waren früher aus verschiedenen Gründen attraktiv: Neben religiösen Motiven und dem Wunsch, in einer geistigen Gemeinschaft zu leben, stand die Versorgung von Kindern, die ohne Erbe waren, im Vordergrund. Im Kloster konnten diese nach einer Probezeit, dem Noviziat, die Profess ablegen, ein Gelübde, mit dem sie feierlich aufgenommen wurden. Im Kloster waren sie lebenslang versorgt und konnten sogar zu Äbten und Äbtissinnen aufsteigen.

Gerade für Frauen, vor allem für Adlige, bedeutete das Klosterleben eine Alternative zum rechtlosen Leben als Hausfrau. Sie konnten hier Lesen und Schreiben lernen und sich manchmal auch wissenschaftlich fortbilden. Einige Frauen suchten hier Schutz und Orientierung, andere den Aufstieg, manche wurden auch auf diesem Weg diszipliniert, weil sie ihren Familien ein Dorn im Auge waren.

Innerhalb der Klostergemeinschaft gab es keine Unterschiede. Alle waren gleich arm und dem Abt oder der Äbtissin untergeordnet.

Klostergründungen
Klöster wurden meist in abgeschiedenen Gebieten gegründet, da sich die Mönche und Nonnen auf Gott konzentrieren und von weltlichen Angelegenheiten nicht abgelenkt sein wollten. So rodeten sie Wälder und legten Felder an. Das hatte zur Folge, dass Klöster wirtschaftliche Mittelpunkte für das Umland bildeten, in denen erfolgreich Ackerbau und Viehzucht betrieben und handwerkliche Arbeit geleistet wurde.

Aufbewahrung und Vermittlung von Wissen
Lange Zeit waren Mönche und Nonnen die Einzigen, die des Lesens und Schreibens kundig waren. In den Schreibstuben, den sogenannten Skriptorien, schrieben sie Bücher ab und verzierten sie kunstvoll. In den Bibliotheken standen jedoch nicht nur die Bibel und religiöse Schriften, sondern auch philosophische, medizinische und naturwissenschaftliche Werke. Auch nicht-christliche Schriften aus der Antike überlebten in den Klosterbibliotheken und nur durch diesen Glücksfall blieben sie uns bis heute erhalten.

In vielen Klöstern gab es Schulen, die nicht nur Novizen, sondern auch Schüler von außerhalb besuchten. Sie wurden meist zu Pfarrern ausgebildet, die später an den Kirchen ihren Dienst verrichten sollten.

Armut: Rückkehr zu alten Idealen
Die Benediktiner bildeten den ersten großen Mönchsorden des Abendlandes. 1098 gründeten die Zisterzienser ihr erstes Kloster, das sie als Keimzelle einer großen Zahl erneuerter Klöster sahen. Sie waren mit dem mittlerweile vergleichsweise luxuriösen Leben vieler Mönche nicht zufrieden. Eine neue Welle von Reformen entwickelte sich im 13. Jahrhundert mit den Bettelorden der Franziskaner und Dominikaner. Diese nahmen sich der Seelsorge in den Städten an und gaben damit das abgeschiedene Leben teilweise auf.

Mittelalterliche Lebenswelten

Leben im Kloster – Arbeiten mit Bild- und Textquellen

M 5 **Aufnahme ins Kloster**

Diese Buchmalerei aus dem 11. Jahrhundert stellt die Aufnahme eines Kindes ins Kloster dar. Die Bildunterschrift lautet: „Florus dat sobolem. Fit cautio. Praedia confert" – „Florus gibt den Sprössling. Es kommt zu einer Zusage. Er vermacht Ländereien".

M 6 **Szenen aus dem Schulleben**

Der Mönch Ekkehart, der um 1000 lebte, hat in seinen Klostergeschichten Vorkommnisse in St. Gallen festgehalten. Über die Klosterschule finden sich verschiedene Erzählungen. Der Abt Salomo erlebte an einem Weihnachtstag, an dem die Rollen von Lehrern und Schülern traditionell vertauscht wurden, Folgendes:

a) Verkehrte Welt:

Es war dies aber der Tag der Schüler. Er [der Abt] öffnete auch die Tür, um zu prüfen, wie sie sich aufführten, und trat ein. An kein Gesetz gebunden, hatten sie, wie es ja heute noch gilt, unbedingt das Recht, eintretende Gäste gefangen zu nehmen und die Gefangenen festzunehmen, bis sie sich loskauften. Wie nun jener als Herr des Klosters unbekümmert vorschritt und in ihrer Mitte stehen blieb, sagten sie untereinander: „Wir wollen den Bischof, nicht den Herrn Abt ergreifen!" Salomo aber ging mit dem größten Vergnügen darauf ein und ließ es sich gerne gefallen, wie immer sie mit ihm umgehen wollten. Sie aber packten ihn und setzten ihn, ob er wollte oder nicht, auf den Sitz des Lehrers. Da sprach er: „Wenn ich schon den Sitz des Lehrers innehabe, muss ich auch sein Recht üben. Zieht euch alle aus!" Sie taten es ungesäumt, baten dann aber, dass sie sich, so wie sie es vom Lehrer gewohnt seien, von ihm loskaufen dürften. Und als er dagegen fragte. „Wie das?", redeten ihn die ganz Kleinen nach ihrem Wissen lateinisch an […].

Und voller Freude, dass die in St. Gallen stets heimischen Studien auch noch zu seiner Zeit gediehen, erhob sich Salomo, umarmte sie alle, so wie sie in ihren Leinenhemden dastanden, küsste sie und sprach: „Zieht euch an! Ja, bei meinem Leben," fuhr er fort, „ich werde mich loskaufen und so tüchtige Jugend belohnen." Und in aller Eile versammelte er vor dem Tor der Schule die Oberen der Brüder und verfügte letztwillig zugunsten jener Knaben und all ihrer Nachfolger dies: Jahr für Jahr sollten sie an den drei […] festgesetzten Spieltagen dort in ihren Schulräumen Fleischkost erhalten, und jeder Einzelne sollte dreimal täglich Speise und Trank vom Abtshof erhalten.

b) Ein Unglück:

[…] wie es denn die Schülerlein an Festtagen sich oft einbrocken, dass man sie anderntags züchtigt, so hatten sie für Montag durch Fürbitter Vergebung oder richtiger gesagt Aufschub erlangt. Doch am Dienstag erinnerten die Aufseher, die wir Rundengänger nennen, den Lehrer wieder an ihre Vergehen, und da ward allen befohlen sich auszuziehen. Einen der Prügeljungen schickte man in die oberen Räume des Hauses, um die dort verwahrten Ruten herunterzuholen. Der aber riss in der Absicht, sich und seine Kameraden zu befreien blitzschnell ein brennendes Scheit aus einem Öfchen, steckte es in das trockenen Holz nächst dem Dach und fachte es an, so viel Zeit ihm noch blieb. Wie ihm aber die Aufseher zuriefen, weshalb er säume, schrie er lauthals zurück, das Haus brenne. Die trockenen Ziegel aber fingen Feuer, und dazu wehte der Nordwind, und so ging das ganze Gebäude in Flammen auf.

Ekkehart IV., St. Galler Klostergeschichten, in: Ausgewählte Quellen zur deutschen Geschichte des Mittelalters, übers. von H. F. Haefele, Darmstadt 1980, S. 65, 67, 143.

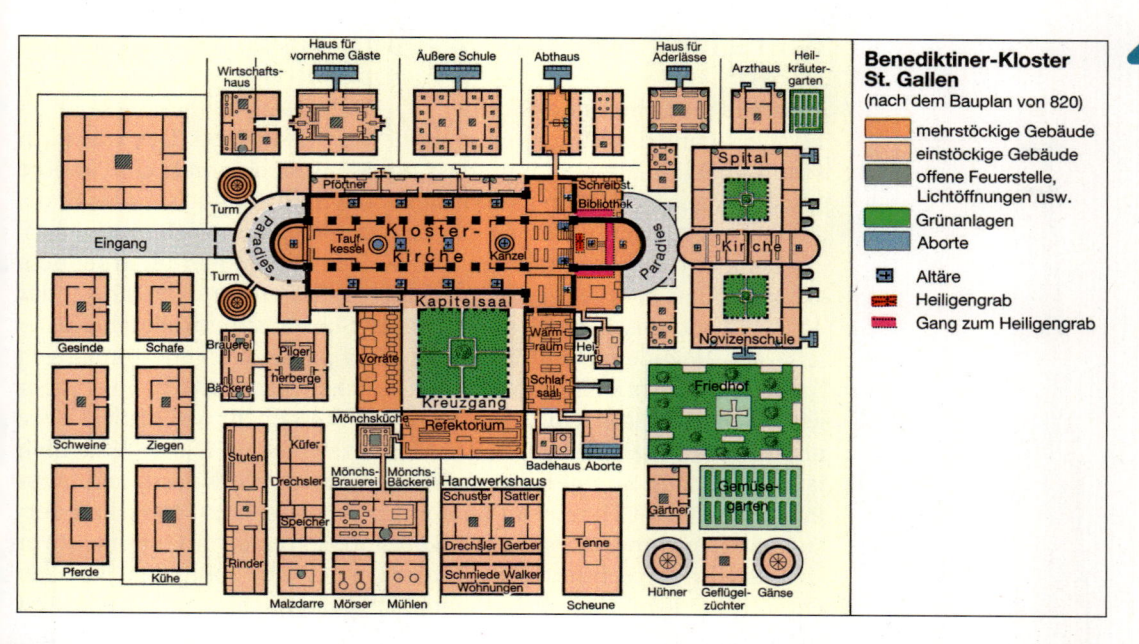

Benediktiner-Kloster St. Gallen
(nach dem Bauplan von 820)

- mehrstöckige Gebäude
- einstöckige Gebäude
- offene Feuerstelle, Lichtöffnungen usw.
- Grünanlagen
- Aborte
- Altäre
- Heiligengrab
- Gang zum Heiligengrab

M 7

M 8 „Ora et labora"

Auszüge aus der Klosterordnung des Benedikt von Nursia:

cap. 33. Niemand darf sich unterfangen, ohne Erlaubnis des Abtes etwas zu verschenken oder anzunehmen, noch irgend etwas Eigenes zu besitzen, überhaupt keine Sache: weder ein Buch, noch Schreibtafel, noch Griffel, sondern überhaupt gar nichts; es ist ihnen ja nicht erlaubt, über ihren Leib und ihren Willen frei zu verfügen. Alles Nötige sollen sie vom Abt des Klosters erhoffen. Und alles sei allen gemeinsam.

cap. 48. Müßiggang ist der Feind der Seele. Daher müssen sich die Brüder mit ihrer Hände Arbeit und zu bestimmten Stunden mit heiliger Lesung beschäftigen.

cap. 66. Das Kloster soll womöglich so angelegt sein, dass sich alles Notwendige innerhalb der Klostermauern befindet, nämlich Wasser, Mühlen, Garten und die verschiedenen Werkstätten, in denen gearbeitet wird. So brauchen die Mönche nicht draußen herumzulaufen, was ihren Seelen durchaus nicht zuträglich wäre.

Nach: P. Franz Faessler, Die großen Ordensregeln, hrsg. von H. U. von Balthasar, Einsiedeln/Zürich/Köln 1948.

Aufgaben

1. **Bedeutung der Klöster**
   a) Fertige eine Mindmap zur Bedeutung des Klosters im Mittelalter an. Unterscheide dabei verschiedene Wirkungsbereiche des Klosters (Wirtschaft, Kultur, Gesellschaft, …).
   b) Bereite einen Kurzvortrag zu weiteren Mönchsorden (Gründer, Gründungszeit, Hauptaufgabe, Tracht) vor.
   → Text, Lexikon, Internet

2. **Leben im Kloster**
   a) Erläutere mit eigenen Worten die Bedeutung der Bildunterschrift der Buchmalerei.
   b) Stelle mögliche Gründe für den Eintritt des Kindes ins Kloster zusammen
   c) Beschreibe mithilfe des Klosterplans den Aufbau eines Benediktiner-Klosters.
   d) Fasse die Informationen über den Schulalltag aus der Erzählung Ekkeharts zusammen.
   e) Vergleiche die damalige Situation der Schüler mit deiner heutigen.
   → M5–M7

3. **Hildegard von Bingen**
   a) Erkläre die besondere Anziehungskraft der Klöster für Frauen.
   b) Sammle weitere Informationen über Hildegard von Bingen und verfasse einen kurzen Artikel für ein Lexikon.
   → M3, M4, Lexikon

Mittelalterliche Lebenswelten

Gottesfurcht, Höllenangst und Volksfrömmigkeit

Christliches Leben und Sterben

Es gibt wenig, das Menschen mehr bewegt als ihr Tod. Das war auch schon im Mittelalter so. Nur, dass die Menschen damals eine andere Einstellung zum Sterben hatten: Der Tod wurde nicht so sehr als Ende, sondern vielmehr als Übergang in eine andere, jenseitige Welt gesehen.

Das kann man deutlich am Tod Kaiser Maximilians I. erkennen. Gewissenhaft bereitete er sich auf seinen Tod vor, der am 12. Januar 1519 eintrat. Zuvor hatte er Schritt für Schritt seine Rolle als Kaiser abgelegt. Nachdem er am 11. Januar 1519 die letzte Ölung empfangen hatte, übergab er einem Abt sein kaiserliches Siegel. Danach verbat er es sich, mit seinen Titeln angesprochen zu werden. Er wollte diese Erde als einfacher Mann, als sündiger Mensch verlassen. Dieses Verhalten ist weit entfernt von dem, was wir heute unter Politik verstehen. Aber im Mittelalter ist Herrschaft immer nur als christliche Herrschaft vorstellbar. Der König empfing von Gott sein Amt und vor Gott musste er sich am Ende rechtfertigen. Insofern ist es nur schlüssig, dass ein christlicher König am Lebensende seine Herrschaft in aller Demut wieder an den zurückgibt, aus dessen Händen er sie empfangen hat.

Jenseitsorientierung und Heilserwartung

Diese Einstellung zum Tod, die wir bei hochgestellten wie bei einfachen Menschen des Mittelalters finden, hing damit zusammen, dass das Leben auf der Erde nicht den heutigen Stellenwert hatte. Der Tod galt als Beginn des „wahren" Lebens.

Die Menschen haben ihr ganzes Leben an Gott und der Bibel ausgerichtet. Vieles, was mittelalterliche Menschen unternahmen, geschah daher „zur höheren Ehre Gottes". Ihre hochgetürmten Kirchen sind geradezu Ausdruck dieser tiefen Sehnsucht nach Gott. Hatte Gott doch die Welt, die Menschen und die Zeit geschaffen. Alles ruhte in seiner Hand und vollzog sich nach seinem Heilsplan. Um das Seelenheil zu gewinnen, galt es im Einklang mit Gott zu leben. Denn die Seele würde nach christlicher Auffassung auch dann noch weiterleben, wenn der Körper schon längst nicht mehr existierte. Von ihrem Heil hing alles ab. Die Menschen des Mittelalters hatten daher eine außerordentliche Angst vor dem Schicksal nach dem Tod. Der Gedanke an das Jüngste Gericht, die Angst vor dem ewigen Tod, die Hoffnung auf Gottes Gnade und das ewige Leben bestimmten das Leben des mittelalterlichen Menschen.

Kirche und Priestertum

Die Kirche half dem mittelalterlichen Menschen dabei, sein Seelenheil zu bewahren und nach christlichen Maßstäben zu leben. Nach einfachen Anfängen in der Antike und langen Jahren der Verfolgung war sie unter Theodosius dem Großen (Kaiser 379–395) schließlich zur Staatskirche im Römischen Reich geworden.

Im Laufe des Mittelalters wuchs die Kirche zu einer machtvollen Organisation heran. An ihrer Spitze stand als Bischof von Rom der Papst. Wichtiger war für die Mehrzahl der Menschen aber der für sie zuständige Pfarrer der Dorfkirche, dessen Gottesdienst sie regelmäßig besuchten und dem sie Dienste und Abgaben (den Zehnt) leisteten.

M 1 Stephansdom in Wien
Aktuelle Fotografie

M 2 Pilgerpaar
15. Jahrhundert

Wenn wir heute als Touristen die mittelalterlichen Kirchen bewundern, so dürfen wir nicht vergessen, dass sie ursprünglich nicht als Sehenswürdigkeiten, sondern als Gotteshäuser gebaut wurden. Dort hörten die Gläubigen die Predigt, dort empfingen sie die heilige Kommunion, dort legten sie die Beichte ab, dort wurden sie getauft, dort feierten sie die kirchlichen Feste, dort baten sie um Vergebung für ihre Sünden. Die Gemeindekirche war der Mittelpunkt christlichen Lebens. Der Tages- wie der Lebensrhythmus der Menschen wurde weitgehend von der Kirche bestimmt. Arbeit am „Tag des Herrn" (Sonntag) war verboten. Kirchenaustritte, wie sie heute durchaus möglich sind, waren unvorstellbar. Im Priester stand zudem jemand bereit, der die unmittelbare Beziehung zu Gott herstellen und damit das Heil der Seele garantieren konnte.

Volksfrömmigkeit
In der Mitte des 14. Jahrhunderts haben die Wirren großer Kriege, aber auch die furchtbare Pestepidemie zu einer weiteren Vertiefung der religiösen Stimmung geführt. Das kirchliche Leben blühte in einem bis dahin nicht gekannten Maße auf. Volksprediger hatten riesige Zuhörerschaften, das Wallfahrts- und Pilgerwesen blühte auf, die Verehrung der Heiligen nahm beträchtlich zu und man erwarb Reliquien aller Art. Diese Formen der Frömmigkeit waren Ausdruck einer religiös zutiefst bewegten Epoche.

M 3 Berthold von Regensburg (ca. 1210–1272)
Der Franziskaner war einer der bekanntesten Prediger des Mittelalters. Vom Himmel steigt der Heilige Geist in Form einer Taube herab, im Vordergrund ist ein durch den spitzen Hut gekennzeichneter Jude zu sehen, der von einem kleinen Teufel angefallen wird, Federzeichnung, 15. Jahrhundert.

131

Mittelalterliche Lebenswelten

Das Jüngste Gericht – Bild und Text vergleichen

M 4 **Das Jüngste Gericht,** Altarbild von Hans Memling, um 1471.
- Christus als Weltenrichter
- Maria, Johannes der Täufer und die Apostel
- Erzengel Michael als Seelenwäger
- Teufel ziehen Seelen in die Hölle hinab
- Petrus
- Seelen an der Himmelspforte

M 5 **Offenbarung des Johannes**

In der Offenbarung des Johannes, die den Abschluss des Neuen Testaments bildet, wird das Jüngste Gericht beschrieben:

Und ich sah einen großen, weißen Thron und den, der darauf saß; vor seinem Angesicht flohen die Erde und der Himmel, und es wurde keine Stätte für sie gefunden. Und ich sah die Toten, Groß und
5 Klein, stehen vor dem Thron, und Bücher wurden aufgetan. Und ein andres Buch wurde aufgetan, welches ist das Buch des Lebens. Und die Toten wurden gerichtet nach dem, was in den Büchern geschrieben steht, nach ihren Werken. Und das
10 Meer gab die Toten heraus, die darin waren, und der Tod und sein Reich gaben die Toten heraus, die darin waren; und sie wurden gerichtet, ein jeder nach seinen Werken. Und der Tod und sein Reich wurden geworfen in den feurigen Pfuhl. Das ist der zweite Tod: der feurige Pfuhl. [...]
Und der auf dem Thron saß, sprach: Siehe, ich mache alles neu! Und er spricht: Schreibe, denn diese Worte sind wahrhaftig und gewiss! Und er sprach zu mir: Es ist geschehen. Ich bin das A und das O, der Anfang und das Ende. Ich will dem Durstigen geben von der Quelle des lebendigen Wassers umsonst. Wer überwindet, der wird es alles ererben, und ich werde sein Gott sein und er wird mein Sohn sein. Die Feigen aber und Ungläubigen und Frevler und Mörder und Unzüchtigen und Zauberer und Götzendiener und alle Lügner, deren Teil wird in dem Pfuhl sein, der mit Feuer und Schwefel brennt; das ist der zweite Tod.

Offenbarung 20, 11–14; 21, 5–8, Die Bibel nach der Übersetzung Martin Luthers in der revidierten Fassung von 1984, Stuttgart 1984.

Ausdrucksformen des Glaubens

M 6 Leben und Tod

Der Geistliche Heinrich Seuse (gestorben 1366) schrieb:

Wer es recht bedenkt, so mag des Menschen Geburt in diese elende [Elend = Ausland] Welt wohl heißen ein Tod wegen der Not und Arbeit [Mühe], die ihm bereitet ist. So mag aber auch der
5 leibliche Tod wohl heißen eine neue Geburt wegen des schweren Leibes Abfall und des freien Eingangs in die ewige Seligkeit. Wem nun seine Augen aufgetan sind, diese Wahrheit kundlich zu erkennen, dem wird sein Tod desto leichter. Wer
10 aber dies nicht ansehen kann, dessen Klage wird groß sein und sein unbekannter Tod desto strenger […]. Darum, mein Kind, richte dein Herz, deine Hände und Augen hinauf in das himmlische Vaterland und grüße es mit Begierde deines Her-
15 zens und gib deinen Willen in Gottes Willen.

Zit. nach: Theodor Humpert, Klösterliches Leben und volkstümliche Frömmigkeit im Mittelalter, Stuttgart 1955, S. 29.

M 7 Christliche Herrschaftsauffassung

Ein französischer Historiker schreibt über Karl den Großen (768-814):

Zu Karls Wesenszügen gehören auch die tiefe Frömmigkeit und das Bewusstsein, als Herrscher in Glaubensangelegenheiten Verantwortung zu tragen. Er war verpflichtet, sein Reich gegen heid-
5 nische Angriffe seitens der Sachsen wie der Moslems zu verteidigen. Unter diesem Aspekt konnten Kriegszüge auch den Charakter eines Unternehmens für den Glauben annehmen. Vor dem Aufbruch zum Kampf gegen die Awaren im Jahr
10 791 betete und fastete das fränkische Heer drei Tage lang. Außer den Kranken, den Alten und den ganz jungen Kriegern durfte niemand Wein und Fleisch zu sich nehmen, die Geistlichen gingen barfuß und rezitierten Psalmen. Als Vorberei-
15 tung des Heeres auf den unmittelbar bevorstehenden Kampf erscheinen diese Maßnahmen ungewöhnlich. Karl der Große wollte die Herrschaft Christi so weit wie möglich ausdehnen und das Gottesreich wieder errichten.

Pierre Riché, Die Karolinger. Eine Familie formt Europa, München 1991, S. 116.

M 8 Geißlerzug

Ein Chronist, der im 14. Jahrhundert lebte, beschreibt, wie 1349 etwa 200 Geißler nach Straßburg kamen:

Sie hatten die kostbarsten Fahnen von Sammettüchern, rau und glatt, und von Baldachinen die besten. Die trug man vor, wo sie in die Städte und Dörfer gingen, und man läutete alle Glocken
5 ihnen entgegen. [Zur Buße] zogen sie sich nackt aus bis auf die Hose und sie taten Kittel oder weiße Tücher um sich, die reichten vom Gürtel bis auf die Füße. Sie […] legten sich nieder in einen weiten Ring […]; so fing ihr Meister an, wo er wollte,
10 und schritt über einen und schlug ihn mit der Geißel auf den Leib […]. Hernach gingen sie je zwei um den Ring und geißelten sich mit Geißeln von Riemen, die hatten Knoten voran, darein waren Nägel gesteckt, und sie schlugen sich über ihren
15 Rücken, dass mancher sehr blutete.

Fritsche (Friedrich) Closener, zit. nach: Theodor Humpert, Klösterliches Leben und volkstümliche Frömmigkeit im Mittelalter, Stuttgart 1955, S. 37 f.

Aufgaben

1. **Das Jüngste Gericht**
   a) Suche die genannten Figuren auf dem Altarbild und beschreibe den Ablauf des Jüngsten Gerichts.
   b) Vergleiche die Darstellung des Jüngsten Gerichts auf dem Altarbild mit der Offenbarung des Johannes.
   → M4, M5
2. **Christliche Herrschaftsauffassung**
   a) Beschreibe die Vorbereitung der Franken auf den Kriegszug mit eigenen Worten.
   b) Fasse das Bild Karls des Großen zusammen, das der Historiker vermittelt.
   → M7
3. **Mittelalterliche Frömmigkeit**
   a) Beschreibe den Einfluss des Glaubens auf das Leben der Menschen im Mittelalter.
   b) Gib die Einstellung der Menschen zum Tod wieder.
   c) Erkläre die Entwicklung neuer Formen der Volksfrömmigkeit seit dem 14. Jahrhundert.
   → Text, M6–M8

Mittelalterliche Lebenswelten

M 1 **Freilichtmuseum Ukranenland**
Verkleidete Frau im originalgetreuen Nachbau eines slawischen Dorfes in Torgelow (Mecklenburg-Vorpommern), Foto von 2010

M 2 **Hölzerne Schüsseln und ein vornehmes Trinkglas**
Funde aus dem Mittelalter

Bauern im Mittelalter

Die Lebenswelt der mittelalterlichen Bauern – Eine fremde Welt
Die mittelalterliche Gesellschaft war eine Agrargesellschaft. Über 90 Prozent der Bevölkerung waren in der Landwirtschaft tätig. Die Bauern versorgten nicht nur sich selbst mit Nahrung und Kleidung. Sie sicherten mithilfe ihrer Überschüsse auch das Leben der unterschiedlichsten kirchlichen und adligen Grundherren sowie der städtischen Bevölkerung.

Quellen zum Leben der Bauern im Mittelalter
In Güterverzeichnissen, sogenannten Urbaren, sind Steuern und Abgaben aufgelistet. Sie erlauben Rückschlüsse auf die Größe der Höfe, auf Art und Anzahl des Viehs und auf die angebauten Feldfrüchte. Sie sagen jedoch nichts über das Alter und die Lebenserwartung der Menschen aus. Darüber können aber Gräber Aufschluss geben. Archäologische Funde tragen zu Kenntnissen über das Aussehen der Häuser, des Viehs oder der angebauten Pflanzen bei. Schließlich machen im späten Mittelalter Bildnisse von Bauern und ihren Tätigkeiten die Lebenswelt der Landbevölkerung vorstellbar. Doch lässt keine der genannten Quellen die Bauern selbst zu Wort kommen. Die zeitgenössischen mittelalterlichen Darstellungen erfolgen meist aus der Sicht der Oberschichten.

Wohnbedingungen
Man spricht in Bezug auf das Mittelalter auch vom „hölzernen Zeitalter", denn Holz war der Werkstoff der Zeit. Werkzeuge, Schiffe, Wagen und Behausungen, auch Kirchen, fertigten die Menschen vor allem aus Holz. Die Dächer bestanden bei Bauernhäusern aus Stroh oder Holzschindeln.

Nur das offene Herdfeuer heizte die Häuser, dessen Rauch durch Tür- oder Dachöffnung abziehen konnte. Später unterteilte man die Häuser in einzelne Kammern, ersetzte die offene Herdstelle durch einen geschlossenen Herd oder Ofen und baute Stuben ein.

Arbeitsbedingungen
Der wirtschaftliche und rechtliche Rahmen für die Tätigkeit der Bauern war die Grundherrschaft. An einigen Tagen der Woche waren die Bauern mit Hand- und Spanndiensten für den Grundherrn beschäftigt. Außerdem mussten sie von der Ernte der Felder und von den anderen Erträgen des Bauernhofs Abgaben leisten.

Etwa seit dem 12. Jahrhundert wandelten sich die Pflichten dieser „hörigen Bauern". Frondienste wurden für die Grundherren immer unwichtiger, weil sie ihre eigenen Betriebe verkleinerten oder ganz auflösten. Auch deshalb gewannen Abgaben von Naturalien oder Geldzahlungen an Bedeutung.

Landwirtschaftliche Geräte
Ein wichtiges Gerät war der Pflug. Im Frühmittelalter überwog der Einsatz eines einfachen Hakens, um den Boden aufzureißen. Aus einer bildlichen Quelle hat man einen gesicherten Nachweis, dass

M 3 Vornehmer Besuch in der Bauernstube
Gemälde von Jan Brueghel d. Ä., das nicht im Mittelalter, sondern erst um 1597 entstanden ist.

erst seit dem Ende des 11. Jahrhunderts Pflüge mit einem Streichbrett zum Wenden der Erdschollen eingesetzt wurden.

Als Zugtiere waren Ochsen am weitesten verbreitet. Daneben wurden auch Pferde verwendet. Die Gerätschaften der Bauern wurden im Laufe der Zeit verbessert. Das gilt etwa für die Mähgeräte. Zunächst hat man Sicheln zum Mähen des Getreides eingesetzt. Sensen, die mit ihrem langen Stiel den Bauern die Arbeit erleichterten, blieben bis ins 12. Jahrhundert eher selten. Der Grund war vermutlich, dass beim Sensen zu viele Körner auf den Boden fielen.

Zum Dreschen des Getreides ließ man das Vieh das Korn austreten. Dann wurden Stöcke verwendet. Schließlich benutzen die Bauern Dreschflegel, die aus zwei miteinander beweglich verbundenen Stöcken bestanden.

Für den Transport von landwirtschaftlichen Produkten gab es zwei- oder vierrädrige Wagen. Daneben wurden Waren auch auf Packtieren oder auf den Schultern der Bauern zu den Märkten transportiert.

Ackerbau und Nutztiere

Weit verbreitet war die seit dem 9. Jahrhundert bekannte Dreifelderwirtschaft mit Brache, Wintergetreide (Weizen, Roggen) und Sommergetreide (Hafer, Gerste). So konnte das Brachland reduziert und der Ertrag gesteigert werden. Die Getreideerträge lagen aber mit dem 2,5- bis 3-fachen der Saatmenge im Mittelalter nicht sehr hoch.

Tiere wurden gehalten, um die Menschen mit Nahrung zu versorgen, Rohstoffe für Kleidung und Gerätschaften zu liefern und als Trag- und Zugtiere.

Mittelalterliche Lebenswelten

Die Dreifelderwirtschaft mithilfe von Grafik und Darstellung verstehen

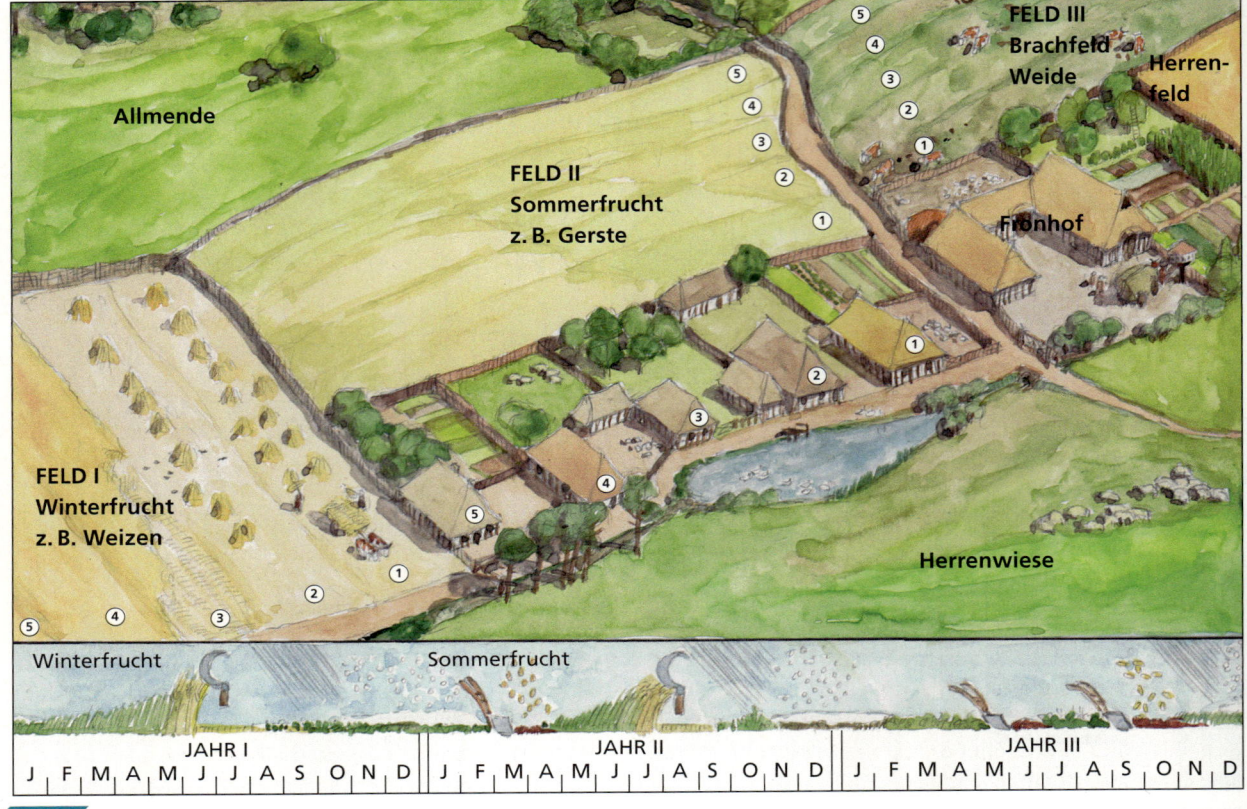

Bildbeschriftungen:
- Allmende
- FELD II Sommerfrucht z. B. Gerste
- FELD III Brachfeld Weide
- Herrenfeld
- Fronhof
- FELD I Winterfrucht z. B. Weizen
- Herrenwiese
- Winterfrucht | Sommerfrucht
- JAHR I | JAHR II | JAHR III
- J F M A M J J A S O N D (jeweils)

M 4

M 5 Eine wissenschaftliche Darstellung

Der Historiker Hans-Werner Goetz beschreibt die Dreifelderwirtschaft (1994):

Machten sich trotz der Vielfalt der Arbeiten gerade im landwirtschaftlichen Betrieb die Saisonarbeiten bemerkbar, so brachte die Einführung der Dreifelderwirtschaft eine etwas kontinuierlichere
5 [gleichmäßigere] Verteilung der Arbeiten über das Jahr. Die anfangs betriebene Feldgraswirtschaft, bei der man den Boden so lange bearbeitete, wie er Früchte trug, und dann brach liegen ließ, wurde vielerorts bald durch eine Fruchtwechselwirtschaft
10 abgelöst: Bei der Zweifeldwirtschaft teilte man den Acker in zwei Teile; die eine Hälfte wurde bebaut, die andere lag brach, damit der Boden sich erholte; im nächsten Jahr war es umgekehrt. Dieses System wurde durch die Dreifelderwirtschaft
15 vervollkommnet. [...] Das Land wurde demnach in drei Teile geteilt: Das erste Drittel trug im ersten Jahr Wintergetreide (Weizen, Roggen, Dinkel, Gerste), das im Herbst ausgesät und im folgenden Frühsommer geerntet wurde, und diente anschließend als Stoppelweide, im folgenden Jahr trug es
20 Sommergetreide (Hafer, Gerste) oder Hülsenfrüchte, d. h. man pflügte im Frühling und erntete im Hochsommer; danach diente das Feld wieder als Stoppelweide und lag dann im Winter und im kommenden (dritten) Frühjahr brach, wurde im
25 Juni gepflügt und lag erneut brach, bis es im Spätherbst noch einmal gepflügt und mit Winterkorn besät wurde, sodass der Rhythmus von Neuem begann. Die Bearbeitung der beiden anderen Teile des Landes verschob sich um jeweils ein Jahr. [...]
30 Schuf die Dreifelderwirtschaft mit ihren besseren Möglichkeiten und Arbeitsbedingungen also höhere Erträge und mehr Qualität, so setzte sie andererseits eine Umverteilung des Bodens voraus. Denn nicht der einzelne Bauer konnte seine
35 kleinen Parzellen in drei noch kleinere Teile teilen, vielmehr musste die Dorfflur insgesamt in mindestens drei Zelgen aufgeteilt werden, an denen jeder Bauer seinen Anteil erhielt.

Hans-Werner Goetz, Leben im Mittelalter, München 1994, S. 150 f.

Was aßen die Menschen früher? – Informationen aus Quellen und Darstellungen

M 6 Hunger

Eine zeitgenössische Quelle berichtet (1343):

Im Jahr 1343 war in Unterbayern eine solche Teuerung ausgebrochen, dass die Einwohner die Rinden von den Bäumen abschälten. Sie zerrieben dieselben, mischten sie mit viel ebenfalls zerriebe-
5 nem Heu, machten einen Teig wie zu Brot daraus und aßen ihn; oder sie zerstampften jene Sachen in der Mühle, mengten sie unter abgekochten, mit Wasser und Salz besprützten Wegerich, verzehrten dies und bezwangen die Qual eines grauenhaft
10 herrschenden Hungers.

Johannes von Winterthur, aus: Auf dem Land. Aus dem mittelalterlichen Leben, Bern 1989, S. 83.

M 7 Essen einfacher Schichten im Mittelalter

Aus einem anonymen Lehrgedicht (13. Jh.):

Man befahl Ihnen [den Bauern] als Leibesnahrung
Fleisch und Kraut und Gerstenbrei,
doch ohne Wildbret sollten sie sein,
zum Festtag Hirse, Linsen und Bohnen.
5 Fisch und Öl ließen sie schön
die Herren essen, das war Sitte. […]
Er [der Bauer] sprach: „Meine Gemahlin traut,
leg wenig Fleisch in unser Kraut,
damit der Schinken lange reicht."
10 Sie sprach: „Lieber Rüeger [Name des Bauern],
hätt ich doch eher dran gedacht,
ich behalte sehr gern das Gut."
Also gab sie nach im Streit.
Des Morgens zur Essenszeit
15 trug sie ihm das Kraut dann auf.

Siegfried Epperlein, Bäuerliches Leben im Mittelalter, Köln/Weimar/Wien 2003, S. 205 f.

M 8 Mittelalterliche Ernährung

Der Historiker Arno Borst berichtet in seinem Buch „Lebensformen im Mittelalter" über die Ernährungsgewohnheiten der einfachen Bevölkerung im Mittelalter (1979):

Im 13. Jahrhundert ist Brot kein Leckerbissen mehr wie im 10. Jahrhundert, wo selbst vornehme Mönche nicht jeden Tag Brot bekommen; auch der Arme hat Anspruch auf Brot. Ähnliches gilt für Wein, dessen Qualität freilich fast durchweg 5 bescheiden ist.
Brot und Wein sind so verbreitet, weil Rodung und Landesausbau die Vermehrung der Ackerflächen und Weinberge ermöglicht haben; technische Verbesserungen an Mühlen und Keltern tragen dazu 10 ebenso bei wie Transporterleichterungen durch Straßenbau und Marktverflechtung.
Trotzdem bestehen noch im Hochmittelalter und in wohlhabenden Häusern die Grundnahrungsmittel aus Brei und Mus. Bestehen bleiben außer- 15 dem die sozialen Differenzierungen im Speisezettel; Fleisch ist vornehmen Kreisen vorbehalten, die Wildbret jagen, während Bauern nur einmal im Jahr ihr Schlachtfest mit Schweinefleisch halten und sich sonst mit Pflanzenkost und Milchproduk- 20 ten begnügen.
Von ihren Bestandteilen her gesehen war die mittelalterliche Ernährung […] gemischt, doch überwog pflanzliche Nahrung die tierische bei weitem. Bei aller Verbesserung der Quantität blieb die 25 Qualität ziemlich gleich. Wer satt werden wollte, musste viel essen; der Reiche aß nicht besser, sondern mehr.

Arno Borst, Lebensformen im Mittelalter, Frankfurt u. a. 1979, S. 189.

Aufgaben

1. **Bäuerliches Leben und Dreifelderwirtschaft**
   a) Stelle Informationen über die Lebensumstände der Bauern zusammen.
   b) Erkläre mithilfe der Darstellung von Hans-Werner Goetz die Begriffe Feldgraswirtschaft, Fruchtwechselwirtschaft und Zweifelderwirtschaft.
   c) Erläutere das Prinzip der Dreifelderwirtschaft. Verwende dafür auch die Abbildung.
   → Text, M4, M5

2. **Mittelalterliche Ernährungsweisen auswerten**
   a) Beschreibe anhand der Quellen die Ernährungsgewohnheiten der Bauern im Mittelalter.
   b) Vergleiche die damalige Ernährung mit den heutigen Ernährungsgewohnheiten. Stelle deine Ergebnisse in einer Tabelle dar.
   → M6, M7, M8

Mittelalterliche Lebenswelten

Adel im Mittelalter

König, Herzog, Graf, Freiherr – die Inhaber solcher Titel werden zu einer Gruppe vornehmer und bevorrechtigter Personen gerechnet, die man zusammenfassend als Adel bezeichnet. Die Ausübung politischer Macht war im Mittelalter dieser Schicht durch Geburt vorbehalten: Die Kinder von Adligen waren selbst wieder adlig.

Eine Gesellschaft, in der die Stellung so vererbt wird, wird Ständegesellschaft genannt. Im Mittelalter verwaltete der Herrscher das Reich mithilfe von Personen, die unterschiedlich eng an ihn gebunden waren. Durch Heiraten und verwandtschaftliche Beziehungen bildete sich im Laufe der Zeit eine herausgehobene Gruppe. Aus diesem Kreis von Adligen entwickelten sich später die Fürstenhäuser.

Sowohl ein reicher und mächtiger Herzog als auch ein verarmter Graf ohne nennenswerten politischen Einfluss werden zum Adel gerechnet. Der Adel war also stark gegliedert. Aber fast alle Adligen waren Grundherren. An der Spitze stand der König, dem die hohen Adligen im Rahmen des Lehnswesens untergeordnet waren. Diese hohen Adligen hatten ihrerseits wiederum Lehnsleute.

Die Ministerialen

In einer Ständegesellschaft ist sozialer Aufstieg schwer möglich. Gleichwohl kam es immer wieder zu sozialen Veränderungen. Obwohl die Ministerialen ursprünglich Unfreie waren, gelang ihnen im Laufe des Hochmittelalters ein bemerkenswerter Aufstieg. Im 11. Jahrhundert begannen geistliche und weltliche Herrn ihr Herrschaftsgebiet intensiver zu verwalten und mit Burgen besser zu sichern. Sie benötigten dafür vertrauenswürdige Dienstmannen. Diese übernahmen Hofämter, verwalteten Burgen und leisteten Kriegsdienst als gepanzerte Reiter. Für den Unterhalt von Waffen und Pferden erhielten sie ein Gut zu Lehen. Nach und nach gelang es einer Reihe von ursprünglich unfreien Ministerialen, eine adelsgleiche Stellung in Form einer eigenen Herrschaft zu erreichen. Sie konnten die Erblichkeit ihrer Lehen durchsetzen und sicherten ihren Besitz durch eigene Burgen.

M 1 Ritter und Knappe
Buchmalerei, Anfang 14. Jahrhundert

M 2 Aufbruch in den Kampf
Ritter ziehen in die Schlacht, Manuskript aus dem 12. Jahrhundert.

M 3 Schwertleite
Französische Buchmalerei von 1250

Ritter und Ritterlichkeit
Die Ritterkultur, die seit dem 12. Jahrhundert an Bedeutung gewann, erleichterte diesen sozialen Aufstieg. Zunächst wurde der berittene Kämpfer unabhängig von seiner rechtlichen Stellung als Ritter bezeichnet. Somit galten Ritter nicht generell als Adlige. Die hohen Kosten für die Ausrüstung konnten sich jedoch nur reiche Männer, zumeist Adlige, leisten. Dann wurde der Begriff Ritter auch für Kaiser, Könige und Herzöge übernommen und bezeichnete nun eine Lebensform, die sich an „ritterlichen" Werten orientierte.

Die Ausbildung zum Ritter
Die meisten Kenntnisse über die Erziehung des Adels stammen aus meist von Geistlichen verfassten Tugendkatalogen und Heldenerzählungen. Inwieweit diese Ideale aber in die Wirklichkeit umgesetzt wurden, ist nicht eindeutig festzustellen.

Adlige Kinder wurden vom 7. Lebensjahr an meist zu Hause als Pagen erzogen. Dabei lernten sie unter anderem Reiten und den Kampf mit hölzernen Übungswaffen, aber auch Anstandsregeln, Tanz und Musizieren. Die Ausbildung in Lesen und Schreiben spielte jedoch kaum eine Rolle. Anschließend schickten die Väter meist ihre Söhne ab dem 14. Lebensjahr zu anderen Adligen. Dort erhielten die Jugendlichen eine verfeinerte Erziehung. Dazu konnte auch das Erlernen verschiedener Sprachen gehören. Die Heranwachsenden lernten die Jagd mit Hunden und Greifvögeln sowie den Umgang mit scharfen Waffen. Außerdem mussten sie ihrem Herrn im Kampf und im Turnier beistehen. Bestandteil der Erziehung war aber auch das gesittete Verhalten gegenüber der adligen Dame.

Hatte sich der Knappe bewährt, wurde er meist mit etwa 21 Jahren in die Ritterschaft aufgenommen. Diesen feierlichen Akt nennt man „Schwertleite", da den Knappen das Schwert umgegürtet wurde. Im 14. Jahrhundert wurde sie durch den Ritterschlag ersetzt. Dabei wurde der Hals oder die linke Schulter mit dem Schwert berührt. Danach begann oftmals eine unsichere Zeit, da viele Ritter auf Reisen gingen. Sie mussten einen Dienstherrn finden oder bei Turnieren die Siegespreise gewinnen, denn den Vätern in vielen einfachen Ritterfamilien fehlten schlicht die Mittel, auch den zweiten und dritten Sohn standesgemäß auszustatten und zu bewaffnen.

Burgen im Mittelalter
Zentrum des ritterlichen Lebens war die Burg. Ihr ursprünglicher Zweck bestand darin, die in der Nähe lebende Bevölkerung bei einem Angriff zu schützen. Dazu war der Burgherr als Grundherr verpflichtet. Für ihn war die Burg auch als Wirtschaftszentrum wichtig, lebten doch dort Handwerker, deren Produkte auch die Dorfbevölkerung kaufen konnte. Des Weiteren diente die Burg als Wohnung des Burgherrn und war Herrschaftsmittelpunkt. Hier zog der Grundherr die Abgaben seiner Bauern ein und hier sprach er als Gerichtsherr über sie Recht.

Die Wohnungen in den Burgen boten wenig Komfort. Sie waren meist dunkel und schlecht beheizt. Brauchwasser musste erst mühsam aus dem Brunnen geschöpft oder von entfernten Plätzen herangeschafft werden.

Mittelalterliche Lebenswelten

Ideale der Ritter – Mit schriftlichen Quellen arbeiten

M 4 Ritter – im Ideal …

In einem sogenannten Ritterspiegel wurden die Ideale eines Ritters festgehalten:

Ist der Ritter ein guter Christ und eifrig zum Gottesdienst, so empfängt er mit Freuden und Innigkeit das Schwert aus eines Priesters Hand. Wird er nicht in dieser Weise damit umgürtet, so trägt er es wahrlich mit Schanden, denn er soll allezeit Gott zu Ehren damit fechten für die heilige Christenheit und für die Witwen und Waisen, darum nimmt er den Griff, der dem Kreuze gleicht, in die Hand […].
Er soll niemanden bekämpfen, der ihm nicht an Leib oder Gut Übles getan hat oder ein Ungläubiger ist. Er soll sich mit seinen Zinsen und Einkünften begnügen, den Untertanen für Frieden sorgen und nicht mit Gewalt über sie herrschen. Er soll die armen Leute nicht berauben, nicht würgen, noch Christen erpressen und bewuchern. Die Ritter sollen ihren Sold nehmen, mit den Fürsten reiten, die Gerechtigkeit lieben und für sie kämpfen. Darum verbietet Christus nicht, das Schwert zu gebrauchen, sondern sagt nur, man soll niemanden zu Unrecht verderben […]. Zu einem vollkommenen Manne gehört, dass er gut reiten, schnell auf- und absitzen, gut traben, rennen und wenden kann und mit Verstand von der Erde etwas aufnehmen. Zum Zweiten muss er schwimmen, im Wasser tauchen und sich vom Rücken auf den Bauch und vom Bauch auf den Rücken drehen können. Zum Dritten muss er mit Armbrust, Büchse und Bogen schießen können: davon hat er bei Fürsten und Herzögen wohl Nutzen. Zum Vierten muss er auf Leitern klettern können, wenn es nötig ist, wie etwa im Kriege, auch an Stangen und Seilen. Zum Fünften muss er wohl turnieren können, streiten und stechen und recht und redlich tjostieren [einen Zweikampf – den sogenannten Tjost – ausfechten]. Zum Sechsten muss er zu Abwehr und Angriff ringen können, auch weit springen und mit der Linken ebenso gut fechten wie mit der Rechten. Zum Siebenten muss er bei Tische aufwarten können, tanzen und hofieren, auch Schach zu spielen verstehen und alles, was ihm zur Zierde gereicht.

Der Ritterspiegel des Johannes Rothe, in: Geschichte in Quellen, hrsg. von Wolfgang Lautemann und Manfred Schlenke, Bd. II, Mittelalter, München 1970, S. 450 und 452.

M 5 … und in der Wirklichkeit

Der Geistliche Petrus von Blois in Frankreich schrieb über die Ritter (1204):

Sie plündern und berauben die unbemittelten Diener Christi und […] sie unterdrücken erbarmungslos die Armen […]. Die im Kampf gegen die Feinde des Kreuzes Christi ihre Kräfte beweisen sollten, die liegen lieber mit ihrer Trunkenheit im Streit, geben sich dem Nichtstun hin, erschlaffen in Völlerei, und durch ihr verderbtes und unanständiges Leben schänden sie den Namen und die Pflichten des Rittertums. […] Wenn unsere Ritter zuweilen einen Feldzug unternehmen müssen, werden die Lastpferde nicht mit Waffen, sondern mit Wein beladen, nicht mit Lanzen, sondern mit Käse, nicht mit Schwertern, sondern mit Schläuchen, nicht mit Wurfspeeren, sondern mit Bratspießen. Man meint, dass sie zu einem Gelage ziehen, nicht in den Krieg.

Joachim Bumke, Höfische Kultur. Literatur und Gesellschaft im hohen Mittelalter, Bd. II, München 1986, S. 431 f.

M 6 Ritterromantik
Gemälde von Moritz v. Schwind, 19. Jahrhundert

Die Schwertleite – Quelle und Darstellung im Vergleich

M 7 Schwertleite

a) Gottfried von Straßburg schreibt in seinem Werk Tristan:

So waren der vornehme Herr von Parmenien und sein ganzes Gefolge gemeinsam zum Münster gekommen, hatten am Gottesdienst teilgenommen und auch den Segen empfangen, der ihnen zustand.
Marke nahm Tristan, seinen Neffen, bei der Hand und legte ihm Schwert und Sporen an. „Sieh, Tristan, mein Neffe", sagte er, „jetzt, da dein Schwert gesegnet ist und du Ritter geworden bist, denke nach über ritterliche Werte und über dich und wer du bist. Deine Abkunft und Würde halte dir vor Augen. Sei bescheiden und aufrichtig, wahrhaftig und wohlerzogen. Sei gütig zu den Elenden und stolz zu den Mächtigen. Pflege und verbessere deine äußere Erscheinung. Ehre und liebe alle Frauen, sei freigiebig und zuverlässig, und arbeite immer daran […]."
Damit reichte er ihm den Schild. Er küsste ihn und sagte: „Neffe, nun gehe hin, und Gott in seiner Macht gebe dir Glück in deiner Ritterschaft! Sei immer höfisch, sei immer guten Muts!" […]
Und dann wurde auch nicht länger gewartet: Zweikämpfe und Reiterspiele gab es, da bin ich sicher.

Gottfried von Straßburg, Tristan, 5012-5055, hrsg. u. übers. von Rüdiger Krohn, Stuttgart[7], S. 307 ff.

b) Der Mittelalterhistoriker Hans-Werner Goetz schreibt in seinem Buch „Leben im Mittelalter":

Der Ritterschlag, die „dubbatio", ein Schlag mit der Hand oder dem Schwert auf den Nacken oder mit der flachen Klinge auf die linke Schulter, den man heute meist mit „Ritterweihe" verbindet, war Endpunkt einer Entwicklung; er ist in Frankreich schon im 12. Jh. bezeugt, wurde in Deutschland aber erst im 14. Jh. üblich. Zunächst stand die Übergabe der Waffen, die Wehrhaftmachung, im Mittelpunkt, die in Form der Schwertleite, dem feierlichen Umgürten mit dem Schwert vollzogen wurde und in eine Folge zeremonieller Handlungen eingebettet war […].
Im 12. Jh. trat zu diesen Handlungen eine kirchliche Schwertsegnung hinzu […]. Im Spätstadium ging der Weihe ein eintägiges Fasten voraus, der künftige Ritter wurde in weiße Gewänder gekleidet, man feierte eine Messe mit Kommunion; danach wurde das Schwert gesegnet, man legte die Ritterrüstung an und nahm den Ritterschlag entgegen. Eine solche Ritterweihe war eine kostspielige Angelegenheit, denn sie war meist mit einem mehrtägigen Fest mit vielen Gästen, teuren Geschenken und Turnieren verbunden. Deshalb legte man gern mehrere Ritterweihen zusammen.

Hans-Werner Goetz, Leben im Mittelalter, München 1994, S. 179 f.

Aufgaben

1. **Ideale der Ritter**
   a) Gib mithilfe des Tugendkatalogs ideale Eigenschaften eines Ritters wieder.
   b) Arbeite die Punkte heraus, in denen Petrus von Blois zufolge die Ritter von diesem Katalog abweichen.
   c) Beurteile die Glaubwürdigkeit der Darstellung von Petrus von Blois. → Text, M4, M5

2. **Ritterromantik – Ein Gemälde analysieren**
   a) Erläutere die Vorstellung vom Ritterleben, die das Gemälde Moritz von Schwinds ausdrückt.
   b) Beurteile, inwieweit das Bild der Wirklichkeit entspricht. Begründe deine Meinung mithilfe des Lehrbuchtextes. → Text, M6

3. **Die Schwertleite – Quelle und Darstellung im Vergleich**
   a) Erkläre den Begriff „Schwertleite".
   b) Erläutere die bildliche Darstellung einer Schwertleite auf Seite 139 mithilfe der Textquelle auf Seite 141.
   c) Vergleiche die Ergebnisse aus der Quellenarbeit mit der wissenschaftlichen Darstellung von Hans-Werner Goetz.
   d) Prüfe den Wert, den die bildliche (M3) und literarische Quelle (M7a) für die Rekonstruktion des Ablaufs der Schwertleite haben.
   → M3, M7

Mittelalterliche Lebenswelten

M 1 Burg Scharfenstein im Erzgebirge
Die Höhenburg wurde um 1250 errichtet. Sie liegt oberhalb des Ortsteils Scharfenstein in Drebach, heutiger Zustand.

Leben auf der Burg

Verzerrte Bilder

Ritterromane und -filme stellen den mittelalterlichen Ritter oft als unabhängigen Adligen in kostbarer Rüstung dar, der sich hilfsbereit verhält und tapfer kämpft. Sein Zuhause ist dann oft eine prachtvolle Burg, in der auch zu Friedenszeiten die Waffen klirren und in der sich zahlreiche Ritter und schöne Burgfräulein aufhalten. Allerdings ist diese Darstellung teilweise fragwürdig.

Gerade unser Bild von mittelalterlichen Wehranlagen wird weniger von Burgen aus dem Mittelalter geprägt, sondern von Bauten, die im 19. Jahrhundert in romantischer Weise wieder auf- oder umgebaut wurden. Außerdem unterschieden sich Burgen, je nach Macht des Burgherrn, in Größe und Ausstattung. Zudem wandelte sich das Aussehen einer Burg im Verlauf des Mittelalters ganz erheblich.

Heute erhaltene Burgen stellen somit lediglich das Ergebnis einer langen Entwicklung dar, sodass es nicht *die* typische mittelalterliche Burg gibt.

Gründe für den Burgenbau

Eine Aufgabe der Burg wird schon im Namen ausgedrückt, in dem „bergen" im Sinn von „schützen" steckt. Denn sie bot der in der Nähe lebenden Bevölkerung Zuflucht bei einem Angriff. Zum Schutz war der Burgherr verpflichtet, weil er als Grundherr über die hörigen Bauern herrschte. Für ihn war die Burg auch als Wirtschaftszentrum wichtig, lebten doch dort nach Ausweis archäologischer Funde Handwerker, deren Produkte auch die Dorfbevölkerung kaufen konnte. Fahrenden Händlern bot sich die Gelegenheit, auf Burgen ihre Waren zu verkaufen.

Ferner diente die Burg als Wohnung des Burgherrn und als solche war sie Herrschaftsmittelpunkt. Hier zog der Grundherr die Abgaben seiner Bauern ein und hier sprach er über sie Recht. Als Machtmittel wurden Burgen seit dem 11. Jahrhundert immer wichtiger, da die Landesherren versuchten ihre Herrschaft auszudehnen. Auf vielen Burgen wurden nun unfreie Dienstmannen – sogenannte Ministerialen – eingesetzt. Die Burgen lagen entweder auf Anhöhen, von wo aus man einen guten Überblick über die Umgebung hatte (Höhenburgen), oder innerhalb eines mächtigen Wassergrabens mitten im Flachland (Wasserburgen).

Wohnbedingungen auf einer Burg

Herzstück jeder Burg war der Bergfried. Er diente nicht nur als Wachturm, sondern bildete im Fall eines Angriffs die letzte Zuflucht für die Belagerten. Deshalb lag in mehreren Metern Höhe der Zugang, zu dem eine einziehbare Leiter führte.

Auf der Burg gab es Probleme bei der Beleuchtung, der Beheizung sowie der Wasserzufuhr. Die Wohnräume waren meist dunkel, weil die Fenster zur besseren Verteidigung oft nur aus Schlitzen bestanden, die im Winter und bei schlechtem Wetter mit Holzläden verschlossen wurden. Reiche Burgherren nahmen stattdessen Pergament, das etwas Licht einließ. Zur Aufhellung der Räume wurden die Wände weiß getüncht. Als Lichtquellen dienten Fackeln, die aber stark rußten. Talglampen wiederum verbreiteten einen ranzigen Geruch. Erst als im Spätmittelalter die Herstellung von Glasscheiben Fortschritte machte, besserte sich die Beleuchtung der Räume.

Im inneren Hof stand das Hauptgebäude der Burg, der Palas, wo die Familie des Burgbesitzers wohnte. Im ersten Stock lag der große Festsaal, zu dem oft eine breite Freitreppe hinaufführte. In großen Burganlagen war dieser Bau mit Wappen, Säulen und Figuren geschmückt. Beheizt waren nur die Räume des Burgherrn und seiner Familie. Man nannte sie „Kemenaten" von lateinisch caminata = beheizter Raum. Als Heizung diente lange Zeit ein offener Kamin, der jedoch nur den Platz davor erwärmte. Ein Fortschritt war die Verbreitung des Kachelofens im 12. Jahrhundert, da er die Wärme länger hielt und besser im Raum verteilte. Große Wandteppiche dienten nicht nur als Schmuck, sondern sollten auch die Kälte abhalten.

Brauchwasser schöpften die Burgbewohner mühsam aus dem Brunnen oder holten es aus der Zisterne, in der Regenwasser gesammelt wurde. Deshalb wusch man sich unregelmäßig und ein Bad zu nehmen war den Adligen vorbehalten. Wurde Trinkwasser aus dem Wasser der Zisterne gewonnen, ließ man es zuvor durch eine Kiesschicht als Filter rinnen. Dennoch blieb der Geschmack schlecht, sodass man Wein und Gewürze beimischte. Der Zimmerboden wurde oft mit Laub und Moos bestreut, um weicher darauf zu gehen und die Kälte zu dämmen. Vor herabfallendem Ungeziefer schützten nachts Himmelbetten, deren Vorhänge zugleich die Kälte abhielten.

Belagerung einer Burg

Wie man bei Belagerungen von Burgen vorging und wie Belagerungsmaschinen aussahen, das zeigen uns Schriften von Fachleuten der Kriegskunst und Bilder aus mittelalterlichen Handschriften. Belagerungstechniken wurden allerdings erst im 12. Jahrhundert wichtig, als im Zuge der Herrschaftsausdehnung des Adels die Burgen vermehrt Ziele von Angriffen wurden.

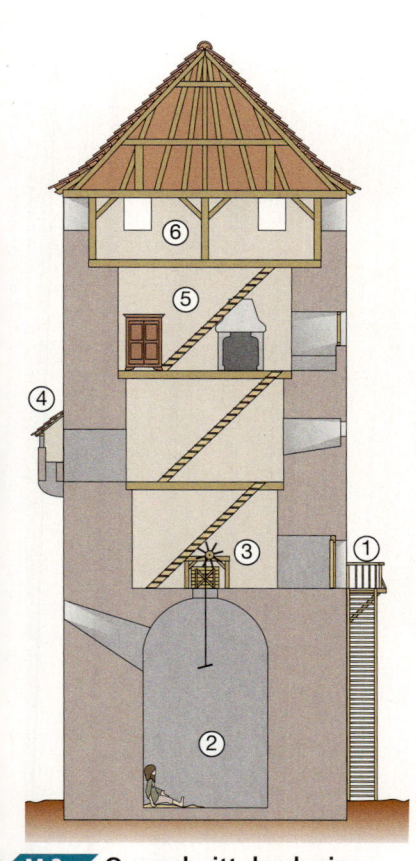

M 2 Querschnitt durch einen Bergfried
① Eingang zum Bergfried
② Verlies oder Magazin
③ „Angstloch" (Deckenluke mit Seilwinde ins Verlies)
④ Abtritt
⑤ Wohnraum
⑥ Wächterstube

Mittelalterliche Lebenswelten

Aufbau einer Burg – Arbeit mit verschiedenen Materialien

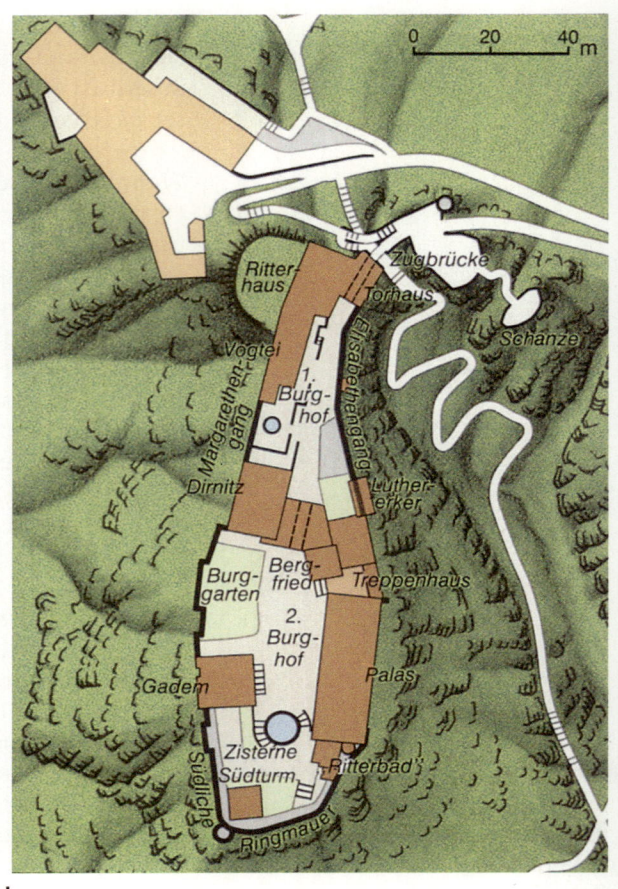

M 3 **Luftbild und Grundriss der Wartburg bei Eisenach**
Sie wurde 1080 erstmals urkundlich erwähnt und in der Folgezeit ausgebaut und erweitert. Der Palas entstand um 1170. Die Wartburg diente den Landgrafen von Thüringen zur Sicherung ihres Territoriums im Westen. 1211 kam die ungarische Königstochter Elisabeth auf die Burg, 1521/22 übersetzte Martin Luther hier das Neue Testament.

M 4 **Wohn- und Nutzgebäude einer Burg**

Der Kunsthistoriker und Burgenexperte Günther Binding erklärt im Lexikon des Mittelalters Lage und Funktion der unterschiedlichen Gebäude einer Burg:

Zumeist frei im Burghof, in seiner Mitte oder in der Nähe der angriffsgefährdeten Seite, steht der Bergfried, der Hauptturm der B., der bes. in frz. und engl. B.en als mächtiger Wohnturm ausgebil-
5 det sein kann [...]. Entlang der Ringmauer, mit dieser verbunden oder innen frei vorgestellt, nehmen *Palas* und *Kemenate* eine Seite des Burghofes ein, häufig mit der *Burgkapelle* verbunden, die aber auch in einen Bau eingefügt sein oder frei im Hof
10 stehen kann. Der von Bauten weitgehend freie *Burghof* dient auch für Kampfspiele (Turniere). [...] Die Nutzbauten für Gesinde, Wirtschaft und Vieh sowie die Küche mit großem Kamin, häufig als Fachwerkbauten, sind zumeist an die geschlos-
15 sene Ringmauer angelehnt, oder sie befinden sich in der Vorburg. Wichtig für jede Höhenburg ist der *Brunnen*, der bis zu 110 m tief in den Felsen gehauen oder gemauert werden musste. Er liegt vereinzelt auch unter gesonderten, auch außer-
20 halb der B. gelegenen Türmen [...]. Bei zu großer Höhe oder ungeeigneten Bodenverhältnissen genügt eine *Zisterne*, ein zumeist unterirdischer Raum zum Sammeln von Regenwasser. Wasserleitungen zu Burgen kommen erst im 16. Jh. auf.

Lexikon des Mittelalters, Bd. II, Stuttgart 1999, Sp. 961–962.

Belagerung einer Burg – Bild- und Textquelle vergleichen

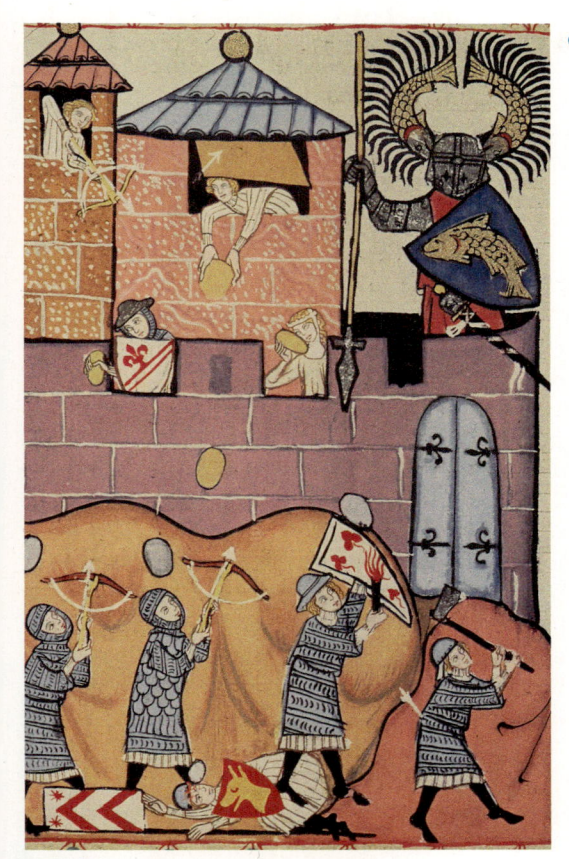

M 5 Belagerung einer Burg

Die gepanzerten Angreifer nahen mit Axt, Brandfackel und Armbrüsten. Von den Zinnen der Burg prasselt ein Steinhagel auf sie herab. Zu den Verteidigern gehört auch eine Frau. In voller Rüstung, mit Helmzier und Lanze, droht oben der Burgherr, Buchmalerei aus dem 14. Jahrhundert.

M 6 Bericht über die Belagerung einer Burg

Ein Mönch schrieb im 14. Jahrhundert:

Erstens also werden Festungen durch Minen, d. h. durch unterirdische Gänge bezwungen. Es müssen nämlich die Belagerer heimlich an einer Stelle in die Erde sich graben und vor dieser Stelle ein Zelt oder sonst einen Bau hinsetzen, damit die Belagerten nicht sehen können, wo sie zu graben beginnen. […]. Dann muss man zuerst die Mauern untergraben und mit Holz absteifen, damit sie nicht sogleich einfallen. Und wenn sie alle Mauern oder den größten Teil derselben so untergruben und unterminirten und sie [die Belagerer] sahen, dass sie durch den bloßen Einsturz der Mauern die Festung erobern konnten, dann müssen sie sofort an die die Mauern stützenden Holzsteifen Feuer anlegen, die Mauer ganz oder zum Teil zu Falle bringen und dadurch die Gräben ausfüllen. […] Auch die aus den Gängen hinausgeschaffte Erde ist so zu verstecken, dass sie von den Belagerten nicht gesehen wird. Wiederum, sobald das Feuer an die Stützen, welche die Mauern halten, angelegt wird, muss der, welcher dies tut, und die bei ihm sind, sich an einen sicheren Ort zurückziehen, damit sie durch den Einsturz der Mauer nicht verletzt werden. […] Wiederum kann man weiter vorgehen und die unterirdischen Gänge so anlegen, dass man durch sie in die belagerte Stadt oder Burg hineingelangt. […] Und über die durch den Einsturz der Mauern geschaffene Bresche stürmen die übrigen Belagerer in die belagerte Burg oder Stadt und können sie so erobern.

Aegidius Romanus, Über die Herrschaft der Fürsten, in: A. Schultz, Das höfische Leben zur Zeit der Minnesinger, 1889, S. 370 f.

Aufgaben

1. **Lebensverhältnisse auf einer Burg**
   a) Fasse die Lebensbedingungen auf einer Burg in eigenen Worten zusammen.
   b) Erkläre die Herkunft des Wortes „Burg".
   → Text

2. **Aufbau einer Burg**
   a) Kläre unbekannte Begriffe und die Bedeutung der Abkürzungen im Lexikonartikel: B., bes., frz., engl., B.en, Jh.
   b) Erläutere anhand des Plans die einzelnen Funktionen einer Burg.
   c) Vergleiche den Aufbau der Wartburg mit der Darstellung des Lexikons. → M3, M4

3. **Belagerung einer Burg**
   a) Beschreibe das von Aegidius Romanus empfohlene Vorgehen bei einer Belagerung.
   b) Stelle dieses Vorgehen der auf dem Bild dargestellten Belagerung gegenüber.
   → M5, M6

Mittelalterliche Lebenswelten

Ritterfeste und höfische Kultur

Die Burgen der Fürsten waren nicht nur Zentren der Macht, sondern auch Orte, an denen sich in besonderer Weise die „höfische Kultur" entfaltete. Sie zogen Ritter und Menschen, die nach politischem Einfluss strebten, ebenso an wie Spielleute und Dichter.

Feste

Zu besonderen Ereignissen wie Hochzeiten, Krönungen, Schwertleiten oder Kirchenfesten wurden prachtvolle, oft mehrtägige Feste gefeiert, die den rauen Alltag vergessen ließen. Man legte die besten Gewänder an und empfing seine Gäste mit Pauken und Trompeten. Manchmal ritt man ihnen sogar entgegen. Einen Höhepunkt bildete das musikalisch umrahmte Festessen, bei dem üblicherweise mit den Fingern gegessen wurde. Auch war es normal, dass mehrere Personen aus ein und demselben Becher tranken. Die typische Festspeise war Wild, da Jagd ein Vorrecht des Adels war, bei der die Teilnehmer Mut und Geschicklichkeit unter Beweis stellen konnten. Neben Tanz und Musik zählten auch sportliche Wettkämpfe, Turniere und Waffenübungen zum abwechslungsreichen Unterhaltungsangebot eines höfischen Festes. Oft wurden Zweikämpfe oder Gruppenkämpfe ausgetragen, in denen die Teilnehmer um Ruhm oder Preise rangen. Mit einer großen Abschiedsfeier und einer Beschenkung der Gäste und Spielleute gingen die Feste meist zu Ende. Hier konnte der Gastgeber noch einmal seine Macht, seinen Reichtum und seine Freigebigkeit präsentieren.

Höfische Literatur

Die großen Fürstenhöfe waren auch Zentren eines regen Literaturbetriebs: Im Auftrag freigiebiger Fürsten wurde gedichtet, auf Bestellung wurden wertvolle Handschriften angefertigt. Die Texte handelten häufig vom Leben der Ritter, von ihren Abenteuern und von ihrem Streben nach Ruhm, Ehre und Anerkennung innerhalb der höfischen Gesellschaft. Bei Festen und anderen Zusammenkünften wurden Abenteuer- und Liebesgeschichten erzählt, Minnelieder gesungen – Liebeslieder, die von der Liebe zu einer unerreichbaren Frau sprechen – und Sprüche vorgetragen, in denen die Dichter ihre Gönner lobten und tadelten, allgemeine Weltbetrachtungen formulierten oder Stellung zur aktuellen Politik nahmen.

M 1 Ritterspiele heute
Kaltenberg in Bayern, aktuelle Fotografie

M 2 Festbankett
Zeitgenössische Miniatur

Ritterturniere in Quellen und Darstellung

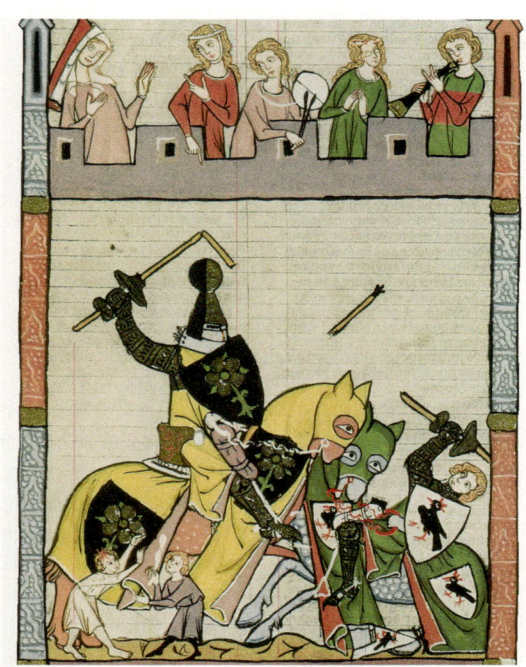

M 3 **Kampf und Sieg im ritterlichen Turnier**
Buchmalerei aus der Manesseschen Liederhandschrift, Anfang des 14. Jahrhunderts

M 4 **Kampfspiele**

Aus einer wissenschaftlichen Darstellung über die mittelalterlichen Ritterturniere:

Die ritterliche Turnierkultur kannte nicht nur ein Kampfspiel: In den mittelalterlichen Quellen wird zwischen Turnei, Buhurt und Tjost unterschieden. Das Turnei war die Simulation des Verbandsgefechts der Panzerreiter und wurde in der Regel zwischen zwei Gruppen ausgetragen. Der Buhurt war dagegen ein Gruppenwettkampf, bei dem es auf reiterisches Geschick ankam. Zur Übung von Paarkämpfen diente der Tjost. Der Begriff Turnier wurde erst seit dem Ausgang des 15. Jahrhunderts allmählich als Oberbegriff üblich. Beim Turnei, dem Turnier im engeren Sinne, simulierte man die Ritterschlacht. Das ging so vor sich: Zwei von Anführern kommandierte Parteien starteten auf ein Signal, meist das Durchschlagen eines Trennseils, fielen vom Trab in den Galopp, gingen in die Carriere (gestreckter Lauf) über, prallten aufeinander, wendeten (tornare!) und wiederholten das Ganze.

Andreas Schlunk/Robert Giersch, Die Ritter. Geschichte – Kultur – Alltagsleben, Stuttgart 2003, S. 68.

M 5 **Der Standpunkt der Kirche**

Eine zeitgenössische Quelle berichtet:

Graf Konrad, Sohn des Markgrafen Dietrich von der Lausitz, wurde bei einer ritterlichen Übung, gewöhnlich Turnier genannt, am 17. November durch einen Lanzenstoß getötet. Dieses verderbliche Spiel hatte in unseren Gegenden damals eine solche Verbreitung gefunden, dass dabei in einem einzigen Jahr sechzehn Ritter ums Leben gekommen waren. Erzbischof Wichmann sprach deshalb über alle den Kirchenbann aus, die sich an einem Turnier beteiligten. Er hielt sich eben in Österreich auf, als er die Nachricht vom Tode des Grafen Konrad erhielt, und sandte sofort Boten, die dessen kirchliches Begräbnis verhindern sollten. Als dann später der Erzbischof [...] in der Kirche zu Halle eine Synode abhielt, erschienen daselbst der Vater des toten Grafen und seine Brüder [...]; die warfen sich tränenüberströmt mit lautem Wehklagen dem Erzbischof und allen Geistlichen zu Füßen und flehten, man möge den Toten durch die Verweigerung eines christlichen Begräbnisses nicht von der Gemeinschaft der Gläubigen ausschließen.

Chronicon Montis Sereni, (1175), MG SS XXIII, S. 155; hier aus: Geschichte in Quellen, hrsg. von Wolfgang Lautemann und Manfred Schlenke, Bd. II: Mittelalter, Münster S. 453 und 454.

Aufgaben

Ritterturniere in Quellen und Darstellung
a) Erläutere mithilfe des Darstellungstextes die Buchmalerei über das Turnier.
b) Erkläre anhand der wissenschaftlichen Darstellung die unterschiedlichen Turnierarten.
c) Erläutere die Haltung der Kirche zu den Turnieren.
d) Diskutiere folgende Auffassung: „Ritterturniere waren für die Ritter die Möglichkeit, den ritterlichen Tugendkatalog zu leben."
→ Text, M3, M4, M5

Mittelalterliche Lebenswelten

Die Stadtbevölkerung

Die Entwicklung der Städte im Mittelalter

Heute sind Städte etwas Alltägliches. Im Mittelalter war das gänzlich anders. Städte waren zumindest auf dem Gebiet des heutigen Deutschlands zunächst Fremdkörper in einer landwirtschaftlich geprägten Umwelt. Erst vom 10. Jahrhundert an änderte sich dies allmählich. Jetzt wurden alte Römerstädte wiederbelebt. Und auch an Furten und Brücken, die die Möglichkeiten eröffneten, Zölle zu erheben und Handel zu treiben, entstanden Städte neu. Im Spätmittelalter gab es in Deutschland dann bereits etwa 3 000 Städte. Die meisten hatten allerdings weniger als 1000 Einwohner. Nur die 25 größten Städte hatten mehr als 10 000 Einwohner.

Dem Herrn, der eine Stadt gründete, winkte finanzieller Zugewinn: Er verdiente am Zoll, an Gerichtsgebühren oder an den Münzen, die hier geprägt wurden. Zudem halfen die Städter dem Herrn, sein Gebiet zu bevölkern, wirtschaftlich zu erschließen und auch militärisch zu sichern. Stadtherr konnte ein Bischof, ein Adliger oder auch ein Kloster sein. Eine Sonderstellung hatten die Reichsstädte, die den König als Stadtherrn hatten. Nach und nach gelang es den Bürgern in vielen Städten, den Stadtherrn zu entmachten. Sie verwalteten dann ihre Stadt selbst.

Mauer und Markt

Die Mauer machte die Stadt nicht nur zu einer Festung, sie markierte auch den Bereich eines besonderen Rechts. Das Stadtrecht stattete Bewohner der Stadt mit weitgehend gleichen Bürgerrechten und relativ großer persönlicher Freiheit aus. Die Landbewohner unterstanden hingegen dem Recht eines Grundherrn. Die städtische Verfassung war also modern.

In der Mitte der Stadt lag der Markt, auf dem die Waren aus dem Umland und aus der Stadt selbst zum Kauf angeboten wurden. Die mittelalterliche Stadt war Zentrum gewerblicher Produktion und beherbergte eine bunte Vielfalt an Berufen. Diese differenzierte soziale Gliederung war ebenfalls etwas Neues.

Stadt	Einwohner
Florenz	95 000
Venedig	90 000
Paris	80 000
Brügge	50 000
London	30 000
Köln	40 000
Lübeck	25 000
Nürnberg	23 000
Breslau	20 000
Danzig	20 000
Augsburg	18 000
Braunschweig	17 000
Hamburg	14 000
Rostock	12 000
Frankfurt/M.	10 000
Leipzig	6 000

M 1 Einwohnerzahlen europäischer Städte im 15. Jahrhundert

M 2 Leipzig
Kolorierter Kupferstich aus der Frühen Neuzeit, 1617

M 3 Patrizier-Ehepaar aus dem Adelsgeschlecht Stahlburg, 16. Jahrhundert

Die Bewohner der Stadt

Zwar waren in der Stadt alle Bürger frei und vor Gericht gleich, doch gab es große Unterschiede in der gesellschaftlichen Schichtung. An der Spitze der städtischen Gesellschaft standen die Patrizier, die vornehmen, alteingesessenen Familien der Stadt. Die meisten von ihnen waren reiche Fernhandelskaufleute beziehungsweise freie Grundbesitzer. Sie trafen zunächst die politischen Entscheidungen im Rat der Stadt. Um das Risiko bei den kostspieligen und gefährlichen Unternehmungen zu verringern, schlossen sich die Fernhandelskaufleute in Gilden zusammen.

Ein großer Teil der Bürger gehörte zu den selbstständigen Handwerkern. Diese bildeten gewissermaßen die Mittelschicht der städtischen Gesellschaft und hatten so auch die meisten Pflichten für die gemeinschaftliche Sicherung und den Ausbau der Stadt zu übernehmen. Die Handwerker schlossen sich nach Berufszugehörigkeit in Zünften zusammen. Sie übten eine strenge Kontrolle über ihre Mitglieder aus und legten fest, wie viele Meister und Gesellen in der Stadt tätig sein durften. Weiterhin setzten sie einheitliche Verkaufspreise, Arbeitszeiten und Löhne fest. Sie sicherten aber auch die Qualität der Produkte, sodass der Verbraucher vor denen geschützt wurde, die „ins Handwerk pfuschten". Im Notfall wurden Zunftgenossen sowie deren Witwen und Waisen unterstützt. Die Handwerker stellten mit der Zeit die Vorherrschaft der Patrizier infrage: Warum sollten sie nicht auch an wichtigen Entscheidungen teilhaben? Die Spannungen entluden sich mitunter in blutigen Aufständen und führten oft zu einer politischen Beteiligung der Handwerker.

Die städtische Unterschicht hatte im Allgemeinen kein Bürgerrecht und konnte somit nicht an politischen Entscheidungen mitwirken. Sie setzte sich aus Gruppen zusammen, die nur über ein geringes Einkommen verfügten oder wenig angesehene, „unehrliche", das heißt „unehrenhafte" Berufe ausübten. Dazu zählte man die Scharfrichter und Abdecker, die Totengräber, die Bader und die fahrenden Spielleute. Zudem rechnete man die Tagelöhner, Dienstboten, Mägde, Bettler, Kranke, Behinderte und Dirnen zur Unterschicht.

Juden in der mittelalterlichen Stadt

Juden bildeten einen Teil der mittelalterlichen städtischen Gesellschaft. Sie lebten – auch zusammen mit Christen – in Stadtbezirken, deren Mittelpunkt die Synagoge bildete und die sich oft in den Zentren der Städte befanden. Eine Beschäftigung im Handwerk wurde den Juden durch christliche Konkurrenten erschwert, häufig sogar durch die christliche Obrigkeit ganz untersagt. Daher blieben ihnen nur Handel und Geldgeschäfte.

Seit Beginn des 13. Jahrhunderts drängte die Kirche verstärkt darauf, Juden von Christen zu trennen, sodass in vielen Städten jüdische Wohnbezirke entstanden, die später als Getto bezeichnet wurden. Manchmal mussten Juden auch einen spitzen Hut, den „Judenhut" tragen. Schließlich gab es Vorurteile: So glaubten viele, Juden seien als Brunnenvergifter Schuld an Pestepidemien. All dies führte immer wieder zu Pogromen, das heißt zur Verfolgung und Tötung von Juden. Der hohe Stand der jüdischen Kultur, der in den Städten herrschte, wird häufig übersehen.

M 4 Flaschenschmied Buchillustration, 15. Jahrhundert

Mittelalterliche Lebenswelten

Die Hansestadt Lübeck – Luftbild und Plan vergleichen

M 5 Luftbild der Hansestadt Lübeck
Aktuelle Fotografie

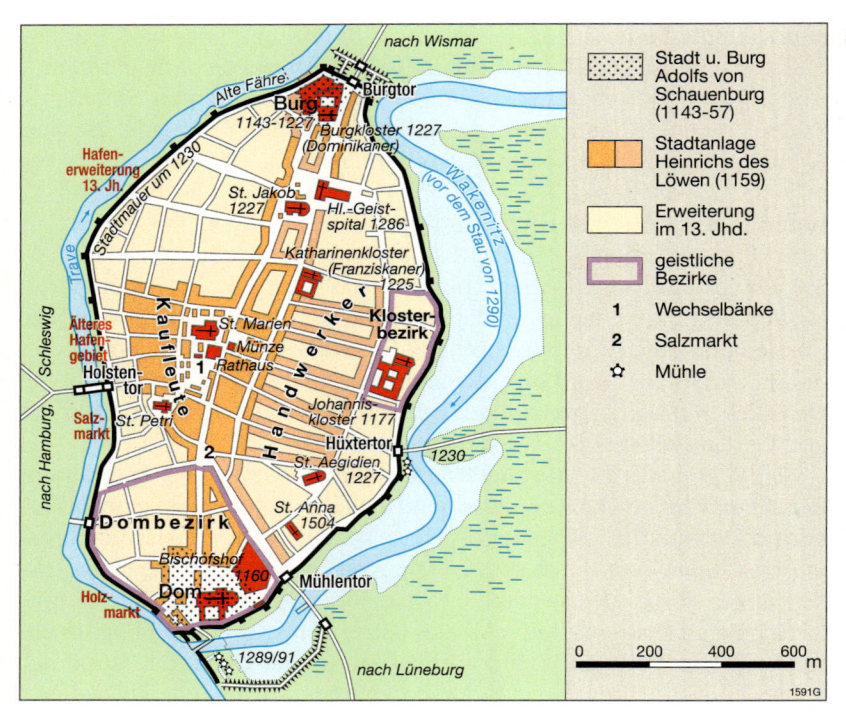

M 6 Lübeck im 14. Jahrhundert, Geschichtskarte

Die Stadtgesellschaft – Eine Bildquelle analysieren

M 7 Augsburg um 1530
Das Bild gehört zu den vier sogenannten „Augsburger Monatsbildern". Jedes der Bilder thematisiert für drei jeweils angegebene Monate Alltagsgeschehnisse, Sitten und Gebräuche in der Stadt und im Umland von Augsburg. Entstanden sind die Bilder nach Vorlagen von Jörg Breu in der ersten Hälfte des 16. Jahrhunderts.

Aufgaben

1. **Mittelalterliche Städte und ihre Bedeutung**
   a) Informiere dich über günstige Standorte für Stadtgründungen. Finde außerdem heraus, zu welchen Zeiten besonders viele Städte gegründet wurden.
   b) Nenne die Vorteile, die eine Stadtgründung für den Stadtherrn hatte.
   c) Erläutere die Begriffe Reichsstadt und Zunft.
   → Text, Internet

2. **Lübeck – Luftbild und Plan vergleichen**
   a) Beschreibe die Funktionen der Stadt, die du auf dem Stadtplan erkennen kannst.
   b) Vergleiche das Foto von Lübeck mit dem Stadtplan und beschreibe die Reste der mittelalterlichen Stadtanlage.
   → M5, M6

3. **Die Stadtgesellschaft**
   a) Beschreibe die auf dem Bild erkennbaren Tätigkeiten.
   b) Ordne die dargestellten Personen gesellschaftlichen Gruppen zu.
   c) Arbeite die Bevölkerungsgruppen heraus, die auf dem Bild fehlen.
   → Text, M7

Mittelalterliche Lebenswelten

Die Hanse

Noch heute nennen sich Städte wie Hamburg, Bremen, Rostock, Stralsund und Wismar „Hansestädte". Damit wird die historische Zugehörigkeit zu einem Städtebündnis, der Deutschen Hanse, herausgehoben. Außerdem schwingt in dem Begriff der Stolz auf einen Abschnitt der Geschichte mit, der von ihnen als besonders erfolgreich und positiv angesehen wird. Inwiefern ist dieser Stolz berechtigt?

Das Wort „Hanse" bezeichnet zunächst einen Verband von Männern mit der gleichen Zielsetzung. Im Laufe der Zeit wurde der Begriff auf Kaufleute bezogen, die sich für ein gemeinsames Fahrtziel zusammenschlossen. Ziel dieser Vereinigung war der Schutz der Fernhändler vor Raub und Beschlagnahme. Hansen existierten in ganz Europa. Der Begriff „Hanse" steht aber auch für die Abgaben, die man einer Kaufleutegenossenschaft leisten musste und für das besondere Recht, das die Kaufmannsgesellschaft oder deren Mitglieder beanspruchten.

Die Entstehung der Deutschen Hanse

Im 12. Jahrhundert schlossen sich die deutschen Gotlandfahrer zu einer Hanse zusammen, um den Handel sicherer zu machen und wirtschaftliche Vorteile gegenüber Konkurrenten durchzusetzen. Aus dieser Vereinigung entstand die Deutsche Hanse, denn andere Kaufmannshansen aus Westfalen, Lübeck und Gotland kamen hinzu. Weil die Fernkaufleute aufgrund ihres Reichtums und ihres Erfolges in den Städten die Regierung stellten, ließen sich die Ziele der Kaufleute nicht von den Zielen der Städte trennen. Die Deutsche Hanse wandelte sich im Laufe der Zeit von einer Kaufmannshanse zu einer Städtehanse. Ihr gehörten in der Zeit vom 13. bis zum 16. Jahrhundert etwa 200 Städte an. In Nowgorod, Brügge (später Antwerpen), Bergen und London existierten selbstständige Handelsniederlassungen der Hanse, die Kontore. Ein Kontor war ein abgeschlossenes Stadtviertel mit Wohnungen, Büros, Versammlungsräumen, Warenspeichern, Hafen und Kirche.

Die Hanse war nur locker organisiert. Es gab keine gemeinsame Verfassung, Flotte oder Finanzordnung. Eine Führungsposition in der Hanse nahm allerdings Lübeck ein. Hier trafen sich die Vertreter der Hansestädte zu den Hansetagen. Bei diesen Versammlungen standen

M 1 Modell einer Kogge des späten 14. Jahrhunderts, ausgestellt im Deutschen Historischen Museum Berlin

M 2 Lübeck – Haupt der Hanse Holzschnitt aus der Schedelschen Weltchronik von 1493

folgende Fragen im Mittelpunkt: Wann soll im Frühjahr die Fahrtsaison beginnen? Welche Schiffe stehen für die Fahrten zur Verfügung? Welche Stadt hat gegen die gemeinsamen Absprachen verstoßen? Ist es nötig, sie mit Handelssperren zu belegen, sie zu „verhansen"?

Blütezeit und Niedergang
Obwohl die Hanse nur ein lockeres Bündnis war, war sie, vor allem im Ostseeraum, sehr einflussreich: Sie kontrollierte den Handel, erhob Steuern und führte Kriege. Als der dänische König Waldemar IV. (1340–1375) versuchte, die Vorrechte der Hanse zu beschneiden, entsandte sie ein Heer und eine Flotte, die Dänemark plünderten. Im Frieden von Stralsund erzwang die Hanse 1370 die Bestätigung ihrer Vorrechte und ein Mitspracherecht bei der dänischen Königswahl.

Der Frieden von Stralsund kennzeichnet den Höhepunkt der hansischen Machtentfaltung. Danach begann der Abstieg. Das lag zum einen daran, dass die Hanse zunehmend nur noch darauf aus war, ihre angestammte Machtposition zu halten. Wagemutige Initiativen fehlten. Die Entstehung von Nationalstaaten in Europa erschwerte den Handel: England förderte eigene Aktivitäten und behinderte die Tätigkeit fremder Kaufleute. Die Niederlande dehnten ihren Handel in die Ostsee erheblich aus. Kontore der Hanse mussten geschlossen werden. Im Innern des Deutschen Reiches versuchten die Fürsten, die Städte unter ihre Kontrolle zu bringen, um ihre Territorialstaaten auszubauen. Am Ende des Mittelalters verlagerten sich zudem die Handelswege und der Ostseehandel verlor an Bedeutung.

M 3

Die Hanse und ihre Handelswege

Mittelalterliche Lebenswelten

Kaufmänner und Handel der Hanse – Quellen auswerten

M 4 Schadensliste

Im Jahr 1345 sank vor der Maasmündung eine Hamburger Kogge, die von verschiedenen Kaufleuten beladen worden war. Hier ein Auszug aus der Schadensliste:

Hartwich von Verden:
23 Fässchen schwedisches Kupfer, 1 Tonne mit 2 540 gemischtem Kleintierpelzwerk, 160 Hermelin-
5 felle.
Heinrich von Hoyginghen:
10 000 Junglämmerfelle,
2 000 Schneehasenfelle, 250 Rehfelle, 40 Hirschfelle, 6 Rindshäu-
10 te, 6 Elchfelle.
Heinrich Lübbeke:
370 Otterfelle, 275 Wieselfelle, 2 000 Eichhornfelle, 55 Ellen Leinwand, 1 Brustharnisch, 1 Kapuzen-
15 mantel, 1 mit Silber eingelegter Dolch, 40 Stück Leder.
Johann von Eckernförde:
10 Tran-Fässer.

Nach: N. Fuchs/W. Goez, Die deutsche Stadt im Mittelalter, München 1977, S. 49 f., gekürzt.

M 5 Leben als Hansekaufmann

Die Historikerin Edith Ennen beschreibt am Beispiel Nowgorods, wie die Kaufleute der Hanse in einem Kontor lebten:

Das Leben der Hansekaufleute in Nowgorod schildern unter anderem sehr anschaulich die Schragen, die Satzungen des Kontors, die in ihrem ältesten Teil aus der Mitte des 13. Jahrhunderts stam-
5 men. Sein Mittelpunkt ist die steinerne Peterskirche. Die Kirche, eine echte „Kaufmannskirche", war offensichtlich recht geräumig und besaß eine Art Kreuzgang mit Gewölben. Die Kaufleute benutzten sie nämlich auch als Waren-
10 magazin und Archiv; die St.-Peters-Kiste stand darin mit den Pergamenturkunden und dem Schatz des Kontors, sogar die Gewichte und die Waage wurden über Nacht hier aufbewahrt.
Jeden Abend begab sich ein Kaufmann in die Kir-
15 che, um dort zu schlafen beziehungsweise zu wachen. Bei Abreise der Kaufleute wurden die Kirchenschlüssel den russischen Würdenträgern von Nowgorod zur Aufbewahrung in einem versiegelten Behältnis übergeben. Handeln und Kaufschlagen in der Kirche war untersagt. Kein Russe durfte ihr Inneres betreten. Man wollte dem Handelspartner keinen Einblick in das Warenlager des deutschen Handelshofes geben, der die Preisbildung ungünstig hätte beeinflussen können. Vom Olderman des Hofes wurden zwei Kaufleute zu Kirchenvorstehern ernannt. Sie mussten die Kirchenkasse verwalten und für die Bewachung und den Bau der Kirche sorgen.

Edith Ennen, Die europäische Stadt des Mittelalters, Göttingen 1975, S. 184 f.

M 6 Schiffbruch eines Bergenfahrers

Text des Bildes: „Mögen die, die sich ausschiffen, zur Beichte gehen! Es bleibt uns nur so wenig Zeit bis zum Tode."
Anonymes Gemälde von 1489, Lübecker Marienkirche

Der rechtliche Status der Hanse

M 7 Der rechtliche Status der Hanse

Antwort der Hanse auf eine Denkschrift des englischen Kronrates, die die Verhaftung von Hansekaufleuten und die Beschlagnahme ihrer Güter rechtfertigen sollte (1469):

[…] Die Hansa Theutonica [Deutsche Hanse] ist […] ein festes Bündnis (confederacio) von vielen Städten, Orten und Gemeinschaften zu dem Zwecke, dass die Handelsunternehmungen zu Wasser und zu Land den erwünschten und günstigen Erfolg haben und dass ein wirksamer Schutz gegen Seeräuber und Wegelagerer geleistet werde, damit nicht durch deren Nachstellungen die Kaufleute ihrer Güter und ihrer Werte beraubt würden. […] Die Hansa Theutonica wird nicht von den Kaufleuten geleitet, sondern jede Stadt und jeder Ort haben ihre eigenen Herren und ihre eigene Obrigkeit, durch die sie regiert werden. Denn die Hansa Theutonica ist, wie schon gezeigt worden ist, nichts anderes als eine Art Bündnis von Städten, das die Städte nicht aus der Rechtshoheit der Herren, die schon früher die Regierung ausübten, herauslöst: Sie sind vielmehr diesen Herren in allen Dingen untertänig wie vorher und werden von ihnen regiert.

Auch hat die Hansa Theutonica kein gemeinsames Siegel und keinen gemeinsamen Rat. Ein Siegel widerspricht nämlich der Sachlage. Sondern wenn wegen notwendiger Geschäfte Briefe im Namen der ganzen Hansa Theutonica geschrieben werden, so besiegelt man diese mit dem Siegel der Stadt, in der sie geschrieben wurden. […]
Weder die Hansa Theutonica noch irgendeine der Städte hat die Macht, Zusammenkünfte zu berufen und Versammlungen anzuordnen; die Städte der Hanse versammeln sich vielmehr, so oft Fragen zu erörtern sind, durch gegenseitigen Beschluss an einem Ort […]. Auch kommt bis jetzt keiner Stadt der Hanse die Vorrangstellung zu. […]

Zit. nach: Ph. Dollinger, Die Hanse, Stuttgart 1976, S. 533 f.

M 8 Siegel der Stadt Lübeck von 1253/65
Die Umschrift auf dem Siegel lautet: Sigillum burgensium de Lubeke (Siegel der Bürger von Lübeck).

Aufgaben

1. **Der Handel der Hanse – Mit einer thematischen Karte arbeiten**
   a) Beschreibe anhand der Karte die Handelswege der Hanse.
   b) Stelle die Handelsgüter und ihre Herkunftsländer zusammen.
   c) Nenne neben Hamburg und Bremen weitere Hansestädte.
   → M3

2. **Kaufmänner und Handel der Hanse – Quellen auswerten**
   a) Ordne die Handelsgüter auf der Schadensliste mithilfe der Karte einem möglichen Herkunftsort zu.
   b) Beschreibe anhand des Textes das Leben der Kaufleute im Kontor von Nowgorod und erläutere das Verhältnis der Kaufleute zu den Einwohnern Nowgorods.
   → M3, M4, M5

3. **Der rechtliche Status der Hanse**
   a) Erarbeite anhand der Quelle Zielsetzung und Organisation der Hanse.
   b) Erläutere den Zusammenhang zwischen Text und Bild des Siegels und dem Begriff „Hanse".
   → Text, M7, M8

4. **Bewertung der Hanse**
   a) Suche mögliche Gründe für die heute oft vorherrschende positive Bewertung der Hanse in Deutschland.
   b) Die Geschichte der Hanse wird von manchen europäischen Nachbarn auch negativ betrachtet. Suche auch dafür mögliche Gründe.
   → Internet

Deutsche Ostsiedlung

Eine große Wanderungsbewegung

Den mittelalterlichen Chronisten war das, was die Historiker später Ostsiedlung nannten, gar nicht aufgefallen. Dass zahlreiche deutsche Ritter, Bauern, Bürger, Kaufleute und Bergleute, nicht zuletzt auch Mönche über die Reichsgrenzen in den dünner besiedelten europäischen Osten strömten, war eine langsame, unauffällige und überwiegend friedliche Entwicklung. Erst im Nachhinein wurde das Geschehen in seiner Gesamtheit als ein zusammenhängender Vorgang erkennbar, der zwischen dem 11. und 14. Jahrhundert stattfand.

Zunächst hatten die Reichsfürsten an der Ostgrenze des Reiches die slawisch-heidnische Bevölkerung unterworfen, abgabepflichtig gemacht und taufen lassen. Darüber hinaus riefen sie deutsche Siedler ins Land, um das Land wirtschaftlich auszubauen. Als Folge davon waren um 1200 große Gebiete östlich der Elbe und Saale von deutscher Bevölkerung besiedelt.

Danach verlief die Ostsiedlung als ein vertraglich und rechtlich geregelter Vorgang: Landgeber und Siedler wirkten zusammen. Die Fürsten in Osteuropa erkannten, dass ihnen deutsche Siedler bei der Rodung und den Dorfgründungen von Nutzen waren. Sie halfen ihnen, das dünn besiedelte Land zu erschließen. Um die Ansiedlung zu organisieren, beauftragten die osteuropäischen Fürsten Siedlungsunternehmer, die Lokatoren. Diese warben deutsche Bauern und Handwerker an und organisierten ihre Ansiedlung. Für ihre Tätigkeit erhielten die Lokatoren einen größeren Landanteil. Außerdem übernahmen sie das Richter- und Verwaltungsamt des Dorfschulzen, das ihnen weitere Einnahmen sicherte.

Die Bauern wurden von den Freiheitsrechten angelockt, die ihnen die Grundherren im Osten versprachen. Für die neuen Siedler galt deutsches Recht, das ihnen die persönliche Freiheit garantierte, ihr Erb- und Besitzrecht wenig einschränkte und Frondienste durch festen Zins ersetzte. Hierdurch erwarben die Siedler eine bessere rechtliche Stellung als in der Heimat. Die ansässige slawische Bevölkerung wurde nicht vertrieben und erreichte teilweise die gleichen rechtlichen Vorteile wie die Siedler. Elb- und Ostseeslawen verloren allerdings oft ihre eigene Sprache und gingen in der ostdeutschen Mischbevölkerung auf.

Der Deutsche Orden

Das Wirken des Deutschen Ordens bildete bei der Ostsiedlung im 13. Jahrhundert die Ausnahme. Denn in Preußen, wo der Orden wirkte, führte er die Erschließung des Landes mit militärischer Unterwerfung und gewaltsamer Missionierung durch. Der Deutsche Orden war um 1200 in Palästina entstanden. Dort hatte er Erfahrung bei der Organisation von Wirtschaft und Verwaltung gesammelt. Hierauf konnte er aufbauen, als der polnische Herzog Konrad von Masowien (1206–1247) nach einem gescheiterten Kreuzzug gegen die heidnischen Pruzzen, einem baltischen Volksstamm, 1222 die Ordensritter zu Hilfe rief. Der Herzog gab dem Orden den Auftrag zur bewaffneten Mission. Als Gegenleistung überließ er dem Orden das Kulmer Land, das später den Kern des Ordensstaates bildete. Dieser wurde aufgrund

M 1 Das Kloster Zinna
1174 gegründet, zählte zu den ersten Niederlassungen der Zisterzienser in den neuen Gebieten östlich der Elbe, heutiger Zustand.

M 2 Hermann von Salza
Hochmeister des Deutschen Ordens von 1209 bis 1239, Stich aus späterer Zeit

des politischen Geschicks des Hochmeisters des Deutschen Ritterordens, Hermann von Salza (1209–1239), sowohl von Kaiser Friedrich II. (1212–1250) als auch vom Papst anerkannt. Durch Zustrom von Siedlern aus dem Reichsgebiet entwickelten sich allmählich 93 Städte und etwa 1400 Dörfer.

Die Machtposition des Ordensstaates wurde dadurch geschwächt, dass Litauen nach einer dynastischen Verbindung mit Polen freiwillig zum Christentum übertrat. Die eigentliche Aufgabe, die Mission, war damit beendet. Außerdem widersprach die wirtschaftliche Zusammenarbeit des Ordensstaates mit der Hanse den Interessen des Landadels. Dieser suchte Unterstützung beim polnischen Nachbarn. Es kam zu militärischen Auseinandersetzungen, in denen der Deutsche Orden unterlag. Den größten Teil seiner Besitzungen musste er 1466 im Thorner Frieden an Polen abtreten.

M 3

Die Deutsche Ostsiedlung

- Altsiedelland germanischer Stämme um 700

Deutsche Besiedlung
- 8.–11. Jahrhundert
- im 12. Jahrhundert
- von 1200–1250
- von 1250–1300
- im 14. Jahrhundert

- 1243 Gründungsjahr von Städten und Klöstern
- Gebiete nichtdeutscher Besiedlung
- siedlungsarme Gebiete um 1400 (Wälder, Sümpfe, Gebirge)
- Staatsgrenzen um 1380
- ⚲ Erzbistum
- ○ Bistum
- ✝ Kloster

Deutsches Stadtrecht im Osten
- ● Lübecker Recht
- ● Magdeburger Recht
- ● Süddeutsche Rechte

Mittelalterliche Lebenswelten

Rechtliche Grundlagen der Ostkolonisation – Arbeit mit zeitgenössischen Quellen

M 4 Gründungsurkunde

Zur Gründung des Dorfes Halteshagen im Jahr 1262 vermerkt das Pommersche Urkundenbuch:

Wir, Ritter Gerbord von Köthen, geben bekannt, dass wir mit dem Rate unserer Herren und Freunde dem Johannes Calbe, Konrad von Welpe und seinem Schwager Johannes einen Wald [Hagen] mit
5 Namen Halteshagen zur Besiedlung als Besitz überlassen haben. Wir machen zur Bedingung, dass alle in dem Hagen Ansässigen, die dort Ackerland urbar machen und bestellen, von jeder Hufe einen Schilling und den Fruchtzehnten von den am
10 Hagen liegenden Äckern geben. Von den Sach- und Geldeinkünften fällt die Hälfte an mich, die andere an die drei Besitzer des Hagens, die auch Hagemeister genannt werden. Als besondere Freiheit sichern wir weiter zu: Wer sich im Hagen ansie-
15 deln will, kann dies ungehindert tun und darf für die gefreite Zeit Bier brauen und schenken sowie zum Verkauf Brot backen und Fleisch einschlachten. Ab Martini gewähren wir den Siedlern 10 Freijahre. In diesem Zeitraum bleiben sie Dienst, Zehnt
20 und Zins ledig. Darüber hinaus geben wir dem Rudolf die Mühle des Hagens für jährlich 4 Maß Mahlkorn, sodass er im ersten Jahr ein Maß, im zweiten zwei, im vierten vier Maß zinst. Davon gehört die Hälfte uns, die andere den genannten
25 Lokatoren. Dem Müller überlassen wir drei Joch Land, die man „Hegemorgen" nennt. Was das Gericht anbetrifft, so sollen sich die Häger ihr Recht an einem Ort holen, wo sie es bequem finden. Außerdem überließen Konrad von Welpe und
30 sein Schwager für den Anteil des Johannes Kalbe eine von ihren Freihufen, und wir fügten eine hinzu, die er frei besitzen soll. Was wir den Siedlern überließen, steht unter Leiherecht. Es erstreckt sich auch auf die Ehefrauen, die männlichen Nachkom-
35 men und dann auf die übrige Verwandtschaft.

Pommersches Urkundenbuch II, Nr. 720, zit. nach: Geschichte in Quellen, Bd 2, München 1975, S. 628 f.

M 5 Privileg Kaiser Friedrichs II.

Der Kaiser überträgt dem Deutschen Orden die Herrschaft über das Kulmer Land (1226):

Friedrich II., von Gottes Gnaden Kaiser der Römer, allezeit erhaben, König von Jerusalem und Sizilien. Dazu hat Gott unser Kaisertum hoch über die Könige des Erdkreises gestellt und die Grenzen unserer Herrschaft über verschiedene Zonen der Welt ausgedehnt, auf dass unsere mühevolle Sorgfalt sich auf die Verherrlichung seines Namens in dieser Welt und auf die Verbreitung des Glaubens unter den Heiden richte, wie er denn das Heilige Römische Reich zur Predigt des Evangeliums geschaffen hat, damit wir nicht weniger die Unterwerfung wie die Bekehrung der Heiden erstreben; wir gewähren also die Gnade der Verleihung, durch die rechtgläubige Männer für die Unterwerfung barbarischer Völker und die Besserung des Gottesdienstes beständige, tägliche Mühen auf sich nehmen und Mittel und Leben unablässig einsetzen. Daher wollen wir […] kundtun, dass Bruder Hermann [gemeint ist der Hochmeister Hermann von Salza, 1170–1239], der ehrwürdige Meister des heiligen Hauses vom Spitale St. Mariens der Deutschen zu Jerusalem, […] vor uns dargelegt hat, dass unser ergebener Konrad, Herzog von Masowien und Kujawien, versprochen und angeboten hat, ihn und seine Brüder mit dem sogenannten Kulmer Lande zwischen seiner Mark und dem Gebiet der Preußen auszustatten, und zwar so, dass sie die Mühe auf sich nehmen, standhaft in das Preußenland einzudringen und es zu Ehre und Ruhm des wahren Gottes in Besitz zu nehmen. […]

Daher haben wir dem Meister die Vollmacht erteilt, in das Preußenland mit den Kräften des Ordenshauses und mit allen Mitteln einzudringen, und überlassen und bestätigen dem Meister, seinen Nachfolgern und seinem Hause für immer sowohl besagtes Land, das er von dem Herzog gemäß seinem Versprechen erhalten wird, und ein anderes Gebiet, das er ihnen geben wird, wie auch alles Land, das er mit Gottes Zutun in Preußen erobern wird. […]

Wir fügen ferner aus unserer Gnade hinzu, dass der Meister und seine Nachfolger eben die Gerichtsbarkeit und Obrigkeit in ihren Ländern haben und ausüben, wie es kein Reichsfürst in seinem Lande besser haben kann, dass sie gute Bräuche und Gewohnheiten setzen, Gesetze und Statuten erlassen, durch die sowohl der Glaube der Gläubigen gestärkt wird wie sich alle Untertanen eines ruhigen Friedens erfreuen.

Zit. nach: Geschichte in Quellen, Bd 2, hrsg. von Wolfgang Lautemann und Manfred Schlenke, München 1975, S. 652 f.

Der Deutsche Orden – Einen Romanauszug analysieren

M 6   „Heinrich von Plauen"

Der deutsche Schriftsteller Ernst Wichert schrieb 1881 einen Roman über den Hochmeister des Deutschen Ordens Heinrich von Plauen. Nach der Schlacht bei Grunwald/Tannenberg (1410) belagerte das polnische Heer die Marienburg, den Hauptsitz des Ordens. Über das Zusammentreffen Heinrichs mit dem polnischen König Jagiełło in dessen Zelt schreibt Wichert:

Der König ging seinem Gast nicht entgegen, erhob sich nicht einmal von seinem Sitze, sondern beugte nur ein wenig das Haupt und winkte ihm näher zu treten. Plauen fühlte, dass sein Herz sich krampfhaft zusammenzog und das Blut ihm in die Stirn trat. Es dunkelte ihm vor den Augen, und der Erdboden schien zu schwanken. Er griff mit der Hand nach dem Kreuz auf seinem Mantel, und so verbeugte er sich tief. Eure Gnade, begann er, hat mir das sichere Geleit gesandt, um das ich gebeten. Mag es nun auch Eurer Gnade gefallen, mich gütig anzuhören und eine freundliche Antwort zu geben. Gott hat es in seiner Weisheit so beschlossen, dass Ihr Sieger sein solltet in diesem Kampfe. Die Brüder erbarmen sich des armen Landes, das allzu schwer leidet unter der Kriegsgeißel, und wollen ihm den Frieden geben. […]
Ihr würdet nicht so demütig vor uns erscheinen, ließ der König antworten, wenn Ihr Euch nicht überzeugt hättet, dass alle Eure Hoffnungen auf Hilfe eitel sind. Nicht wir haben Grund, das Ende des Kampfes vorschnell herbeizusehen: jeder Tag mehrt unsere Macht und schwächt Euren Widerstand. Verlangt Ihr nach der Wohltat des Friedens, so sagt, was Ihr uns bietet. Wir wollen uns darüber erklären, wie wir's für gut befinden.
Wohlan, rief Plauen, das Kulmer Land – Michelau – Pommerellen biete ich Euch als Geschenk für den Frieden dar! Es war, als müssten die Worte sich gewaltsam aus der Kehle herauspressen.
Jagiełłos hässliches Gesicht aber verzog sich zu einem grinsenden Lachen. Die Lande als Geschenk, die ich durch Recht des Krieges schon besitze? Mir muss ganz Preußen zugehören! Ich sehe, dass Ihr die Lage der Dinge noch immer von Grund aus verkennt. Erst wenn Ihr das Haupthaus [die Marienburg] übergeben wollt, dann kommt und fleht von uns Gnade für Euch und Euren Orden. […]
Eine Minute lang herrschte lautloses Schweigen im Zelt. Der König saß lauernd da, ein wenig vorgebeugt und die listigen Schlangenaugen blinzelnd auf sein Opfer gerichtet. Der Statthalter aber warf einen schmerzlichen Blick aufwärts, öffnete den Mund wie zu einem Schrei und hielt doch den Atem gewaltsam ein. Seine Brust atmete in kurzen Stößen. Allmählich wurde er ruhiger, und als er dann sprach, klang nur bei den ersten Worten die Stimme erstickt; bald hob sie sich zu vollem Ton. Ich kam, mich demütigend, mit billigen Bedingungen; ich kam im Vertrauen, sie würden Annahme finden. Nun gehe ich in die Burg zurück. Gott und die Heilige Jungfrau werden uns retten! Der Plauen aber wird nimmer aus der Marienburg weichen. Dabei erhob er die rechte Hand wie zum Schwur und schüttelte sie in der Luft zur Bekräftigung, wandte sich ab und verließ das Zelt.

Ernst Wichert, Heinrich von Plauen, Kapitel 17: Die Belagerung der Marienburg, zit. nach: http://gutenberg.spiegel.de/buch/250/19 (Januar 2012).

Aufgaben

1. **Grundlage und Verlauf der Ostsiedlung**
   a) Erläutere den Verlauf der Ostsiedlung.
   b) Stelle die im Text enthaltenen Informationen denen gegenüber, die du der Karte entnehmen kannst.
   c) Erläutere die Vorteile, die Siedler und Grundherren aus der Ostsiedlung zogen.
   d) Arbeite die Ziele heraus, die Friedrich II. mit seinem Privileg verfolgte.
   → Text, M3, M4, M5

2. **Einen Romanauszug analysieren**
   a) Fasse die Handlung des Romanauszugs von 1881 in eigenen Worten zusammen.
   b) Arbeite die Beschreibung Heinrichs von Plauen und König Jagiełłos heraus. Suche Formulierungen, die deutlich machen, wem die Sympathien des Autors gehören.
   → M6

Mittelalterliche Lebenswelten

Mönchtum und Klöster >>>

Grundherrschaft und Lehnswesen >>>

500   600   700   800   900

Zusammenfassung

Die Menschen des Mittelalters lebten in einer fest gefügten ständischen Ordnung. Jeder Mensch gehörte einem Stand an: als Geistlicher, Adliger oder Bauer. Jeder Stand hatte seine Aufgabe in der Gemeinschaft zu erfüllen, sei es durch Gottesdienst, Kampf oder körperliche Arbeit.

Mönche und Nonnen in den Klöstern lebten nach der Regel „bete und arbeite", die Benedikt von Nursia als Gründer des ältesten Mönchsordens, der Benediktiner, verfasst hatte. Das Kloster war zugleich Ort der Andacht und Gelehrsamkeit, Wirtschaftsbetrieb, soziale Einrichtung und politischer Machtfaktor. Eine wichtige Rolle spielten Klöster bei der Ausbreitung des Christentums und der Urbarmachung von Land im Osten. Sie waren Zentren von Wissenschaft, Bildung und Kultur in einer oft noch unwegsamen Landschaft.

Der überwiegende Teil der Bevölkerung bestand aus Bauern. In Abhängigkeit von einem adligen Grundherrn führten sie ein karges Leben, waren unfrei und mussten Abgaben und Frondienste leisten. Das ganze Mittelalter hindurch änderte sich die Lage der Bauern wenig: Der Grundherr herrschte über Land und Leute, entschied als Richter und konnte die Bauern sogar zusammen mit dem Land verkaufen.

In dieser Zeit erlebte die höfische Ritterkultur einen Höhepunkt. Die Ritter, die sich als eigener Stand abschlossen, verfolgten das Ideal eines christlichen Kämpfers. Dazu zählten Treue, Tapferkeit und ein christlicher Lebenswandel. Turniere, Ritterdichtung und der höfische Minnesang kennzeichnen diese Epoche.

Ein neues Element in der Gesellschaft des Mittelalters bildeten die Städte, denn Handel und Handwerk errangen zunehmende Bedeutung. Die Stadt verhieß ihren Bürgern Friede und Freiheit und bot die Möglichkeit des sozialen Aufstiegs. Sie erreichte vom Grundherrn allmählich ihre Selbstverwaltung und beim Stadtregiment traten neben die Patrizier die Zünfte der Handwerker.

Dem Städtebund der Hanse gelang es, unter Führung der Stadt Lübeck zu einer wirtschaftlichen und politischen Macht aufzusteigen.

Aufschwung des Städtewesens >>>

Ritter und höfische Kultur >>>

Veränderungen in der Landwirtschaft

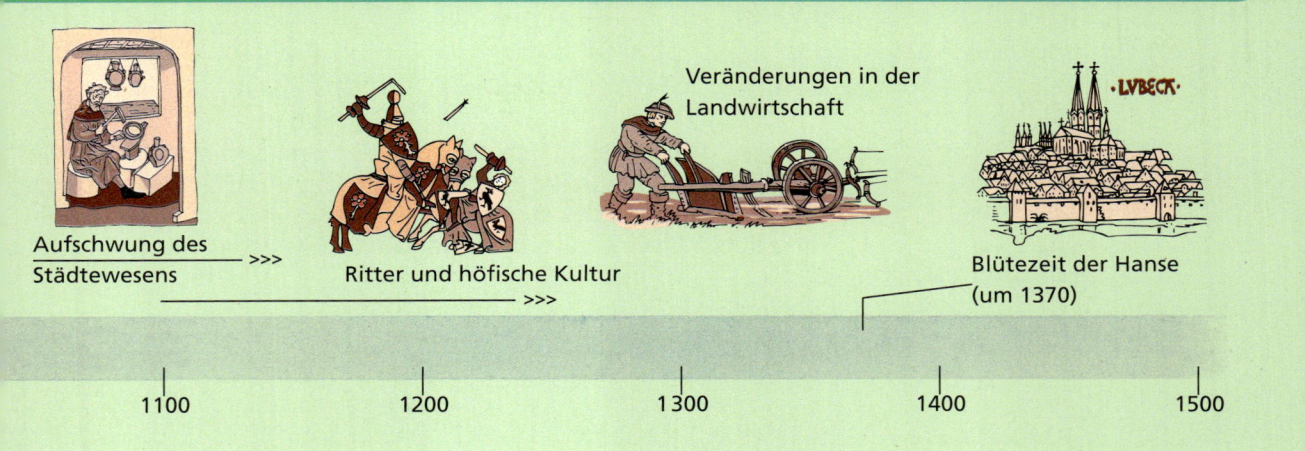

Blütezeit der Hanse (um 1370)

1100 1200 1300 1400 1500

Daten

529 Benedikt von Nursia gründet das Kloster Montecassino
seit 8. Jh. freie Bauern verlieren ihre Selbstständigkeit
seit 11. Jh. Aufstieg der Städte
seit 12. Jh. Entfaltung einer höfischen Ritterkultur

Begriffe

Kloster, Mönche, Nonnen
Fronarbeit
Hörige
Ritter
Minne(sang)
Bürger
Patrizier
Zunft
Hanse

Personen

Benedikt von Nursia

Tipps zum Thema: Mittelalterliche Lebenswelten

Filmtipp

Leben im Mittelalter – Rittertum/ Höfische Erziehung, Deutschland 2002

Abenteuer Mittelalter. Leben im 15. Jahrhundert, Doku-Reihe (5 x 26 min), Deutschland 2005

Lesetipp

Lilli Thal: Mimus, Hildesheim 2005

Rosemary Sutcliff: Randal, der Ritter, Stuttgart 2012

Claudia Frieser: Oskar und das Geheimnis der verschwundenen Kinder, München 2007

Museen

Kreismuseum Grimma
Stadtmuseum Pirna
Stadt- und Bergbaumuseum Freiberg
Stadtgeschichtliches Museum Leipzig
Deutsches Landwirtschaftsmuseum, Schloss Blankenhain

Kommentierte Links: www.westermann.de/geschichte-linkliste

Seiten zur Selbsteinschätzung

Thema: Mittelalterliche Lebenswelten

Hinweis: Die folgende Tabelle dient der Selbsteinschätzung deiner erworbenen Kenntnisse und Fähigkeiten. Die Auflistung erhebt nicht den Anspruch, vollständig zu sein. Es handelt sich um eine Auswahl, die ggf. erweitert werden kann. In der rechten Spalte findest du Hin-

Ich kann …	Ich bin sicher. :) :)	Ich bin ziemlich sicher. :)	Ich bin noch unsicher. :) :|	Ich habe große Lücken. :(:(
… den Grundsatz „Ora et labora" erklären und den Tagesablauf eines Benediktinermönches wiedergeben.				
… die Bedeutung des Klosters für die mittelalterliche Gesellschaft begründen.				
… das Verhältnis mittelalterlicher Menschen zum Tod erklären.				
… die Vorteile der Dreifelderwirtschaft zusammenstellen.				
… den Aufstieg der Ministerialen erläutern.				
… die Bestandteile der Ausbildung zum Ritter nennen.				
… das Leben auf einer mittelalterlichen Burg beschreiben.				
… die Merkmale einer mittelalterlichen Stadt wiedergeben.				
… verschiedene gesellschaftliche Gruppen in einer mittelalterlichen Stadt unterscheiden.				
… die Veränderung der politischen Struktur einer Stadt im Verlauf der Kämpfe um die Stadtherrschaft erklären.				
… die wichtigsten Handelswege der Hanse erläutern.				
… den Verlauf der deutschen Ostsiedlung beschreiben.				
…				
…				

weise, wie du eventuell vorhandene Lücken oder auch Unsicherheiten beseitigen kannst.

Bitte beachte: Solltest du über ein Leihexemplar dieses Lehrbuches verfügen, dann kopiere die Seiten, bevor du mit ihnen arbeitest.

diesen Seiten kannst du in ﾠO nachlesen	Empfehlungen zur Übung, Wiederholung und Festigung
126/127, 129	Erzähle aus der Sicht eines Mönches seinen Tagesablauf.
126/127	Beurteile folgenden Satz: „Das Mönchsdasein beschränkte sich nicht nur auf religiöse Tätigkeiten."
130	Nimm Stellung zu folgender Aussage: „Der Tod bestimmte das gesamte Leben der Menschen im Mittelalter."
135/136	Erläutere die Nachteile der Zweifelderwirtschaft.
138	Verfasse einen Lexikonartikel über die Ministerialen.
138–140	Nenne drei ritterliche Tugenden.
142–144	Erstelle eine Tabelle: Trage in die linke Spalte die wichtigsten Elemente einer Burg und in die rechte Spalte die jeweiligen Funktionen ein.
148/149	Erstelle ein kleines Kreuzworträtsel zum Thema „Mittelalterliche Stadt". Verwende u. a. folgende Begriffe: „Mauer", „Markt", „Getto", „Patrizier", „Rat", „Bürger" und „Stadtherr".
148/149	Stelle die Gesellschaft der mittelalterlichen Stadt als Schaubild dar.
148/149	Finde Beweise für folgende Behauptung: „Die Kämpfe um die Stadtherrschaft waren Ausdruck der sich verändernden Rolle der Städte."
152/153	Schreibe einen Lexikonartikel über die Bedeutung der Stadt Lübeck für die Hanse.
156/157	Setze dich mit folgender Behauptung auseinander: „Die deutsche Ostsiedlung war ein vollkommen friedlicher Vorgang."

Regionalgeschichte: Sachsen im Mittelalter

M 1 **Die Burg Meißen**
Überragt von den Türmen des Doms thront die alte Festung über der Elbe.

Die Besiedlung Sachsens

Die Unterwerfung der Sorben

Im Gebiet des heutigen Sachsen siedelten zur Zeit der Völkerwanderung verschiedene germanische Stämme. Im 7. Jahrhundert wanderten von Osten slawische Stämme ein, die „Sorben" genannt wurden, und ließen sich östlich der Saale nieder. Die meisten Sorben waren Bauern oder Handwerker. Sie lebten in kleinen Dörfern unter der Herrschaft von Stammesfürsten. Mit ihren Nachbarn trieben sie Handel, wobei sie vor allem Felle, Häute, Wachs und Honig lieferten. Bei Gefahr verschanzten sie sich in Fluchtburgen, die durch Ringwälle und Holzpalisaden gesichert waren. Die Sorben waren damals noch keine Christen, sondern glaubten an Naturgötter.

Karl der Große errichtete im Gebiet der Sorben eine Mark zur Sicherung der Grenzen des Reiches. Erst König Heinrich I. (919–936) gelang es, das Land östlich der Saale zu erobern. Um es nach außen zu schützen und nach innen zu beherrschen, errichtete er auf einem Felsvorsprung über der Elbe die Burg Meißen als Mittelpunkt der gleichnamigen Markgrafschaft. Heinrichs Nachfolger Otto I. (936–973) festigte die Herrschaft über die neu eroberten Gebiete und leitete mit der Einrichtung von Bistümern die Christianisierung der Sorben und der anderen slawischen Stämme östlich der Saale ein. Seit der Zeit Heinrichs I. und Ottos I. ist das Gebiet des heutigen Sachsen Teil des Reiches.

Aufrufe zur Besiedlung

Das Land war zur damaligen Zeit aber nur dünn besiedelt. Ab Beginn des 12. Jahrhunderts ritten daher Boten der Fürsten aus den Gebieten des heutigen Sachsen in andere Teile des Reiches und riefen die dortigen Bürger und besonders die Bauern dazu auf, in ihrem Land zu siedeln. Besonders aus Niedersachsen, Franken, Thüringen und den Niederlanden machten sich um das Jahr 1150 viele Menschen auf den Weg in dieses neue unbekannte Land. Neben lockenden Angeboten der Grundherren für eine zeitweilige Befreiung von den Abgaben spielten sicherlich auch Unternehmungslust und ganz allgemein die Hoffnung auf ein besseres Leben für diese Siedler eine große Rolle. Die Grundherren sicherten ihnen außerdem persönliche Freiheit und erbliche Besitzrechte an ihren entstehenden Höfen und den Feldern zu. Deshalb nahmen sie gern die schwere Arbeit des Rodens in der Wildnis auf sich und gründeten Dörfer. Kaufleute und Handwerker zogen mit ihnen. Sie blieben aber meist in den schon bestehenden Ortschaften mit regelmäßig stattfindenden Märkten und ließen sich dort nieder, um ihre Produkte und Güter den Siedlern und den reichen Familien der Grundherren anzubieten. Auch sie erhielten Vergünstigungen.

Die Entstehung der Ortsnamen

Heute erinnern noch Ortsnamen an die ehemaligen Heimatländer der Siedler. Viele Gemeinden, wie Frankenberg, tragen z. B. das Wort „Franken" im Namen. Andere Orte, wie die häufig auftretenden Namen Hermannsdorf und Hermsdorf bezeugen, erhielten die Namen der als „Lokatoren" bezeichneten Anführer der Siedler, die als Beauf-

M 2 **Abbildungen aus dem Sachsenspiegel,**
Anfang des 13. Jahrhunderts. Dargestellt ist eine Dorfgründung. Oben übergibt der Grundherr dem Lokator die Erbzinsurkunde. Die Siedler konnten ihre Höfe, für die sie Abgaben leisten mussten, also vererben. Unten hält der Lokator einen Gerichtstag ab. Links am Rand steht der Beklagte.

tragte des Grundherren die Aufteilung des neuen Landes vornehmen. Manchmal übernahmen die Siedler auch die Gewässer- oder Ortsbezeichnungen der Slawen. Diese Orte tragen häufig die Endung „-itz". Bekannte Beispiele sind Chemnitz, Görlitz und Delitzsch. Andere Siedlungen wurden einfach mit „Neudorf" bezeichnet oder erhielten diesen Namen in der sorbischen Sprache: Aus „Novosedlici" wurde dann später Naußlitz oder Noßlitz.

Gleichzeitig zu der Entstehung der neuen Dörfer kam es auch zu einem Aufschwung der Städte als Kaufmannssiedlungen. Diese entstanden häufig an Kreuzungen von alten, lange benutzten Wegen und Flussübergängen. Schon die Sorben hatten von Halle ausgehend Salzhandel mit Böhmen betrieben. Leipzig entstand am Schnittpunkt mehrerer Handelswege. Der wichtigste war die Hohe Straße, die *via regia*, die in Ost-West-Richtung bis nach Polen führte.

Das Verhältnis zwischen Siedlern und Slawen
Das Verhältnis zwischen deutscher und slawischer Bevölkerung war zu Beginn nicht immer freundschaftlich geprägt. Die Vertreter der christlichen Kirche – und mit ihnen die Siedler – wollten die sorbischen „Heiden" zu ihrem Glauben bekehren und zerstörten ihre Heiligtümer. Auch die sich ausbreitende Hörigkeit und die damit verbundenen Abgaben stießen auf sorbischen Widerstand. Der „Sachsenspiegel" – das Rechtsbuch der Zeit – räumte den Sorben zwar das Recht ein, vor Gericht in ihrer eigenen Sprache zu antworten. Trotzdem setzte sich das Deutsche immer mehr als Hauptsprache durch. Um so beeindruckender ist es, dass die Sorben dem Anpassungsdruck widerstanden und ihre eigene Kultur und Sprache bis in die Gegenwart bewahren konnten.

Regionalgeschichte: Sachsen im Mittelalter

Die Sorben – Lexikonartikel vergleichen

M 3 **Sorbische Prozession** anlässlich des Osterfests in Radibor in der Oberlausitz

M 4 **Die Sorben im Lexikon**

a) In einem Lexikon, das zwischen 1809 und 1811 erschienen ist, steht Folgendes über die Sorben:

Die Sorben waren, gleich den übrigen wendischen Völkerschaften, slavischen Ursprungs, drangen im 5. Jahrhunderte nach Christi Geburt aus dem hintersten Sarmatien bis in die Mitte des nördlichen
5 Deutschlands vor, und setzten sich auf der linken Seite der Ober-Elbe fest, nachdem sie vorher die bisherigen Einwohner zum Theil vertrieben, zum Theil erschlagen hatten. Das ganze Markgrafthum Meißen, nebst dem Osterlande, oder dem heuti-
10 gen Fürstenthume Altenburg, ingleichen einen nicht unbedeutenden Strich des Niedersächsischen Kreises, hatten sie inne, und wussten diese ihre Eroberungen gegen ihre Nachbarn, die Thüringer, welche deutschen Abkommens waren und
15 auf der linken Seite der Saale und Unstrut lebten, mehrere Jahrhunderte hindurch muthig zu behaupten. Kamen sie ja zuweilen gegen die Sachsen oder Thüringer oder Franken ins Gedränge, so hatten sie von den Lusizen in der Lausitz,
20 von den Lechen in Polen, von den Czechen in Böhmen, von den Hevellern und Ukern in Brandenburg, ihren ursprünglichen Landsleuten, den thätigsten Beistand zu erwarten. Diese Sorben nun – oder, wie sie von den besten Geschichtschreibern genannt werden, Sorben-Wenden – hatten gleich
25 anfangs ihre Fürsten, von denen sie zu Friedenszeiten regiert, und in Kriegen gegen ihre Feinde angeführt wurden. Zwar waren diese Fürsten nicht erblich; aber oft pflegte die Nation dem muthigsten seiner Söhne das Land zu übertragen.
30 Dieses Volk nun hat sich eigentlich bis zu den sächsischen Kaisern als eine eigne, ganz unabhängige Nation zu erhalten gewusst; von da aber wird ihr Land zu einer deutschen Provinz, von Grafen, und in der Folge von Markgrafen regiert, das Land
35 selbst aber zu einem Markgrafthum erhoben, welche Eigenschaft es auch bis zum 20. Decbr. 1806 beständig behauptet hat.

Conversations-Lexikon oder kurzgefaßtes Handwörterbuch (1809–1811), Bd. 5, S. 322 ff.

b) In Meyers großem Taschenlexikon von 1998 heißt es:

Sorben (früher auch Wenden), westslaw. Volk in der Ober- und Niederlausitz (Sachsen und Brandenburg); Nachkommen der die dt. Ostsiedlung überdauernden slaw. Bevölkerung, etwa 60 000, vielfach Katholiken; mit eigenständiger Sprache, Kultur sowie Volkskultur und -kunst, seit 1991 gefördert durch die staatl. Stiftungen für das sorb. Volk. Die westslaw. Stammesgruppe der S. ist seit 631/632 im Gebiet zw. Saale und Bóbr/Kwisa nachweisbar. Sie setzte sich aus zahlr. Einzelstämmen
10 zusammen. Die westl. S. waren zeitweise bereits dem fränk. Großreich tributpflichtig; auch das Großmähr. Reich umfasste um 890 Teile der S., die 897 von Arnulf von Kärnten zur Huldigung gezwungen wurden. Die eigentl. Unterwerfung
15 der S. erfolgte während der ersten Etappe der dt. Ostsiedlung (10. Jh.) durch Heinrich I. und Markgraf Gero im Auftrag Ottos I. Die Bistümer Meißen, Merseburg und Zeitz/Naumburg dienten der Verbreitung und Festigung des Christentums bei
20 den Sorben. Seit Beginn des 12. Jh. wurden die westelb. Gebiete der S. immer mehr mit dt. Bauern und Bürgern besiedelt, die mit den S. verschmolzen. Das sorb. Sprachgebiet beschränkte sich ab etwa 1500 auf die damals böhm. Markgrafschaf-
25 ten Ober- und Niederlausitz sowie einige nördlich und westlich angrenzende Gebiete.

Meyers großes Taschenlexikon in 24 Bänden, 6. Aufl., Bd. 20, Mannheim 1998, S. 203.

Eine Dorfgründung – Mit einer Grafik und einer Textquelle arbeiten

M 5 Eine Siedlerurkunde

In einer Urkunde vom 11. November 1154 weist Bischof Gerung von Meißen Einwanderern aus Flandern das Dorf Küren zu:

Gerung, von Gottes Gnaden Bischof der heiligen Meißner Kirche […]. Wir wollen, dass den Gläubigen in der Gegenwart wie in der Zukunft bekannt sei, dass ich tüchtige Männer aus Flandern an einem unbestellten und fast menschenleeren Platz angesiedelt und ihnen wie ihrer ganzen Nachkommenschaft ebendies Dorf, das Küren [Kreis Grimma] heißt, mit nachfolgenden Rechten zu festem, ewigem und erblichem Besitz übergeben habe.

Ich habe nämlich diesen Flandrern zum Zeichen des erkauften Besitzes dies Dorf mit 18 Hufen, mit bestellten wie unbestellten Feldern, Fluren und Wäldern, Weiden und Wiesen, Gewässern und Mühlen, Jagd und Fischerei übergeben. Von diesen Hufen habe ich eine mit ihrem gesamten Zehnten der Kirche eingeräumt, zwei weitere habe ich dem Gemeindevorsteher, den sie Schulzen nennen, jedoch ohne den Zehnten überlassen. Die übrigen 15 Hufen entrichten jährlich 30 Schilling und für den Getreidezins 30 Heller. Von allen ihren Erzeugnissen, außer von Bienen und vom Flachs, geben diese vorgenannten Männer den Zehnten. Dreimal im Jahr stellen sie für den Vogt den Unterhalt an den Gerichtstagen, die er bei ihnen halten wird. Zwei Drittel von den Gebühren, die beim Vogtgericht oder dem Schulzengericht anfallen, stehen dem Bischof zu, ein Drittel dem Schulzen. Vom Zoll sind sie in unserem Gebiet befreit, außer vom Marktzoll, wenn sie Handelsgeschäfte treiben. Brot, Bier und Fleisch untereinander zu verkaufen steht ihnen zu, doch sollen sie in ihrem Dorf keinen öffentlichen Markt abhalten. Im Übrigen befreien wir sie von jeder Besteuerung seitens des Bischofs, des Vogtes, des Verwalters oder anderer Leute. Und dass dies ihnen gesetzte Recht nicht verletzt werde, drohen wir mit unserem Bann, und wir bekräftigen dies vor zugezogenen Zeugen mit unserem Siegel. Vollzogen im Jahre des Herrn 1154, am 22. November, im ersten Jahre der Regierung des Herrn Gerung. Gesegnet, Amen.

Codex Diplomaticus Saxoniae regiae I, 2, Nr. 254 u. II, 1, Nr. 50, nach: Geschichte in Quellen, Bd. 2, München 1970, S. 598.

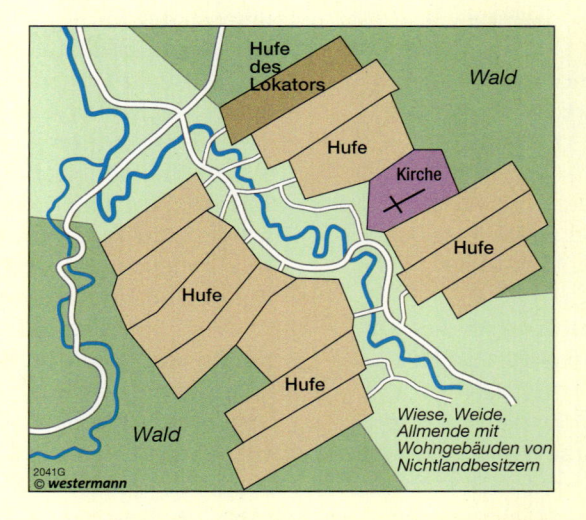

M 6

Aufgaben

1. **Die Sorben**
   a) Fasse die Aussagen der beiden Lexikonartikel zusammen.
   b) Vergleiche die beiden Artikel miteinander und mit den Aussagen des Lehrbuchtextes. Achte dabei auf die Entstehungszeit der Artikel. → Text, M4

2. **Die Entstehung der Ortsnamen**
   a) Arbeite aus dem Lehrbuchtext die verschiedenen Arten von Ortsnamen heraus.
   b) Recherchiere die Entstehungsgeschichte des Namens deines Heimatortes. → Text

3. **Eine Dorfgründung**
   a) Beschreibe den Aufbau eines Waldhufendorfs.
   b) Nenne die wichtigsten Bestimmungen der Urkunde. Kläre vorher unbekannte Begriffe.
   c) Arbeite die Vorteile heraus, die Bischof Gerung und die Siedler jeweils von der Gründung des Dorfes hatten.
   d) Erläutere die Abbildungen aus dem Sachsenspiegel, einem mittelalterlichen Rechtsbuch.
   e) Vergleiche die Darstellung einer Dorfgründung im Sachsenspiegel mit den Aussagen der Urkunde. → M2, M5, M6

Regionalgeschichte: Sachsen im Mittelalter

Die Wettiner und der Weg zum Kurfürstentum

Der Aufstieg der Wettiner
Im 10. und 11. Jahrhundert herrschten Markgrafen aus verschiedenen Familien über die Mark Meißen. Mit Heinrich von Eilenburg begann dann 1089 die Herrschaft einer Adelsfamilie, die nach ihrer Burg Wettin den Namen „Wettiner" erhielt. Diese Dynastie regierte in Sachsen bis 1918. Nur kurz ging das Markgrafenamt verloren, bevor 1123 mit Konrad I. erneut ein Wettiner mit der Würde des Markgrafenamtes belehnt wurde. Auch später mussten die Wettiner ihr Land gegen den Anspruch anderer weltlicher und geistlicher Herren verteidigen. Durch Heirat und Erbschaften, durch Tausch, aber auch durch Kämpfe und Feldzüge gelang es den Wettinern mit der Zeit, ihr Territorium immer mehr auszuweiten. Silberfunde im Erzgebirge machten sie außerdem so reich, dass Markgraf Otto den Beinamen „der Reiche" erhielt.

Das Silbererz
Im Jahr 1162 hatte Markgraf Otto das Kloster Altzella gestiftet. Sechs Jahre später wurde auf dem Landbesitz dieses Klosters bei dem kleinen Ort Christiansdorf allerdings Silber gefunden, weshalb der Markgraf das Kloster zu einem Gebietstausch zwang, um wieder in den Besitz dieses wertvollen Landes zu kommen. Schnell entwickelte sich an dieser Stelle mit Freiberg eine reiche Stadt. Die zugezogenen Bergleute erhielten das Recht, Silber zu schürfen, mussten aber den zehnten Teil der Ausbeute dem Markgrafen überlassen. Durch diese Funde wurde Otto sehr vermögend. Das Silber machte das Meißner Land wohlhabend und konnte zum Kauf von Land und zum Ausbau und der Befestigung von Städten verwendet werden.

Städte entwickeln sich
Schon vor den Silberfunden hatte der Markgraf um 1165 Leipzig das Stadtrecht verliehen, um das Gebiet dem Einfluss der Landadligen zu entziehen und es selbst verwalten zu können. Leipzig lag an der Kreuzung wichtiger Straßen und wurde schnell zum bedeutenden Handelsplatz. Auch andere Orte gewannen an Bedeutung. Die nicht zur Markgrafschaft gehörenden Siedlungen Chemnitz, Zwickau und Altenburg erhielten das Stadtrecht direkt von Kaiser Friedrich I. Barbarossa und wurden mit ihren Reichsburgen zu Zentren der Kaisermacht.

Dresden war damals noch eher unbedeutend, auch wenn es schon im Jahr 1275 eine steinerne Brücke über die Elbe besaß. Erst als Herzog Albrecht nach der Teilung der Wettiner Lande 1485 damit begann, Dresden zur Residenzstadt auszubauen, gewann es an Bedeutung.

Weitere Silberfunde
Die großen Silberfunde des 12. Jahrhunderts hatten die Mark Meißen sehr reich gemacht. Dann aber kam es zum Stillstand der Entwicklung. Erst als ab 1469 neue Silbervorkommen am Pöhlberg und am Schneeberg entdeckt wurden, blühte die sächsische Wirtschaft erneut auf. Neue Städte entstanden und Bauleute begannen mit der Errichtung der Albrechtsburg in Meißen. Bezahlt wurden sie mit Schneeberger Silber.

M 1

Herrscher aus dem Haus Wettin

Heinrich I. von Eilenburg
(Markgraf von Meißen
1089–1103)

Konrad von Wettin
(Markgraf von Meißen
1123–1156)

Otto der Reiche
(Markgraf 1156–1190)

Heinrich der Erlauchte
(Markgraf 1221/30–1288 und
Landgraf von Thüringen)

Friedrich der Streitbare
(Markgraf 1381–1428,
seit 1423 Herzog von Sachsen
und Kurfürst)

Friedrich der Sanftmütige
(Kurfürst 1428–1464)

Ernestinische Linie	Albertinische Linie
Ernst (Kurfürst von Sachsen 1464–1486)	Albrecht (Herzog von Sachsen 1464–1500)

M 2 Siegel der Stadt Freiberg von 1244

Alle Bereiche des damaligen Lebens veränderten sich durch die umfangreichen Silberfunde. Die Geldwirtschaft ersetzte die Tauschgeschäfte und Handel und Gewerbe blühten auf. Leipzig, seit der Universitätsgründung 1409 schon weithin bekannt, wurde durch das Messeprivileg Kaiser Maximilians aus dem Jahr 1497 zum Zentrum des Handels in ganz Mitteldeutschland.

Von der Markgrafschaft zum Kurfürstentum
Durch die Ausweitung ihres Territoriums gewannen die Wettiner im Reich zunehmend an Bedeutung. 1422 starb der letzte Herzog von Sachsen-Wittenberg aus der Familie der Askanier. Dieser war einer der sieben Kurfürsten, die seit der Neuordnung der Königswahl durch die Goldene Bulle im Jahr 1356 den deutschen Herrscher bestimmten. Da der Meißner Markgraf Friedrich der Streitbare König Sigismund politisch unterstützt hatte, verlieh dieser ihm die frei gewordene Kurwürde. So rückte er in den Kreis der ranghöchsten Adligen des Deutschen Reichs auf und nannte sich fortan Kurfürst von Sachsen. Auf diese Weise bürgerte sich der Name „Sachsen" für das von den Wettinern beherrschte Gebiet ein.

Die Leipziger Teilung
Um 1470 gehörte das Land der Wettiner zu den größten und reichsten des Reiches. Zu dieser Zeit regierten zwei Brüder noch gemeinsam: Kurfürst Ernst und Herzog Albrecht. Mit der Zeit kam es aber zu Streitigkeiten, sodass die Geschwister beschlossen, das Land zu teilen. Am 17. Juni 1485 wurde die Teilung in Leipzig vereinbart. Albrecht entschied sich für den meißnisch-osterländischen Teil (nördliches Thüringen, Gebiete um Leipzig und Dresden), Ernst erhielt den Rest und behielt die Kurwürde. Im gemeinsamen Besitz blieben die großen Silberbergwerke. Trotz des Willens zum Miteinander entwickelten sich die Gebiete immer weiter auseinander. Nach den Brüdern benannt, bildeten sich die ernestinischen und die albertinischen Länder – das heutige Sachsen – heraus.

M 3 Der Dresdner Fürstenzug
Der 102 m lange Bildfries aus Meißner Porzellanfliesen wurde 1906 am Dresdner Schloss angebracht. Er zeigt die Geschichte des sächsischen Fürstenhauses.

FRIEDRICH D. STREITBARE. ERNST. FRIEDRICH D. SANFTMUETHIGE. ALBRECHT D. BEHERZTE.

Regionalgeschichte: Sachsen im Mittelalter

Stadtentwicklung – Mit Stadtplänen und einer Textquelle arbeiten

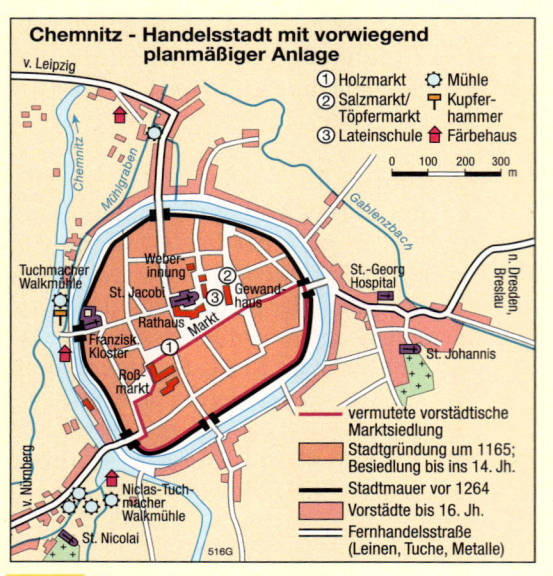

M 4 Chemnitz im Mittelalter

M 5 Freiberg im Mittelalter

M 6 Gründungsurkunde der Stadt Leipzig

Markgraf Otto der Reiche gründete um 1156 die Stadt Leipzig und legte in der Urkunde grundlegende Rechte fest:

Weil die Handlungen der Vorgänger der Nachwelt durch das klare Zeugnis schriftlicher Texte in Erinnerung gerufen werden, haben wir dieser Niederschrift anvertraut, dass Herr Otto, von Gottes Gna-
5 de Markgraf von Meißen, die Errichtung von Leipzig nach hallischem und magdeburgischen Recht angeordnet und in Erfüllung seines frommen Versprechens Folgendes angeordnet hat.
1. Er hat versprochen, von den Bürgern keine
10 Abgabe zu verlangen, bis auf die Heeresfolge, wenn er – durch die Not gedrängt – den Kaiser auf einer Fahrt über die Alpen begleiten müsse, und dann nur aufgrund maßvoller Forderungen, ohne Beschwernis der Bürger.
15 2. Auf ihre Bitten hin hat er ihnen zum Zeichen seines Rechtes […] einen ersten Markstein in der Mitte der Elster, einen zweiten in der Mitte der Parthe, einen dritten an dem Stein, der beim Galgen ist [beim späteren Gerichtsweg], und einen
20 vierten jenseits der Grube, in der Steine gehoben werden [bei der späteren Johannisgasse], angewiesen.
3. Seinen eigenen Wald aber, den wir „Luch" nennen [Gehölz bei Wahren], hat er zum Nießbrauch der Bürger bestimmt, einschließlich der Rechte an Wiesen, Holz und Fischerei. […]
5. Er hat bestimmt, dass keiner innerhalb einer Meile im Umkreis der Stadt Handelsgeschäfte abwickeln dürfe, weil diese für die Stadt nachteilig sind.
6. Und wenn einer der Bürger ein Lehnsgut oder Grundstück kaufen sollte, darf er es nur nach der Gewohnheit des Marktrechtes innehaben. Wenn einer aber einem anderen etwas von seinen Gütern überlassen möchte, dieser sich aber als zahlungsunwillig herausstellt, soll dieser mithilfe des markgräflichen Boten in Schuldhaft genommen und zum Zwecke der Zahlungserzwingung zur Verfügung gehalten werden, allerdings nicht länger als vierzehn Nächte. […]
9. Er mahnte sie, stets seinem Richter untertan zu sein, und er hielt sie an, sich mithilfe seines Beistands denjenigen gemeinsam zu widersetzen, die ihn an seinen Gütern schädigen wollten.
Bei dieser Rechtsetzung waren zugegen: Bischof Johannes von Merseburg; Gottfried von Schkeuditz, der Stadtvogt; Friedrich von Lößnig; Burggraf Heinrich von Donin; Ludolf von Kamburg; Heinrich Kittlitz; Albert von Pores sowie Walter von Meißen, Kaplan des Markgrafen, dem wir diese Niederschrift verdanken.

Urkundenbuch v. Leipzig I, S. 1 f., nach: Quellen zur Verfassungsgeschichte der deutschen Stadt im Mittelalter, 2000, S. 201, 203.

Die Entwicklung der Wettiner Lande – Eine Karte analysieren

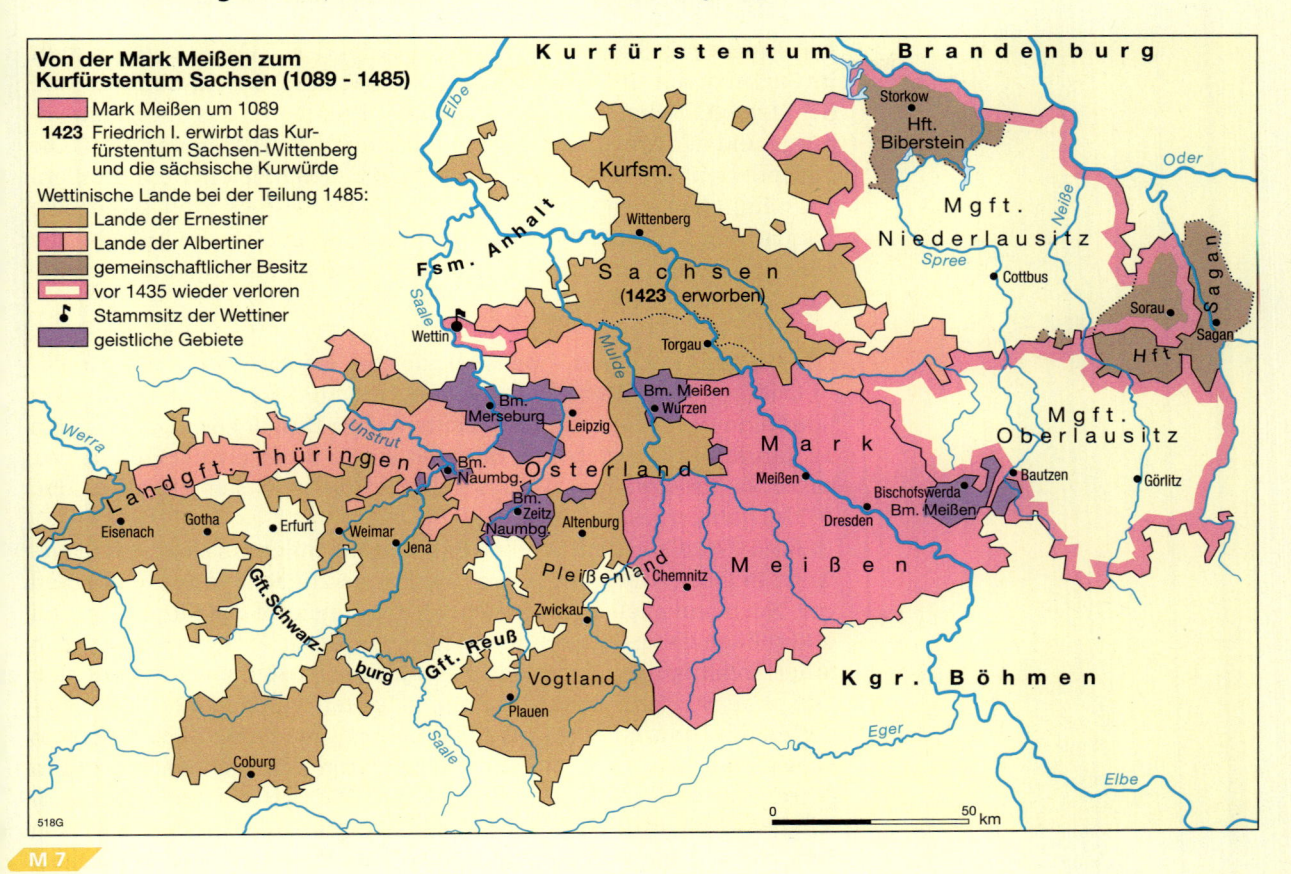

Von der Mark Meißen zum Kurfürstentum Sachsen (1089 - 1485)

- Mark Meißen um 1089
- 1423 Friedrich I. erwirbt das Kurfürstentum Sachsen-Wittenberg und die sächsische Kurwürde

Wettinische Lande bei der Teilung 1485:
- Lande der Ernestiner
- Lande der Albertiner
- gemeinschaftlicher Besitz
- vor 1435 wieder verloren
- ♪ Stammsitz der Wettiner
- geistliche Gebiete

M 7

Aufgaben

1. **Die wirtschaftliche Entwicklung Sachsens**
   a) Beschreibe die wirtschaftliche Entwicklung Sachsens unter den Wettinern.
   b) Erläutere die Rolle, die das Silber bei der wirtschaftlichen Entwicklung spielte.
   → Text

2. **Mit Stadtplänen arbeiten**
   a) Beschreibe die Phasen der Stadtentwicklung von Chemnitz und Freiberg.
   b) Erläutere die Bezeichnung von Chemnitz als „Handelsstadt mit vorwiegend planmäßiger Anlage".
   c) Erkläre die Bezeichnung von Freiberg als „gewachsene und geplante Bergstadt".
   → M4, M5

3. **Die Gründung von Leipzig**
   a) Lies die Gründungsurkunde der Stadt Leipzig und kläre unbekannte Begriffe.
   b) Erkläre die Bedeutung der einzelnen Bestimmungen.
   c) Liste die in der Urkunde aufgeführten Rechte des Markgrafen und der Bewohner der Stadt auf.
   d) Erläutere die mit den aufgeführten Rechten verbundenen Vorteile.
   → M6

4. **Die Entwicklung der Wettiner Lande**
   a) Beschreibe anhand des Lehrbuchtextes und der Karte die Entwicklung der Wettiner Lande bis 1485.
   b) Arbeite mit einem Geografieatlas. Nenne die Bundesländer, deren Gebiete einmal zum Machtbereich der Wettiner gehörten.
   c) Erläutere anhand der Karte die Probleme, die die Teilung von 1485 mit sich brachte.
   → Text, M7

Projekt zur Regionalgeschichte Sachsens

Schülerinnen und Schüler als Archäologen

Das Programm „PEGASUS – Schulen adoptieren Denkmale" existiert in Sachsen seit 1995. Dabei arbeiten sächsische Schülerinnen und Schüler aller Schularten gemeinsam mit Fachleuten aus der Denkmalpflege und der Archäologie an der Geschichte ihrer Heimatregion. Die „adoptierten" Denkmale können z. B. alte Gebäude oder ein Straßenzug sein, aber auch ein Kunstwerk, ein Möbelstück oder sogar eine Landschaft. Die Lernenden haben in dem Programm die Aufgabe, die Geschichte des Denkmals zu erforschen und zu dokumentieren sowie das Denkmal zu pflegen.

Die Burgruine Döben – Beispiel für eine erfolgreiche „Adoption"

In Döben, einem Ortsteil von Grimma, arbeiten Jugendliche seit vielen Jahren an der Ruine einer mittelalterlichen Burganlage. Die seit dem 12. Jahrhundert bestehende Burg hatte eine wechselvolle Geschichte, bevor sie im Zweiten Weltkrieg beschädigt und schließlich in den 1970er-Jahren gesprengt wurde.

Als 1996 die ersten Schülerinnen und Schüler auf dem Ruinengelände mit der Arbeit begannen, fanden sie zunächst nur Steinhaufen vor. Nach und nach legten sie jedoch den Innenhof der Burganlage frei und stießen dabei auf alte Mauerreste. Auf diesen Mauerresten wurden unter fachkundiger Anleitung sogenannte Trockenmauern errichtet. Die ohne Mörtel aus Natursteinen gebauten Trockenmauern verhinderten das Eindringen von Wasser und bannten damit die Gefahr von Frostschäden an der noch bestehenden Originalmauer. Nach wenigen Jahren waren die alten Mauerreste schließlich getrocknet. Nun konnten die Schülerinnen und Schüler die Trockenmauern wieder abreißen und auf den originalen Mauerresten feste Mauern errichten. Dabei verwendeten sie sogenannten Trassmörtel, der für Naturstein beson-

M 1 Die Burg Döben
Fotografie aus der Zeit vor der Zerstörung im Zweiten Weltkrieg

M 2 Die Burg Döben
Die aktuelle Fotografie zeigt die von den Schülerinnen und Schülern mit Trassmörtel rekonstruierten Mauern der Burg.

M 3 Der Backofen auf dem Burggelände
Aktuelle Fotografie

M 4 Das Fachwerkgebäude mit dem Ofen
Aktuelle Fotografie

ders geeignet ist. Durch diesen Wiederaufbau des alten Mauerwerks wurden nach und nach einzelne Räume und schließlich sogar der gesamte Grundriss der Burganlage wieder erkennbar.

Neben der praktischen Arbeit erforschten die Schülerinnen und Schüler aber auch die Geschichte der Burg, wobei sie viel über die sächsische Landesgeschichte lernten, z. B. über die frühere slawische Besiedlung. Ein weiteres wichtiges Thema war die Geschichte der verschiedenen Adelsfamilien, denen die Burg im Laufe der Zeit gehörte. Hierbei erregte der sächsische Herrscher Otto der Reiche besonderes Interesse, der durch Silberfunde im Erzgebirge vermögend geworden und 1188 auf der Burg inhaftiert war: Sein eigener Sohn Albrecht hielt ihn im Turm der Burg gefangen, um an sein Geld zu kommen.

Je länger die Schülerinnen und Schüler die Burgruine erforschten, desto mehr Details fielen ihnen auf. Mit der Zeit konnten sie sogar die Baustile unterschiedlicher Fensterumrandungen voneinander unterscheiden. Auch was sie in anderen Fächern gelernt hatten, war von Nutzen: Um z. B. große Mauersteine zu bewegen, mussten die Hobby-Archäologen die Hebelgesetze anwenden. Dabei erfuhren die Schülerinnen und Schüler, welche Leistung der Bau einer derartigen Burg im 12. Jahrhundert darstellte.

Brot backen wie im Mittelalter

Mithilfe des örtlichen Denkmalpflegers errichteten die Schülerinnen und Schüler aus Grimma auch einen mittelalterlichen Lehmbackofen. Zum Schutz vor Wind und Wetter wurde um den Ofen herum sogar ein Fachwerkgebäude errichtet. Wenn die Hobby-Archäologen jetzt am abendlichen Lagerfeuer ihre im historischen Ofen gebackenen Brote essen, haben sie damit zugleich auch ein Stück mittelalterlicher Alltagsgeschichte nachvollzogen: Die Herstellung des Teigs und das Befeuern des Ofens waren Aufgaben, die von jeder Familie auf dem Land selbst erledigt wurden, denn Bäcker in unserem heutigen Sinne gab es nur in den Städten.

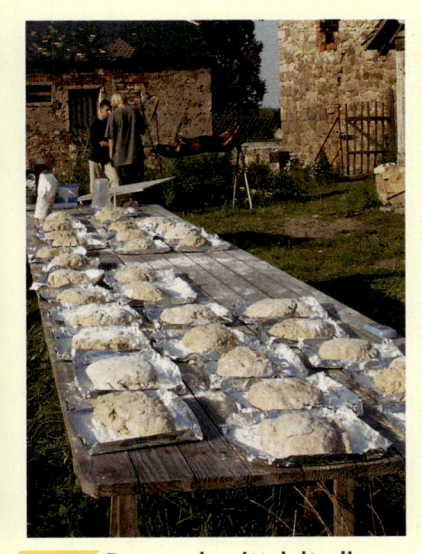

M 5 Brot nach mittelalterlichem Rezept
Aktuelle Fotografie

Georgius Agricola
(1494–1555), Kupferstich von 1574

Georgius Agricola – Ein sächsischer Universalgelehrter

Sachsen versteht sich als Land der Erfinder und in der Tat: Vieles – vom Teebeutel über die Zahnpasta bis zum Kühlschrank – wurde in Sachsen erfunden. Einer der hellsten Köpfe der sächsischen Geschichte war der Universalgelehrte Georgius Agricola. Sein Hauptwerk „De re metallica" war über Jahrhunderte das wichtigste Fachbuch zum Bergbau. Die erste deutsche Übersetzung hatte den Titel „Vom Bergkwerck 12 Bücher".

Ein bewegtes Leben

Am 24. März 1494 wurde Agricola in der westsächsischen Stadt Glauchau als Georg Bauer geboren. Sein Vater arbeitete als Tuchmacher und Färber. Nach seiner Schulzeit in Glauchau und Chemnitz studierte er Theologie, Philosophie und alte Sprachen in Leipzig. Mit dem Ende seiner Studienzeit 1518 wandelte er seinen Geburtsnamen in die gelehrte lateinische Form um: Georgius Agricola.

Seine Berufslaufbahn begann er als Lehrer an der Stadtschule in Zwickau. Seine Vorstellungen von Schule waren für die damalige Zeit außergewöhnlich: Gelerntes sollte angewandt werden! Diese Ansichten ließen ihn schnell zum Schulleiter werden. 1522 nahm er sein Sprachstudium wieder auf und begann daneben noch Medizin zu studieren. Nach einem vierjährigen Aufenthalt in Italien verschlug es ihn 1527 ins heute tschechische Jáchymov, das damals St. Joachimsthal hieß. Hier arbeitete Agricola als Stadtarzt und Apotheker.

Seine neue Heimat war gerade durch Silberfunde besonders reich geworden. Man prägte dort eine Münze, den „Joachimstaler", deren Namen später auf Taler verkürzt wurde. Aus dieser Bezeichnung entstand schließlich auch das Wort „Dollar". Hier beschäftigte sich der Stadtarzt auch intensiv mit dem Bergbau und dem Leben der Bergleute.

1531 übersiedelte Agricola nach Chemnitz, wo er 1534 zum „Stadtleybarzt" wurde, eine sehr angesehene und gut bezahlte Position. So konnte er seine Studien fortführen und veröffentlichte Schriften zu den unterschiedlichsten Themenbereichen. Viermal wählten ihn die Bürger der Stadt zum Bürgermeister. Am 21. November 1555 starb Georgius Agricola in Chemnitz.

Ein produktiver Gelehrter

Agricola veröffentlichte Bücher in vielen Wissenschaftsbereichen, die zum Teil heute nur noch in wenigen Exemplaren erhalten sind. Meist schrieb er dabei in der lateinischen Sprache.

Schon in seiner Zeit als Lehrer in Zwickau verfasste er ein Lateinbuch und entwickelte fortschrittliche Schulordnungen. Er trat als Übersetzer altgriechischer Werke zur Medizin hervor, schrieb selbst medizinische Abhandlungen und auch ein Werk zur Zoologie. Seine Schriften über die Entstehung von Mineralien und über Erzlagerstätten waren so bahnbrechend, dass er heute als „Vater der Mineralogie" betrachtet wird. Sein einziges in deutscher Sprache verfasstes Werk vollendete Agricola dann erst in seinem Todesjahr. „Die Sippschaft des Hauses zu Sachsen" ist eine Geschichte des sächsischen Herrscherhauses der Wettiner, die er im Auftrag des Kurfürsten schrieb.

Auch der Metrologie, der Wissenschaft von Maßen und Gewichten, widmete sich Agricola in mehreren Schriften. Damals gab es in verschiedenen Regionen ganz unterschiedliche Maßeinheiten, was dem Arzt Agricola zum Beispiel bei der Herstellung von Medizin die Arbeit erschwerte.

De re metallica

Am umfangreichsten sind aber seine Schriften über das Berg- und Hüttenwesen. Als Einwohner von Joachimsthal und von Chemnitz war er ständig mit den großen Silberfunden seiner Zeit konfrontiert, die dem Erzgebirge seinen Namen gaben. Auch als Arzt setzte er sich mit den Problemen des Bergbaus, des Werkzeugs und der Technik auseinander, die zum Überleben der Menschen unter Tage notwendig waren. Ebenso interessierte den wissensdurstigen Agricola die Weiterverarbeitung des Erzes in verschiedenen Prozessen. All dies schrieb er in seinem wohl bekanntesten Buch „De re metallica" nieder, welches erst ein Jahr nach seinem Tod in der lateinischen Sprache und im Jahr darauf schließlich auch auf Deutsch erschien. Später wurde dieses umfangreiche, reich illustrierte Buch auch in viele andere Sprachen übersetzt.

„De re metallica" gilt als Beginn der Bergbauwissenschaft und prägte den Bergbau über Jahrhunderte. Besonders die vielen Beschreibungen zu den Erzlagerstätten, zur Einrichtung von Stollen im Bergbau, zur Technik in den Bergwerken und schließlich zur Weiterverarbeitung des gewonnenen Erzgesteins wurden über lange Zeit für die Einrichtung von Bergwerken genutzt. Noch 1912 – über 350 Jahre nach dem Tod Agricolas – gab der Bergbauingenieur und spätere Präsident der USA, Herbert Hoover, gemeinsam mit seiner Frau das Buch in den USA heraus.

Agricolas Bücher stammen aus den Bereichen Pädagogik, Geschichte, Politik, Metrologie (Maß- und Gewichtskunde), Medizin, Zoologie, Geowissenschaft und Bergbau. Er war also ein Universalgelehrter – ein Wissenschaftler auf vielen Gebieten.

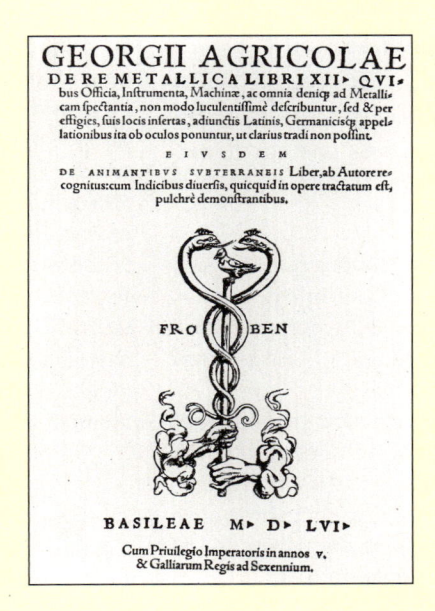

M 2 Ausschnitt aus dem Annaberger Bergknappenaltar
Die von Agricola in seinem Hauptwerk behandelten Tätigkeiten sind auch auf dem 1521 geweihten Altar zu sehen. Der Bildausschnitt zeigt die Gewinnung von Silbererz.

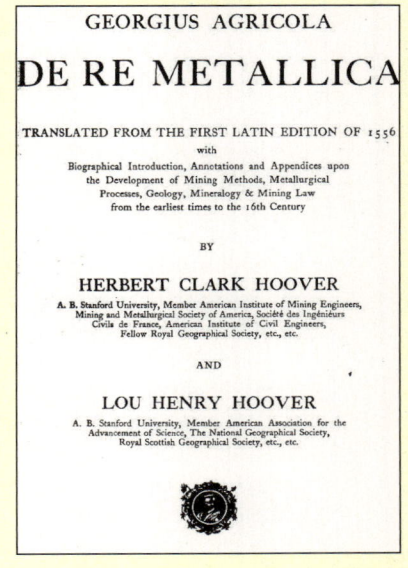

M 3 De re metallica
Die Titelblätter der ersten Ausgabe von 1556 und der von den Hoovers übersetzten amerikanischen Erstausgabe von 1912

„De re metallica" – Informationen aus Text und Abbildung entnehmen

Der Schrot A. Dieser ist am oberen Teile geschlossen, hier ist er offen dargestellt, damit man das Rad sehen kann. *Das Rad B. Die Welle C. Die Stempel D.*

M 4 Darstellung eines Pochwerks aus „De re metallica"

M 5 Das Pochwerk mit Wasserrad

Fast alle von Agricola beschriebenen Maschinen wurden durch Wasserräder angetrieben. Die Funktionsweise des Wasserrades und das Zusammenwirken am Pochwerk beschreibt Agricola in seinem Buch „De re metallica":

Damit der Stempel, der beständig die Erz- und Steinstücke zertrümmert, nicht zerbricht, sind um ihn und den oberen Teil des Pochschuhes quadratische, eiserne Ringe, 1 Finger dick, 7 Finger breit
5 und 6 Finger hoch, gelegt.
Diejenigen, die nur drei Stempel benutzen, wie es oft geschieht, machen sie wesentlich stärker, sie sind im Quadrat 3 Hand stark. Die eisernen Pochschuhe sind folgendermaßen gestaltet: Ihre ganze
10 Höhe beträgt 2 Fuß und 1 Hand, der untere Teil ist sechseckig, 7 Finger breit und dick. [...]

Das Wasserrad ist in einen viereckigen Schrot[1] eingebaut, damit nicht im Winter hoher Schnee oder Eis oder Unwetter seinen Lauf und seine Umdre-15 hung hindern; die Hölzer, die zusammengefügt werden, werden überall mit Moos verstopft. Der Schrot hat eine Öffnung, durch die das Gerinne eintritt, welches das Wasser zuführt, das in die Schaufeln fällt und das Rad in Umdrehung versetzt. Durch ein anderes, unten eingebautes 20 Gerinne fließt das Wasser wieder heraus. Die Speichen des Rades sind nicht selten in der Mitte einer langen Welle befestigt, deren Däumlinge[2] [...] Stempel antreiben.

1 grob gezimmerte Umrandung
2 kleine Hölzer, die die Holzstempel bewegen

Georg Agricola, 12 Bücher vom Berg- und Hüttenwesen, Berlin 1928, S. 243–245.

Agricola lebt! – Ein Schülerprojekt

Auf den Spuren Agricolas wandelten Schülerinnen und Schüler aus Bergbauregionen in Sachsen, Frankreich und Spanien während des Schuljahrs 2006/07. In einem europäischen Projekt beschäftigten sie sich mit dem Gelehrten und seinem Werk und bauten sogar einige der von ihm beschriebenen Maschinen nach. Dabei standen die Lernenden zunächst vor der Aufgabe, ausgehend von den Originalbildern aus dem Buch Agricolas, funktionstüchtige Modelle oder Zeichnungen zur Funktionsweise zu erstellen. Besonders wichtig war dabei, den Maßstab zu beachten, damit die Maschine auch genug Energie erzeugen konnte. Die Gesetze der Physik, die die Schülerinnen und Schüler aus der Schule kannten, mussten nun in der Praxis angewandt werden: Hebelwirkung, Drehmoment, Kraft und Übersetzungsverhältnisse mussten stimmen, damit alles funktionierte.

M 6 Nachbau eines Pochwerks
Dieses Pochwerk mit Wasserradantrieb bauten sächsische Schülerinnen und Schüler nach.
In einem Pochwerk werden die im Bergwerk geförderten Erzbrocken verkleinert, bevor sie weiterverarbeitet werden können.

Aufgaben

1. **Ein sächsischer Universalgelehrter**
   a) Erläutere den Begriff „Universalgelehrter".
   b) Weise nach, dass Agricola diesen Titel verdient.
   c) Agricola war Arzt und Apotheker der Bergbaustadt Jáchymov. Überlege dir Aufgaben, die er dort wohl zu erfüllen hatte.
   d) Versetze dich in Agricolas Lage und schreibe einen Brief an einen ehemaligen Lehrerkollegen in Zwickau, in dem du den Tagesablauf von Agricola in Jáchymov beschreibst.
   → Text

2. **Ein Pochwerk erklären**
   a) Erkläre die Funktionsweise eines Pochwerks. Nutze dazu auch die Bildlegenden und die in der Abbildung aus „De re metallica" eingezeichneten Buchstaben.
   b) Erläutere die im Text genannten Besonderheiten, die bei der Fertigung von Pochschuhen zu beachten sind.
   c) Erläutere die Funktion des „Schrots".
   → M4, M5

4. Religionen und Kulturen im Mit- und Gegeneinander

Die Kaaba in Mekka
Zentrum der islamischen Welt, aktuelle Fotografie

Christus an der Spitze der Kreuzfahrer
Illustration aus dem 14. Jahrhundert

Kreuzfahrerburg Krac des Chevaliers
in Syrien, erbaut im 12. Jahrhundert, aktuelle Fotografie

Karawane auf der Seidenstraße nach China
Ausschnitt aus dem Katalanischen Atlas (1375–1377) der jüdischen Kartografen Abraham und Jehuda Cresques

Schachspiel
Ein Christ und ein Araber spielen Schach, Buchmalerei, 12. Jahrhundert.

Religionen und Kulturen im Mit- und Gegeneinander

Der Islam – Eine Weltreligion entsteht

Der Prophet Mohammed

In Deutschland leben heute etwa vier Millionen Muslime und weltweit verehren über 1,2 Milliarden Menschen Allah als Gott. Der Islam gehört somit zu den großen Weltreligionen. Seine Entstehung geht auf Mohammed zurück, der für die Muslime der Prophet Allahs ist. Die überlieferten Berichte stellen ihn als Menschen mit Stärken und Schwächen dar und enthalten viele Details über ihn. Sein Lebenslauf stellt sich nach diesen Texten folgendermaßen dar:

Mohammed wurde um 569 n. Chr. in Mekka, einer arabischen Handelsstadt, geboren. Als Vollwaise wuchs er bei Verwandten auf, lebte als Hirte und begleitete seinen Onkel auf Handelsreisen, bevor er sich als Kaufmann in Mekka niederließ und heiratete. Dort verehrten die meisten Menschen viele verschiedene Götter in der Kaaba, einem würfelförmigen Haus, das schon damals als Heiligtum galt.

Die Offenbarungen, in denen Mohammed den Willen Allahs erfuhr, wurden im Koran gesammelt. Darin wird zum Beispiel berichtet, dass er dem Engel Jibrîl (Dschibril, dem Erzengel Gabriel) begegnete, der ihm den Willen Allahs offenbarte. In einer Nacht wurde er von ihm auf einem Reittier auf den Tempelberg in Jerusalem gebracht. Dort erblickte er dann auf einer Himmelsreise Allah und die sieben Paradiese. Vom Glauben an Allah als einzigem Gott überzeugt, begann Mohammed gegen den in Mekka verbreiteten Polytheismus zu predigen. Als er auf Widerstand stieß, siedelte er im Jahr 622 nach Medina über. Diese sogenannte Hijra (Hidschra) stellt für die Muslime den Beginn der Zeitrechnung dar, denn in Medina bildete sich die erste muslimische Gemeinschaft und es entstanden die ersten Moscheen als Andachtsorte für Allah.

M 1 Die Kaaba in Mekka
Zentrum der islamischen Welt, aktuelle Fotografie

M 2 Moschee in Kairo mit Minarett und Brunnenhaus, aktuelle Fotografie

Im Jahr 629 pilgerte Mohammed nach Mekka und beseitigte in der Kaaba alles, was an den früheren Glauben erinnerte. Die Kaaba gilt seitdem als höchstes Heiligtum des Islam, und die Pilgerfahrt nach Mekka wurde eine der wichtigsten religiösen Pflichten für Muslime.

In den Jahren bis zu seinem Tod 632 n. Chr. bemühte sich Mohammed um die Verbreitung des Islam. Unter ganz bestimmten Bedingungen konnte auch ein Jihâd (Dschihad), ein heiliger Krieg, erlaubt sein. Aber nicht nur Gewalt, sondern auch die Duldung Andersgläubiger trug dazu bei, dass sich der Islam so schnell und so weit ausbreiten konnte. Der Glaube an Allah als einzigem Gott übte offensichtlich eine große Faszination aus.

Der Glaube der Muslime

Islam bedeutet „Unterwerfung unter Gott". Muslim bedeutet „einer der sich unterwirft". Der Koran enthält Allahs Willen, den er seinem Propheten Mohammed offenbarte, und ist daher das heilige Buch der Muslime. Dabei werden nicht nur der Inhalt, sondern auch das Buch und der Text selbst als heilig betrachtet. Deshalb ist auch die schön gestaltete Schrift und die richtige Betonung beim Sprechen außerordentlich wichtig.

Aufgeteilt ist der Koran in 114 unterschiedlich lange Abschnitte, die sogenannten Suren. Der Inhalt ist vielfältig: Es finden sich darin Ereignisse, die auch in der Bibel enthalten sind, wie zum Beispiel die Schöpfungsgeschichte und Berichte über Jesus; es finden sich Aussagen zum Jüngsten Gericht, zu Hölle und Paradies; es finden sich aber auch Rechtsvorschriften. Das ganze Leben eines Muslim und das muslimischer Gemeinschaften soll sich am Koran orientieren.

Da vieles aber nicht eindeutig ist, ist eine Auslegung des Korans notwendig. Diese Aufgabe kann ein Imam, ein Vorbeter in der Moschee, ein Ayatollah, ein Rechtsgelehrter, oder auch ein Kadi, ein Richter, übernehmen. Sie bemühen sich, die Aussagen des Koran auf das Verhalten im Alltag und auf Rechtsfälle anzuwenden. Wegen dieser unterschiedlichen Interpretationen des Koran gibt es auch verschiedene Richtungen im Islam. Gleichwohl sind die sogenannten Fünf Säulen des Islam für alle Gläubigen verbindlich.

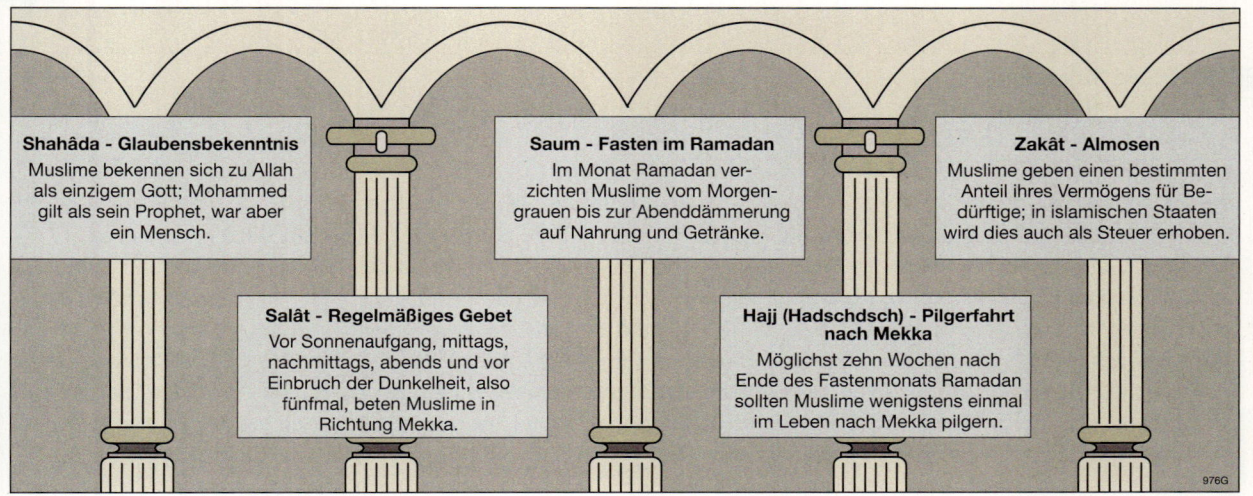

M 3 Heilige Schrift
Eine Handschrift mit der ersten Sure des Koran, 1389 n. Chr.

M 4 Die Säulen des Islam

Shahâda - Glaubensbekenntnis
Muslime bekennen sich zu Allah als einzigem Gott; Mohammed gilt als sein Prophet, war aber ein Mensch.

Salât - Regelmäßiges Gebet
Vor Sonnenaufgang, mittags, nachmittags, abends und vor Einbruch der Dunkelheit, also fünfmal, beten Muslime in Richtung Mekka.

Saum - Fasten im Ramadan
Im Monat Ramadan verzichten Muslime vom Morgengrauen bis zur Abenddämmerung auf Nahrung und Getränke.

Hajj (Hadschdsch) - Pilgerfahrt nach Mekka
Möglichst zehn Wochen nach Ende des Fastenmonats Ramadan sollten Muslime wenigstens einmal im Leben nach Mekka pilgern.

Zakât - Almosen
Muslime geben einen bestimmten Anteil ihres Vermögens für Bedürftige; in islamischen Staaten wird dies auch als Steuer erhoben.

Religionen und Kulturen im Mit- und Gegeneinander

Eine Moschee kennenlernen

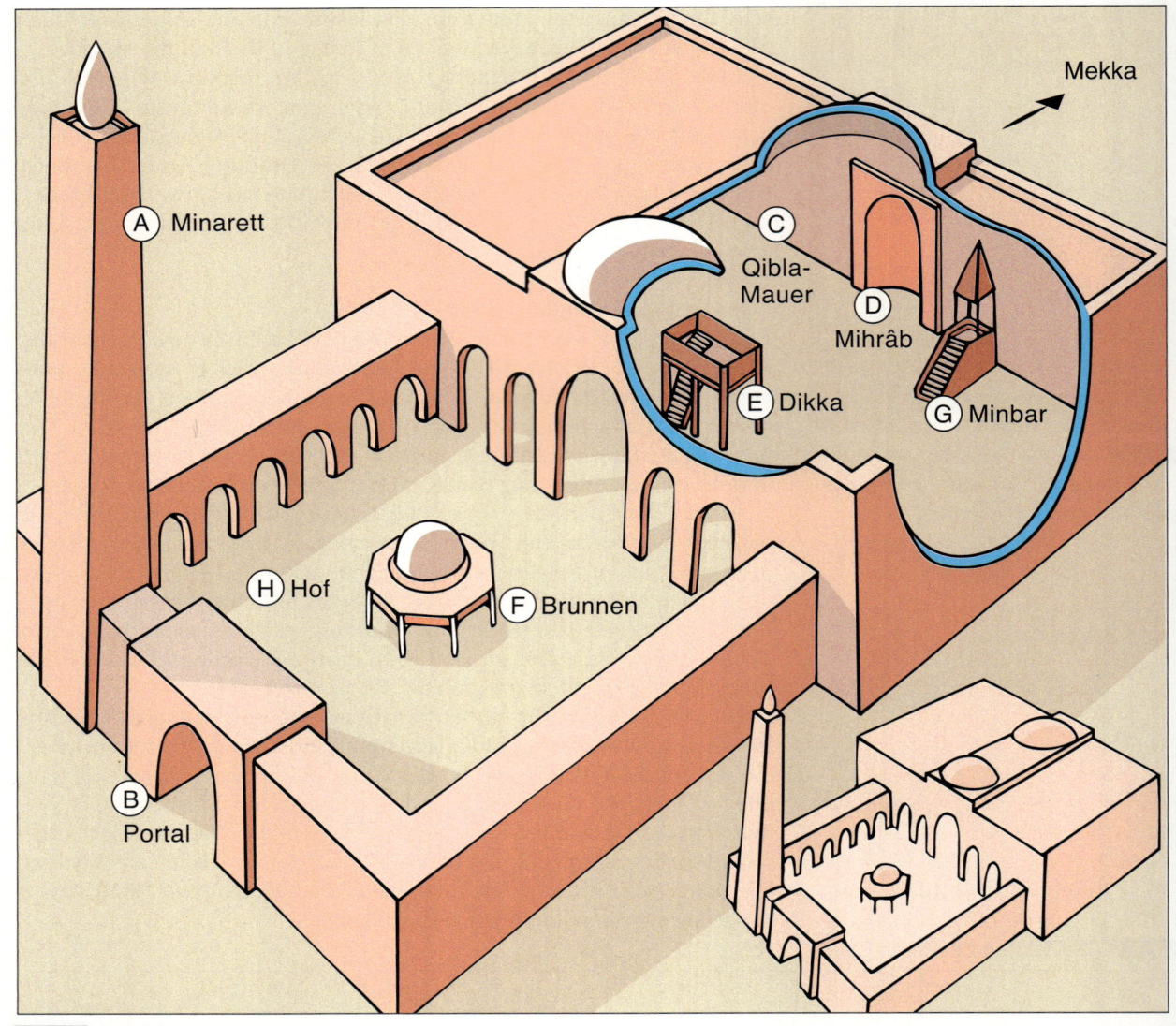

(A) Minarett
(B) Portal
(C) Qibla-Mauer
(D) Mihrâb
(E) Dikka
(F) Brunnen
(G) Minbar
(H) Hof

Mekka

M 5 Eine Moschee

Moscheen sind Andachtsorte für Muslime. Sie finden sich in vielen Ländern und weisen im Hinblick auf Größe, Architektur und Ausstattung große Unterschiede auf. Die Zeichnung enthält wichtige Elemente, die in allen größeren Moscheen unverzichtbar sind: (A) Minarett: Von diesem Turm aus ruft der Muezzin die Gläubigen zum Gebet. (B) Portal: Durch dies betreten die Gläubigen den geschützten Bereich der Moschee. (C) Qibla-Mauer: Moscheen sind nach Mekka ausgerichtet. (D) Mihrâb: Die Gebetsnische befindet sich an der Wand, die nach Mekka ausgerichtet ist; vor ihr steht der Imâm, der Vorbeter, während des Gebets. Das Gebet besteht aus einer festgelegten Abfolge von Gebetstexten und Gebetshaltungen, die die Unterwerfung unter Allah zum Ausdruck bringen. Frauen und Männer nehmen getrennte Plätze ein. (E) Dikka: Auf dieser Plattform wird der Gebetsruf vor dem Gebet noch einmal wiederholt. (F) Brunnen: Vor dem Gebet ist eine Reinigung erforderlich; vor dem Betreten des Inneren der Moschee sind die Schuhe auszuziehen. (G) Minbar: Von dieser Kanzel aus wird gepredigt; dies geschieht aber nur im Rahmen des Freitagsgebets und an Festtagen. (H) Hof: Dies ist ein Treffpunkt für Muslime. Mit der Moschee sind oft andere Einrichtungen wie zum Beispiel Schulen verbunden; auch konnten Reisende dort übernachten.

Der Koran – Analyse und Vergleich verschiedener Texte

M 6 Der Beginn des Koran

Die erste Sure des Koran, die sogenannte al-Fatiha, gilt als wichtigste. Sie ist Teil der täglichen Gebete:

Die Öffnende

Geoffenbart zu Mekka

Im Namen Allahs, des Erbarmers, des Barmherzigen! Lob sei Allah, Dem Weltenherrn, Dem Erbarmer, Dem Barmherzigen, Dem König am Tag des Gerichts! Dir dienen wir und zu Dir rufen um Hilfe wir; Leite uns den rechten Pfad,
Den Pfad derer, denen Du gnädig bist,
Nicht derer, denen Du zürnst, und nicht der Irrenden.

Der Koran, übersetzt von Max Henning, Stuttgart 1991, S. 510.

M 7 Das Vaterunser

Das von Jesus im Rahmen der Bergpredigt aufgestellte Vaterunser, das heute in leicht abgewandelter Form im Gottesdienst gesprochen wird, ist im Neuen Testament bei Matthäus 6.9–15 zu finden:

So sollt ihr beten:

Unser Vater im Himmel, dein Name werde geheiligt, dein Reich komme, dein Wille geschehe wie im Himmel, so auf der Erde. Gib uns heute das Brot, das wir brauchen. Und erlass uns unsere Schulden, wie auch wir sie unseren Schuldnern erlassen haben. Und führe uns nicht in Versuchung, sondern rette uns vor dem Bösen. Denn wenn ihr den Menschen ihre Verfehlungen vergebt, dann wird euer himmlischer Vater auch euch vergeben.
Wenn ihr aber den Menschen nicht vergebt, dann wird euch euer Vater eure Verfehlungen auch nicht vergeben.

Die Bibel – Altes und neues Testament – Einheitsübersetzung, Freiburg/Basel/Wien 1980, S. 1093 f.

M 8 Speisegebote

An verschiedenen Stellen des Koran gibt es Hinweise auf Speisegebote:

Verwehrt hat Er [Allah] euch nur Krepiertes und Blut und Schweinefleisch und das, über dem ein anderer als Allah angerufen ward. Wer aber dazu gezwungen wird, ohne Verlangen danach und ohne sich zu vergehen, auf dem sei keine Sünde; siehe Allah ist verzeihend und barmherzig.
[2. Sure]
Verwehrt ist euch Krepiertes, Blut, Schweinefleisch und das, über dem ein anderer Name als Allahs (beim Schlachten) angerufen ward; das Erwürgte, das Erschlagene, das durch Sturz oder Hörnerstoß Umgekommene, das von reißenden Tieren Gefressene, außer dem, was ihr reinigt, und das auf (Götzen-)Steinen Geschlachtete.
[5. Sure]
O ihr, die ihr glaubt, siehe, der Wein, das Spiel, die Bilder und die Pfeile [ein Losspiel] sind ein Gräuel von Satans Werk. Meidet sie; vielleicht ergeht es euch wohl.
[5. Sure]

Der Koran, übersetzt von Max Henning, Stuttgart 1991, S. 27, 48.

Aufgaben

1. **Eine Moschee kennenlernen**
   a) Sammle Bilder von Moscheen und nenne sichtbare typische Merkmale.
   b) Lege den Ablauf einer religiösen Feier bei Muslimen mithilfe des Schaubildes dar.
   c) Erläutere Unterschiede und Gemeinsamkeiten mit einem christlichen Gottesdienst.
   → Text, M5

2. **Der Koran**
   a) Vergleiche die erste Sure mit dem Vaterunser.
   b) Vergleiche die Stellung Mohammeds im Islam mit der von Jesus im Christentum.
   c) Viele Muslime empfinden es als unpassend, wenn sie als Mohammedaner bezeichnet werden. Erläutere die Gründe dafür.
   → Text, M6, M7

3. **Speisegebote im Koran**
   a) Nenne Speisegebote, die man aus dem Koran ableiten kann.
   b) Erläutere die Gründe für die Speisegebote in der Zeit Mohammeds.
   → M8

Religionen und Kulturen im Mit- und Gegeneinander

M 1 Kairouan in Tunesien
Die Große Moschee, gegründet im 7. Jahrhundert, wurde in der wheutigen Form etwa 820 bis 836 n. Chr. erbaut.

Die Ausbreitung des Islam

Streit unter den Nachfolgern

Bis zum Tod Mohammeds im Jahr 632 n. Chr. waren bereits große Teile der arabischen Halbinsel in muslimischer Hand. Nun nahmen Kalifen als „Stellvertreter" oder „Nachfolger" seine Stellung ein. Dabei kam es zur Ausbildung verschiedener Glaubensrichtungen. Die Anhänger des Kalifen Ali (656–661) waren die sogenannten Schiiten. Der Name leitet sich von der Bezeichnung shi'at'Ali, die Partei Alis, ab. Sie waren davon überzeugt, dass nur die direkten Nachkommen Mohammeds Kalifen werden könnten. Demgegenüber glaubte die Mehrheit der Muslime, dass nicht nur der Koran, sondern auch die Sunna, die Lehren seiner Gefährten und Nachfolger, Gültigkeit besitze. Daher werden diese Gläubigen als Sunniten bezeichnet. Diese Spaltung des Islam dauert bis in die Gegenwart an.

Rasche Ausdehnung

In der Folgezeit wurden in weit ausgreifenden Feldzügen riesige Gebiete erobert. 711 n. Chr. drangen muslimische Truppen in Spanien ein. Der Vorstoß ins Frankenreich fand erst in den Schlachten von Tours und Poitiers 732 ein Ende. Hier wurden muslimische Expeditionskorps von christlichen Truppen unter Führung von Karl Martell besiegt. Warum konnten die Muslime in so kurzer Zeit so riesige Gebiete erobern?

Häufig wird in diesem Zusammenhang auf den „Heiligen Krieg" verwiesen, der im Koran als Aufgabe formuliert ist. Wer in diesem Kampf um die Ausbreitung des Islam fiel – so der gängige Glauben –, konnte ins Paradies gelangen, das dem Glaubenskämpfer märchenhafte Entschädigungen bot. Allein diese religiöse Motivation kann die rasche Expansion des Islam aber nicht erklären. Nicht minder entscheidend war, dass die Muslime Andersgläubige nicht gewaltsam bekehren wollten. Wenn die Unterworfenen zur Zahlung einer Steuer bereit waren, durften sie ihrer Religion treu bleiben und konnten sogar mit dem Schutz ihrer neuen Herren rechnen. Allerdings waren die Andersgläubigen den Muslimen rechtlich und sozial nicht gleichgestellt.

Weiterhin gab es unter den christlichen Fürsten nicht selten erhebliche Rivalitäten, die von muslimischen Eroberern geschickt ausgenutzt werden konnten. Und schließlich waren bei den muslimischen Vorstößen auf der Iberischen Halbinsel – dem heutigen Spanien und Portugal – gelegentlich auch christliche Kämpfer beteiligt, die die islamischen Beutezüge unterstützten.

Kulturaustausch: Muslime und Christen in Spanien und Portugal
Auf der Iberischen Halbinsel lebten jahrhundertelang Muslime, Christen und Juden nebeneinander. Durch den Kontakt mit den Arabern bekamen die Christen Zugang zu zahlreichen wissenschaftlichen Erkenntnissen der antiken Philosophen und Wissenschaftler. Die Texte von antiken Mathematikern, Medizinern und Astronomen wurden aus dem Arabischen ins Lateinische übertragen. Die Europäer bekamen auf diese Weise auch Zugang zu vielen Errungenschaften der arabischen Kultur.

M 2 **Löwenhof der Alhambra in Granada**
Palast der muslimischen Herrscher, erbaut im 13. Jahrhundert

Religionen und Kulturen im Mit- und Gegeneinander

Die arabisch-islamische Expansion – Karte und Darstellung vergleichen

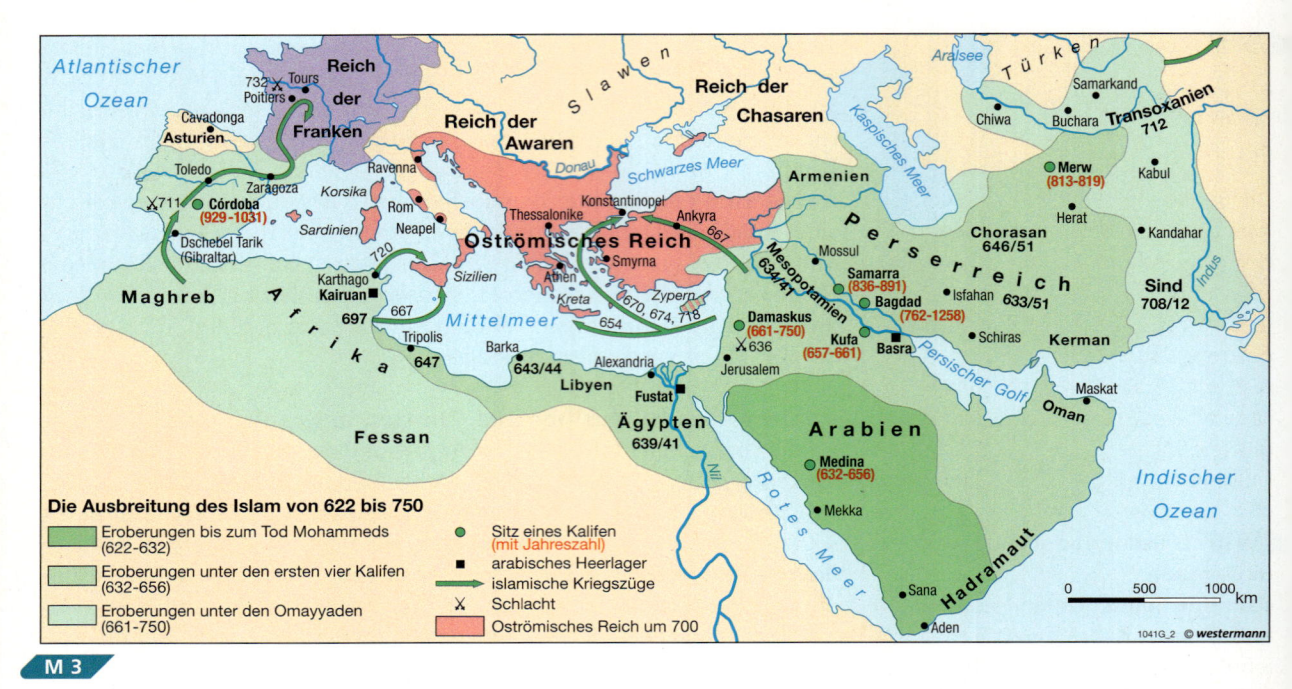

Die Ausbreitung des Islam von 622 bis 750

- Eroberungen bis zum Tod Mohammeds (622-632)
- Eroberungen unter den ersten vier Kalifen (632-656)
- Eroberungen unter den Omayyaden (661-750)
- ● Sitz eines Kalifen (mit Jahreszahl)
- ■ arabisches Heerlager
- → islamische Kriegszüge
- X Schlacht
- Oströmisches Reich um 700

M 3

M 4 Eine kometenhafte Expansion

Einen Überblick über die arabisch-islamische Expansion gibt der Tübinger Mittelalterhistoriker Peter Hilsch (2008):

Der Aufstieg des Islam am Anfang des 7. Jahrhunderts war zunächst unbemerkt vonstatten gegangen. Dem Propheten und Religionsstifter Mohammed (um 569–632), dessen Offenbarungen im
5 Koran niedergelegt sind, und seinem Nachfolger Abu Bakr († 634) gelang es, die arabischen Stämme unter dem Banner des Islam auch politisch locker zu einigen und damit die Voraussetzungen für die folgende kometenhafte Expansion zu
10 schaffen. Nach der Niederlage eines byzantinischen Heeres am Jarmuk (636) überrannten die Araber Syrien, Palästina und Ägypten, bis 650 auch das Perserreich. Dann folgten bis 692 in der Zeit des frühen Kalifats zwei Bürgerkriege, die
15 mit dem Sieg der Familie der Omayyaden endeten. Das Zentrum ihres Kalifats wurde Damaskus. […]
In einer zweiten Expansionsphase eroberten die Araber das noch byzantinische Nordafrika bis
20 zum Atlantik, Karthago fiel 698. 711 überschritt der Feldherr Tarik, ein muslimischer Berber, die nach ihm benannte Meerenge von Gibraltar, vernichtete das Westgotenreich und nahm den größten Teil der Iberischen Halbinsel bis zu den Pyrenäen ein. Im Orient stießen die Araber bis zum Kaukasus und an den Indus vor.
Neben der religiösen Überzeugung und dem Wunsch nach noch mehr Kriegsbeute werden für den rasanten Siegeszug und Erfolg der Araber im Vorderen Orient auch die ethnische und sprachliche Nähe der Bevölkerung zu den Arabern […] verantwortlich gemacht. Die Araber aber waren relativ tolerant, forderten nur die politische Unterwerfung und (zunächst) niedrigere Steuern, als sie von den Byzantinern verlangt worden waren. Die Eroberer begannen sich andererseits die hellenistisch geprägte Stadtkultur anzueignen und sollten bald in vielen wissenschaftlichen und kulturellen Bereichen das damalige Abendland übertreffen.
762/63 setzte sich im arabischen Weltreich in einem weiteren Bürgerkrieg die Familie des Abbasiden gegen die Omayyaden durch; sie gründeten Bagdad als Residenz und prächtige Hauptstadt ihres Kalifenreiches. Spanien blieb allerdings omayyadisch.

Peter Hilsch, Das Mittelalter – Die Epoche, 2. Aufl., Konstanz 2008, S. 74–76.

Gründe für die rasche Ausbreitung des Islam – Darstellungen vergleichen

M 5 Zwei Stellungnahmen

a) Die englische Historikerin Karen Armstrong nennt Gründe für die Erfolge der arabischen Krieger (2001):

Die Beutezüge waren eine Reaktion auf ein Problem, das durch den neuen islamischen Frieden auf der [arabischen] Halbinsel entstanden war. Seit Jahrhunderten hatten die Araber ihre mageren Ressourcen durch die *ghazwa* [Beutezüge] gestreckt, aber der Islam hatte dem Einhalt geboten, denn Stämmen der *umma* [Gemeinschaft der Muslime] war nicht erlaubt, sich gegenseitig anzugreifen. Wie also die *ghazwa* ersetzen, die den Muslimen ermöglicht hatte, ihr mageres Einkommen zu sichern? […] Die offensichtliche Lösung war eine Reihe von *ghazwa*-Beutezügen gegen nicht-muslimische Gemeinschaften in Nachbarländern. Die Einheit der *umma* blieb durch die nach außen gerichtete Offensive bewahrt. Die Araber lehnten traditionell das Königtum ab und standen jedem Herrscher, der sich als Monarch aufführte, misstrauisch gegenüber, aber sie akzeptierten die Autorität eines Führers während eines Feldzuges oder beim Aufbruch zu neuen Weidegründen. […] Die Feldzüge hatten nichts Religiöses an sich, und Umar [von 634 bis 644 der zweite Kalif und ein großer Eroberer] war absolut nicht der Meinung, ein göttliches Mandat [Auftrag] zur Welteroberung zu besitzen. Das Ziel von Umar und seinen Kriegern war durchaus pragmatisch: Sie wollten Beute und eine gemeinsame Aktivität, die die Einheit der *umma* sicherte.

Karen Armstrong, Kleine Geschichte des Islam, Berlin 2001, S. 44, 47.

b) Der Orientalist Albrecht Noth schreibt (2001):

In der arabischen Gesellschaft spielte gerade die kriegerische Großtat des einzelnen Stammeskriegers […] als allgemeine Anerkennung und Ruhm begründendes Faktum eine wichtige Rolle. Dieser individualistischen Sicht des Krieger- und Heldentums kamen nun die entsprechenden Formulierungen des Koran außerordentlich entgegen: Die Bewährung des Einzelnen im Kampf […] erfährt durch koranische Offenbarungen die zusätzliche Aufwertung zu einem hohen Verdienst um die Religion des Islam, bringt im Todesfall den Kämpfer ohne Umwege in unmittelbare Gottesnähe. […] Die Teilnahme an den Eroberungszügen war für den einzelnen Kämpfer mehr als die *Mitwirkung* an einem wichtigen Gemeinschaftsunternehmen; sein kämpferischer Einsatz stellte für ihn vielmehr einen Wert an sich dar, war somit unabhängig von Sieg oder Niederlage, größerem oder kleinerem militärischen Erfolg. Die für die gesamten *futuh* [Bezeichnung für die Eroberungen nach Mohammeds Tod] so typische Vielzahl von immer erneuten – oft auch sehr begrenzten – Einzelinitiativen […] scheint wesentlich von der Auffassung des *gihad* [wörtlich Anstrengung, Einsatz, hier in der Bedeutung heiliger Krieg] als eines unbegrenzten – und damit von der militärisch-politischen Gesamtlage unabhängigen – persönlichen Auftrages hoher Verdienstlichkeit bestimmt gewesen zu sein.

Albrecht Noth, Die arabisch-islamische Expansion, in: Ulrich Haarmann und Heinz Halm (Hg.), Geschichte der arabischen Welt, 4. Aufl., München 2001, S. 69.

Aufgaben

1. **Die arabisch-islamische Expansion**
   a) Nenne anhand der Karte Phasen der Ausbreitung des Islam, die sich unterscheiden lassen.
   b) Erstelle eine Liste mit heutigen Ländern, die die Araber in den unterschiedlichen Phasen ihrer Expansion ganz oder zum Teil erobert haben. Nutze dazu einen Geografieatlas.
   c) Vergleiche die Karte mit der Darstellung des Historikers Peter Hilsch.
   → M3, M4, Geografieatlas

2. **Gründe für die rasche Ausbreitung**
   a) Fasse die im Lehrbuchtext angeführten Gründe für die schnelle Ausbreitung des Islam zusammen.
   b) Arbeite die von Karen Armstrong und Albrecht Noth angeführten Gründe heraus.
   c) Vergleiche die Aussagen der beiden Wissenschaftler mit der Darstellung von Peter Hilsch.
   d) Nimm Stellung zu folgender Aussage: „Die rasche Ausbreitung des Islam hatte vor allem religiöse Ursachen." → Text, M4, M5

Religionen und Kulturen im Mit- und Gegeneinander

Gegen- und Nebeneinander – Die Kreuzzüge

Der Begriff „Kreuzzug"
Auch heute wird der Begriff Kreuzzug noch häufig verwendet, wenn von einem fanatischen, oft gewaltsamen Vorgehen die Rede ist. Er geht zurück auf den Kampf um Palästina zwischen Christen und Muslimen im 12. und 13. Jahrhundert. Der Begriff selbst ist allerdings erst später entstanden. Die Zeitgenossen stellten vielmehr einen Zusammenhang zur Pilgerfahrt her. Wenn sie von der „vart über mer" oder von der „gotes vart" sprachen, meinten sie damit eine Wallfahrt nach Jerusalem. Dennoch waren die Kreuzfahrer nicht nur Pilger, denn sie führten Waffen mit sich, sodass der Kreuzzug als bewaffnete Wallfahrt ins Heilige Land bezeichnet werden kann.

Eine folgenreiche Rede
Im November des Jahres 1095 rief Papst Urban II. im französischen Ort Clermont am Ende einer Kirchenversammlung die Zuhörer auf, die Christen im Osten und insbesondere das Heilige Grab in Jerusalem aus muslimischer Herrschaft zu befreien. Er stellte den Teilnehmern an einer solchen Aktion den Erlass der Sündenstrafen, einen sogenannten Ablass, in Aussicht: Der Papst rief zu einem religiös motivierten Kampf auf, der als Bußleistung galt.

Die Wirkung dieser Rede war überwältigend: Es entstand eine Massenbewegung. Die Menschen glaubten, mit dem Kreuzzug den Willen Gottes zu erfüllen. Die Verpflichtung wollte man durch ein Zeichen ausdrücken. Die Ritter ließen sich, so wird berichtet, unmittelbar nach Urbans Ansprache Stoffkreuze auf ihren Mänteln und Umhängen befestigen.

Ursachen der Kreuzzüge
Für die Teilnehmer konnten verschiedene Gründe ausschlaggebend sein. Das religiöse Motiv war zwar nicht das einzige, das einen Ritter zum Aufbruch ins Heilige Land veranlasste, aber ein wichtiges. In der damaligen Zeit breitete sich die Gottesfriedensbewegung aus, die dafür sorgte, dass sich die Ritter bei ihren Fehden an gewisse Regeln hielten, die vor allem den Schwachen, den Kirchen und den Geistlichen Schutz bieten sollten. Friedensbrecher mussten verfolgt werden. So kam es zu einer Verchristlichung der Ritter, die daraufhin eine neue Aufgabe suchten und sie im Kreuzzug fanden. Sie hatten nun die Möglichkeit, das Seelenheil durch ritterlichen Kampf zu erlangen. Die unkontrollierten ritterlichen Fehden sollten nicht mehr nach innen, gegen die eigenen Glaubensbrüder, die Christen, sondern nach außen, gegen ihrer Meinung nach „Ungläubige", gerichtet werden.

Die Eroberung Jerusalems
Die Kreuzfahrer brachen 1096 auf. Nach unendlichen Strapazen und Ängsten erreichte das Ritterheer schließlich im Jahre 1099 – nach drei Jahren – Jerusalem. Bei der Eroberung richteten die Ritter unter den rund 20 000 Einwohnern ein Blutbad an. Wie es dazu kam, ist heute schwer nachvollziehbar. Der Rausch des Sieges, der religiöse Fanatismus der Kreuzfahrer und die aufgestauten Entbehrungen des dreijäh-

M 1   Der Graf von Vendôme
Er trägt noch das Zeichen der Kreuzfahrer auf dem Mantel, als er nach fünfzehnjähriger muslimischer Gefangenschaft zu seiner Frau zurückkehrt, Statue aus dem Franziskanerkloster in Nancy (Lothringen).

rigen Kreuzzugs werden als Erklärungen genannt. Die islamische Welt war darüber auf das Tiefste empört und entsetzt.

Die Kreuzzugsbewegung war von vornherein eine nur schwer kontrollierbare religiöse Bewegung gewesen. Der Papst hatte zwar zum Kreuzzug aufgerufen, den Aufbruchstermin festgelegt und einen päpstlichen Gesandten zur Begleitung des Heeres abgestellt. Auf das Verhalten der Kreuzfahrer selbst hatte er jedoch nur wenig Einfluss. Aus der Kreuzzugsbewegung wurde mehr und mehr eine Eroberungsbewegung, die zur Bildung von sogenannten Kreuzfahrerstaaten im Nahen Osten führte.

Die Folgen der Kreuzzüge

Die Kreuzzugsbewegung ist trotz der Anfangserfolge gescheitert. Die Kreuzfahrerstaaten im Nahen Osten hatten nur bis zum Ende des 13. Jahrhunderts Bestand. Durch die religiös motivierte Kreuzzugsbewegung wurde allerdings das Zusammengehörigkeitsgefühl der Christen in Europa gestärkt. Der wirtschaftliche und kulturelle Austausch zwischen dem christlichen Abendland und dem muslimischen Morgenland wurde durch die Kreuzzüge intensiver. Allerdings hatte es auch schon vorher Kontakte und Beziehungen gegeben. Sizilien, Spanien und auch Byzanz waren wichtige Räume, über die der Austausch stattfand.

Die Beurteilung der Kreuzzüge ist gespalten: Aus christlicher Sicht wurden sie oft anders bewertet als aus muslimischer. Die religiösen Motive erscheinen uns heute unvereinbar mit dem gewaltsamen Vorgehen.

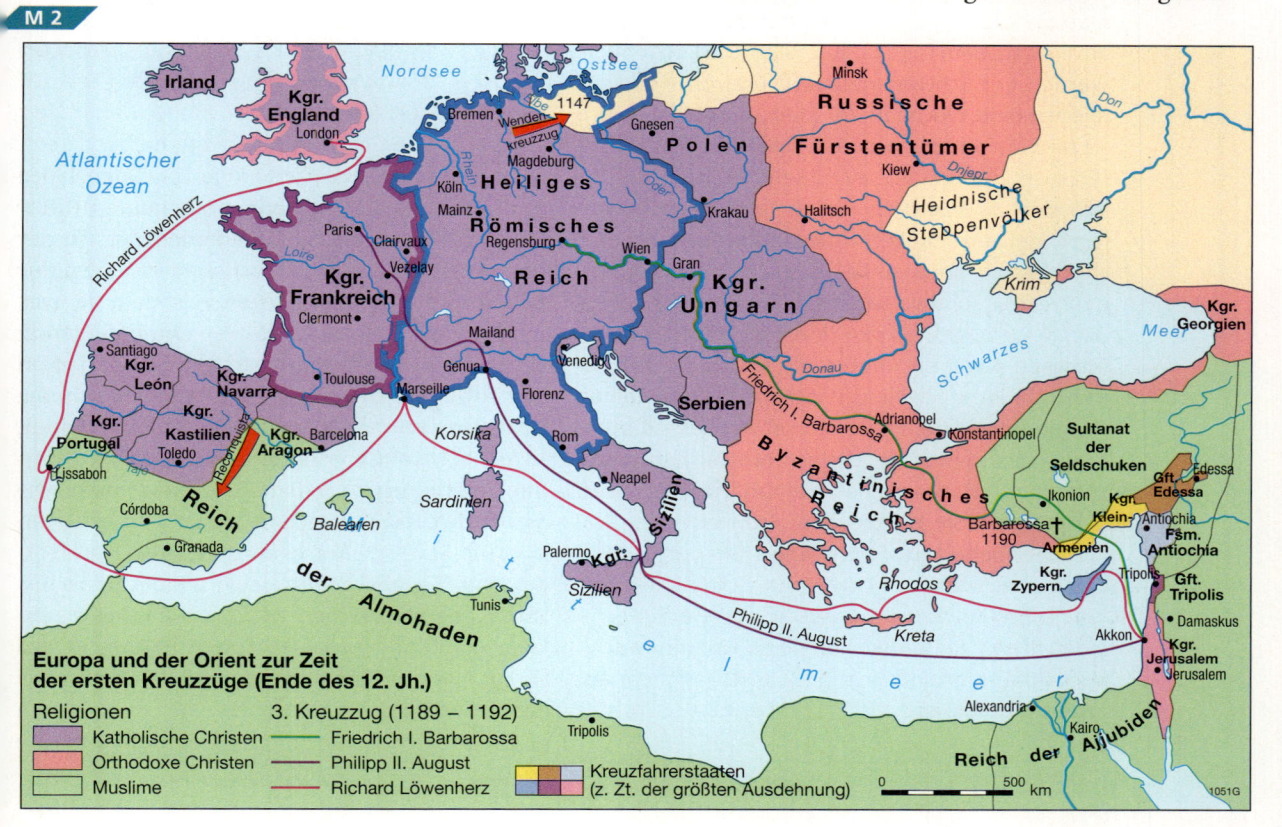

M 2

Europa und der Orient zur Zeit der ersten Kreuzzüge (Ende des 12. Jh.)

Religionen:
- Katholische Christen
- Orthodoxe Christen
- Muslime

3. Kreuzzug (1189–1192):
- Friedrich I. Barbarossa
- Philipp II. August
- Richard Löwenherz

Kreuzfahrerstaaten (z. Zt. der größten Ausdehnung)

Religionen und Kulturen im Mit- und Gegeneinander

Christen und Muslime im Kampf – Verschiedene Perspektiven erfassen

M 3 Christus an der Spitze der Kreuzfahrer
Die Illustration aus dem 14. Jahrhundert bezieht sich auf eine Bibelstelle. In der Offenbarung des Johannes wird die Erscheinung Jesu beschrieben: „aus seinem Mund kam ein scharfes, zweischneidiges Schwert".

M 4 Eroberung von Jerusalem im Jahre 1099

a) Der arabische Geschichtsschreiber Ibn al-Atir (1160–1233) berichtet:

Die Franken wandten sich also gegen Jerusalem, nachdem sie Akkon erfolglos belagert hatten, und hielten es nach ihrer Ankunft mehr als vierzig Tage lang eingeschlossen. Sie errichteten zwei
5 Türme, einen davon auf der Seite Zions, aber die Muslime verbrannten ihn und töteten alle, die in ihm waren. Kaum hatten sie ihn verbrannt, als ein Bote mit einem Hilferuf kam: die Stadt sei von der anderen Seite her genommen. Die Franken nah-
10 men sie tatsächlich von der Nordseite, morgens am Freitag, dem […] [15. Juli 1099]. Die Einwohner wurden ans Schwert geliefert, und die Franken blieben eine Woche in der Stadt, während deren sie die Einwohner mordeten. Eine Gruppe von die-
15 sen suchte Schutz in Davids Bethaus, verschanzte sich dort und leistete einige Tage Widerstand. Nachdem die Franken ihnen das Leben zugesichert hatten, ergaben sie sich; die Franken hielten den Vertrag, und sie zogen des Nachts in Richtung
20 Askalon und setzten sich dort fest. In der al-Aqsa Moschee dagegen töteten die Franken mehr als siebzigtausend Muslime, unter ihnen viele Imame, Religionsgelehrte, Fromme und Asketen, die ihr Land verlassen hatten, um in frommer Zurückge-
25 zogenheit an diesem heiligen Ort zu leben. Aus dem Felsendom raubten die Franken mehr als vierzig Silberleuchter, von denen jeder über dreitausendsechshundert Drachmen wog, einen großen Silberleuchter im Gewicht von vierzig syri-
30 schen Pfund, außerdem von den kleineren Leuchtern einhundertundfünfzig silberne und mehr als zwanzig goldene.

_{Die Kreuzzüge aus arabischer Sicht, aus den arabischen Quellen ausgew. und übers. von Francesco Gabrieli, Zürich – München 1973, S. 49f.}

b) Der Chronist Wilhelm von Tyrus (ca. 1130–1186) berichtet:

Sofort durchzogen der Herzog [Gottfried von Bouillon] und die, welche mit ihm waren, in geschlossenen Gliedern, mit gezückten Schwertern und mit Schildern und Helmen bedeckt, die Straßen und Plätze der Stadt, und streckten alle Feinde, die sie finden konnten, ohne auf Alter oder Rang Rücksicht zu nehmen, mit der Schärfe des Schwertes nieder. […]
Der größte Teil des Volkes hatte sich nach der Halle des Tempels geflüchtet […]. Diese Flucht brachte ihnen aber keine Rettung, denn sogleich begab sich Herr Tankret mit einem sehr großen Teil des ganzen Heeres dahin. Er brach mit Gewalt in den Tempel ein und machte Unzählige nieder. Er soll auch eine unermessliche Menge von Gold, Silber und Edelsteinen hinweggenommen, nachher jedoch, als der erste Tumult vorüber war, alles an den alten Platz zurückgebracht haben. Sofort gingen auch die übrigen Fürsten, nachdem sie, was ihnen in den übrigen Stadtteilen unter die Hände gekommen war, niedergemacht hatten, nach dem Tempel, hinter dessen Umschanzungen sich das Volk, wie sie gehört, geflüchtet hatte. Sie drangen mit einer Menge von Reitern und Fußgängern hinein, und stießen, ohne jemanden zu schonen, was sie fanden mit Schwertern nieder und erfüllten alles mit Blut. Es war dies ein gerechtes Urteil Gottes, dass die, welche das Heiligtum des Herrn mit ihren abergläubischen Bräuchen entweiht und dem gläubigen Volke entzogen hatten, es mit ihrem eigenen Blut reinigten und den Frevel mit ihrem Tod sühnen mussten.

_{Wilhelm von Tyrus, Geschichte der Kreuzzüge und des Königreichs Jerusalem, übers. von E. und R. Kausler, Stuttgart 1840, S. 200 ff.}

Bilanz der Kreuzzüge – Eine Darstellung analysieren

M 5 Nachleben der Kreuzzüge

Der Historiker Nikolaus Jaspert schreibt über die Folgen der Kreuzzüge:

Kulturaustausch:
In der Tat lässt sich eine Vielzahl von kulturellen Errungenschaften benennen, die aus der muslimischen Welt Einzug in den lateinischen Westen fanden. Arabische Lehnwörter aus der Welt des Handels wie Basar, Scheck, Tarif oder Arsenal, oder aus den Naturwissenschaften wie Algebra oder Algorithmus lassen sich in diesem Zusammenhang anführen. Künstlerische Errungenschaften [...] sowie Fertigkeiten in der Metall-, Textil-, Keramik- und Lederverarbeitung wurden nachweislich aus der islamischen Welt übernommen. Auch aus muslimischer Sicht lassen sich Transferprozesse erkennen, obwohl die lateinischen Christen den Muslimen in kultureller Hinsicht wenig zu bieten hatten. In der Militärtechnik z. B. führte die Begegnung mit den fremden Kriegern zu wichtigen Neuerungen, von der Einführung gepanzerter Reiter bis zu Veränderungen in der Belagerungstechnik und im Festungsbau. Die konfessionelle Grenze war also durchlässiger als man annehmen könnte.
Doch wie viel von alledem fand über die Kreuzfahrerherrschaften des Vorderen Orients seinen Weg in den Westen? Die Forschung ist sich mittlerweile weitgehend einig, dass in den Kreuzfahrerherrschaften Palästinas und Syriens vergleichsweise wenige derartige Transfervorgänge stattfanden. Andere Kontaktzonen dienten in stärkerem Maße als Einfallstore für fremdes Wissen. Sizilien und Süditalien blieben mehrere Jahrhunderte stark von der Kultur der unterworfenen Muslime geprägt, und in vielen islamischen Hafenstädten des Mittelmeeres traten christliche Händler in Kontakt mit den Andersgläubigen und ihrer Kultur [...].

Eigenes und Fremdes:
Die Begegnung mit dem Islam führte dem lateinischen Westen seine Gemeinsamkeit vor Augen [...]. Ebenso, wie eine bislang unbekannte Bündelung von Kräften über bisherige politische Grenzen hinweg den militärischen Erfolg des Ersten Kreuzzuges überhaupt erst ermöglichte, wurde die Besiedlung und Verteidigung des Eroberten über fast zwei Jahrhunderte hinweg nur durch immer wieder erneuerte kollektive [gemeinsame] Anstrengungen gewährleistet. So lässt sich wohl konstatieren [feststellen], dass die Begegnung mit andersartigen Kulturen weniger zu einem größeren Verständnis für das Fremde als vielmehr zu einer genaueren Kenntnis des Eigenen führte – mit allen positiven wie negativen Folgen. Die Kreuzzüge trugen wesentlich zur Selbstfindung sowohl des Christentums als auch des Islam bei.

Nikolaus Jaspert, Die Kreuzzüge, Darmstadt 2003, S. 158 ff.

Aufgaben

1. **Kreuzzüge erklären**
   a) Erkläre den Begriff „Kreuzzug" und nenne Beispiele für die heutige Verwendung des Begriffs „Kreuzzug".
   b) Erläutere die Ursachen der Kreuzzüge.
   c) Stelle in einer Übersicht die wichtigsten Kreuzzüge und deren Ergebnisse dar.
   → Text, Internet

2. **Verschiedene Perspektiven erfassen**
   a) Vergleiche die Schilderungen über die Eroberung von Jerusalem.
   b) Arbeite die Textstellen heraus, die zeigen, dass es sich um eine arabische und eine christliche Sichtweise handelt.
   → M4

3. **Bilanz der Kreuzzüge – Eine Darstellung analysieren**
   a) Fasse die Einschätzung des Historikers Nikolaus Jaspert zur Bedeutung der Kreuzzüge für den Kulturaustausch zusammen.
   b) Lege dar, ob die Kreuzzüge seiner Meinung nach eher das Verständnis für das Fremde gefördert oder aber die Zusammengehörigkeit der Christen gestärkt haben. Suche Belege im Text.
   → Text, M5

Methode: Umgang mit schriftlichen Quellen

M 1 — Kreuzzugspredigt – Version 1

a) Die sogenannten Gesta Francorum, die „Taten der Franken", wurden um 1100 von einem unbekannten Kreuzfahrer verfasst. In dieser Quelle wird über die Kreuzzugspredigt Papst Urbans II. auf der Synode von Clermont 1095 berichtet:

„Jeder, der seine Seele erretten will, sollte nicht zögern, in aller Demut den Gott gefälligen Weg zu gehen und falls er nicht über genügend Geldmittel verfügt, so wird ihm die göttliche Gnade reichlich davon zuteilwerden lassen." Dann fuhr Seine Heiligkeit fort: „Ihr Brüder, wir sollten im Namen Christi viel Leid ertragen – Elend, Armut, Nacktheit, Verfolgung, Not, Krankheit, Hunger, Durst und andere Übel mehr, so wie der Herr seinen Jüngern sagt: ‚Ihr sollt vieles in meinem Namen erleiden' und ‚Fürchte dich nicht, im Angesicht der Menschen Zeugnis von mir abzulegen; wahrlich, ich werde euch Beredsamkeit und Weisheit verleihen'. Und zu guter Letzt, ‚Großer Lohn wird euch im Himmel zuteil werden'".

The First Crusade. The Chronicle of Fulcher of Chartres and other Source Materials, ed. Edward Peters, Philadelphia 1971, S. 5 f., übers. von Herbert Rogger.

M 2 — Kreuzzugspredigt – Version 2

Der Chronist Robert der Mönch beschrieb zu Beginn des 12. Jahrhunderts die Synode von Clermont, an der er teilgenommen hatte. Sein Bericht beinhaltet auch eine Version der Kreuzzugsrede Urbans II.:

„Kein Besitz, keine Haussorge soll euch fesseln. Denn dieses Land, in dem ihr wohnt, ist allenthalben von Meeren und Gebirgszügen umschlossen und von euch beängstigend dicht bevölkert. Es fließt nicht vor Fülle und Wohlstand über und liefert seinen Bauern kaum die bloße Nahrung. Daher kommt es, dass ihr euch gegenseitig beißt und bekämpft, gegeneinander Krieg führt und euch meist gegenseitig verletzt und tötet. Aufhören soll unter euch der Hass, schweigen soll der Zank, ruhen soll der Krieg, einschlafen soll aller Meinungs- und Rechtsstreit! Tretet den Weg zum Heiligen Grab an, nehmt das Land dort dem gottlosen Volk, macht es euch untertan! Gott gab dieses Land in den Besitz der Söhne Israels; die Bibel sagt, dass dort Milch und Honig fließen [2. Buch Moses 3,8]. Jerusalem ist der Mittelpunkt der Erde, das fruchtbarste aller Länder, als wäre es ein zweites Paradies der Wonne. Der Erlöser der Menschheit hat es durch seine Ankunft verherrlicht, durch seinen Lebenswandel geschmückt, durch sein Leiden geweiht, durch sein Sterben erlöst, durch sein Grab ausgezeichnet. Diese Königsstadt also, in der Erdmitte gelegen, wird jetzt von ihren Feinden gefangengehalten und von denen, die Gott nicht kennen, dem Heidentum versklavt. Sie erbittet und ersehnt Befreiung, sie erfleht unablässig eure Hilfe. Vornehmlich von euch fordert sie Unterstützung, denn euch verlieh Gott, wie wir schon sagten, vor allen Völkern ausgezeichneten Waffenruhm. Schlagt also diesen Weg ein zur Vergebung eurer Sünden; nie verwelkender Ruhm ist euch im Himmelreich gewiss".

Arno Borst, Lebensformen im Mittelalter, Frankfurt a. M./ Berlin 1987, S. 319 f.

M 3 — Aufruf zum Kreuzzug

Auf einer Kirchenversammlung im französischen Clermont verkündet Papst Urban II. am 27. November 1095 seinen Entschluss zum ersten Kreuzzug, Holzschnitt von 1482.

Die Kreuzzugspredigt Urbans im Spiegel der schriftlichen Quellen

In der französischen Stadt Clermont fand eine Kirchenversammlung statt. Am 27. November 1095 hielt Papst Urban II. außerhalb der Stadt auf freiem Feld die Predigt. Sie gilt als Auftakt der Kreuzzugsbewegung. Woher weiß man jedoch, was er gesagt hat? Es gibt nämlich keine schriftlichen Aufzeichnungen des Papstes, und es hat auch niemand wörtlich mitgeschrieben.

Allerdings gibt es mehrere nachträglich entstandene Darstellungen. Über das Ereignis berichten:
- ein namentlich nicht bekannter Kreuzfahrer, der wahrscheinlich um 1100 die sogenannten Gesta Francorum – „Die Taten der Franken" – verfasste,
- der Mönch Robert von Reims (gestorben 1120),
- der Erzbischof Balderich von Dol (1045–1130),
- der Geistliche Fulcher von Chartres (geboren 1127).

Robert, Balderich und Fulcher waren mit großer Wahrscheinlichkeit anwesend, als Urban seine Rede hielt; Fulcher nahm sogar am ersten Kreuzzug selbst teil.
Durch das genaue Lesen und den Vergleich der schriftlichen Quellen lässt sich herausfinden, was der Papst – zumindest sinngemäß – gesagt hat. Allerdings ist zu berücksichtigen, dass alle Darstellungen nach der erfolgreichen Eroberung von Jerusalem im Jahr 1099 entstanden.

Fragen an schriftliche Quellen

1. **Entstehung der Quellen**
   a) Nenne die jeweilige Entstehungszeit der Quellen und ordne die Quellen in die Zeit der Kreuzzüge ein.
   b) Informiere dich über die Autoren.

2. **Art der Quellen**
   a) Nenne Besonderheiten schriftlicher Quellen, die als persönliche Erinnerungen verfasst sind.
   b) Belege die Besonderheiten mithilfe von Textstellen.

3. **Inhalt der Quellen**
   a) Fasse die beiden Quellen in Stichpunkten zusammen.
   b) Vergleiche die inhaltlichen Hauptaussagen der Quellen.
   c) Stelle deine Ergebnisse in einer Tabelle dar.

4. **Glaubwürdigkeit der Quellen**
   a) Schätze die Glaubwürdigkeit beider Quellen ein.
   b) Benenne die Textstellen, die du für glaubwürdig und für unglaubwürdig hältst. Begründe deine Meinung.

5. **Bedeutung der Quellen**
   a) Stelle die verlässlichen Aussagen des Papstes zusammen.
   b) Verfasse eine eigene Darstellung zur Kreuzzugspredigt.

Religionen und Kulturen im Mit- und Gegeneinander

Begegnung der Kulturen

Vielfältige Kontakte

Zwischen „Orient" und „Okzident" gab es das ganze Mittelalter hindurch vielfältige Kontakte und Berührungspunkte. Die Grenzen der geografischen Räume waren dabei aber keineswegs fest umrissen. So waren etwa im frühen Mittelalter weite Teile Europas (Skandinavien, das Baltikum und der Osten des heutigen Deutschlands) noch nicht christianisiert worden. Auf der anderen Seite erstreckte sich die islamische Welt weit in den Westen hinein, bis auf die Iberische Halbinsel. Vor dem Beginn der Kreuzzügen in den Nahen Osten kam es vor allem über Spanien und den Süden Italiens zum kulturellen Austausch zwischen dem christlich-lateinischen Europa und den muslimischen Gebieten.

> *Orient und Okzident*
>
> Orient = Morgenland (von lat. sol oriens „aufgehende Sonne")
> Okzident = Abendland (von lat. occidens sol „untergehende Sonne")

Al-Andalus – Das muslimische Spanien

Nach der Eroberung des Westgotenreichs durch die Araber Anfang des 8. Jahrhunderts bestanden nur im äußeren Norden des heutigen Spaniens christliche Reiche fort. Der arabisch-muslimische südliche Teil der Iberischen Halbinsel wurde al-Andalus genannt. Die christlichen Reiche standen unter seiner militärischen Kontrolle und waren tributpflichtig. Im Jahr 756 n. Chr. entstand in al-Andalus das unabhängige Emirat von Córdoba, das im 10. Jahrhundert seine wirtschaftliche und kulturelle Blütezeit erlebte. Córdoba wurde in dieser Zeit zu einem

M 1 Lautenspiel
Ein Muslim und ein Christ beim Lautenspiel. Die Miniatur stammt aus der Liedersammlung „Cantigas de Santa Maria", die König Alfons X. der Weise (1221–1284) von Kastilien in Auftrag gegeben hat. Die Darstellung veranschaulicht den orientalischen Einfluss auf die Entwicklung der Musik auf der Iberischen Halbinsel.

M 2 Schachspiel
Ein Christ und ein Araber spielen Schach. Die Araber lernten das Spiel im Zuge ihrer Eroberung des Perserreiches kennen. Im 8. Jahrhundert brachten sie es mit nach Spanien. Spätestens im 13. Jahrhundert war das Schachspiel in Europa allgemein bekannt, Buchmalerei aus dem 12. Jahrhundert.

Zentrum der Wissenschaften. Die finanziellen Mittel für die Kriegsführung und Hofhaltung brachten vor allem die stärker besteuerten nichtmuslimischen Untertanen der Fürsten auf. Nicht zuletzt, um dieser stärkeren Besteuerung zu entgehen, traten viele Juden und Christen zum Islam über. Viele nahmen dabei auch die Sprache und die Lebensgewohnheiten der Araber an. Das gleiche gilt für viele fränkische Kreuzfahrer im Heiligen Land. Bürgerkriege zu Anfang des 11. Jahrhunderts führten schließlich im Jahr 1031 in al-Andalus zum Zerfall des Emirats in kleine Teilreiche.

Miteinander und Gegeneinander

Die Zeit der muslimischen Herrschaft in Spanien war vor allem durch ein friedliches kulturelles Miteinander der unterschiedlichen Bevölkerungsgruppen geprägt. Am Ende stand jedoch die Reconquista. So wird der lange Prozess der Rückeroberung des Landes durch die christlichen Reiche genannt, der erst 1492 zum Abschluss kam. Die Zeit des friedlichen Miteinanders sollte allerdings nicht zu einem „goldenen Zeitalter" muslimisch-christlich-jüdischen Zusammenlebens verklärt werden. Denn weder Christen noch Muslime kannten die moderne Idee der Toleranz. An eine gleichberechtigte Anerkennung Andersgläubiger war nicht zu denken, allenfalls an Duldung.

Austausch von Wissen und Waren

Höchst bedeutsam für die Entwicklung des im Vergleich zum islamischen Raum kulturell rückständigen mittelalterlichen Europas war die Übermittlung von Wissen aus der islamischen Welt. Die Expansion des Islam und damit die Vereinigung großer Wirtschaftsregionen des Mittelmeerraums und Asiens hatten auch zu einer Verschmelzung der unterschiedlichen Kulturen geführt. Arabisch wurde zu einer Wissenschaftssprache der verschiedenen Völker, die innerhalb des „dar al-islam" („Haus des Islam") lebten. Islamische Gelehrte wurden durch ihre Beschäftigung mit den Schriftstellern der griechisch-römischen Antike zu Bewahrern dieses europäischen Erbes.

Mit der Eroberung der Stadt Toledo im Jahr 1085 kam ein Zentrum der arabischen Gelehrsamkeit in den Besitz des christlichen Europas. Durch Übersetzer wurden bedeutende Werke der griechischen Antike aus dem Arabischen ins Lateinische übertragen, ebenso Werke, die aus dem arabischen und indischen Raum selbst stammten. Diese Texte sorgten für einen enormen Wissenszuwachs im europäischen Mittelalter. Vor allem zwischen dem 11. und dem 13. Jahrhundert nahm der Austausch von Wissen und Waren stark zu. Denn obwohl diese Zeit durch die Kreuzzüge und die weiter voranschreitende Reconquista in Spanien geprägt war, gab es in diesem Zeitraum auch lange Phasen friedlicher Begegnung zwischen Christentum und Islam.

Der Islam und Europa heute

Heute begegnen sich die verschiedenen Kulturen auch längst innerhalb der europäischen Gesellschaften. Allein in der Bundesrepublik Deutschland leben heute nach Schätzungen zwischen 3,8 und 4,3 Millionen Muslime. Dies entspricht einem Bevölkerungsanteil von etwa vier bis fünf Prozent.

M 3 Der griechische Arzt Pedanios Dioskurides (1. Jh. n. Chr.)
Abbildung aus einer arabischen Übersetzung seines Hauptwerkes zur Arzneimittelkunde aus dem 13. Jahrhundert. Der Arzt wird in zeitgenössischen orientalischen Gewändern dargestellt. Seine Schrift, die unter dem lateinischen Namen „De materia medica" bekannt geworden ist, blieb bis ins 18. Jahrhundert wegweisend.

Religionen und Kulturen im Mit- und Gegeneinander

Kulturkontakt durch Reisen – Mit Textquellen arbeiten

M 4 Ein Bericht über das Abendland

In seinem Werk über die „Wunder der Erde" teilte der arabische Schriftsteller Al-Quazwini (1203–1283) die Erde in sieben Zonen ein. Die nördlichste und kälteste umfasst das Abendland:

Franken ist ein großes Land und weites Königreich in den Christenlanden. Seine Kälte ist ganz fürchterlich und seine Luft dick wegen der übergroßen Kälte. Es ist reich an Gütern, Obst und Feldfrüch-
5 ten, ergiebig an Flüssen und besitzt Ackerbau und Viehzucht, Bäume und Honig; sein Wild ist artenreich; auch gibt es dort Silberbergwerke. Man schmiedet dort sehr scharfe Schwerter; und die fränkischen Schwerter sind schneidiger als die
10 indischen.
Seine Bewohner sind Christen und haben einen König – kühn, mannenreich und voll Herrscherkraft. Ihm gehören zwei oder drei Städte am diesseitigen Meeresstrande inmitten der Lande des
15 Islam, und er schirmt sie von jener Seite aus; so oft die Muslime ein Heer absenden, sie zu erobern, sendet er von jener Seite Verteidiger für sie. Seine Heere sind außerordentlich tapfer, denken beim Zusammenstoß durchaus nicht an Flucht und ach-
20 ten den Tod für geringer. Aber du siehst nichts Schmutzigeres als sie, und sie sind perfide und gemein von Charakter; sie reinigen und waschen sich nur ein oder zweimal im Jahr mit kaltem Wasser, ihre Kleider aber waschen sie nicht, seitdem sie
25 sie angezogen haben, bis sie in Lumpen zerfallen. Sie scheren ihre Bärte, und es sprossen nach dem Scheren nur abscheuliche Stoppeln. Man fragte einen [von ihnen] nach der Bartschur, und er gab zur Antwort: „Das Haar ist etwas Überflüssiges, ihr
30 entfernt es von euren Schamteilen, wie sollten wir es in unsern Gesichtern dulden?!"

Al-Quazwini, Kosmografie, in: Europäische Geschichte. Quellen und Materialien, hrsg. von Hagen Schulze und Ina Ulrike Paul, München 1994, S. 42 ff.

M 5 Ein Bericht über die islamische Welt

Der Mönch Felix Fabri verfasste 1483 einen Bericht über eine Pilgerreise ins Heilige Land:

Sobald also der Name eines Pilgers und der seines Vaters aufgeschrieben waren, standen da einige Sarazenen, die den Auftrag hatten, den Pilger sogleich zu ergreifen und zum Eingang einer düs-
5 teren und alten Wohnstatt zu ziehen, eines ruinösen Gewölbes, in das sie ihn hineinstießen, wie man ein Schaf zum Melken in den Stall zu stoßen pflegt. [...] Als man uns also in diese Höhle geworfen hatte, fanden wir den Ort unserer Behausung fürchterlich verschmutzt und verdreckt mit Urin und menschlichem Unrat, und es gab keinen Platz zum Sitzen, es sei denn auf Kot. Deshalb sah sich jeder gezwungen, das Plätzchen für seinen Körper zu reinigen und mit den Füßen den Unrat in die Mitte zu schieben; so kam es, dass in der Mitte der Unterkunft ein Berg von Dreck und Unrat aufgehäuft wurde. Und wir legten uns ringsum an die Wände, jeder an die Seite des anderen (so wie im Schiff) auf nacktem und feuchtem Boden. Welch ein elendes Gasthaus, welch ein dürftiges Quartier, was für eine verdreckte Behausung! [...]
Während wir also an diesem Ort der Schande saßen, kamen arme Sarazenen und verkauften uns Stroh und Reisig, womit wir den feuchten Boden bedeckten und uns ein Lager bereiteten. Außerdem kamen Händler aus Jerusalem und Ramla mit ihren süß duftenden Waren zu uns und richteten hier einen Markt ein. In Fläschchen brachten sie wertvollstes Rosenwasser aus Damaskus und verkauften es für einen venezianischen Pfennig. Einige boten Balsam, Moschus oder Seife feil, andere hatten Edelsteine, Tücher aus schneeweißer Seide oder Mützen, und viele weitere wertvolle und wohlriechende Dinge wurden zu uns gebracht; aber auch die Händler selbst und die Sarazenen überhaupt gebrauchen aromatische Salben und destillierte Substanzen, sodass von ihnen auch aus großer Entfernung ein starker Duft ausging. Als aber selbst diese Händler den Gestank und den Schmutz unserer Behausung nicht ertragen konnten, verbrannten sie Weihrauch und arabisches Räucherwerk, und so kam es, dass dieser Ort des erbärmlichsten Gestanks eine Stätte des süßesten Duftes wurde, und diejenigen, die ihn zuvor geschändet hatten, sorgten nun von sich aus dafür, dass er gesäubert wurde, und mit ihren eigenen Füßen traten sie den Dreck zusammen und brachten ihn fort. [...] Mit großer Unlust und Bitterkeit waren wir dort hineingegangen, aber innerhalb einer einzigen Stunde hatten wir nun Erfrischung und Trost.

Felix Fabri, Evagatorium (1483), in: Quellen zur Geschichte des Reisens im Spätmittelalter, ausgewählt und übersetzt von Folker Reichert, Darmstadt 2009, S. 241 f.

Kulturaustausch – Arbeiten mit Karte und Text

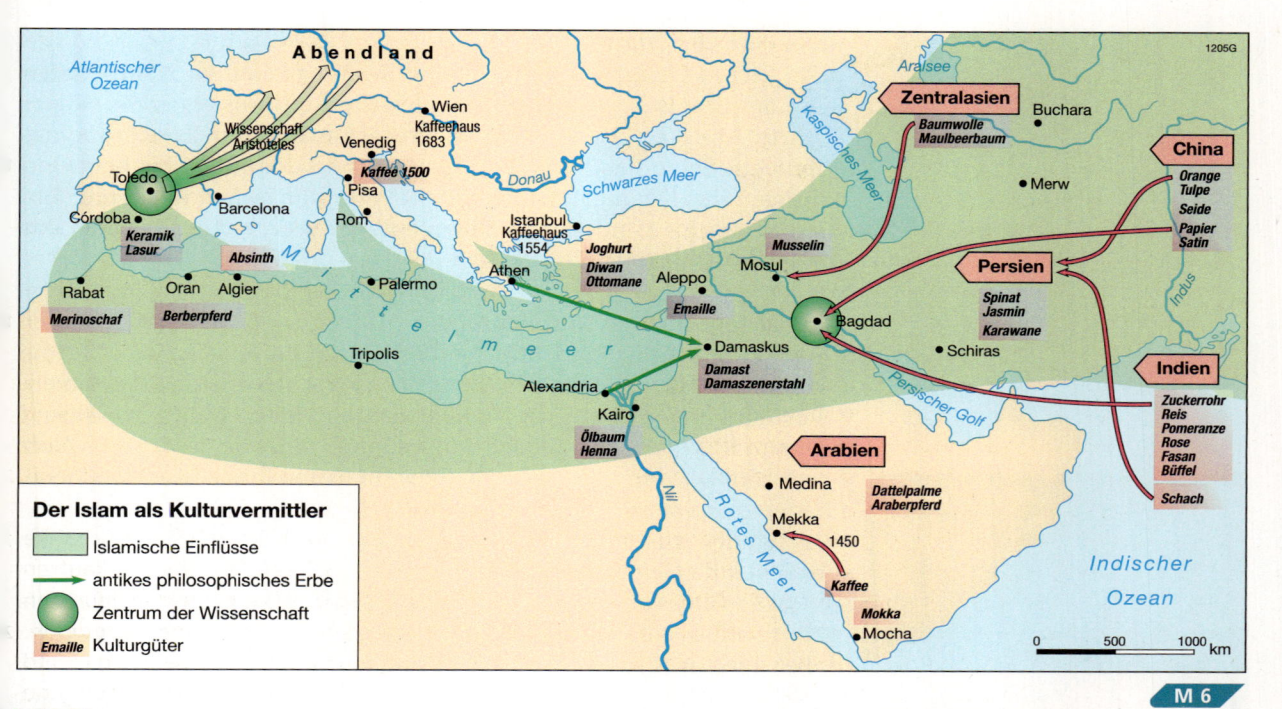

M 6

Der Islam als Kulturvermittler
- Islamische Einflüsse
- antikes philosophisches Erbe
- Zentrum der Wissenschaft
- *Emaille* Kulturgüter

M 7 Kulturvermittlung

Der Islamwissenschaftler Günter Kettermann fasst die Rolle des Islam bei der Vermittlung von Kultur zusammen:

Der Islam hat dem Abendland zahlreiche Kulturgüter einschließlich ihrer Bezeichnungen über Südosteuropa, Italien und vor allem Spanien vermittelt. Sie stammen aus dem islamischen Kernraum, China oder Indien. […]

Die Muslime exportieren nicht nur Handelsgüter, sondern auch Gebrauchs- und Luxusgegenstände sowie die entsprechenden Fertigungstechniken. […] Tiefer noch als die materielle beeinflusste die geistige Kultur des Islam das Abendland, vor allem im Bereich der Wissenschaften. Die Araber nehmen Anregungen aus China, Indien und Persien auf und beerben die griechische Antike.

Günter Kettermann, Atlas zur Geschichte des Islam, Darmstadt 2001, S. 42 f.

Aufgaben

1. **Kulturkontakt durch Reisen**
   a) Beschreibe die Wahrnehmung der jeweils anderen Kultur in den beiden Quellen.
   b) Arbeite Gemeinsamkeiten und Unterschiede beider Berichte heraus.
   → M4, M5

2. **Kulturaustausch**
   a) Erstelle eine tabellarische Übersicht: Lege Spalten für die einzelnen Lebensbereiche an, in denen es zu einem Kulturaustausch zwischen islamischer und christlicher Welt kam. Ordne den Lebensbereichen einzelne Beispiele zu.
   b) Nenne mithilfe der Karte die Herkunftsgebiete der Kulturgüter und beschreibe den Weg, den diese ins Abendland nahmen.
   c) Benenne die Gebiete, in denen es vor allem zu einem Kulturaustausch kam.
   d) Erkläre die Bedeutung des Wortes Kulturvermittler in der Kartenlegende.
   e) Nimm Stellung zu folgender Aussage: „Im Mittelalter fand eine rege gegenseitige Beeinflussung zwischen christlichem Europa und islamischer Welt statt, von der beide Seiten gleichermaßen profitierten."
   → M6, M7, Text, M1–M5

Religionen und Kulturen im Mit- und Gegeneinander

Das Zusammenleben von Juden und Christen

Die jüdische Diaspora
Um Christi Geburt war der jüdische Siedlungsraum im Nahen Osten Teil des Römischen Reiches. Der jüdische Aufstand gegen die Römer führte 70 n. Chr. zur Eroberung Jerusalems und zur Zerstörung des Tempels. Seine Reste (die Klagemauer) sind den Juden bis heute ein heiliger Ort. Die Juden zerstreuten sich im Römischen Reich und lebten künftig als Minderheit inmitten anderer Völker in der Fremde. Das bezeichnet man als „Diaspora".

Jüdisches Leben in Mitteleuropa
Seit der Spätantike sind jüdische Kaufleute in Europa nachweisbar, die lange Zeit friedlich mit ihren christlichen Nachbarn zusammenlebten. Vor allem an den großen Verkehrsachsen Rhein, Main, Mosel und Donau ließen sie sich nieder und knüpften ein weit gespanntes Netz von Handelsverbindungen. Die Juden brachten ihre eigenen Bräuche, Sitten und vor allem ihre Religion mit. In Mainz, Speyer oder Worms entstanden zur Vertiefung des Glaubens jüdische Hochschulen, die bedeutende Gelehrte hervorbrachten.

In den Quellen tauchen die Juden des Hochmittelalters vor allem als Fernhändler auf. In Spanien, Südfrankreich und Süditalien gingen sie aber auch anderen Berufen nach. Ihre starke Stellung im Fernhandel büßten die Juden jedoch mit der Zeit ein, als sich die Handelsrouten auf die Seewege verlagerten. Ihnen blieben Geldgeschäfte, darunter vor allem die Pfandleihe (Kredit gegen Zinsen). Da die Zinsnahme zwischen Christen verboten war, holten die Ratsherren Juden in die Städte, um das Geld zu beschaffen, das sie dringend benötigten. Im 12. und 13. Jahrhundert wurde der Geldhandel so zum wichtigsten jüdischen Gewerbe. Im späten Mittelalter verliehen dann aber auch Christen Geld gegen Zinsen und drängten die Juden mit der Zeit aus dem Geschäft.

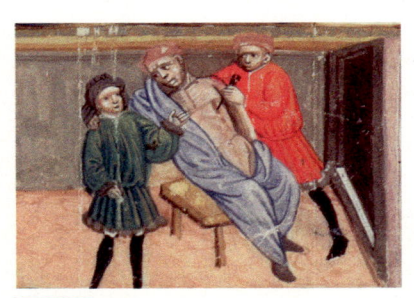

M 1 **Jüdischer Arzt und Apotheker**
Der Arztberuf blieb einer der wenigen angesehenen Berufe, denen Juden vor dem Hintergrund der zahlreichen Berufsverbote nachgehen durften. Jüdische Ärzte waren an den Herrscherhöfen Europas hoch geschätzt und bekleideten dort oftmals wichtige Positionen. Die Abbildungen zeigen eine Apotheke (rechts) und medizinische Eingriffe eines jüdischen Bader-Chirurgen (oben), Buchmalerei aus Norditalien, entstanden im 15. Jahrhundert.

M 2 **Kaufmannskarawane auf der Seidenstraße nach China**
Ausschnitt aus dem Katalanischen Atlas (1375–1377) der aus Mallorca stammenden jüdischen Kartografen Abraham und Jehuda Cresques

Zunehmende Diskriminierung und Verfolgung

Zu den ersten großen Judenverfolgungen kam es 1096 während des ersten Kreuzzugs. Man betrachtete die Juden jetzt vielerorts als die Mörder Christi. Viele wurden zwangsgetauft, wer sich nicht taufen ließ, wurde getötet. Allein in Mainz fielen etwa Tausend Juden der Gewalt zum Opfer. Nach diesen ersten Gewaltausbrüchen, für die vor allem die durchs Land ziehenden Kreuzfahrerheere verantwortlich waren, beruhigte sich die Lage aber wieder. Erst seit Beginn des 13. Jahrhunderts waren die Juden wieder Verfolgungen ausgesetzt.

Da die Kirche nun verstärkt darauf drängte, Juden von Christen zu trennen, wurden Juden in eigene Wohnbezirke in den Städten gedrängt, die man später als Getto bezeichnete. Auch die Kleidung der Juden sollte sich von der christlichen unterscheiden. Manchmal mussten Juden einen spitzen Hut, den „Judenhut" tragen. Auch gab es Vorurteile über die Ausübung des jüdischen Glaubens: So war etwa die vollkommen absurde Vorstellung verbreitet, die jüdische Religion fordere den Mord christlicher Kinder. Juden, so glaubten viele, seien als Brunnenvergifter schuld an Pestepidemien. All dies führte im 13. und 14. Jahrhundert zu Pogromen, das heißt zur Verfolgung und Tötung von Juden. In einigen Ländern kam es sogar zur vollständigen Vertreibung der jüdischen Bevölkerung. In England wurden die Juden bereits im Jahr 1290, in Frankreich endgültig 1394 und in Spanien 1492 ausgewiesen. Auf dem Boden des Reiches gab es 1519 nur noch in ganz wenigen Städten jüdische Gemeinden.

Vor dem Hintergrund der Diskriminierung und Verfolgung wird der hohe Stand jüdischer Kultur und Gelehrsamkeit häufig übersehen, der in den mittelalterlichen Städten vorherrschte. Da der Großteil der Bauten und Kulturgegenstände während der Verfolgungen zerstört wurde, sind es vor allem reich bebilderte Handschriften, die davon zeugen.

Religionen und Kulturen im Mit- und Gegeneinander

Die Pest – Juden als Sündenböcke

Die schlimmsten Verfolgungen der Juden fielen mit der verheerenden Pestepidemie Mitte des 14. Jahrhunderts zusammen. Der durch Bakterien ausgelösten Beulen- und Lungenpest, die von Ratten verbreitet wurde, fielen in Europa etwa 30 % der Bevölkerung zum Opfer. Den Juden wurde vorgeworfen, Brunnen vergiftet und den Ausbruch der Pest herbeigeführt zu haben. Tatsächlich gingen in vielen Städten Pogrome aber dem Ausbruch der Pest voraus. Es gab auch andere Gründe für die Gewalt gegen die Juden. Geschäftsleute konnten so ihre jüdischen Konkurrenten ausschalten und Schuldner kamen um die Rückzahlung ihrer Schulden herum. Die Ausschreitungen gegen die Juden waren dementsprechend in vielen Städten genau geplant. Alle gesellschaftlichen Gruppen beteiligten sich an der Verfolgung und Ermordung der Juden.

Das Beispiel Worms

Die jüdische Gemeinde in Worms war im Früh- und Hochmittelalter angesehen, und der Austausch zwischen Juden und Christen zeigt, dass eine fruchtbare Zusammenarbeit möglich war. Das Bürgerrecht der Stadt Worms stand Christen und Juden offen. Die Wormser Juden beteiligten sich an den städtischen Aufgaben, was zur damaligen Zeit vor allem die Sicherung der Stadt bedeutete. Sie traten auch als treue Gefolgsleute des Kaisers auf, wie im Fall des in einem Erbstreit in Worms Schutz suchenden Königs Heinrich IV., der dann auch als Belohnung die Wormser Juden unter seinen Schutz stellte. Dieses Privileg wurde 1236 von Kaiser Friedrich II. auf alle Juden in Deutschland ausgeweitet. Seit den Pogromen durch die Kreuzritter auf dem Weg ins Heilige Land waren die Mitglieder der jüdischen Gemeinde in Worms aber immer wieder Übergriffen und Verfolgungen ausgesetzt. Nach den Pogromen im Verlauf der Pestepidemie musste sich die jüdische Gemeinde in Worms neu gründen. Sie bestand von 1353 bis 1942, als im Rahmen des nationalsozialistischen Massenmords an den europäischen Juden auch die in Worms lebenden Juden deportiert und ermordet wurden.

M 3 Vorzeigen der geweihten Brote
Das Bild verweist auf die beim Pessachfest durchzuführenden religiösen Handlungen. Das Pessachfest wird im Frühjahr gefeiert. Es erinnert an den Auszug aus Ägypten. Ein wesentliches Symbol ist das ungesäuerte Brot, das an die Eile erinnert, mit der die Israeliten aus Ägypten auszogen, jüdische Miniatur.

Jüdisches Leben – Mit Bild- und Textquellen arbeiten

M 4 Verleihung eines Schutzbriefes an die Juden durch Kaiser Heinrich VII. (regierte 1308–1313)

M 5 Jüdische Fernkaufleute

Die Juden zählten zu den Pionieren des Fernhandels. Nach dem Untergang des Römischen Reichs bauten sie ein weit gespanntes Handelsnetz auf, wie der Bericht aus Mesopotamien aus dem 9. Jahrhundert zeigt:

Dies ist nun der Weg der „Radaniten" genannten jüdischen Kaufleute. […] Sie reisen von West nach Ost und wieder zurück, bald zu Lande, bald zu Wasser. Vom Westen bringen sie Eunuchen, Sklavinnen, Knaben, Seide, Pelzwerk und Schwerter mit sich. Sie schiffen sich im Lande der Franken, am Gestade des Westmeers [Küste Südfrankreichs] ein, um sich nach Faram [Pelusium, Hafenstadt im Nildelta] zu begeben; dort verladen sie ihre Waren auf die Höcker der Kamele und nehmen den Landweg nach Kulsum [Suez], eine Reise, die fünf Tage in Anspruch nimmt.

Aus Kulsum schlagen sie den Wasserweg über das Ostmeer [Rotes Meer] nach Aldschar und Dschidda [Arabien] ein und reisen dann weiter nach Sind [Westpakistan], Indien und China.

Auf dem Rückweg führen sie Moschus, Aloe, Kampfer, Zimt und andere Erzeugnisse des Morgenlandes mit sich, kehren nach Kulsum zurück, dann nach Faram, von wo aus sie wiederum das Westmeer überqueren. Manche nehmen den Weg nach Konstantinopel, um dort ihre Waren abzusetzen, während andere direkt in das Land der Franken zurückkehren.

Aus dem Ende des 9. Jh. in Mesopotamien verfassten „Buch der Straßen und Königreiche", nach: Werner Keller, Und sie wurden verstreut unter alle Völker. Die nachbiblische Geschichte des jüdischen Volkes, München 1977, S. 184 f.

M 6 Privileg für die Juden von Speyer

Die Juden des Rheinlands erlebten im 11. Jahrhundert eine große Blüte. Das Judenprivileg, das Kaiser Heinrich IV. 1090 ausstellte, konnte jedoch auch die Juden von Speyer nicht vor den Verfolgungen der Kreuzfahrerscharen schützen:

Daher befehlen und wollen wir mit königlicher Weisung unserer Hoheit, dass hinfort niemand, der unter unserer königlichen Gewalt mit irgendeiner Würde oder irgendeinem Amt bekleidet ist, […] ihnen etwas fortzunehmen wage von ihren Sachen, die sie zu erblichem Recht besitzen, seien es Hausstätten, Häuser, Gärten, Weinberge, Äcker, Sklaven oder sonst irgend etwas Bewegliches oder Unbewegliches. Wenn jemand entgegen diesem Erlass ihnen irgendeine Gewalt antut, so soll er gezwungen werden, zum Schatze unseres Palastes oder zur Kammer des Bischofs ein Pfund Gold zu entrichten und die den Juden fortgenommene Sache doppelt zu ersetzen.

Sie sollen auch die unbeschränkte Fähigkeit haben, […] im Umfang unseres Reiches frei und friedlich herumzureisen, ihr Geschäft und Warenhandel zu betreiben, zu kaufen und zu verkaufen, und niemand soll von ihnen Zoll fordern oder irgendeine öffentliche oder private Abgabe nehmen.

Niemand maße sich an, ihre Söhne und Töchter gegen deren Willen zu taufen; wer sie unter Zwang […] tauft, soll 12 Pfund Gold zum Schatze des Königs oder des Bischofs entrichten.

Privileg Heinrichs IV. vom 16. Februar 1090, nach: Deutsche Geschichte in Quellen und Darstellung, Bd. 1, Stuttgart 1995, S. 314 f.

Religionen und Kulturen im Mit- und Gegeneinander

Pogrom in Worms 1096 n. Chr. – Vergleich von Quelle und Jugendbuch

M 7 Bericht einer jüdischen Quelle

Ein von Graf Emicho geführtes Kreuzfahrerheer kam auf dem Weg ins Heilige Land durch das Rheinland und verübte Pogrome in Speyer, Worms und Mainz. Über das Pogrom gegen die Juden in Worms im Mai 1096 berichtet die sogenannte Chronik des „Mainzer Anonymus" (entstanden zwischen 1097 und 1140), die in einer Abschrift erhalten ist:

Und es geschah, als die böse Kunde nach Worms [zur jüdischen Gemeinde] gelangte, dass einige aus der Gemeinde von Speyer getötet worden, da schrien sie zum Ewigen, weinten laut und bitter-
5 lich, denn sie sahen, dass das Verhängnis vom Himmel ausgegangen und kein Ort [war], wohin zu fliehen, weder vorwärts noch rückwärts. Da teilte sich die Gemeinde in zwei Gruppen, die einen flüchteten zum Bischof in seine Burgen, die ande-
10 ren blieben in ihren Häusern, denn die Städter hatten ihnen Versprechungen gemacht, die sich als leer und betrügerisch [erwiesen]. Sie waren nämlich geknicktes Rohr [ein trügerischer Stab, der bricht, wenn man sich auf ihn stützt] zum
15 Bösen und nicht zum Guten, denn sie machten gemeinsame Sache mit den Irrenden, uns Name und Errettung auszutilgen. Sie sagten uns leere, nichtige Trostworte: „Fürchtet euch nicht vor ihnen, denn jedermann, der einen von euch tötet,
20 dessen Leben soll gegen euer Leben vergolten werden." Sie hatten ihnen auch keine Möglichkeit gelassen, irgendwohin zu fliehen, denn ihr ganzes Vermögen hatte die Gemeinde ihnen übergeben, darum lieferte man sie aus. Es geschah am Zehn-
25 ten des Monats Ijar, einem Sonntag, da hielten sie [die Feinde] listigen Rat wider sie. Sie nahmen einen verwesten Kadaver von sich, der schon dreißig Tage lang im Grab gelegen hatte, trugen ihn in die Stadt und sprachen: „Seht, was die Juden
30 mit unserem Gefährten gemacht haben. Sie haben einen Christen genommen, ihn in Wasser gekocht und das Wasser in unsere Brunnen gegossen, um uns zu töten." Es geschah, als die Irrenden und die Städter dies hörten, da schrien sie und versammel-
35 ten jeden Waffenfähigen von groß bis klein und sprachen: „Sieh da, nun ist die Zeit gekommen, Rache für den ans Holz Genagelten zu nehmen, den ihre Väter getötet haben. Nun soll von ihnen weder Überrest noch Flüchtling entkommen, nicht einmal Kleinkind und Säugling in der Wie-
40 ge." So kamen sie und erschlugen die in ihren Häusern Gebliebenen, schöne Jünglinge, schöne und liebliche Jungfrauen und Greise.

Zit. nach: Hebräische Berichte über die Judenverfolgung während des Ersten Kreuzzugs, hrsg. von Eva Haverkamp, München 2005, S. 281 f.

M 8 Darstellung in einem Jugendbuch

In dem Jugendbuch „Das Vermächtnis des alten Pilgers" von Rainer M. Schröder erfährt Marius durch seinen Freund Bartholo vom Überfall des Grafen Emicho auf die Juden in Worms:

„Emicho ist mit seinem Heer über die jüdische Gemeinde von Worms hergefallen. Wie in Speyer, so suchten die Juden auch in Worms zu einem kleinen Teil bei befreundeten Christen Zuflucht, während sich die meisten dem Schutz von Bischof Albrand anvertrauten. Der ließ sich teuer dafür bezahlen, dass er sie in seinem Palast aufnahm. Dort verschanzten sie sich, während die Kreuzfahrer erst einmal im Judenviertel tobten und jeden Juden niedermachten, den sie noch vorfanden. Dann griffen sie den Palast des Bischofs an. [...] Entweder fehlte es dem Bischof an Entschlossenheit oder an der nötigen Truppenstärke, ich weiß es nicht, [...] es ändert nichts daran, dass die Kreuzfahrer den Bischofssitz gestürmt haben", fuhr Bartholo fort. „Die Juden sollen sich tapfer verteidigt haben, konnten jedoch dieser überlegenen Streitmacht nicht lange standhalten. Jeder tote Jude, ob Mann oder Frau, jung oder alt, wurde ausgeplündert, bis auf den nackten Leib ausgezogen und auf die Straße geworfen. Wer die Schlacht überlebte, hatte die Wahl, auf der Stelle hingerichtet zu werden oder sich taufen zu lassen. Die meisten zogen es vor, unter den Schwertern, Lanzen und Knüppeln der Kreuzfahrer und Wormser Bürger zu sterben. Einige haben ihrem Glauben abgeschworen und sich taufen lassen, aber nur zum Schein. Sie wollten bloß ein wenig Zeit gewinnen." „Zeit gewinnen wofür?", fragte Marius verstört. „Um die nackten, misshandelten Leichen ihrer Leidensgenossen anständig begraben zu können", antwortete Bartholo. „Dann haben sie Selbstmord begangen. Insgesamt sollen an die achthundert Juden bei diesem Massaker in Worms den Tod gefunden haben."

Zitiert nach: Pädagogisches Zentrum Rheinland-Pfalz, PZ-Informationen 12/2004, Heft 2, Bad Kreuznach 2004, S. 64.

Die Diaspora – Eine thematische Karte analysieren

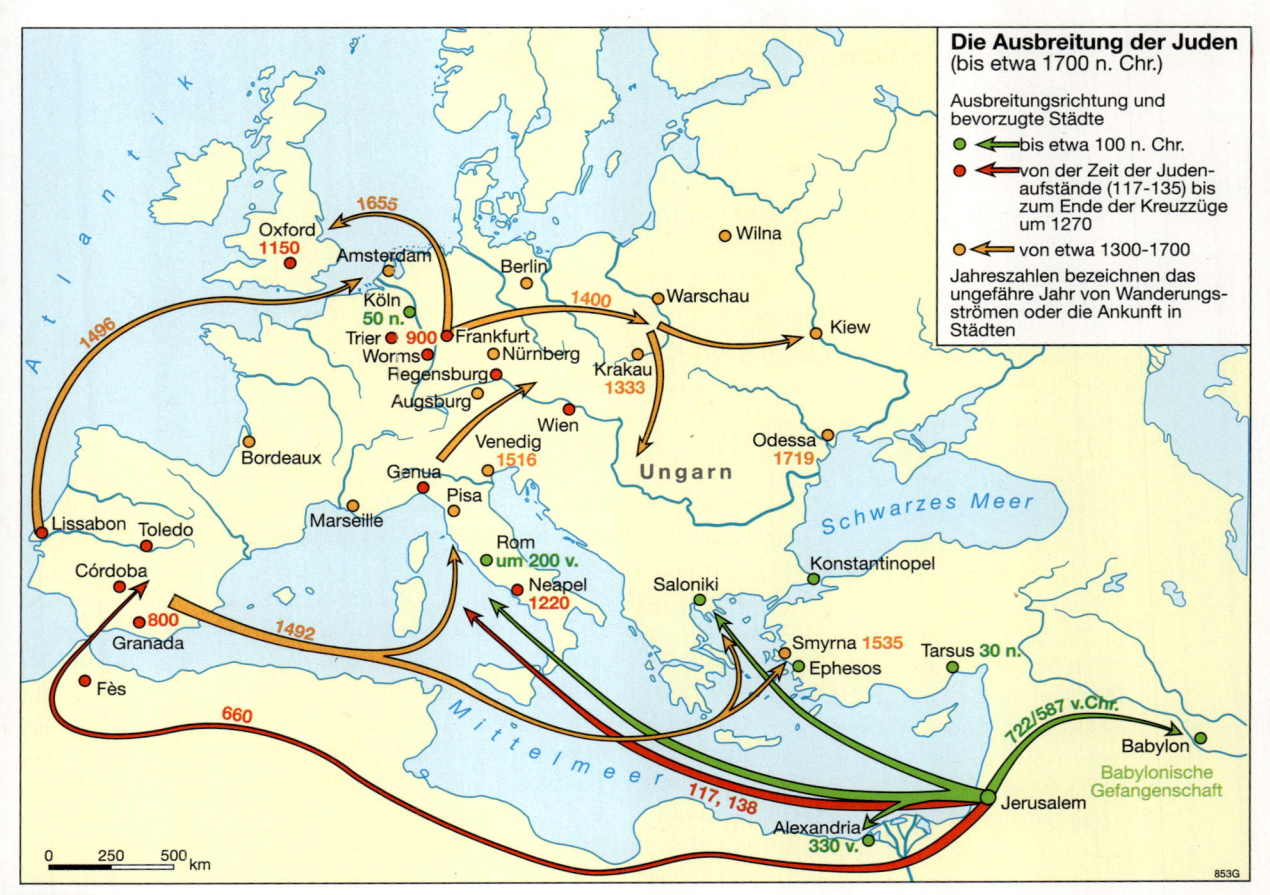

Die Ausbreitung der Juden (bis etwa 1700 n. Chr.)

Ausbreitungsrichtung und bevorzugte Städte
- 🟢← bis etwa 100 n. Chr.
- 🔴← von der Zeit der Judenaufstände (117-135) bis zum Ende der Kreuzzüge um 1270
- 🟠← von etwa 1300-1700

Jahreszahlen bezeichnen das ungefähre Jahr von Wanderungsströmen oder die Ankunft in Städten

M 9

Aufgaben

1. **Jüdisches Leben**
   a) Erkläre die Rolle der Juden in mittelalterlichen Städten und erläutere die Ursachen für ihr wechselvolles Schicksal.
   b) Verfolge den im Bericht aus Mesopotamien beschriebenen Zug jüdischer Kaufleute auf einer Atlaskarte. Nenne die Waren, mit denen sie an den verschiedenen Stationen Handel trieben.
   c) Fasse das Privileg für die Juden in Speyer in eigenen Worten zusammen.
   → Text, M4–M6

2. **Pogrom in Worms**
   a) Vergleiche die Darstellung des Pogroms im Jugendbuch mit der Quelle.
   b) Arbeite die Aussagen des Jugendbuches heraus, die sich nicht in der Quelle finden.
   → M7, M8

3. **Die Diaspora – Eine Karte analysieren**
   a) Nenne das Thema der Karte und erläutere die Legende.
   b) Prüfe, ob eine Entwicklung oder ein Zustand dargestellt ist.
   c) Fasse die wichtigsten in der Karte enthaltenen Informationen zusammen.
   d) Nenne die wichtigsten Siedlungsorte der Juden in den verschiedenen Zeiträumen.
   → Text, M9

Religionen und Kulturen im Mit- und Gegeneinander

Jüdische Kaufleute siedeln am Rhein >>> Mohammed gründet eine neue Religion

Ausbreitung des Islam unter den Nachfolgern Mohammeds

Kulturkontakt in Spanien

| 500 | 600 | 700 | 800 | 900 |

Zusammenfassung

Noch im Römischen Reich entstand mit dem Christentum ein neuer Glaube, der sich nach und nach in Europa durchsetzte und im Mittelalter bestimmend war.

Zu Beginn des 7. Jahrhunderts stiftete Mohammed in Arabien eine neue Religion: den Islam. Glaubensgrundlage war und ist der Koran, aus dem die sogenannten fünf Säulen abgeleitet werden: Glaubensbekenntnis – Gebet – Fasten – Pilgerfahrt – Almosen sind Ausdruck des Glaubens an Allah. Mohammed ist sein Prophet. Der neue Glaube breitete sich außerordentlich rasch in Vorderasien, Nordafrika und auch auf der Iberischen Halbinsel aus. Der Islam ist heute eine der großen Weltreligionen.

Ein großer Konflikt zwischen Christentum und Islam waren die Kreuzzüge. Ausgelöst durch einen Aufruf des Papstes zogen seit 1095 christliche Ritterheere ins Heilige Land, eroberten Jerusalem und errichteten in Palästina eine Reihe von Kreuzfahrerstaaten. Das Land ließ sich jedoch nicht auf Dauer gegen die benachbarten muslimischen Herrscher halten.

Neben diesen kriegerischen Auseinandersetzungen gab es auch Kulturkontakte zwischen Abendland und Morgenland, das heißt zwischen dem christlichen Europa und der islamischen Welt in Nordafrika und Arabien. Spanien spielte dabei eine entscheidende Rolle. Von hier aus wirkten arabische Wissenschaft und Kultur auf das Abendland ein.

Eine dritte Weltreligion ist das Judentum. Nach dem gescheiterten Aufstand gegen die Römer 70 n. Chr. zerstreuten sich die Juden im gesamten Römischen Reich, später über die ganze Welt (Diaspora). Sie bewahrten ihren Glauben und ihre Kultur über Jahrhunderte und lebten lange Zeit friedlich mit ihren christlichen Nachbarn zusammen. Als Kaufleute und Geldhändler wurden sie im Mittelalter einerseits geschätzt, andererseits mit großem Misstrauen betrachtet. Da die Juden eine Minderheit bildeten, waren sie immer wieder Verfolgungen ausgesetzt. Sie wurden in vielen Fällen gezwungen, in eigenen Stadtvierteln – den Gettos – zu leben. Bei Unglücksfällen galten sie oft als Sündenböcke, wurden mehrfach aus den Städten vertrieben oder gar getötet.

Kreuzzüge

Während der Pestepidemie in ganz Europa Pogrome gegen Juden

| 100 | 1 200 | 1 300 | 1 400 | 1 500 |

Daten

622 Beginn der islamischen Zeitrechnung
711 Muslime dringen nach Spanien vor
1096 Erster Kreuzzug, Pogrome gegen Juden in Europa
Mitte 14. Jh. Pogrome gegen Juden während der Pest
1492 Abschluss der Reconquista in Spanien

Begriffe

Islam
Koran
Kalif
Kreuzzug
Judentum
Diaspora
Pogrom

Personen

Mohammed

Tipps zum Thema: Religionen und Kulturen im Mit- und Gegeneinander

Filmtipp

Der Krieger Gottes. Bernhard von Clairvaux und der Zweite Kreuzzug, Deutschland 2002, 45 min

Lesetipp

Harald Parigger: Im Schatten des Schwarzen Todes, München 2001

Kirsten Boie: Alhambra, Hamburg 2010

Museen

HATiKVA e. V. – Die Hoffnung. Bildungs- und Begegnungsstätte für Jüdische Geschichte und Kultur Sachsen, Dresden

Jüdisches Museum Berlin

Jüdisches Museum Frankfurt am Main

Kommentierte Links: www.westermann.de/geschichte-linkliste

Seiten zur Selbsteinschätzung

Thema: Religionen und Kulturen im Mit- und Gegeneinander

Hinweis: Die folgende Tabelle dient der Selbsteinschätzung deiner erworbenen Kenntnisse und Fähigkeiten. Die Auflistung erhebt nicht den Anspruch, vollständig zu sein. Es handelt sich um eine Auswahl,

Ich kann …	Ich bin sicher.	Ich bin ziemlich sicher.	Ich bin noch unsicher.	Ich habe große Lücken.
… die fünf Säulen des Islam erklären.				
… die Gründe für die rasche Ausbreitung des Islam nennen.				
… Unterschiede zwischen dem Aufbau einer Moschee und einer christlichen Kirche nennen.				
… die Ursachen für die Kreuzzüge erläutern.				
… die kulturelle Bedeutung der Kreuzzüge für Westeuropa erklären.				
… schriftliche Quellen auswerten.				
… die kulturellen Folgen der Ausbreitung des Islam auf der Iberischen Halbinsel erläutern.				
… den Begriff „Diaspora" erläutern.				
… die Stellung der Juden in der mittelalterlichen Gesellschaft einer deutschen Stadt erklären.				
… für das jüdische Leben im Mittelalter wichtige Begriffe erklären.				
… zwischen einer Quelle und einem Jugendbuch unterscheiden.				
…				
…				
…				

die ggf. erweitert werden kann. In der rechten Spalte findest du Hinweise, wie du eventuell vorhandene Lücken oder auch Unsicherheiten beseitigen kannst.

Bitte beachte: Solltest du über ein Leihexemplar dieses Lehrbuches verfügen, dann kopiere die Seiten, bevor du mit ihnen arbeitest.

Auf diesen Seiten kannst du in ANNO nachlesen	Empfehlungen zur Übung, Wiederholung und Festigung
181	Erstelle einen Lexikonartikel zum Thema: „Die wichtigsten Grundlagen des Islam".
184–187	Nimm Stellung zu folgender Auffassung: „Die religiöse Toleranz der Muslime war der wichtigste Grund für ihre raschen Eroberungen."
182	Zeichne den Grundriss einer Moschee und einer Kirche und erkläre daran die wesentlichen Unterschiede.
188/189	Setze dich mit folgender Auffassung auseinander: „Das Hauptmotiv der Kreuzfahrer war die Suche nach Reichtum im Orient."
191	Nenne drei Kulturgüter, die infolge der Kreuzzüge in Westeuropa Einzug hielten und erläutere deren kulturelle Bedeutung.
193	Untersuche mithilfe der Arbeitshinweise auf Seite 193 die Quellen M4 auf Seite 190.
194–197	Erläutere anhand von drei Beispielen den Kulturaustausch zwischen islamischer und christlicher Welt über die Iberische Halbinsel.
198	Verfasse eine kurze Darstellung zum Thema: „Die Ursachen der Diaspora".
198/199	Nimm Stellung zu folgender Auffassung: „Das Schicksal der Juden im Mittelalter hing in erster Linie von der wirtschaftlichen Situation ab."
198–203	Erkläre folgende Begriffe: „Diaspora", „Privileg", „Getto" und „Pogrom".
202	Vergleiche die Quelle M7 und das Jugendbuch M8 auf Seite 202 miteinander in Bezug auf folgende Aspekte: Autor, Entstehungszeit, Abstand zum beschriebenen Ereignis, vermutliche Herkunft des Wissens, Adressat.

Längsschnitt: Kindheit und Erziehung

Schulunterricht in Athen
Vasenmalerei, 5. Jahrhundert v. Chr.

Schulunterricht
Holzschnitt von 1524

Kinder reicher Römer im Unterricht bei einem Privatlehrer
Relief aus dem 2. Jahrhundert n. Chr.

Fürstenschule Grimma
Die Schule wurde 1550 gegründet, das Schulgebäude 1828 eingeweiht.

Längsschnitt: Kindheit und Erziehung

Kindheit im antiken Griechenland

Geburt, Kindersterblichkeit und frühe Kindheit

In der Antike war die Gefahr, bei einer Geburt zu sterben, für Mutter und Kind im Vergleich zu heute sehr hoch, denn die Kenntnisse über die notwendige Hygiene und medizinische Aspekte waren sehr gering. Aber auch nach der Geburt war das Überleben eines Kindes keineswegs gesichert: Etwa ein Drittel aller Kinder starb im ersten Lebensjahr, und nur knapp die Hälfte wurde älter als zehn Jahre. Zum Vergleich: In Deutschland liegt die Sterblichkeit von Kindern unter fünf Jahren heute bei 0,4 Prozent. Vor allem Epidemien und Seuchen verursachten in der Antike einen frühen Tod, aber auch eine einfache Grippe oder ein Schnitt in den Finger konnte lebensgefährlich werden. Auch die gesellschaftliche Oberschicht war von der hohen Kindersterblichkeit betroffen: Von den dreizehn Kindern des römischen Kaisers Marc Aurel (161–180 n. Chr.) erreichten beispielsweise nur drei das Heiratsalter.

Zwar galt es auch in der Antike als Idealfall, wenn eine Mutter ihr Baby selbst stillte, aber vor allem in reichen Haushalten wurde diese Aufgabe meist durch Ammen übernommen, die der Familie häufig zuvor schon als Sklavinnen gedient hatten. Die Erziehung kleiner Kinder oblag allein den Frauen. Viele Alltagsgegenstände und Spielzeuge, die sich damals wohl nur die Kinder reicher Familien leisten konnten, findet man in ähnlicher Form auch in heutigen Kinderzimmern, zum Beispiel Würfel, Puppen oder Tierfiguren.

Erziehung und Schule in der Polis Athen

Genau wie heute begann für die Kinder im alten Athen mit dem 6./7. Lebensjahr die Schule. Allerdings galt dies nur für die männlichen Kinder reicher Bürger; die Kinder von armen Eltern oder gar Sklaven blieben von der Schulbildung ausgeschlossen. Auf dem Stundenplan standen Lesen, Schreiben, Rechnen, Vortragen, Musik, Tanz und Sport. Jedes Fach wurde – ähnlich wie in den heutigen weiterführenden Schulen – von einem anderen Lehrer unterrichtet, wobei die Lehrer damals keine entsprechende Ausbildung vorweisen mussten: Unterrichten durfte, wer sich dazu berufen fühlte. Mit 18 Jahren endete die Schulzeit, und es folgte eine zweijährige militärische Ausbildung.

Während ihre Brüder zur Schule gingen, blieben die Mädchen zu Hause, beschäftigten sich mit Hausarbeiten und lernten, einen Haushalt zu führen. In reichen Familien konnten auch Mädchen eine gewisse Bildung durch Privatunterricht erlangen.

In Sparta ist alles anders

Im Militärstaat Sparta war man gegenüber augenscheinlich schwächlichen und kranken Säuglingen besonders hart: Hier entschied der Ältestenrat nach einer Untersuchung des Kindes, ob es weiterleben durfte oder in eine Schlucht des Taygetosgebirges hinabgeworfen wurde. Überleben sollten nur solche Kinder, die aller Voraussicht nach zu starken Kriegern und gesunden Müttern heranwachsen würden. Aber auch in Athen kam es zu Aussetzungen von Kindern, zum Beispiel wenn die Familie zu arm war, ein weiteres Mitglied zu ernähren.

M 1 **Griechisches Spielzeugpüppchen aus Ton**
Original aus Athen, 5. Jh. v. Chr.

In Sparta war man nicht nur gegenüber schwächlichen Säuglingen unerbittlich, sondern auch in der Erziehung und Ausbildung der Kinder, für die im Gegensatz zu Athen und Rom der Staat zuständig war. Im Alter von sieben Jahren wurden die Jungen ihren Familien entzogen, um in „Herden" aufzuwachsen, die von Gleichaltrigen nach dem Prinzip von Befehl und Gehorsam geführt wurden. Um die Kinder und Jugendlichen für spätere Kampfeinsätze abzuhärten, erhielten die Kinder nur wenig zu essen, sie liefen barfuß und besaßen nur ein Gewand. Lesen und Schreiben spielte in ihrer Ausbildung nur eine untergeordnete Rolle, der Schwerpunkt lag auf Disziplinen, die den Körper trainierten, wie zum Beispiel Jagen und Tanzen. Der Abschluss der Ausbildung bestand in einer besonderen Mutprobe: Eine Gruppe Jugendlicher musste am Altar der Göttin Artemis ein Stückchen Käse stehlen, während die gegnerische Gruppe dies mit Rutenschlägen zu verhindern suchte.

Auch bei der Erziehung der Mädchen unterschied sich Sparta von anderen griechischen Stadtstaaten: Anders als ihre Brüder erhielten die Mädchen eine reichhaltige Verpflegung, jedoch bestand auch ihre Hauptaufgabe darin, zu trainieren und sich fit zu halten, um für kommende Geburten gerüstet zu sein und gesunde Kinder zur Welt zu bringen.

M 2 Gymnastische Übungen der spartanischen Jugend
Der kolorierter Holzstich stammt aus einem Buch über Griechenland, das 1879 in Deutschland erschienen ist. Die Darstellungsweise gibt die damaligen Vorstellungen wieder.

Längsschnitt: Kindheit und Erziehung

Jungen und Mädchen in Athen

M 3 Jungenerziehung in Athen

Die Historikerin Annika Backe-Damen schildert die Erziehung von Jungen in Athen (2008):

Eine allgemeine Schulpflicht für Kinder ab einem Alter von 6–7 Jahren, wie sie die westlichen Industrienationen kennen, war in der gesamten Antike unbekannt. Auch gab es keine vom Staat ins Leben
5 gerufene und flächendeckend finanzierte Institution Schule. Den Besuch einer Lehranstalt konnten sich nur Angehörige der Oberschicht für ihre Kinder leisten, da es Schulgeld abzuführen galt. Je niedriger die gesellschaftliche Schicht, in die ein
10 Kind hineingeboren wurde, desto größer war die Wahrscheinlichkeit, dass es nie einen Klassenraum von innen sah und stattdessen früh zum Unterhalt der Familie durch Arbeit beitragen musste. Diese Kinder bekamen vermutlich nur rudimentäre
15 Kenntnisse beigebracht, sofern sie nicht in direkter Beziehung zu ihren Aufgaben standen.
Die Einrichtung und der Unterhalt von Schulen blieb, obwohl es zu allen Zeiten einen Bildungskanon mit verbindlichen Inhalten in verschiedenen
20 Disziplinen gab, in griechischer Zeit – mit Ausnahme Spartas – wie auch in römischer Zeit den einzelnen Städten überlassen. Hier beteiligten sich immer wieder einzelne Privatiers durch großzügige Spenden an der Finanzierung. Schließlich gab
25 es kein der heutigen Zeit vergleichbares Besteuerungssystem aller Bürger, über die eine Institution Schule hätte finanziert werden können. […]
Schulgebäude im heutigen Sinne gab es in der Antike nicht, vielmehr wurde der Unterricht in
30 öffentlichen Gebäuden oder ganz im Freien abgehalten. Meist trennte nur ein dünner Vorhang Schüler und Lehrer von dem Lärm auf den stark frequentierten Plätzen. Verfügte ein Lehrer dagegen über großzügigere finanzielle Mittel, konnte
35 er auch einen Unterrichtsraum anmieten […].
Im ausgehenden 7. und frühen 6. Jh. v. Chr. […] wurde es wichtig, dass die Bürger, die verantwortungsvoll und mündig ihre politischen Funktionen ausüben sollten, möglichst auch lesen, schreiben
40 und rechnen konnten. Dafür war der Besuch einer Schule nötig, in der diese Kenntnisse vermittelt wurden – dies gilt jedoch sicher nicht für die Unterschichten. […]
Als wesentliche Bestandteile des Bildungskanons
45 der klassischen Zeit, im 5. und 4. Jh. v. Chr., lassen sich folgende Schulfächer fassen: Lesen, Schreiben, Rechnen, Rezitation der Dichter, Musik und Tanz sowie Sport. Bei allen intellektuellen Inhalten sollte der Schüler aber immer auch sittlich geformt werden. Hierzu stand die Prügelstrafe im Unterricht als Disziplinarmaßnahme in der antiken Wahrnehmung keinesfalls im Widerspruch. Insgesamt war der antike Schulunterricht geprägt von Auswendiglernen, Abschreiben und Rezitieren. Das Zitieren von Versen großer griechischer Autoren wie Homer war dabei kein reiner Selbstzweck, sondern sollte die Knaben an die ehrenvollen Taten der Vorfahren erinnern, sie in ihrem Geist und Wertesystem formen und bilden. Eine höhere Schulbildung, mit einer Unterweisung in Rhetorik und Philosophie, die den hier skizzierten Grundunterricht überstieg, konnten nur noch sehr wohlhabende Familien ihren Söhnen bezahlen, für die sie sich hohe Karrieren erhofften.

Annika Backe-Dahmen, Die Welt der Kinder in der Antike, Mainz 2008, S. 58 ff.

M 4 Mädchenerziehung in Athen

Xenophon hat ein Gespräch zwischen Sokrates und Ischomachos überliefert, in dem letzterer über die Aufgaben seiner Ehefrau berichtet:

Sie war noch nicht fünfzehn Jahre alt, als ich sie heiratete. Die Zeit vorher hatte man fürsorglich auf sie aufgepasst, damit sie möglichst wenig sah, hörte und fragte. Ich war schon damit zufrieden, dass sie bei ihrem Kommen bereits verstand, mit Wolle umzugehen und ein Gewand anzufertigen, und dass sie auch schon bei der Spinnarbeit der Dienerinnen zugesehen hatte. Außerdem wusste sie, was mir sehr wichtig erscheint, gut Bescheid, was Ernährungsfragen angeht […].
Da beide Arten von Arbeit nötig sind, die draußen und drinnen, schufen die Götter die Natur der Frau für die Arbeiten im Hause, die des Mannes aber für die Arbeiten außerhalb des Hauses. Die Frauen haben größere Liebe zu den Säuglingen, ihre Fürsorge ist gut für die Überwachung der Vorräte; der Mann dagegen ist mutiger, wenn es um Schutz des Hauses und Eigentums geht. Er ist eher dazu geschaffen, Kälte und Wärme, Märsche und Feldzüge zu ertragen.

Xenophon, Oikonomikos, zit. n.: H. Kammerer-Grothaus, Frauenleben-Frauenalltag im antiken Griechenland, 1984, S. 2 u. 35.

Jungen und Mädchen in Sparta

M 5 Jungenerziehung in Sparta

Über die Erziehung der Jungen in Sparta berichtet der griechische Geschichtsschreiber Plutarch (ca. 45 bis 120 n. Chr.) in seiner Biografie über den sagenhaften spartanischen Gesetzgeber Lykurg:

Lykurg vertraute die Knaben keinen erkauften oder um Lohn gedungenen Erziehern an; auch erlaubte er keinem Vater, seinen Sohn nach eigenem Belieben zu erziehen und zu unterrichten. Vielmehr nahm er selbst die Knaben, wenn sie das siebente Jahr erreicht hatten, unter seine Aufsicht, teilte sie in gewisse Klassen ein, gab ihnen einerlei Erziehung und Nahrung und gewöhnte sie, miteinander zu spielen wie auch zu lernen. […] Lesen und Schreiben lernten sie nur notdürftig; der ganze übrige Unterricht zielte darauf ab, dass sie pünktlich gehorchen, Strapazen ertragen und im Streite siegen lernten. Deshalb hielt man sie mit den Jahren auch immer strenger; man schor sie kahl und gewöhnte sie, barfuß zu gehen und meistens nackt zu spielen. Vom zwölften Jahre an trugen sie kein Unterkleid mehr und bekamen für ein ganzes Jahr nur einen Mantel. Ihre Körper waren immer mit Schmutz bedeckt, und sie durften sich weder salben noch baden, einige wenige Tage ausgenommen, an denen auch ihnen diese Körperpflege gestattet wurde. […]
Die Knaben selbst wählten sich klassenweise den verständigsten und tapfersten unter den über zwanzig Jahre alten Jünglingen zum Vorsteher. Ein solcher führte seine Untergebenen in den Wettkämpfen an; zu Hause und bei Tische aber brauchte er sie als Bediente. Den größeren befahl er, Holz herbeizutragen; die kleineren mussten ihm Gemüse bringen. Das alles stahlen sie weg, indem die einen in die Gärten stiegen, andere sich mit schlauer Behutsamkeit in die Speisesäle der Männer schlichen. Wurde einer ertappt, so bekam er viele Peitschenhiebe, weil er sich beim Stehlen so tölpelhaft und ungeschickt benommen hatte. […]
Beim Stehlen bewiesen die Knaben so viel Vorsicht und Selbstbeherrschung, dass wohl einer, der einen jungen Fuchs entwendet hatte und ihn unter dem Mantel verborgen hielt, sich von dem Tiere mit Klauen und Zähnen lieber den Bauch aufreißen, ja sogar sich töten ließ, als dass er den Sachverhalt preisgab.

Plutarch, Lykurg, 16 ff., in: Große Griechen und Römer, Bd. 1, eingeleitet und übersetzt von Konrat Ziegler, Zürich/Stuttgart 1954.

M 6 Mädchenerziehung in Sparta

Über die Mädchenerziehung berichtet Plutarch:

Vielmehr hat Lykurg auch den Frauen jede mögliche Sorgfalt zugewendet. Er kräftigte die Körper der Jungfrauen durch Laufen, Ringen, Diskus- und Speerwerfen, damit die Zeugung der Kinder in kräftigen Körpern erfolge und die Frucht umso besser heranwachse, und damit sie selbst befähigt wären, die Geburten kräftig zu bestehen und leicht und gut gegen die Wehen anzukämpfen.

Plutarch, Lykurg 14, a.a.O., S. 42 f.

Aufgaben

1. **Jungen und Mädchen in Athen**
   a) Stelle Informationen über den Schulunterricht in Athen zusammen.
   b) Fasse die Aussagen des Xenophon über die Mädchenerziehung mit eigenen Worten zusammen.
   c) Vergleiche die Erziehung der Mädchen und der Jungen in Athen.
   → Text, M3, M4

2. **Jungen und Mädchen in Sparta**
   a) Fasse die Ausführungen Plutarchs zur Erziehung der Jungen und Mädchen in Sparta in Stichworten zusammen.
   b) Berichte mithilfe deiner Stichpunkte über die Erziehung in Sparta.
   → Text, M5, M6

3. **Vergleich zwischen Sparta und Athen**
   a) Erläutere wichtige Unterschiede in der Erziehung zwischen Athen und Sparta.
   b) Entscheide dich für eine Polis, in der du lieber aufgewachsen wärst. Begründe deine Entscheidung.

Längsschnitt: Kindheit und Erziehung

M 1 Römisches Familienleben
Das Relief aus dem 2. Jahrhundert nach Chr. zeigt Szenen aus dem Leben reicher Römer.

Erziehung und Schule im Römischen Reich

In Rom gab es weder eine allgemeine Schulpflicht noch ein staatlich finanziertes Schulwesen; auch hier blieb die Bildung den Kindern der reicheren Schichten vorbehalten. Für diese begann ab dem Alter von sieben Jahren eine vierjährige Ausbildung an einer Elementarschule, die hinsichtlich ihrer Lerninhalte mit der heutigen Grundschule verglichen werden kann: Lesen, Schreiben und Rechnen standen im Vordergrund. Wie in Griechenland gab es auch in Rom keine Schulgebäude, oft fand der Unterricht in einer von der Straße nur durch einen Vorhang abgetrennten Nische oder in einem vom Lehrer angemieteten Raum statt. Die Söhne sehr reicher Väter (z. B. Senatoren) wurden auch zu Hause von Privatlehrern unterrichtet, nicht selten sogar zusammen mit ihren Schwestern.

Nach der Elementarschule konnten Schüler aus besonders wohlhabenden Familien noch in die Grammatikschule gehen, die fünf bis sechs Jahre dauerte: Hier lernte man die Fremdsprache Griechisch und las die Werke antiker Autoren. Es folgte die Rhetorikschule, die eine Art „Universität" darstellte und deren Unterricht in Redekunst und Rechtskunde vor allem für diejenigen Studenten wichtig war, die später Juristen oder Politiker werden wollten.

M 2 Römisches Spielzeug
aus nachchristlicher Zeit

Erziehung und Schule im antiken Rom

M 3 Ein Beispiel altrömischer Erziehung

Der antike Schriftsteller Plutarch berichtet über die Erziehungsmethoden des Senators Cato:

Er [Cato] war auch ein guter Vater [...]. Sobald dieser [sein Sohn] zu begreifen begann, nahm er ihn selbst in die Lehre und brachte ihm Lesen und Schreiben bei, obwohl er einen tüchtigen Elementarlehrer an seinem Sklaven Chilon hatte, der viele Knaben unterrichtete. Aber er hielt es nicht für recht, wie er selbst sagt, dass sein Sohn von einem Sklaven gescholten oder am Ohr gezogen würde, wenn er nicht fleißig lernte, noch auch, dass er einem Sklaven für einen so wichtigen Unterricht Dank schuldete, sondern er war selbst der Lehrer im Lesen und Schreiben, in der Gesetzeskunde und in den Leibesübungen, indem er seinen Sohn nicht nur im Speerwerfen, im Gebrauch der Nahkampfwaffen und im Reiten unterwies, sondern auch im Boxen, im Ertragen von Hitze und Kälte und im kräftigen Durchschwimmen der Wirbel und der reißenden Stellen des Flusses. Auch seine Geschichte, sagt er, habe er selber mit eigener Hand und mit großen Buchstaben niedergeschrieben, damit der Knabe die Möglichkeit habe, sich im eigenen Hause zur Kenntnis der Taten und Sitten der Vorfahren heranzubilden.

Plutarch, Marcus Cato, in: Plutarch. Fünf Doppelbiographien, übers. von Konrat Ziegler und Walter Wuhrmann, Düsseldorf/Zürich 2001, S. 473 f.

M 4 Sklavenkinder

Der Historiker Gérard Coulon schreibt (2006):

Wie bei allen Völkern im Altertum gab es bei den Römern Sklaverei. Die Sklaven besaßen keinerlei Freiheit und gehörten ihr ganzes Leben lang ihrem Herrn. Das Kind von Sklaven war wiederum Sklave und konnte von seinen Eltern getrennt werden. Es besuchte natürlich keine Schule, sondern musste sehr früh anfangen zu arbeiten. So wie ein kleiner Junge, der im Dienst des reichen Dichters Ausonius stand. In einem seiner Bücher berichtet uns Ausonius, wie er dem kleinen Sklaven jeden Morgen seine Anordnungen erteilte: „Aufstehen, Kind! Gib mir meine Schuhe und meine Leinentunika, reiche mir alle Kleider, die du vorbereitet hast, damit ich ausgehen kann. Bringe mir Brunnenwasser, damit ich mir die Hände, den Mund und die Augen waschen kann. Öffne mir die Tür zur Kapelle." Die jungen Sklaven standen ganz im Dienst ihres Herrn. Wollte dieser einem Freund eine Nachricht übermitteln, trug ein Kind den Brief dorthin. Wurde der Herr zum Abendessen eingeladen, beleuchtete ihm ein junger Sklave den Weg und wartete bis zum Rückweg auf ihn, auf der Schwelle des Hauses schlafend, immer mit der Lampe in der Hand [...].

Gérard Coulon, Das Leben der Kinder im alten Rom, München 2006, S. 38 f.

Aufgaben

Kindheit in Rom

a) Gib den Bericht über Cato mit eigenen Worten wieder.
b) Erläutere mögliche Gründe für die große Bedeutung der Vorfahren bei den Römern.
c) Zeige, dass Cato der Erziehung seines Sohnes einen großen Stellenwert beimisst. Belege dies mit Textstellen.
d) Berichte auf Grundlage der Darstellung des Historikers Gérard Coulon über Sklaven in Rom.
e) Vergleiche die Plutarch-Quelle mit der Darstellung Coulons und erkläre wichtige Unterschiede zwischen einer Quelle und einer Darstellung.

→ M3, M4

Längsschnitt: Kindheit und Erziehung

Kindheit und Erziehung im Mittelalter

Die gefährlichen ersten Jahre
Familien hatten im Mittelalter viele Kinder, von denen jedoch höchstens die Hälfte überlebte. Einige starben bei der Geburt, andere im frühen Kindesalter. Wenn das Baby die Geburt gut überstanden hatte, wurde es oft einer Amme übergeben, die die Ernährung und Pflege des Säuglings übernahm. In den ersten Jahren blieben die Kinder im Elternhaus, wo sie schon kleinere häusliche Arbeiten verrichten mussten. Spielzeug war selten. Meistens spielten die Kinder mit alltäglichen Gegenständen.

Kinder müssen arbeiten
Bereits mit sieben Jahren begann für viele Kinder das Arbeitsleben. Auf dem Land mussten sie Kühe hüten, Schweine zur Mast treiben und im Haus, Garten und auf den Feldern helfen. Andere verließen schon früh ihre Familien und arbeiteten in der Stadt als Hausangestellte oder Laufburschen: eine harte Arbeit mit bis zu 12 Stunden am Tag.

Angesichts hoher Abgaben an den Grundherrn und der ständigen Gefahr von Missernten mussten die Kinder schon sehr früh zur Versorgung der Familie beitragen. Für den Besuch einer Schule blieb oft weder Zeit noch Geld. Nur der Pfarrer erteilte den Handwerkerkindern manchmal Unterricht. Da er aber häufig nicht sehr gebildet war und der Unterricht nur außerhalb der Erntezeit stattfand, lernten die Kinder nur wenig.

Wer aus einer Handwerkerfamilie stammte, begann eine Lehre bei einem Handwerksmeister. An diesen zahlten die Eltern ein Lehrgeld, für das die Jungen bei ihrem Meister wohnen und essen konnten. Eine Schulbildung war für die Lehrlinge nicht vorgesehen. Schreiben und Rechnen lernten sie vielleicht von ihrem Meister, soweit es der Beruf erforderte. Nach drei bis vier Lehrjahren fertigte der Lehrling sein Gesellenstück und legte eine Prüfung ab. Als junger Geselle begab er sich auf Wanderschaft, um bei anderen Handwerksmeistern zu arbeiten und Erfahrungen zu sammeln.

Schule und Universität
Eine umfassende Schulbildung erhielten im Mittelalter nur wenige Kinder. In den Städten bot sich Söhnen reicher Familien die Möglichkeit, in einer Schule lesen, schreiben, rechnen und Latein zu lernen. Diese Sprache war nicht nur für das Bibelstudium notwendig, sondern wurde auch von Kaufleuten für Briefe im internationalen Handel verwendet. Der Unterricht war recht eintönig und Züchtigungen mit der Rute oder der Hand waren an der Tagesordnung.

Nur Söhne wirklich reicher Familien hatten nach dem Ende ihrer Schulzeit die Möglichkeit, eine der seit dem 13. Jahrhundert in Europa entstehenden Universitäten zu besuchen. Die Kosten waren sehr hoch.

Für Mädchen war keine Schulbildung vorgesehen. Lediglich reiche Familien und der Adel ließen ihren Töchtern Privatunterricht erteilen. Daher boten Klöster aufgeweckten jungen Frauen eine interessante Alternative. Nonnen lernten nicht nur lesen und schreiben, sondern konnten sich auch mit wissenschaftlichen Studien beschäftigen.

M 1 Der Tod holt das Kind.
Holzschnitt, 16. Jahrhundert

Zum Weiterlesen

Über die Kindheit von Adligen im Mittelalter erfährst du mehr auf Seite 139 in diesem Lehrbuch.

Die Ausbildung in den Klöstern wird auf den Seiten 127–128 behandelt.

M 2 Schulunterricht
Holzschnitt von 1524

Kindheit im Mittelalter

M 3 „Lehrjahre sind keine Herrenjahre"

Der Humanist Johannes Butzbach (1478–1526) berichtet über seine Schneiderlehre:

[…] wie ich von drei oder vier Uhr morgens bis abends neun oder zehn, bisweilen auch bis elf oder zwölf Uhr, wie ich aber besonders an den höheren Festen […] bis zur Hochmesse in einem fort arbeiten musste, wie ich geplagt wurde mit Wassertragen, mit Hauskehren, Feuerstochern, mit Hin- und Herlaufen […] in und außer der Stadt, mit Schuldeneintreiben und, was mir am meisten verhasst war, mit dem Sammeln, oder richtiger mit dem Stehlen des Wachses von den Leuchtern in der Kirche zum Gebrauch bei dem Geschäfte; wie ich ferner von dem Meister und der Meisterin und den Dienstboten herbe Worte und mitunter noch härtere Schläge, Kälte und Hitze, Hunger und Durst bis zum äußersten zu ertragen hatte: Was ich auf solche und mehrfache andere Art für ein Elend ausgehalten habe, das würde kaum in einem großen Buche zu beschreiben sein.

Zit. nach: W. Fischer, Quellen zur Geschichte des deutschen Handwerks, Göttingen 1957, S. 25.

M 4 Kindheit im Mittelalter

Der Historiker Hans-Werner Goetz beschreibt das Leben von Kindern im Mittelalter:

Häufiger schon wurden Säuglinge, die man nicht ernähren konnte, ausgesetzt, mit Vorliebe vor Kirchentüren […]. So gab es eine größere Anzahl Waisen nicht nur deshalb, weil die Eltern verstorben waren.
Dennoch ist die früher vertretene Ansicht, dass man Kinder im allgemeinen als Belastung empfand und ihnen wenig Liebe entgegenbrachte, heute widerlegt. Schon die Bestattungen mit Denkmal und die erhaltenen Trostbriefe an Eltern, deren Kind verstorben war, widersprechen einer solchen Einschätzung; spätestens seit dem 10. Jh. wurden auch Kleinkinder als volle Mitglieder der Gesellschaft angesehen. […]
Insgesamt hat man Kinder ohne jeden Zweifel liebevoll behandelt und kindgemäße Spiele zugelassen; die Kindheit endete freilich erheblich früher als heute, denn man wollte Kinder möglichst schnell zu Erwachsenen heranbilden. Der Erziehung kam damit eine wichtige Aufgabe zu, und sie begann sehr früh. Kleinkinder unterstanden ganz der Obhut der Mutter bzw. Amme. Spätestens mit sechs oder sieben Jahren war die Kindheit zu Ende und man begann mit der Ausbildung. Einhard berichtet uns von der Erziehung der Kinder Karls des Großen: Zunächst wurden alle in den liberalia studia, dem Grundwissen, ausgebildet; die Söhne lernten dann Reiten, den Umgang mit Waffen und die Jagd, die Töchter Handarbeit mit Spinnrocken und Spindel. Das wird man als typisch für die Erziehung adliger Kinder ansehen dürfen, die möglichst schnell an das Waffenhandwerk herangeführt werden sollten. Laienbildung blieb allerdings vor dem 12. Jh. den höchsten Familien vorbehalten. In bäuerlichen Kreisen wurden Kinder sicherlich schon früh zur Mitarbeit herangezogen. Mit der frühen Volljährigkeit mit 12 Jahren (nach salischem Recht) galten sie als erwachsen; Adelssöhne konnten im hohen Mittelalter nun zu Rittern geschlagen werden, Königssöhne die Herrschaft übernehmen.

Hans-Werner Goetz, Leben im Mittelalter, 7. Aufl., München 2002, S. 63.

Aufgaben

Kindheit im Mittelalter

a) Arbeite aus dem Text die Lebensbedingungen von Kindern in verschiedenen Bevölkerungsgruppen in Stadt und Land heraus.
b) Fasse die Fertigkeiten zusammen, die den Kindern in den unterschiedlichen Bevölkerungsgruppen vermittelt wurden.
c) Beschreibe die Ausbildung, die Johannes Butzbach zuteil wurde.
d) Erkläre die Einstellung der mittelalterlichen Menschen gegenüber ihren Kindern.
e) Vergleiche das Leben von Kindern im Mittelalter mit deinem eigenen.

→ Text, M3, M4

Minilexikon

Abt (aramäisch abba = Vater). Nach der Regel des Benedikt von Nursia (Benediktinerregel) der Vorsteher einer Mönchsgemeinschaft in einem Kloster. Man bezeichnet daher Klöster, denen ein Abt vorsteht, als Abteien. Bei manchen Orden wie den Dominikanern oder Franziskanern heißt der Obere eines Klosters Prior. Der Abt wird von der Versammlung aller stimmberechtigten Mönche – dem Konvent – zumeist auf Lebenszeit gewählt. Die Mönche sind dem Abt zu Gehorsam verpflichtet und alle Klosterinsassen unterstehen seiner Gerichtsbarkeit. Im Mittelalter stiegen manche Abteien auch zu reichsunmittelbaren Territorien auf (Reichsabteien), deren Fürstäbte bzw. Fürstäbtissinnen weltliche und geistliche Hoheitsrechte in ihrem Gebiet besaßen.

Adel. Privilegierter Stand, der sich durch Besitz, Macht, Leistung und eigene Lebensformen von der übrigen Gesellschaft abhebt. In der Antike konnte der Adel erblich sein wie z.B. in den griechischen Stadtstaaten oder beim römischen Prinzipat. Er konnte aber auch mit einem staatlichen Amt verbunden sein wie bei der römischen Nobilität. Eine Staatsform, in der die politische Herrschaft beim Adel liegt, bezeichnet man als Aristokratie (gr. = Herrschaft der Besten). Im Mittelalter stützte der Adel seine Macht vor allem auf Grundbesitz und kriegerischen Erfolg. Im Frankenreich erhielten Adelige vom König Land (Lehnswesen), wofür sie als bewaffnete Reiter Heeresfolge leisten mussten. Von seinen Bauern verlangte der adelige Grundherr Abgaben und Frondienste, übernahm deren Schutz und sprach Recht. Der Adel entwickelte im Mittelalter besondere Lebensformen und war von Steuern befreit. Zum Adel zählte man durch Geburt (Geburtsadel) oder Dienst im Auftrag des Königs (Dienst- oder Amtsadel). Im 12. Jh. bildete sich der Hochadel heraus, an dessen Spitze die Kurfürsten standen. Zum niederen Adel zählten vor allem Ritter und Ministeriale.

Ädil (Mz. Ädilen). Ursprünglich zwei Beamte der römischen Plebejer, die als Gehilfen der Volkstribunen eingesetzt waren. Seit 366 v.Chr. traten zwei weitere Ädilen hinzu, die Beamte des römischen Gesamtvolks mit einjähriger Amtszeit waren. Sie führten die Aufsicht über die öffentlichen Gebäude, Straßen und Märkte, regelten die Getreideversorgung Roms und organisierten die öffentlichen Spiele.

Amphitheater. Theaterbau der Römer mit kreisförmiger Arena und rundum angeordneten Sitzreihen. Es diente der Veranstaltung von Tierhetzen und Gladiatorenkämpfen. Das größte Amphitheater ist das römische Kolosseum mit rund 50000 Plätzen.

Antike. Die Zeit der griechisch-römischen Kultur im Altertum. Die Antike bildet zusammen mit dem Christentum die Grundlage der abendländischen Kultur.

Apostel (gr. = Sendbote). Bezeichnung der von Jesus zur Verkündigung des Christentums ausgewählten 12 Jünger. Sie genossen nach Jesu Tod bei der christlichen Urgemeinde hohes Ansehen und waren als Missionare tätig.

Aquädukt (lat. = Wasserleitung). Brückenartige Bauwerke der Römer zur Weiterleitung von Wasser, vorwiegend bei der Überwindung von Höhenunterschieden.

Archäologie. Wissenschaft, die auf Grund von Ausgrabungen und Bodenfunden alte Kulturen erforscht.

Bischof. Amtsträger der christlichen Kirche, dem die Verwaltung eines bestimmten Gebietes (Bistum, Diözese) übertragen ist. Aufgrund seines Lehr-, Priester- und Hirtenamtes beaufsichtigt der Bischof das Gemeindeleben in seiner Diözese. Er gilt nach katholischer Lehre als Nachfolger der Apostel.

Bürger. Wer an politischen Entscheidungen des Staates aktiv mitwirkte und das Bürgerrecht besaß, galt in der Antike als Bürger. In Griechenland vererbte sich das Bürgerrecht, konnte jedoch durch die Volksversammlung auch Fremden verliehen werden. Neben solchen Vollbürgern gab es auch Bürger mit eingeschränkten Rechten (z.B. Frauen). Römischer Bürger war man durch Geburt von römischen Eltern. Anfangs beschränkte sich das Bürgerrecht auf die Stadt Rom, wurde später auf die römischen Bundesgenossen übertragen und galt seit 212 n.Chr. für alle freien Reichsuntertanen. Im Mittelalter waren Bürger ursprünglich die Bewohner eines Ortes im Schutze einer Burg, später die freien Einwohner der mittelalterlichen Städte. Sie erkämpften sich von ihren adeligen Stadtherren zahlreiche Rechte, sodass manche Städte schließlich nur noch dem Kaiser untertan waren (Reichsstädte). Die Macht besaßen zunächst die reichen Kaufmannsfamilien (Patrizier), später auch die Zünfte der Handwerker.

Burg. Befestigter Wohnsitz und Verteidigungsanlage des Adels von etwa 900 bis zum Ende des Mittelalters. Die Burgen bildeten Herrschafts- und Machtzentren, sodass sich in ihrem Schutz oftmals Städte entwickelten. Mit der Erfindung der Feuerwaffen verlor die Burg ihre Aufgabe.

Christenverfolgung. Die Ausbreitung des Christentums im Römischen Reich stieß bei Teilen der nichtchristlichen und jüdischen Bevölkerung schon früh auf Widerstand. Nach Verfolgungen einzelner Christen und Christengemeinden im 1./2. Jh. kam es im 3. Jh. zu einer systematischen Christenverfolgung. Die Christen galten als Staatsfeinde, da sie den Kaiserkult ablehnten und den offiziellen Göttern nicht opferten. Dahinter stand vor allem die Sorge der Kaiser um die Einheit des Reiches. Die Verfolgungen endeten erst mit dem Mailänder Toleranzedikt Kaiser Konstantins, das den Christen im Jahr 313 Religionsfreiheit gewährte.

Deutscher Orden. Ritterorden, während der Kreuzzüge 1198 im Heiligen Land gegründet. Er unterwarf im 13. Jh. die heidnischen Pruzzen und gründete im späteren Ostpreußen und Baltikum ein großes Herrschaftsgebiet. Sein Hauptsitz war die Marienburg an der Nogat.

Diktator. Während der frühen römischen Republik konnte bei einem Staatsnotstand ein außerordentlicher Beamter als Diktator eingesetzt werden. Seine Ernennung erfolgte auf Vorschlag des Senats durch einen der zwei Konsuln für höchstens 6 Monate. Während dieser Amtszeit hatte er weitreichende Befugnisse, doch blieben die Magistrate als untergeordnete Instanzen bestehen. Unterschiedlich davon ist die Diktatur von Sulla und Caesar, da sie als unumschränkte Alleinherrscher ohne Begrenzung der Amtszeit regierten.

Dreifelderwirtschaft. Art der Bodenbewirtschaftung seit etwa 800 n.Chr. In jährlichem Wechsel wird $1/3$ des Ackerlandes mit Wintergetreide bestellt, $1/3$ mit Sommergetreide, $1/3$ bleibt brachliegen, damit sich der Boden erholen kann.

Forum (lat. = Marktplatz). Das Forum war in allen römischen Städten Mittelpunkt des öffentlichen Lebens und Zentrum für die städtischen Behörden. Magistratsgebäude, Tempel, Wandelgänge und Markthallen umgaben den Platz. Nach dem Vorbild des Forum Romanum wurden auch die Foren in den Städten der Provinzen erbaut.

Frondienst (althochdt. frô = Herr). Der hörige oder leibeigene Bauer musste für seinen Grundherrn unbezahlte Arbeit leisten. Je nach seiner rechtlichen Stellung waren diese Arbeiten nach Anzahl der Tage, Zeit, Ort und Art festgelegt. Zu den Frondiensten zählten besonders Bodenbestellung, Fuhrdienste sowie Burg-, Haus- und Straßenbau.

Fronhof. Hof des Grundherrn. Dazu gehören das Herrenhaus, Häuser für Gesinde und Tagelöhner, Ställe und Scheunen. Der Fronhof ist umgeben vom Salland, welches der Grundherr selbst bearbeiten lässt, und den Hufen, welche er an Hörige ausgegeben hat. Im Fronhof findet auch das Hofgericht statt.

Gladiator (von lat. gladius = Schwert). Berufsmäßige Kämpfer und Fechter, die in Rom zur Unterhaltung des Volkes auftraten. Bei den Gladiatorenspielen wurde auf Leben und Tod gekämpft. Die Gladiatoren waren Sklaven, Kriegsgefangene oder Verbrecher, doch gab es auch Angeworbene. Die Ausbildung erfolgte in Gladiatorenschulen.

Goldene Bulle. Von Kaiser Karl IV. 1356 erlassenes Reichsgrundgesetz, dessen Namen von der goldenen Siegelkapsel der Urkunde herrührt. Sie legte das Recht der Königswahl fest und bestimmte hierzu allein 7 Kurfürsten: die Erzbischöfe von Köln, Mainz und Trier, den Pfalzgraf bei Rhein, den Markgrafen von Brandenburg, den Herzog von Sachsen und den König von Böhmen. Als Wahlort bestimmte sie Frankfurt am Main, als Krönungsort Aachen. Um einer Zersplitterung der kurfürstlichen Territorien entgegenzuwirken legte die Goldene Bulle die Unteilbar-

Minilexikon

keit der Kurlande fest. Weiterhin verfügte sie die Primogenitur in den weltlichen Kurfürstentümern, d.h. die Erbfolge allein des Erstgeborenen. Die Goldene Bulle blieb bis zum Ende des Reichs in Kraft.

Gottesgnadentum. Bezeichnung für den von Gott erhaltenen Auftrag des christlich-abendländischen Herrschers. Er enthält die Vorstellung, dass dem König die Sicherung von Frieden und Recht übertragen ist, um die göttliche Ordnung zu bewahren. Diese Anschauung findet ihren Ausdruck in der Königsweihe, der Königskrönung sowie dem Königseid. Seit der Zeit der Karolinger wurde dem Herrschertitel die Formel „Dei gratia" (von Gottes Gnaden) beigefügt.

Graf. Im Fränkischen Reich Stellvertreter des Königs in einem bestimmten Gebiet. Er hatte den Auftrag den Frieden zu sichern und die Finanzen, d.h. die Zölle, zu verwalten. In der Karolingerzeit wuchs seine Bedeutung, da der Graf das Heeresaufgebot befehligte. Außerdem übte er im Namen des Königs die hohe Gerichtsbarkeit aus. Karl der Große hatte das Amt noch an Unfreie gegeben, doch bald wurde es in den vornehmen Familien erblich. Seit dem 12. Jh. machten einige Grafen ihr Herrschaftsgebiet zu selbstständigen Territorien und wurden zu Landesherren.

Grundherrschaft. Herrschaft über Land und die darauf lebenden Menschen. Adlige, auch Klöster, gaben an meist unfreie Bauern (Hörige, Leibeigene) Land zur Bewirtschaftung und boten den Bauern Schutz. Dafür leisteten diese Abgaben und Frondienste. Der Grundherr verfügte über die niedere Gerichtsbarkeit und verurteilte leichtere Vergehen; damit war er Teil der Obrigkeit. Die Grundherrschaft formte die europäische Wirtschaft und Gesellschaft über Jahrhunderte, in Deutschland bis zum Beginn des 19. Jh.

Hanse (althochdt. = bewaffnete Schar). Zusammenschluss deutscher Kaufleute (= Gilde) zur Sicherung ihrer Handelsinteressen im Ausland. Die seit 1358 im lockeren Bund organisierten Handelsstädte bauten den Nord- und Ostseebereich als Wirtschaftsraum aus und verfügten über eine Vormachtstellung in Nordeuropa. Seit Ende des 15. Jh. wurde die Hanse von den aufkommenden Nationalstaaten und den deutschen Landesfürsten entmachtet und wirtschaftlich durch den Atlantikhandel verdrängt.

Hedschra. Auswanderung Mohammeds von Mekka nach Medina im September 622. Die Hedschra markiert den Beginn der islamischen Zeitrechnung.

Herzog. Bei den Germanen der oberste gewählte Heerführer eines Stammes. Diese Stammesherzöge erlangten eine vom König fast unabhängige erbliche Macht. Sie lenkten ihre Herzogtümer Bayern, Schwaben, Sachsen, Franken und Lothringen als Kriegsherr und Friedenssicherer, als Richter und Gesetzgeber. Die Stammesherzöge wählten 919 den Sachsenherzog Heinrich zum König und gründeten damit das mittelalterliche Deutsche Reich. Seit dem 12. Jh. zerfielen die Stammesherzogtümer in zahlreiche festumrissene Gebiete (Territorien), deren Einheit nicht mehr durch einen Stamm, sondern durch die Herrschaft des Landesherrn gebildet wurde.

Höriger. Ein Bauer, dem ein Grundherr Land gegen Abgaben und Frondienste leiht. Hörigkeit war eine Form der dinglichen Abhängigkeit. Der Hörige bearbeitete den Boden selbstständig, war aber an ihn gebunden; das galt auch für seine Kinder und für den Fall, dass das Land verkauft wurde. Oft wurden Freie durch Schuldknechtschaft zu Hörigen oder sie unterstellten sich freiwillig dem Schutz eines Grundherrn, da sie den Kriegsdienst nicht mehr leisten konnten.

Imperium (lat. = Befehlsgewalt). Ursprünglich Bezeichnung für die Amtsgewalt der höchsten römischen Magistrate. Später bezeichnete „Imperium" auch das Gebiet, in dem der Beamte die Amtsgewalt ausübte, sodass schließlich das römische Weltreich der Kaiserzeit „Imperium Romanum" genannt wurde. Diese römische Tradition setzte sich im Reich Karls des Großen und im Heiligen Römischen Reich fort, bis man später jedes Weltreich als „Imperium" bezeichnete (z.B. englisches und französisches Empire).

Inquisition (lat. inquirere = untersuchen). Mittelalterliches Rechtsverfahren, bei dem Anklage, Untersuchung und Urteilsspruch in einer Hand lagen. Papst Gregor IX. gründete 1232 die päpstliche Inquisition und beauftragte den Dominikanerorden, Ketzer aufzuspüren, zu bekehren oder zu bekämpfen. Das Geständnis wurde durch Anwendung der Folter erzwungen, das Opfer danach der weltlichen Macht zum Tod auf dem Scheiterhaufen übergeben.

Investitur (lat. investire = bekleiden). Die Einsetzung eines Bischofs oder Abts in sein geistliches Amt und zugleich die Übertragung von weltlichen Herrschaftsrechten. Als Zeichen der geistlichen Würde übergab der König Ring und Hirtenstab. Diese Mitwirkung eines Laien, selbst des Königs, wollten die Vertreter der Kirchenreform nicht länger dulden. Es folgte der sogenannte Investiturstreit, der die religiösen und politischen Grundlagen des Mittelalters erschütterte. Papst und König setzten sich im Jahre 1076 gegenseitig ab und bannten sich. Ein Kompromiss konnte erst 1122 mit dem Wormser Konkordat erreicht werden.

Islam (arab. = Ergebung in Gottes Willen). Eine der großen Weltreligionen, die der Prophet Mohammed im 7. Jh. begründete. Seine Anhänger, die Muslime, bekennen sich zu einem einzigen Gott (Allah) und betrachten den Koran, das Heilige Buch, als Glaubens- und Lebensgrundlage. Die Ausdehnung des islamischen Herrschaftsbereichs führte zur Verbreitung der Religion in Asien, Afrika und Europa.

Kalif. Bezeichnung der Nachfolger bzw. Stellvertreter (= arab. chalifa) des Propheten Mohammed. Der Kalif war geistliches Oberhaupt aller Muslime und weltlicher Herrscher des islamischen Reiches. Nach dem Zerfall der politischen Einheit beanspruchten Herrscher mehrerer islamischer Staaten die Kalifenwürde.

Kastell. Kleineres befestigtes Truppenlager an römischen Grenzabschnitten.

Ketzer. Menschen, die der amtlichen Kirchenlehre widersprechen. Die Inquisition verfolgt sie. Der Begriff leitet sich von den Katharern ab, die im 12. Jh. besonders in Südfrankreich die Lehre der römischen Kirche und deren Machtapparat (Hierarchie) bekämpften.

Kirchenreform. Um das Jahr 1000 führte der moralische Verfall der Kirche und vieler Klöster zu einer Gegenbewegung, die zur ursprünglichen Reinheit des Glaubens zurückkehren wollte. Diese Reformkräfte waren auch unzufrieden mit dem Einfluss von Laien im religiösen Leben. Von der Benediktinerabtei Cluny in Burgund/Frankreich ging die Kirchenreform aus und gewann durch hervorragende Äbte und zahlreiche Tochterklöster in ganz Europa starken Einfluss.

Klient. Die meisten Römer waren in republikanischer Zeit Klienten (Schutzbefohlene) eines einflussreichen adligen Patrons (Schutzherrn). Sie unterstützten dessen politische Absichten, traten bei Wahlen für ihn ein und bildeten seine Anhängerschaft. Für diese Treue schuldete der Patron dem Klienten Schutz und Hilfe in allen Nöten und vertrat seine Interessen vor Gericht. Dieses Schutz- und Treueverhältnis (Klientel) stützte den Einfluss adliger Politiker und brachte armen Bürgern manche Vorteile.

Kloster (lat. claustrum = abgeschlossen). Durch eine Mauer von der Welt abgetrennter Lebensraum von Mönchen oder Nonnen. Sie haben das Gelübde abgelegt in Armut, Gehorsam und Ehelosigkeit ihr Leben im Dienst Gottes zu führen. Die Leitung hat ein Abt oder Prior. Benedikt von Nursia gab um 530 den zahlreichen abendländischen Klöstern einen klaren Aufbau und strenge Regeln, die jahrhundertelang gültig blieben.

Konkordat. Vertrag zwischen der katholischen Kirche und einem Staat zur Regelung kirchlicher Angelegenheiten. Ein wichtiges Konkordat des Mittelalters war das Wormser Konkordat von 1122, welches den Investiturstreit beendete.

Konsul. Titel der zwei höchsten Beamten der römischen Republik, die für ein Jahr gewählt wurden. Anfangs stand das Amt nur Patriziern offen, seit 367 v.Chr. auch Plebejern. Die Konsuln führten die Regierungsgeschäfte, beaufsichtigten die Militär- und Zivilverwaltung, beriefen Senat und Volksversammlung, und hatten im Krieg den Oberbefehl. Das Amt verlor in der Kaiserzeit seine Bedeutung.

Konzil (lat. concilium = Zusammenkunft). Versammlung von Bischöfen und anderen kirchlichen Würdenträgern zur Beratung und Entscheidung von kirchlichen Angelegenheiten und Fragen des Glaubens. Konzile konnten auch vom Kaiser als obersten

Minilexikon

Schutzherrn der Kirche einberufen werden. Kirchenversammlungen für ein begrenztes Gebiet nennt man Synoden.

Koran. Das Heilige Buch des Islam, das die von Mohammed verkündeten Offenbarungen Allahs enthält. Er ist in 114 Kapitel (Suren) gegliedert, die Weissagungen, Belehrungen, Predigten und Prophetenerzählungen enthalten. Der Koran ist für die islamische Welt zugleich Gesetzbuch und religiöses Lehrwerk.

Kreuzzüge. Kriegszüge der abendländischen Christenheit zwischen 1096 und 1291 zur Befreiung des Heiligen Landes von der Herrschaft des Islam. Die Kreuzritter haben ihr Ziel nicht erreicht. Der Kontakt mit der islamischen Welt brachte aber neue Kenntnisse und Gedanken nach Europa. Der Begriff umfasst auch die Kriege, zu denen die Kirche im Mittelalter gegen Heiden oder Ketzer aufrief.

Kurfürst (althochdt. kuri = Wahl). Ein Fürst, der das Recht hat den Herrscher zu wählen. Allmählich erlangte im Heiligen Römischen Reich eine Gruppe von 7 Fürsten dieses Privileg und bildete so die Spitze des Hochadels. Es waren die Erzbischöfe von Mainz, Köln und Trier, der Pfalzgraf bei Rhein, der Herzog von Sachsen, der Markgraf von Brandenburg und der König von Böhmen. Die Goldene Bulle von 1356 bestimmte endgültig allein diese Kurfürsten zur Königswahl und legte ein Mehrheitswahlrecht fest. Weiterhin bestimmte sie die Unteilbarkeit der Kurländer sowie das Erstgeburtsrecht bei der Erbfolge.

Landesherr. Inhaber der obersten Gewalt in einem fest umrissenen Gebiet (Territorium). Ursprünglich waren im Mittelalter die Besitzrechte des Adels zersplittert und seine Besitzungen weit zerstreut. Seit dem 12. Jh. versuchte der Adel jedoch Besitzungen und Herrschaftsrechte zusammenzufassen, andere Herren zu verdrängen oder zu unterwerfen und ein geschlossenes Territorium aufzubauen. In diesem Territorium unterstanden nun alle Einwohner allein der Gewalt des Landesherrn (z.B. Herzog, Graf), der seine Regierung durch eine einheitliche Verwaltungs- und Gerichtsorganisation wirksam verstärkte. Die Bildung der Landesherrschaften führte allerdings zur Schwächung des Königtums.

Legion. Größter Verband des römischen Heeres. Sie hatte zur Zeit Caesars eine Stärke von etwa 6 000 Soldaten, untergliedert in 10 Kohorten.

Lehnswesen. Es entstand im 8. Jh. im Frankenreich und bildete die Grundlage der politisch-gesellschaftlichen Ordnung des Mittelalters. Der König (Lehnsherr) verlieh seinen Gefolgsmännern Land und Leute als Lehen. Dafür schuldete der Lehnsmann (Vasall) seinem Lehnsherrn lebenslange Treue, Gefolgschaft und Waffendienst. Mächtige Lehnsleute verliehen Grundbesitz an Untervasallen weiter. Da Lehen frühzeitig erblich wurden, erlangten die Lehnsleute eine starke Machtposition gegenüber dem König. Das führte in Deutschland zu einer Schwächung der zentralen Staatsgewalt.

Leibeigenschaft. Eine Form persönlicher Abhängigkeit. Der Leibeigene war unfrei, aber kein privatrechtliches Eigentum wie der Sklave. Er gehörte zum Gesinde eines Herrenhofes, musste seinem Leibherrn eine jährliche Kopfsteuer zahlen und Frondienste leisten. Auch sein Privatleben war unfrei: Er durfte nicht ohne Genehmigung heiraten und nach seinem Tod hatten die Erben dem Leibherrn besondere Abgaben zu zahlen.

Liktor. Römische Bürger, die höheren Magistraten als Amtsdiener zugeordnet waren. Sie schritten ihnen in der Öffentlichkeit voran und trugen als Zeichen der Amtsgewalt ein Rutenbündel mit Richtbeil (fasces). Die Liktoren erledigten niedrige Amtspflichten im Auftrag der Magistrate wie Vorladungen, Verhaftungen oder Geißelungen.

Limes. Befestigte Grenzlinie des Römischen Reiches. Umfangreiche Grenzbefestigungen entstanden besonders in Britannien, an Rhein und Donau, in Dakien und Nordafrika.

Magistrat. Bezeichnung der durch Wahl berufenen Beamten im römischen Staat und des Amtes selbst. Die Magistrate übten ihr Amt ehrenhalber und unentgeltlich aus. Für sie galt der Grundsatz der Annuität (einjährige Amtszeit) und Kollegialität (Besetzung eines Amtes mit mehreren Beamten). Die Magistrate konnten nach Ablauf ihrer Amtszeit einen Sitz im Senat einnehmen. In der Kaiserzeit verloren die Magistrate ihre politische Bedeutung.

Ministeriale (= Dienstleute). Weltliche oder geistliche Herren beauftragten Ministeriale mit Hof- und Kriegsdienst oder mit der Verwaltung ihrer Besitzungen. Die Könige nahmen für solche Aufgaben oft Unfreie, da sie ihnen treuer ergeben waren als die selbstbewussten großen Adligen. Die Stauferherrscher versuchten sogar – allerdings erfolglos – mithilfe der Ministerialen eine Reichsverwaltung aufzubauen und die Macht des hohen Adels zu brechen. Die Ministerialen glichen sich allmählich dem Adel an und stiegen in den Ritterstand auf.

Optimaten (lat. optimi = die Besten). Im 2. Jh. v. Chr. nannten sich in Rom die Verfechter einer uneingeschränkten Senatsherrschaft Optimaten, im Gegensatz zu den Popularen (lat. populus = Volk), die eine Staatsreform anstrebten.

Orden (lat. ordo = Ordnung, Stand). Religiöse Gemeinschaft von Mönchen oder Nonnen, die nach einer gemeinsamen Lebensordnung (Regel) leben. Im Lauf der Jahrhunderte haben sich verschiedene Orden mit unterschiedlichen Zielen und Aufgaben gebildet (z.B. Benediktiner, Zisterzienser, Franziskaner, Dominikaner).

Papst (aus lat. papa = Vater). Die Bischöfe von Rom betrachteten sich als Nachfolger des Apostel Petrus und beanspruchten daher schon früh eine Vorrangstellung in der Gesamtkirche. Dieser Anspruch wurde auf dem Konzil von Nicäa, das Kaiser Konstantin 325 einberufen hatte, von den Bischöfen des lateinischen Westens anerkannt. Die Bischöfe des griechischen Ostens erkannten den Vorrang (Primat) Roms jedoch nicht an, was später zur Abspaltung der griechisch-orthodoxen Kirche führte. Den Ehrentitel „papa", der ursprünglich allen Bischöfen zustand, führte seit dem 5. Jh. allein der römische Bischof.

Patrizier (lat. patres = Väter). In der Frühzeit der römischen Republik die alten Adelsfamilien, die die politische Führung bildeten und den Senat stellten. Nach den Ständekämpfen wuchsen sie mit der Führungsschicht der Plebejer zur Nobilität zusammen. Zur Kaiserzeit waren die uralten Patrizierfamilien nahezu ausgestorben. Im Mittelalter die Angehörigen der Oberschicht einer mittelalterlichen Stadt. Sie sahen sich in der Nachfolge der römischen Adelsgeschlechter, die allein zur Regierung und Verwaltung der Republik berechtigt waren. Zu den Patriziern zählten reiche Kaufleute, Dienstleute des Stadtherrn und Adelige, die sich in der Stadt niedergelassen hatten. Konnte sich eine Stadt von ihrem Stadtherrn unabhängig machen, so übernahmen diese gesellschaftlichen Gruppen die politische Führung. Sie allein waren ratsfähig, d.h. nur sie besetzten die städtischen Ämter. Seit dem 13. Jh. kämpften in vielen Städten die Zünfte gegen die Vorherrschaft des Patriziats und erlangten politische Mitsprache.

Patron (s. Klient)

Pfalz (lat. palatium = Palast). Das Frankenreich und das Heilige Römische Reich des Mittelalters kannten keine Hauptstadt. Der Herrscher reiste mit seinem Hofstaat, seiner Familie, seinen Beamten und Priestern durch sein Herrschaftsgebiet. Auf den Pfalzen, die im ganzen Reichsgebiet verstreut lagen, übte er seine Herrschaft an Ort und Stelle persönlich aus. Die Pfalzen waren zumeist gut befestigte große Höfe mit Kirche, Wohngebäuden, Verwaltungs- und Wirtschaftsgebäude. Die Ernährung eines großen Gefolges war damals problematisch, so dass sich der Hof nicht allzulange auf einer Pfalz aufhalten konnte.

Plebejer. In der Frühzeit der römischen Republik die große Masse der Bürger ganz unterschiedlicher Herkunft, die von der Staatsführung ausgeschlossen waren. Im Kampf gegen die regierenden Patrizier erlangten sie schließlich die politische Gleichberechtigung und führenden Plebejerfamilien gelang der Aufstieg in den Adel (Nobilität). Die Gleichsetzung des Begriffs Plebejer mit der sozialen Unterschicht wurde erst in der Kaiserzeit üblich.

Popularen (s. Optimaten)

Prätor (lat. = der Vorangehende). Ursprünglich war der Prätor wohl Heerführer des römischen Königs, doch wandelte sich sein Aufgabenbereich zur Zeit der Republik. Seit 367 v. Chr. waren Prätoren für die römische Gerichtsbarkeit zuständig und nach den Konsuln die ranghöchsten Magistrate. Die Ausdehnung des römi-

Minilexikon

schen Staates führte zur Einsetzung eines zusätzlichen Fremden-Prätors, der für Prozesse mit Nichtbürgern verantwortlich war. Nach Ablauf ihres Amtsjahres erhielten Prätoren eine Position als Provinzstatthalter und nahmen danach einen Sitz im Senat ein.

Prinzipat. Der römische Kaiser Augustus nannte sich Princeps (= der Erste), um seine Stellung im Staat von Königtum und Diktatur abzugrenzen. Tatsächlich besaß er jedoch die alleinige Macht, obwohl die republikanischen Einrichtungen unter ihm fortbestanden. Diese neue monarchische Staatsform, mit der das römische Kaisertum beginnt, wird als Prinzipat bezeichnet. Es blieb bis ins 3. Jh. n. Chr. bestehen und ging dann in die Herrschaftsform des Dominats über.

Proletarier. Bezeichnung für die besitzlose Schicht römischer Bürger, die lediglich über eine Nachkommenschaft (lat. = proles) verfügten. Sie mussten keine Steuern zahlen und bis ins 1. Jh. v. Chr. auch keinen Militärdienst leisten. Die Proletarier entstammten dem verarmten Bauernstand sowie der Unterschicht der römischen Stadtbevölkerung.

Provinz. Die von Rom erworbenen Gebiete außerhalb Italiens hießen Provinzen. Sie erhielten ein auf ihre politischen und kulturellen Verhältnisse abgestimmtes Provinzrecht (lex provincialis) und wurden von Statthaltern verwaltet. Die Provinzbewohner galten als Untertanen ohne römische Bürgerrecht (Bürger) und hatten Steuern und Tribute zu entrichten. Unter Kaiser Augustus wurde die Provinzialverwaltung reformiert. Es entstanden Provinziallandtage mit Beschwerderecht beim Kaiser und verschiedene Gesetze, die sich gegen die Ausbeutung der Provinzialen richteten.

Quästor (lat. = der Untersucher). Zur Zeit der römischen Republik waren die Quästoren für das Finanzwesen, die Verwaltung der Staatskasse und den Einzug der Steuern verantwortlich. Mit der Ausdehnung des römischen Staates traten weitere Quästoren hinzu, die ihr Amt in den Provinzen als oberste Gehilfen der Statthalter ausübten. Die Quästoren waren Jahresbeamte und nahmen innerhalb der Magistrate die unterste Rangstufe ein.

Ramadan. Im Islam ist der 9. Monat des muslimischen Mondjahres eine Fastenzeit. Von Morgengrauen bis Sonnenuntergang sind Essen und Trinken (auch Rauchen) verboten. Die Nächte werden häufig zu Familienfesten, Einladungen und religiösen Andachten genutzt. Den Abschluss bildet das Fest des Fastenbrechens.

Reichsacht (althochdt. acht = Verfolgung). Im Falle eines schweren Verbrechens konnte der Herrscher den Täter ächten. Der Geächtete wurde damit aus der Gemeinschaft ausgestoßen, verlor sein Eigentum und jeden Rechtsschutz – er war „vogelfrei". Wer ihm half, verfiel selbst der Acht. Wenn der Geächtete Gehorsam gegen Kaiser und Reich versprach, konnte er durch ein kaiserliches Gericht aus der Acht gelöst werden. Oft wurde die Reichsacht zusammen mit dem Kirchenbann ausgesprochen.

Reichsinsignien. Herrschaftszeichen der deutschen Könige: Reichskrone, Heilige Lanze, Reichsschwert, Reichsapfel, Zepter, Reichskreuz, Reichsevangeliar und Krönungsmantel. Diese Gegenstände waren unerlässlich für die Rechtmäßigkeit der Herrschaft und wurden dem König nach Krönung und Salbung im Aachener Dom überreicht. Sie sollten die Einheit von christlicher und weltlicher Herrschaft symbolisieren.

Reichskirchensystem. Die ottonischen und salischen Könige setzten Bischöfe und Äbte in hohe Staatsämter ein und übertrugen ihnen große Besitzungen. Durch diese Maßnahme wollten sie dem Machtanspruch der Stammesherzöge begegnen, die sich gegen die zentrale Reichsgewalt auflehnten. Die Reichskirche wurde auf diese Weise zur wichtigsten Stütze des Königtums, bildete ein Gegengewicht zu den Herzögen und war Verfechterin der Reichseinheit. Erst der Investiturstreit stellte dieses System in Frage, da dem König die Investitur von Bischöfen entzogen wurde.

Republik (aus lat. res publica = öffentliche Angelegenheit). Staatsform, in der das Volk oder eine bestimmte Schicht des Volkes (z. B. der Adel) die Macht ausübt. So war z. B. das antike Athen eine demokratische Republik. Die römische Republik hingegen, die von adligen Patriziern und der Nobilität beherrscht wurde, war eine aristokratische Republik.

Senat. Ursprünglich „Rat der Alten", in den zur Zeit der römischen Republik vor allem ehemalige Magistrate auf Lebenszeit aufgenommen wurden. Aufgrund der Autorität und Erfahrung seiner Senatoren lenkte der Senat praktisch den Staat, obwohl seine Aufgaben gesetzlich nirgends festgelegt waren. Besonders im Gegensatz zu den jährlich wechselnden Beamten garantierte er eine kontinuierliche Staatsführung, bestimmte die Außenpolitik und beanspruchte ein Aufsichtsrecht über die staatliche Ordnung.

Sklaven. Den Ursprung der Sklaverei bilden menschliche Notlagen wie Krieg, Raub und Verschuldung. Der Sklave war frei verfügbares Eigentum seines Herrn und vererbte diesen Status auf seine Nachkommen. Sklaverei war bei den Völkern des Altertums weit verbreitet und wir finden Sklaven im Bergbau und Handwerk, im Haushalt und Erziehungswesen, in der Landwirtschaft und Staatsverwaltung. Ihr Los war unterschiedlich und hing vom Herrn und der Tätigkeit ab. Im Römischen Reich kam es auch zur Freilassung von Sklaven, die damit das römische Bürgerrecht erwarben.

Stand, Stände. Die europäische Gesellschaft war bis zur Französischen Revolution in Gruppen mit verschiedenen Rechten unterteilt. Jeder Mensch wurde in seinen gesellschaftlichen Stand hineingeboren. Diese strenge und verbindliche Rangordnung galt als gottgegeben und wurde erst Ende des 17. Jahrhunderts von Vertretern der Aufklärung ernsthaft bestritten. Die Geistlichen bildeten den ersten Stand (Lehrstand), die Adeligen den zweiten (Wehrstand). Die große Masse der Bauern bildete den dritten Stand (Nährstand), zu dem später auch die Bürger zählten. Außerhalb der Ständegesellschaft blieben sozial Verachtete (z. B. Henker, Spielleute, Dirnen) sowie die Juden.

Territorium (s. Herzog, Landesherr)

Toleranzedikt. In Mailand beschlossen die Kaiser Konstantin und Licinius im Jahr 313 den Christen die gleichen Rechte wie anderen Kulten zu gewähren. Diese Zusicherung enthielt vor allem die Freiheit des Gottesdienstes sowie die Rückgabe der vom Staat eingezogenen Güter.

Triumvirat (lat. = Dreimännerbund). In Rom war es nicht unüblich, für verschiedene staatliche Aufgaben Dreimännerkollegien einzusetzen. Rein privater Natur war hingegen das Triumvirat von Caesar, Pompeius und Crassus, das 60 v. Chr. zur Durchsetzung politischer Interessen gegründet wurde. Dieses Bündnis bildete die Grundlage für den späteren Aufstieg Caesars an die Spitze des römischen Staates.

Volkstribun. Um sich vor Übergriffen durch die Patrizier zu schützen wählten die Plebejer in Rom seit 490 v. Chr. Volkstribunen. Jeder der 10 Volkstribunen war unverletzlich und hatte ein Vetorecht (Einspruchsrecht) gegen jeden Magistrats- und Senatsbeschluss, sofern er den Interessen der Plebejer zuwiderlief. Seit der Kaiserzeit war das Amt politisch entmachtet.

Zunft. In den mittelalterlichen Städten schlossen sich die Handwerker des gleichen Berufs zu einer Zunft zusammen, um sich gegenseitig im Alter und bei Krankheit zu unterstützen. Später musste jeder Handwerksmeister einer Zunft beitreten, die – im Einverständnis mit der städtischen Obrigkeit – das Wirtschaftsleben lenkte und kontrollierte, um ein angemessenes und gerechtes Auskommen zu sichern. Sie regelte Qualitätsmerkmale und Preise, Ausbildung und Arbeitszeiten, Höchstzahl von Lehrlingen und Gesellen, Herstellungsmengen und Produktionsmethoden. Jeder Verstoß wurde hart bestraft. Aus Angst vor Konkurrenz durften die Handwerker nicht auf Vorrat arbeiten, sondern nur auf Bestellung. Diese strengen Regeln hemmten technische Neuerungen und die freie Entfaltung tüchtiger Handwerker. Seit dem 13. Jh. kämpften die Zünfte gegen die Stadtherrschaft der Patrizier.

Register

Abgaben 40, 60, 90f., 111, 130, 134, 139, 142, 152, 160, 164f., 216
Ablass 188
Äbte, Äbtissinnen 93, 100, 105f., 108f., 126–130
Adel (s. auch Aristokratie) 18, 29, 34, 51, 72, 90, 94f., 98ff., 110, 112, 138f., 146, 169
Ädilen 21
Adoption 26
Agrargesellschaft 134
Agricola, Georgius 174–177
Ägypten 26, 44, 186, 200
Alexander III. (Papst) 111
Alleinherrschaft 23, 27
Ämterkauf s. Simonie
Antike 8, 38, 59, 62, 82, 96f., 127, 185, 195, 210–215
Antonius (Marcus Antonius) 24, 26, 29
Aquädukte 41
Arbeit, Arbeiter 22, 32, 35, 38, 90f., 126f., 129, 134ff., 149
Archäologie 8f., 17, 52, 56, 96, 134, 172f.
Ariovist 49
Aristokratie (s. auch Adel) 18, 20, 31
Arminius (Hermann der Cherusker) 49f., 52–55, 57
Armut 38, 60, 90, 126f., 137, 140, 192, 210, 217
Astronomie 185
Athen 15, 210ff.
Attentat 26
Augustus (Gaius Octavianus/Octavian, röm. Ks.) 26–31, 35, 44, 47, 49, 52, 55f.
Ausbeutung 14, 38, 40
Ayatollah 181

Barbarei, Barbaren 38, 52, 60, 158
Bauern 8, 18, 22, 90ff., 134–137, 142, 156, 160
Beamte 18f., 21, 29, 41, 60, 102
Bekehrung s. Christianisierung
Benediktiner 104, 126f., 129, 160f.
Bergbau 20, 38, 169, 174f., 177, 196
Bergfried 143f.
Berufsarmee 22
Bettelorden 127
Bibel 44, 126f., 130, 181, 183, 192, 216
Bibliothek 76, 82, 97, 127
Bischöfe 76, 87, 90, 94, 100, 102f., 105ff., 109, 116, 118, 120, 148, 167, 202
Bonifatius 76ff., 80f.
Britannien 23
Brutus (Marcus Junius Brutus Caepio) 24, 29
Burgen 106ff., 138ff., 142–146, 164, 172f.
Bürger(schaft), Bürgerrecht 12f., 34, 148f., 160, 170, 200, 212
Bürgerkrieg s. Krieg
Byzanz, Byzantinisches Reich 59, 62ff., 66, 83, 85, 186, 189

Caesar (Gaius Julius Caesar) 22–26, 31, 49, 66
Calixtus II. (Papst) 109
Canossa 104–108
Cassius Dio 55f.
Chemnitz 165, 168, 170, 174f.
Cherusker 49f., 54
China 40, 179, 197, 199, 201
Chlodwig I. (fränk. Kg.) 72ff.

Christen(tum) 44–47, 59, 66, 73, 76ff., 80, 83, 120, 126–133, 185, 188–196, 198ff., 202
Christianisierung 74, 76–81, 112, 120, 156ff., 164f., 185, 194
Cicero (Marcus Tullius Cicero) 15
Cluny 104
Corpus Iuris Civilis 63
Crassus (Marcus Licinius Crassus) 22

Demokratie 20
Denkmäler 53, 55, 100, 172f.
Deutscher Orden 156–159
Diaspora 198, 203f.
Diktatur, Diktator 21, 23, 26
Diskriminierung 199f., 202
Dominikaner 127
Dreifelderwirtschaft 135f.
Dresden 168f.
Dschihad 181, 184, 187
Dynastien 86, 110, 116f., 120, 157, 168

Erbmonarchie 116
Etrusker 9–12
Expansion 15, 184, 186f., 195

Familie 18, 32, 34f., 48f., 143, 210ff., 216f.
Fehden 188
Fernhandel s. Handel
Franken, Frankenreich 59, 72–75, 82ff., 86, 102f., 120, 184, 190, 192, 196, 201
Franziskaner 127, 131, 188
Frauen 34f., 48f., 127, 146, 210, 212f., 216
Frieden 12, 19f., 27, 159, 187f.
– von Stralsund 153
– von Thorn 157
Friedrich I. Barbarossa (Ks. HRR) 110–115, 168
Friedrich II. (Ks. HRR) 111, 157f., 200
Fron 90f., 134, 156, 160
Fürsten (s. auch Kurfürsten) 49, 51, 78, 98, 102f., 105ff., 112f., 138, 140, 146, 153, 156, 185
Fußfall 62, 108

Gallien, Gallier 12, 22f., 49, 58, 72ff.
Geißler 133
Geld, Geldwirtschaft 22, 29f., 49, 91, 100, 134, 149, 158, 169, 198, 204
Germanien, Germanen 27, 29, 43, 48–54, 56ff., 60, 72, 76, 80, 96, 164
Getto 149, 199, 204
Gilde, Gilden 149
Gladiatoren 9, 33, 38
Goldene Bulle 116, 118, 169
Goten 58, 60, 186, 194
Gottesgnadentum 83, 100, 106, 109, 118, 130, 158, 167, 170
Grafen (s. auch Markgrafen) 82, 138, 166
Granada 185
Gregor VII. (Papst) 105–108
Grundherrschaft 90f., 93, 134

Habsburger 119
Hagia Sophia 63ff.
Handel 13, 18, 32, 50f., 63, 98, 112, 148f., 152–156, 160, 164f., 168ff., 180, 197f., 201, 216
Handwerk, Handwerker 18, 32, 127, 139, 142, 149, 156, 160, 164, 216

Hannibal 14, 16
Hanse 98, 152–155, 157, 160
Hausmeier 82
Heerschildordnung 112
„Heiliger Krieg" s. Dschihad
Heiliges Römisches Reich (Deutscher Nation) (HRR) 83, 110, 116f., 120, 158
Heinrich der Löwe (sächs. Hzg.) 110, 112f.
Heinrich IV. (Ks. HRR) 104–108
Heinrich V. (Ks. HRR) 104, 106, 109
Hermann der Cherusker s. Arminius
Herrschaft 8, 11, 14, 18, 22f., 27, 49, 59, 62, 72, 83, 86, 89, 90f., 94, 98, 100ff., 105ff., 112, 116f., 130, 133
Herzog(tum) 78, 86, 100, 138f.
Hildegard von Bingen 127
höfische Kultur 141, 146f.
Hoftage 100
Hörigkeit 90f., 93, 134, 142, 165
Hunger 137, 192, 217
Hunnen 58

Iden des März 24
Imam 181f., 190
Imperium (Befehlsgewalt) 19
Imperium Romanum 14, 59, 120
Indien 197, 201
Investiturstreit 104–109, 120
Islam 59, 63, 180–191, 194–197, 204
Israel 192, 200

Jerusalem 112, 180, 188, 190, 192f., 198, 204
Jesus Christus 44, 63, 74, 80, 90, 181, 183
Juden, Judentum 56, 149, 185, 195, 198–204
Jupiter 9, 44, 77f.
Justinian (oström. Ks.) 62ff.

Kaaba 180f.
Kaiser(tum) 26f., 45, 58f., 62, 82f., 85, 98, 101f., 104–107, 109ff., 113–116, 118
Kalifat, Kalifen 59, 184, 186f.
Kalkriese s. Schlacht im Teutoburger Wald
Kanalisation 9
Kapetinger 86
Kapitol 8
Karl der Große 82–85, 133, 164
Karolinger 82f., 86, 89, 100, 120
Karthago 13–16, 186
Katakomben 45
Kaufleute s. Handel
Kemenate 143f.
Kinder, Kindheit 34f., 38, 96, 127f., 138f., 208–217
Kirchenbann 105, 147
Klagemauer 198
Kleopatra (ägypt. Kgn.) 26
Klienten, Klientelsystem 18, 34
Kloster 54, 76f., 80, 90f., 93, 96f., 126–129, 160
Knappen 138f.
Kogge 152, 154f.
Kolonien 9, 13
König(tum) 11, 18, 20, 23f., 58, 72f., 82f., 94, 97f., 100–113, 116–120
Königsheil 72
Königswahl 100, 106, 116, 118, 120, 153, 169
Konkordat 106, 109

Register

Konstantin I. (röm. Ks.) 45 ff., 60, 62 f.
Konstantinische Wende 45
Konstantinopel s. Byzanz
Konsulat, Konsuln 18–22, 29, 49, 114
Kontor 152 ff.
Koran 180 f., 183 f., 186 f., 204
Kreuzzüge 112, 156, 188–195, 199, 204
Krieg (s. auch Schlacht)
– Bürgerkrieg 22, 26, 29, 186, 195
– Punische Kriege 13 f.
Krise 22, 66
Kulturaustausch, Kulturbegegnungen 9, 41, 43, 185, 189, 191, 194–197, 204
Kurfürsten 116 ff., 120, 168 f., 174

Landesherrschaft (s. auch Territorien) 117
Langobarden 49, 83
Latein 9, 18 f., 41, 43, 82, 97, 185, 195, 216
Latiner 8 ff., 12 f.
Legion, Legionäre 13, 16 f., 26, 49 f., 52 f.
Lehnwörter 43, 191
Lehnswesen 94 f., 100, 112 f., 138
Leipzig 148, 165, 168 ff., 174
Leipziger Teilung 169
Liktoren 19
Limes 50
Luxemburger 119

Magistrat, Magistrate 19, 21, 27
Marcus Antonius (Marc Anton) 26
Markgrafen 82, 116, 118, 166, 168 ff.
Medina 180
Meißen 71, 164, 166, 168, 170
Mekka 180–183
Merowinger 72, 75, 82 f.
Ministerialen 112, 138, 143
Minne 146, 160
Minuskel 82
Mission, Missionare s. Christianisierung
Mittelalter 59 ff., 66, 76, 90 f., 94, 96–100, 116, 130, 134 f., 138 f., 148
Mohammed 180 f., 184, 186, 204
Monarchie s. Königtum
Mönch(tum) 80, 96 f., 126–129, 137, 156, 160
Monotheismus 44
Montecassino 126
Moschee 64, 180 ff., 184, 190
Münzen (s. auch Geld) 15, 26, 30 f., 47, 55 ff., 148, 174
Muslime s. Islam

Nationalstaat 153
Naturwissenschaften 96, 127, 191
Nonnen 96, 126 f., 160, 216

Octavian (Gaius Octavius) s. Augustus
Odoaker 58
Optimaten 22
Ostrom, Oströmisches Reich s. Byzanz
Ostsiedlung 156–159, 166
Otto I. (Ks. HRR) 98, 100–103, 164, 166
Ottonen 86, 100 f., 120

Papst(tum) 77, 83, 104–109, 111, 116, 120, 130, 188, 192 f., 204
Parlament 117
Patriziat, Patrizier 18 f., 21, 149, 160
Patronat, Patron 18, 34, 55
Paulus 45, 107, 109

PEGASUS-Programm 172 f.
Pest 131, 149, 199 f.
Pfalz 82, 101 ff.
Pflug 134 ff.
Pilger, Pilgerfahrt 131, 181, 188, 196, 204
Plebejer, Plebs urbana 18 f., 21
Plutarch 24 f., 213, 215
Pogrome 149, 199 f., 202
Polen 156 f., 159, 165
Polytheismus 180
Pompeius (Gnaeus Pompeius Magnus) 22 f., 29
Pontifex maximus 27
Popularen 22
Prätoren 21
Priester 11, 18, 48, 80, 85, 105, 107, 130 f.
Princeps, Prinzipat 26 f.
Proletariat 22
Proskynese s. Fußfall
Provinzen 13 f., 22 f., 26, 32, 40 f., 49, 55 f., 72 f., 166

Quästoren 21, 55

Reconquista 195
Reichskirche 100
Reichsstadt 148
Reichstage 113, 117 f.
Reisekönig(tum) 82
Republik 11, 18–23, 26 f., 66
Ritter(tum) 38, 61, 114, 138–142, 146 f., 156 f., 160, 188, 200, 204, 217
Rodungen 127, 137, 156, 164
Romanisierung 41, 53
Romulus Augustulus (weström. Ks.) 58
Romulus und Remus 8, 10 f., 47
Rubicon 23

Sachsen 58, 80, 86, 100, 102, 110, 112 f., 116, 118, 133, 164–177
Sachsenspiegel 95, 165
Salier 86, 104, 120
Schiiten 184
Schisma 111
Schlacht
– bei Actium 26, 29
– von Cannae 14, 16
– bei Grunwald/Tannenberg 159
– auf den Katalaunischen Feldern 58
– auf dem Lechfeld 101
– von Legnano 111 f.
– an der Milvischen Brücke 45 ff.
– im Teutoburger Wald (bei Kalkriese, Varusschlacht) 27, 50, 52–57
– von Tours und Poitiers 184
– von Zama 14
Schrift, Schriftkultur 34, 48, 57, 72 f., 76, 82, 96–99, 127, 146, 195, 199
Schuldknechtschaft 38
Schule, Schulwesen 80, 127 f., 172 ff., 177, 208–217
Schwertleite 139, 141, 146
Seidenstraße 199
Senat, Senatoren 18–27, 29, 38, 40, 46 f., 214
Siedlung, Siedler 8, 10, 12, 41, 49, 53, 156 ff., 164 ff., 173
Silber 30, 50, 57, 168 f., 173 ff., 196
Simonie 109
Sklaverei, Sklaven 22, 33 ff., 38 f., 90 f., 201, 210, 215
Slawen 49, 112, 134, 156, 164 ff., 173

Sorben 164 ff.
Spanien 14, 60, 62, 184 ff., 189, 194 f., 197 ff.
Sparta 15, 210–213
Spartacus 38
Staatsreligion 44 f.
Stadtrecht 148 f., 168
Ständegesellschaft 90, 117, 138, 160
Ständekämpfe 18
Ständeversammlung 117
Statthalterschaft 22, 40, 55 ff., 159
Staufer 86, 110 f., 113, 116, 119 f.
Steuern 21, 40, 60, 134, 153, 167, 185 f., 195, 212
Straßburger Eide 87
Straßen, Straßenbau 40, 42, 49, 137, 165
Sueben 49
Sunniten 184
Synagoge 149
Synode von Clermont 192

Tacitus (Publius Cornelius Tacitus) 29, 48, 51, 53–56
Territorien, Territorialherrschaft (s. auch Landesherrschaft) 168 f.
Theater 32, 43
Thermen 32 f., 36, 41
Thing 51
Toleranz 181, 186, 195
Trajan (röm. Ks.) 14, 40, 46
Triumvirat 22, 26, 29
Turniere 139 ff., 144, 146 f., 160

Universitäten 169, 214, 216
Urban II. (Papst) 188, 192 f.
Urbare 93, 99, 134

Varus, Varusschlacht s. Schlacht im Teutoburger Wald
Vasallen 94, 100
Veji 12
Verfassung 19 ff., 148, 152
Vertrag
– von Meersen 88
– von Verdun 86
Veteranen 41
Veto, Vetorecht 18, 20 f.
Völkerwanderung 50, 58, 62, 66, 72, 80, 120, 164
Volksfrömmigkeit 130 f., 133
Volkstribunat, Volkstribunen 18, 20 f.
Volksversammlung 18 f., 21

Wahlkönigtum s. Königswahl
Wallfahrten 131, 188
Wandalen 58
Wartburg 144
Welfen 110 f., 113
Wettiner 168 f., 171, 174
Wittelsbacher 112, 119
Wormser Konkordat 106, 109

Zehn Gebote 44
Zehnt 130, 158, 167 f.
Zeitrechnung 8, 92, 180
Zisterzienser 127, 156
Zoll 20, 100, 111, 148, 167, 201
Zunft, Zünfte 149, 160

Bildnachweis

A1PIX – Your Photo Today, Taufkirchen: 97 M2
akg-images GmbH, Berlin: 7 M.l., 8 M2, 22 M1, 22 M2, 27 M2 (Nimatallah), 28 M4, 28 M5 (Nimatallah), 34 M4, 42 M7 o. (Bildarchiv Steffens), 45 M2 (Erich Lessing), 54 M2, 56 M4 (Bildarchiv Steffens), 57 M6 (Museum Kalkriese), 63 M2 (Erich Lessing), 70 u.r., 77 M2, 79 M6 (W. Forman), 79 M8, 90 .2, 95 M2 a, 95 M2 b, 95 M2 c, 110 M1, 110 M2, 125 M.r. (British Library), 125 o.r., 125 u., 138 M1, 139 M3 (British Library), 140 M6, 145 M5, 146 M2, 147 M3, 148 M2, 149 M4, 152 M1 156 M1 (Bildarchiv Monheim/Schütze/Rodemann), 174 M1, 178 o.r., 178 /179 (M. Cohen), 179 u.r. (Album/Oronoz), 181 M3, 190 M3, 192 M3, 194 M1, 194 M2, 195 M3 (W. Forman), 201 M4, 211 M2, 214 M2 (Nimatallah), 216 M1
Archiv der Hansestadt Lübeck, Lübeck: 155 M8
Askani, Bernhard Dr., Schwetzingen: 102 M6, 136
aus: Josef Scherl, Geschichte unseres Volkes, München: Oldenbourg, 1950: 80 M2 und 81 M3
Avenue Images GmbH, Hamburg: 99 M2 (agefotostock/P. Widmann)

Bayerische Staatsbibliothek, München: 92 M3 (Clm. 210, fol. 91 r), 200 M3 (Cod.hebr.200 ful.. 10r) Bibliothèque nationale de France, Paris: 87 M3 l., 87 M3 r.
Bildagentur Peter Widmann, Tutzing: 45 M3
bildagentur-online GmbH, Burgkunstadt: 124 124/125 (Frank Exss)
Bildarchiv Monheim GmbH, Krefeld: 164 M1
Bilderberg, Hamburg: 56 M5 (T. Ernsting)
bpk – Bildagentur für Kunst, Kultur und Geschichte, Berlin: 7 M.r. (Scala), 7 o.l. (Scala), 13 M2, 14 M4 (Scala), 18 M1, 23 (Scala), 33 M3, 34 M5 (RMN/Les frères Chuzeville), 38 M1 (British Museum), 49 M4 (RMN/Grand Palais/J.-G. Berizzi), 55 M3, 82 M2, 84 M5 (RMN), 84 M6 (L. Braun), 98 M3, 131 M3, 135 M3 (H. Buresch), 152 M2, 156 M2, 179 o., 188 M1 (RMN), 199 M2, 208 o. SMB/Antikensammlung/J. Laurentius), 209 o.l., 214 M1 (RMN/Les frères Chuzeville)
Bridgeman Art Library Ltd. Berlin, Berlin: 19 M2 (San Paolo Fuori Le Mura, Rom/Alinari), 19 M3 (De Agostini Picture Library/A. Dagli Orti), 40 M1 (Vatikanische Museen/Ancient Art and Architecture Coll.), 108 M8 (Biblioteca Apostolica Vaticana), 111 M5 (St. Johannes Evangelist, Cappenberg), 198 (Biblioteca Estense, Modena)

Corbis, Düsseldorf: 184 M1 (Roger Wood)

Deutsches Historisches Museum, Berlin: 151

Europa-Farbbildarchiv Waltraud Klammet, Ohlstadt: 63 M3

F1online digitale Bildagentur GmbH, Frankfurt/M.: 43 M10 (YAPH), 185 M2 (Siepmann)
fotolia.com, New York: 70 /71 (LianeM), 178 o.l. (ayazad), 180 M1

Hansestadt Lübeck, Lübeck: 134 M2
Hessisches Staatsarchiv, Marburg: 100 M2 (Urk. RI Stift. Fulda 936 Okt 14)

Imago, Berlin: 100 M1 (Schöning), 106 M4 (McPHOTO), 134 M1 (ecomedia/R. Fishman)
INTERFOTO, München: 16 M8 (Mary Evans), 105 M3 (Daniel)

Keystone Pressedienst, Hamburg: 130 M1
Kiss, Michael, Bad Schwartau: 112 M6

Landeshauptarchiv Sachsen-Anhalt, Magdeburg: 101 M3 (Erzstift/Herzogtum Magdeburg I, Nr. 23) Leemage, Berlin: 175 M3 l.
LOOK-foto, München: 150 M5 (K. Johaentges)
Luftbildarchiv hessenARCHÄOLOGIE am Landesamt für Denkmalpflege Hessen.: 42 M6 (Otto Braasch)

mauritius images GmbH, Mittenwald: 7/7 (Image Source), 27 M3 (Rainer Waldkirch), 64 M4 (Steve Vidler), 126 M1 (Roberto Matassa), 180 M2 (Friedel Gierth)
medialog GmbH & Co. KG, Gaggenau: 144 M3 l., 144 M3 r.
Museum im Schloss, Bad Pyrmont: 48 M2

Otto, Werner/Reisefotografie Bildarchiv, Oberhausen: 50 M6

Picture-Alliance GmbH, Frankfurt/Main: 42 M4 (Bildagentur Huber/R. Schmid), 53 M13 (dpa/Wieseler), 57 M7 (akg-images/Museum Kalkriese), 70 M.r. (akg-images), 76 M1 (akg-images), 70 u.l. (akg-images), 104 M2 (akg-images), 108 M10 (akg-images), 115 (akg-images), 116 M1 (Bildagentur Huber/R. Schmid), 125 o.l. u. 146 M1 (dpa/Fotoreport Peter Ernszt)

Reiss-Engelhorn-Museen Mannheim, Mannheim: 75 M7 (Jean Christen)
Rheinisches Landesmuseum, Trier: 96, 209 o.r. (H. Thöring)
Rogger, Dr. H., Gröbenzell: 7 M.
Römisch-Germanisches Museum Köln, Köln: 41 M3, 42 M7 (A. Mennicken)
Römisch-Germanisches Zentralmuseum Mainz, Mainz: 17 M10

Scala Archives, Bagno a Ripoli/Firenze: 9 M4, 32 M2, 35 M8, 65 M6, 131 M2
Schrapps, H., Glauchau: 172 M1, 172 M2, 173 M3, 173 M4, 173 M5, 177 M6
Schubert, Hans-Joachim, Zwickau: 142 M1
SLUB/Deutsche Fotothek, Dresden: 44 M1
St. Marien zu Lübeck, Lübeck: 154 M6
Staatliche Münzsammlung München, München: 15 M7, 30 M1, 30 M2, 47 M8, 47 M9
Staatsbibliothek Bamberg, Bamberg: 138 M2 (Msc.Bibl.59,fol.3r/G. Raab)

Tonn, Dieter, Bovenden-Lenglern: 30/31, 66/67, 120/ 121, 160/161, 182, 204/205

ullstein bild, Berlin: 26 M1, 132 M4 (AKG Pressebild), 149 (Archiv Gerstenberg), 166 M3 (Reuters) Universitätsbibliothek Heidelberg, Heidelberg: 165 M2
Uwe Schmid-Fotografie, Duisburg: 7 o.r., 52 M10

vario images, Bonn: 48 M1
Verkehrsverein Bad Aachen e.V., Aachen: 82 M1

wikipedia.org: 65 M7 (B. Werner), 86 M1, 86 M2, 209 (Joeb07)

Alle übrigen Karten und Schaubilder: Westermann Kartographie/Technisch Graphische Abteilung, Braunschweig